中国地方税体系研究

主　编　许建国
副主编　肖绪湖　张雪松

中国财政经济出版社

图书在版编目（CIP）数据

中国地方税体系研究／许建国主编．—北京：中国财政经济出版社，2014.3
ISBN 978－7－5095－5092－2

Ⅰ.①中…　Ⅱ.①许…　Ⅲ.①地方税收－税收制度－研究－中国　Ⅳ.①F812.422

中国版本图书馆 CIP 数据核字（2014）第 028202 号

责任编辑：杨　静　　　　责任校对：徐艳丽
封面设计：彭　准

中国财政经济出版社出版

URL：http：//www.cfeph.cn
E－mail：cfeph @ cfeph.cn

社址：北京市海淀区阜成路甲 28 号　邮政编码：100142
营销中心电话：88190406　北京财经书店电话：64033436　84041336
北京财经印刷厂印刷　各地新华书店经销
787×1092 毫米　16 开　20.5 印张　345 000 字
2014 年 3 月第 1 版　2014 年 3 月北京第 1 次印刷
定价：68.00 元
ISBN 978－7－5095－5092－2/F·4128
（图书出现印装问题，本社负责调换）
本社质量投诉电话：010－88190744
反盗版举报热线：88190492、88190446

《中国地方税体系研究》课题组

组　长： 许建国

副组长： 罗　涛　肖厚雄　肖绪湖

子课题小组长：

第一组　徐正云　湖北省地方税务局

第二组　彭继旺　湖北省地方税务局

第三组　王　蓬　湖北省地方税务局

第四组　蔡红英　湖北经济学院

第五组　张雪松　湖北省地方税务局

第六组　汪应平　湖北省地方税务局

第七组　熊友春　武汉市地方税务局

第八组　朱国鑫　湖北省地方税务局

前言

2012年11月，党的十八大为税务部门送来了改革的春风。十八大报告明确指出：“加快改革财税体制，健全中央和地方财力与事权相匹配的体制，完善促进基本公共服务均等化和主体功能区建设的公共财政体系，构建地方税体系，形成有利于结构优化、社会公平的税收制度。”这一重要论述，将构建中国地方税体系的历史任务提到政府决策的重要议事日程。

时隔一年，党的十八届三中全会再次将“构建中国地方税体系”这一课题聚焦于新一轮财税体制改革的镁光灯下。全会通过的《中共中央关于全面深化改革若干重大问题的决定》提出，要按照“完善立法、明确事权、改革税制、稳定税负、透明预算、提高效率”24字原则，深化财税体制改革，完善地方税体系，逐步提高直接税比重。其中直接涉及地方税改革的表述有：“逐步建立综合与分类相结合的个人所得税制。加快房地产税立法并适时推进改革，加快资源税改革，推动环境保护费改税。”“坚持使用资源付费和谁污染环境、谁破坏生态谁付费原则，逐步将资源税扩展到占用各种自然生态空间。”这些重大决策部署，为地方税体系研究提供了明确方向和重要指针。

众所周知，地方税作为公共财政体制的重要组成部分，在我国社会主义市场经济的建立、发展和完善过程中，一直扮演着不可替代的角色。作为分税制体制的一个重要基石，地方政府应当也必须有自己的税收体系。1994 年实施分税制财政体制改革以来，经过近 20 年的探索实践与发展完善，我国初步形成了一套包括税收收入体系、税权管理体系、税收制度体系、税收征管体系等构成要素在内的地方税框架体系，这对于规范中央与地方的税收分配关系、推动区域经济社会发展、充分调动地方积极性、促进税收收入整体快速增长等方面都发挥了极其重要的作用。

但是，由于经济社会快速发展、市场化改革逐步深入和国际国内形势不断变化，现行地方税体系中的一些问题逐渐显现出来。比如：税收增长不可持续、税权配置不尽合理、主体税种比较单一、地方税制建设相对滞后、地方税征管难度大、基层财政困难且过度依赖土地税收等等。尤其是 2008 年波及全球的金融危机发生后，我国持续加大以“营改增”为主要内容的结构性减税力度，地方税受到的削弱与日俱增。如按原定规划全面实施“营改增”，作为当前地方税主体税种、约占地方税收半壁江山的营业税将被增值税取代，随之而来的“以票控税”手段不复存在、地方税收收入锐减、地方财力难以为继的压力与挑战前所未有。

在这种形势与背景下，研究如何构建中国地方税体系，不仅成为各级政府和税务部门一个躲不过、绕不开的现实命题，而且比过去任何时候都更为迫切和重要。在国内，无论是理论界还是实践部门，要求重构地方税体系的呼声日益强烈，对这一课题的研究热情空前高涨，一些政府部门、科研机构、大专院校踊跃投入到构建中国地方税体系研究的热潮之中，一些知名专家学者针对这一课题频频发声，各种观点也是仁者见仁、智者见智。

2013 年 5 月 7 日至 8 日，国家税务总局“构建地方税体系研讨会”在武汉召开，正式启动了由国务院发展研究中心、财政部等 6 家政府部门，中国人民大学、上海财经大学等 6 所高等院校，北京、湖北等 9 省（市）地方税务局共同参与的“构建地方税体系研究”课题。作为课题组成员单位之一，我们湖北省地方税务局在完成总局安排的研究分报告之后，认为以省级地税部门的视角，从理论和实践的层面，对这一课题进行探索性、系统性、实证性研究，为构建中国地方税体系提供反映地方税务系统意见的建设性思路，无疑具有现实意义和参考价值。基于这一考虑，我们从全省地税系统抽调30多名业务骨干，借助中南财经政法大学、湖北经济学院等院校10名专家教授的力量，经过6个多月的研究，完成的《中国地方税体系研究》得以与读者见面。

从某种意义上说，这本专著是众多地税干部和专家学者辛勤研究，把地方税理论研究与地税征管实践探索有机结合的结晶。本书提出的地方税改革的目标和原则是：根据中国国情、税情，要以保持中央和地方税收分配格局总体稳定为前提，以优化税制结构为基础，坚持分级（省、县市两级）彻底分税、非流动性税源配置地方、税费配套联动改革的原则，构建能够稳定地保障地方各级政府公共基本支出需要、有利于加强地方税源控管、维护市场统一、促进社会公平、合理引导地方政府行为的具有中国特色的地方税体系。

全书共分八章，分别从地方税体系的内涵，中国现行地方税体系的形成发展及现状评估，地方税体系的国际比较与借鉴，以及构建中国地方税体系的总体思路、实证分析、征管体系、配套措施等方面进行全面论述。概括地说，这本书有以下三个特点：

一是系统性。从地方税体系基本理论入手，追溯新中国成立以来税收制度发展演进轨迹，科学评估现行地方税体系，比较分析和学习借鉴世界样本国家地方税体系的基本经验，详细论述了地方税体系的概念、内容和功能，以及税权与事权划分原则，地方税体系及其征管架构设计，在此基础上提出中国地方税体系建设的目标原则、总体思路、实施路径以及配套措施。

二是创新性。构建地方税体系，难点在于合理配置税权，核心在于培育主体税种。在权限配置上，我们建议应保持中央相对集中、给予地方适当分权，做到地方财力与支出责任相匹配。在主体税种选择上，我们提出两种思路：一是推行有限“营改增”，即只对交通运输、邮电通信，以及文化体育、服务业中与工业产销链条联系密切、重复征税问题突出的部分行业推行“营改增”，继续维持营业税主体地位；二是推行全面“营改增”，近期以销售税（或消费税）和所得税为主体税种、远期加之以房地产税为主体税种。同时，针对主体税种和辅助税种提出了具体的创新改革方案，如对企业所得税实施同源分征、统一征收房地产税、改城市维护建设税为城乡建设发展税、简化完善土地增值税、资源税实行从价计征改革、车船税实施量价复合计税改革、将印花税并入契税、开征环境保护税等等。

三是实践性。早在2007年，湖北省就抓住武汉“两型”社会建设综合配套改革上升为国家战略的契机，积极争取支持，大胆先行先试，相继启动了一系列地方税制改革研究与试点探索，例如：以存量房评估为突破口的房地产税改革试点，以石油、天然气、磷矿石从量计征改从价计征为突破口的资源税改革试点以及征收环境保护费、推进费改税、健全地方税费征收保障体系等，为地方税体系构建的研究提供了鲜活的实践素材和例证。同时，按照上述对地方税主体税种的重构设计，我们基于全国和湖北省的情况进行了收入增减分析，运用科学方法对地方财力进行了模拟测算，印证了这一思路的可操作性。

我们深知，研究构建符合中国国情、适应地方政府合理需求、兼顾调动中央与地方两个积极性的地方税体系，最终形成权责明晰、结构优化、社会公平的税收制度，任务还十分艰巨。《中国地方税体系研究》只是湖北地税人的一次积极探索，一次抛砖引玉。所以，书中错误与缺憾在所难免，敬请读者提出宝贵意见。

编　者

2013年12月

目录

第一章　地方税体系的基本理论 ………………………………………………（1）
第一节　地方税的概念 ……………………………………………………（1）
一、地方税含义 ……………………………………………………（1）
二、地方税的本质特征 ………………………………………………（3）
三、地方税的功能 ……………………………………………………（5）
第二节　地方税体系的概念和内容 ……………………………………（7）
一、地方税体系的界定 ………………………………………………（8）
二、地方税体系的主要内容 …………………………………………（8）
三、地方税体系协调系统 ……………………………………………（13）
第三节　地方税体系的理论分析 ………………………………………（17）
一、地方税体系存在的制度基础：分级政府和分级财政 ……（18）
二、地方税体系存在的效率基础：公共产品的分级提供 ……（20）
三、地方税体系产生的直接原因：分税制财政体制的存在 …（23）
第四节　中央税与地方税的划分原则 …………………………………（24）
一、税权划分的相关理论 ……………………………………………（24）
二、国外学者对中央税与地方税划分原则的研究 ………………（25）
三、中国中央税与地方税的划分原则 ……………………………（26）

第二章　中国现行地方税体系的形成与发展 ……………………………（31）
第一节　中国地方税体系的雏形 ………………………………………（31）
一、新中国成立初期的地方税收 ……………………………………（32）
二、传统计划经济条件下的地方税收 ………………………………（35）

三、社会主义商品经济条件下的地方税收 …………………… (39)
第二节 中国地方税体系的建立与完善 …………………… (44)
一、中国的分税制改革与税制改革 …………………… (44)
二、实行分税制体制后地方税体系的调整与完善 …………… (49)
第三节 分税制财政体制对现行地方税体系的挑战 ………… (53)
一、中国分税制财政管理体制的总体评价 ……………… (53)
二、当前分税制实施中所面临的主要问题 ……………… (56)
第四节 各级政府间财政管理及收入划分 ………………… (58)
一、分税制以来多级政府支出责任划分情况 …………… (58)
二、中央与地方税收收入的划分情况 …………………… (59)
三、省级以下地方各级政府财政管理体制及地方税收收入
分配办法 …………………………………………… (60)
第五节 财政转移支付制度的建立和发展 ………………… (62)
一、中国财政转移支付制度的历史发展 ………………… (62)
二、分税制体制下的财政转移支付方式 ………………… (64)
三、中国财政转移支付制度的积极意义 ………………… (65)
四、财政转移支付制度存在的问题及改革构想 …………… (66)
第六节 中国政府非税收入情况及其对地方税体系的影响 ……… (67)
一、非税收入的构成及其作用 ………………………… (68)
二、中国非税收入的产生和发展 ……………………… (68)
三、中国非税收入与税收收入规模的比较分析 …………… (70)
四、中国非税收入管理目前存在的问题及完善建议 ………… (72)

第三章 中国现行地方税体系运行情况评估 …………………… (75)
第一节 现行地方税构成 …………………………………… (75)
一、现行地方税税种 ………………………………… (75)
二、现行地方税功能 ………………………………… (75)
第二节 地方税收入结构与规模 …………………………… (77)
一、地方税分税种收入规模 …………………………… (77)
二、地方税收入结构 ………………………………… (78)
第三节 共享税地方分成部分收入规模 …………………… (79)
一、增值税 ………………………………………… (79)
二、企业所得税 ……………………………………… (80)

三、个人所得税 …………………………………………………………（81）
第四节　地方税在地方财政中的地位和作用 …………………………（81）
一、地方税在地方财政收入中的地位 ………………………………（81）
二、地方税在调控国民经济中的作用 ………………………………（82）
三、地方财力与事权匹配度分析 ……………………………………（84）
第五节　现行地方税体系存在的问题和原因分析 ……………………（86）
一、税权配置不合理，不利于地方行使职能 ………………………（86）
二、税制体系不合理，不利于地税部门征收管理 …………………（87）

第四章　地方税体系的国际比较与借鉴 ……………………………（90）
第一节　分权型发达国家地方税体系 …………………………………（90）
一、美国地方税体系 …………………………………………………（90）
二、加拿大地方税体系 ………………………………………………（95）
第二节　分权型新兴经济体国家的地方税体系 ………………………（98）
一、俄罗斯地方税体系 ………………………………………………（98）
二、印度地方税体系 …………………………………………………（100）
三、巴西地方税体系 …………………………………………………（108）
四、南非地方税体系 …………………………………………………（111）
第三节　适度分权型国家的地方税体系 ………………………………（114）
一、法国地方税体系 …………………………………………………（114）
二、德国地方税体系 …………………………………………………（120）
三、日本地方税体系 …………………………………………………（124）
第四节　各国地方税体系的国际比较 …………………………………（128）
一、税权划分的国际比较 ……………………………………………（128）
二、地方税税种构成与设置的国际比较 ……………………………（130）
三、地方税收入规模的国际比较 ……………………………………（132）
四、地方税征管机构的国际比较 ……………………………………（133）
第五节　各国地方税体系的借鉴和启示 ………………………………（134）
一、适合国情的税权划分是地方税体系运行的基础 ………………（134）
二、科学合理地设计地方税制和选择主要税种是地方税
体系运行的核心 ……………………………………………………（135）
三、合理确定中国地方税收入规模是地方税体系运行的目标
……………………………………………………………………………（136）

四、严密完善的税收征管是地方税体系运行的保障 …………（136）
五、完善的财政转移支付制度是地方税体系运行的重要补充 …………（136）

第五章 构建中国地方税体系的总体思路 …………（137）
第一节 总体目标、指导思想和基本原则 …………（137）
一、总体目标 …………（137）
二、指导思想 …………（138）
三、基本原则 …………（140）
第二节 中国地方税体系的构建框架 …………（142）
一、增值税改革对构建中国地方税体系的影响 …………（142）
二、全面“营改增”与地方税种体系建设的思路 …………（144）
第三节 销售税（消费税）改革 …………（146）
一、方案一：取消零售环节增值税并设立销售税 …………（146）
二、方案二：对现行消费税进行扩围改革 …………（157）
三、销售税改革应充分考虑的几个难点 …………（163）
第四节 所得税改革 …………（164）
一、企业所得税的改革 …………（164）
二、个人所得税的改革 …………（168）
第五节 房地产税改革 …………（175）
一、房地产税作为地方税主体税种的理论依据 …………（175）
二、房地产税成为县（市）级政府地方主体税种的可行性分析 …………（175）
三、房地产税改革思路及实施步骤 …………（177）
四、房地产税制设计 …………（178）
五、推进房地产税制改革的几点建议 …………（182）
第六节 地方辅助税种改革 …………（183）
一、改革资源税 …………（183）
二、开征环境保护税 …………（186）
三、改革城市维护建设税 …………（188）
四、其他地方税种的完善 …………（190）

第六章　新型地方税体系实证分析 …………………………………（194）
第一节　实施背景及假设条件 …………………………………（194）
一、实施背景 …………………………………（194）
二、假设条件 …………………………………（195）
三、“营改增”对财力影响的测算方法 …………………………………（196）
第二节　增值税全面扩围对财政收入和行业税负的影响 …………（197）
一、对财政收入的影响 …………………………………（197）
二、对行业税负的影响 …………………………………（201）
第三节　主要税种税源评估及测算方法 …………………………………（205）
一、增值税部分扩围 …………………………………（205）
二、地方税主体税种的选择 …………………………………（206）
三、与事权匹配的所得税 …………………………………（207）
四、房地产税 …………………………………（208）
五、资源税 …………………………………（208）
六、城乡建设发展税 …………………………………（208）
第四节　财力构成及影响 …………………………………（209）
一、增值税部分扩围对财力的影响 …………………………………（209）
二、主体税种对财力的影响 …………………………………（211）
三、新型地方税体系的财力变化评估 …………………………………（213）
第五节　对区域经济影响的实证分析 …………………………………（214）
一、湖北省社会经济发展基本情况 …………………………………（214）
二、湖北省财政收支基本情况 …………………………………（216）
三、“营改增”对湖北省地方财政的影响 …………………………（221）
四、新型地方税实施对湖北省财力影响 …………………………（222）

第七章　地方税征管体系建设 …………………………………（225）
第一节　建立与地方税体系相适应的征管机制 …………………（225）
一、进一步优化现行税收征管制度 …………………………………（226）
二、调整和修订现行税收征管法 …………………………………（233）
第二节　建立与地方税体系相适应的国、地税关系 ……………（240）
一、认清国、地税征管机构分设的必要性 ……………………（241）
二、现行国、地税征管中的主要问题 …………………………（242）
三、正确处理国地税征管范围与关系 …………………………（243）

第三节 建立与地方税体系相适应的地税职能 …………………… (246)
一、地方税体系下地税部门与外部职能部门的关系 ………… (247)
二、地方税体系下地税部门内设机构与岗位职责 …………… (250)
第四节 建立与地方税体系相适应的税收服务 …………………… (255)
一、完善现行税收服务机制 ……………………………………… (256)
二、构建服务与管理协同机制 …………………………………… (258)
三、优化办税服务模式 …………………………………………… (259)
第五节 保障地方主体税种征管的制度措施 ……………………… (262)
一、建立地方政府主导的征收保障制度 ………………………… (262)
二、建立统一的税收行政协助制度 ……………………………… (265)
三、完善地方主体税种征管的具体措施 ………………………… (267)

第八章 改革和完善地方税体系的配套措施 ……………………… (278)
第一节 进一步明确中央与地方政府的事权划分 ………………… (278)
一、事权的概念及其特点 ………………………………………… (278)
二、事权与财权的一致性 ………………………………………… (279)
三、中央与地方政府事权划分的意义 …………………………… (280)
四、中央与地方政府事权划分现状及存在的问题 …………… (281)
五、根据政府职能范围合理划分中央与地方各级政府的事权范围 ………………………………………………………………… (282)
第二节 尽快出台《税收基本法》 ………………………………… (284)
一、《税收基本法》应该明确中央与地方政府的税权和收入划分原则 ……………………………………………………………… (285)
二、统领税收实体法和税收程序法 ……………………………… (286)
第三节 赋予省级政府适当的税收立法权 ………………………… (287)
一、赋予省级政府适当税收立法权的必要性分析 …………… (287)
二、赋予省级政府适当税收立法权的可行性分析 …………… (289)
三、赋予省级政府适当立法权的改革思路 ……………………… (290)
第四节 建立规范的财政转移支付制度 …………………………… (292)
一、当前中国财政转移支付制度存在的主要问题 …………… (292)
二、世界发达国家财政转移支付制度的构成及经验借鉴 …… (293)
三、建立规范财政转移支付制度的原则 ………………………… (294)
四、健全和完善财政转移支付制度的思路 ……………………… (296)

第五节　构建与分税制相衔接的财政预算制度 ……………………（298）
一、中国分级财政预算与分税制的衔接问题 ……………………（298）
二、构建与分税制相衔接的分级财政预算制度 …………………（300）
第六节　积极推进费改税 …………………………………………（302）
一、中国税费现状分析 …………………………………………（303）
二、实施清费立税的原则和思路 ………………………………（304）
三、完善清费立税的配套条件 …………………………………（305）

主要参考文献 ……………………………………………………（307）

后记 ………………………………………………………………（312）

第一章 地方税体系的基本理论

地方税是我国公共财政体制中的重要组成部分。1994 年实行分税制改革以来，中国地方税体系在发展中不断得到完善。从近 20 年的运行实践来看，地方税体系对促进地方经济持续、健康、快速发展发挥了重要作用。但分税制改革至今，中国地方税制度建设却长期滞后，导致地方政府财力不稳定，加之营业税改征增值税改革（以下简称“营改增”）之后，地方政府的收入较以前大为减少，造成地方政府财权与事权不相匹配，不能充分发挥地方政府在地方经济建设中的积极作用。党的十八大和十八届三中全会通过的《中共中央关于全面深化改革若干重大问题的决定》（以下简称《决定》）明确提出了“构建地方税体系”和“完善税收制度，建立事权和支出责任相适应的制度，并充分发挥中央和地方两个积极性”的要求。因此，对地方税体系的构建、地方税制度的完善、地方税为地方政府提供财政收入功能的发挥等相关问题的研究已经成为当前一项十分紧迫的任务。这些问题将在本书中逐步进行讨论研究，本章重点研究地方税及地方税体系的概念、内容、功能等基本理论问题。

第一节 地方税的概念

一、地方税含义

世界各国对于地方税（Local Tax）管理权限的划分大体有三种类型：立法权与管理权完全属于地方，地方政府可以决定课征地方税收；立法权属于中央，地方政府有较大的机动权限；立法权和基本管理权均属于中央，地方政府只负责征收管理。一般而言，在主要西方国家，地方税在全国税收收入总额中的比重一般不高，通常由一些收入零星且不稳定的税种构成。在美国财政联邦制的税收体系中，州与地方政府所依赖的税收与联邦政府大不相同，其税收主要来源于销售税、财产税、个人所得税、公司利润税及其他间接税，地方税的比重约占40%；英法两国的地方税征管权则更小，地方税比重仅占20%左右。

在中国，尽管明确划归地方管理和支配的地方税份额较小，而且存在税源不集中等问题，但对于调动地方政府组织收入的积极性和保证地方政府因地制宜地解决地方特殊问题仍然具有重要意义。因此，健全中国地方税体系，首先要对地方税的概念有清晰的认识和合理的界定。我国学术界对地方税的认识在不同时期不尽相同，以1994年分税制改革为分界点，大致可划分为分税制改革之前和分税制改革之后两个阶段。

实行分税制改革之前，在我国相关理论文献中，地方税是指地方政府可以支配的税收收入。这一时期对地方税含义的界定以章炜和何盛明为代表。章炜在其1989年主编的《税务词典》中对于地方税的认定上说，地方税就是“中央税”的相对称呼，是税制分类的一个标准，以税收管理的权限作为划分依据，作为地方财政收入主要来源的税收收入的总称①。何盛明在其1990年主编的《财经大词典》中则将地方税定义为，根据财政管理体制的有关规定，凡是划归为各个地方政府固定收入的税种统称为地方税，对地方税来说，地方政府拥有相对较大的管理权②。这两种对地方税概念的表述虽然不尽相同，但是内涵却基本一致，大致都将地方税的概念定义在税收收入归地方政府所支配的税种，对于税收的司法权、政策制定权和立法权等都没有强调。

1994年实行分税制改革以后，我国学术界对地方税的界定有了较大变化，其不再仅仅局限于税收收入划归地方政府所有，而是更深入地涉及税收的其他权力，核心内容就是税收的立法权。比如，前财政部长金人庆在其2000年主编的《中国税务词典》中对地方税概念的概述，就能看出这一变化趋势。该词典认为，地方税是“中央税”的对称，是由地方政府负责征收、管理和支配的税收。2002年，王维国在其主编的《中国地方税研究》中则认为“地方税应是与地方经济密切相关，属于地方财政收入且由地方负责组织征收管理的各种税的统称”③。2004年，易运和在其出版的《最新税务百科词典》中对地方税的定义是：地方税，中央税的对称，由地方政府负责征收管理和支

① 章炜主编：《税务词典》，中国财政经济出版社1989年版。

② 何盛明主编：《财经大词典》，中国财政经济出版社1990年版。

③ 王维国：《中国地方税研究》，中国财政经济出版社2002年版，第40页。

配的税收①。我国税务学者刘佐在其2012年出版的《中国地方税制概览》一书中认为，地方税指税权划归地方的税收，即由地方根据宪法或者其他国家法律的规定制定地方税收法规、征收和使用的税收。也就是说，要判定一个税种是否属于地方税，主要应当从税收的立法权、执法权和收入使用权是否划归地方三个方面判断②。

经过以上的对比分析并结合我国的改革实践，综合对其他相关文献的考察，我们可以发现，各种关于地方税不同定义的共同点就是都将"收入划归于地方"作为划分地方税的基本条件，不同点则体现在对立法权和征收管理权的认识上。收入归地方政府应该是地方税的基本条件，而且地方政府又拥有一定的税收管理权则是地方税不可或缺的必要条件之一，不同的只是地方政府所拥有的税收管理权限大小与程度不同而已。综合上述对地方税概念的界定，现将通用的地方税的概念定义如下：地方税就是指根据中央与地方政府事权划分状况，按照财政管理体制的规定，由中央政府或地方政府立法，地方政府负责征收管理，收入归地方政府支配的各类税收的总称。地方税是地方政府为了实现管理社会公共事务的职能，为了满足地方性一般公共需要而对地方性社会产品强制进行的一种扣除，体现了按国家（地方）为主体的特定的分配关系。

二、地方税的本质特征

所谓"特征"是一事物区别于另一事物的内在属性。为了深入了解地方税，必须把握地方税区别于其他税的内在属性。地方税的本质是一种税收分配关系，它包括地方政府与纳税人之间的税收分配关系和各级政府间的税收分配关系。为了深入理解地方税，必须把握地方税的本质特征，具体包含以下三点：

（一）属于财政管理体制范畴

分税制财政管理体制的基本要求，是将税收收入、税收权限以及税收征收管理等内容在中央与地方政府之间进行划分，这是形成地方税的基本内容。因此，地方税存在的实质体现的是分税制财政管理体制的范畴，它是适应"一级政权、一级事权、一级财权、一级税基、一级预算"的分级政府和分级财政的需要而产生的③。这一分级观点充分体现了我国长期以来处理中央和地

---

① 易运和：《最新税务百科辞典》，中国财政经济出版社2004年版。

② 刘佐：《中国地方税制概览》，中国税务出版社2012年版，第1~2页。

③ 贾康，白景明："县乡财政解困与财政体制创新"，《经济研究》2002年，第3~9页。

方财政关系的习惯思维，即收支对称、分级包干。具体而言就是通过一种办法（总额分成、定额或比例上解、定额补助或分税）划分中央和地方收入，划分后各管各的，包干到底、自求平衡、分灶吃饭。

（二）属于中央政府与地方政府税权的划分

地方税规范了中央政府与地方政府的税收分配关系，这种分配关系的核心在于二者税权的划分。财政管理体制的核心就是在各级政府间进行责、权、利的划分，而地方税是财政管理体制的实质，因此规范各级政府财政分配关系的关键在于中央与地方税权的划分上。税收是政府开展一切行政活动的主要收入来源，税收收入的度量与分配直接关乎中央政府与地方政府利益的实现程度，因此政府间合理的税权划分有着重要的作用。中央与地方政府对税权和税收收入的划分直接关系到其实现职能所具有的财力，从而决定了其在处理社会经济事务中的地位。由此可见，处理好中央政府与地方政府的关系，尤其是政府间的财政收入关系就尤为重要了。将地方税从国家税收中独立出来，建立地方税制度是适应分级政府和分级财政的需要。因此，建立地方税的目的也是为了解决财政集权与分权的问题，规范中央与地方政府的税收分配关系，在维护国家统一市场和中央政府宏观调控能力的前提下，最大限度地调动地方政府实现事权、管理区域经济和社会的积极性和能动性，促进区域经济发展和社会稳定。只有合理地划分了地方与中央的事权、财权和税权，才可能建立稳定而有序的财政关系，也才能避免因为信息不对称导致的资源浪费，实现资源的最佳配置。在保证中央政府有充足的财政收入满足全国范围内公共产品的需求的前提下，地方政府更好地满足地方性公共产品的需求。

（三）属于政府和纳税人的税收分配关系

地方税反映的是国家与纳税人之间的税收分配关系。它是地方政府为了实现管理社会公共事务的职能，以国家政治权力为前提所规范的分配关系。地方税作为国家税收的重要组成部分，体现了税收的本质，即地方政府在征管地方税时与纳税人形成的税收分配关系。这种分配关系是地方税具有的税收属性的具体表现形式，它不会随着地方税的设立而产生，也不会因为地方税的取消而消失，从某种意义上来说，地方税的本质就是税收的本质。地方政府的财政收入主要来源于税收收入，而地方政府拥有财力的大小主要取决于政府征税权的大小和地方经济的发展水平。地方经济发展程度愈高，居民的收入水平、消费水平愈高，地方政府的财源才能得以保证，取之于民的大小决定了用之于民的大小。

三、地方税的功能

在我国建国60多年的历程中，地方税收制度的发展与变迁大致可分为新中国成立初期的地方税收制度，改革开放以前的地方税制度，改革开放初期的地方税制度和分税制改革后的地方税制度四个阶段。在这四个阶段中，税制的发展与我国经济建设的发展进程保持着一致性，但在不同时期地方税也有着不同的作用和功能。

（一）新中国成立初期的地方税功能（1949～1953年）

1949年10月1日中华人民共和国成立以后，在清理旧中国税收制度和总结革命根据地税制建设经验的基础上，逐步建立了新中国的税收制度。1949年至1953年是新中国成立初期经济恢复和国家对三大产业进行社会主义改造的过渡时期，这一时期的地方税主要是为当时的经济恢复和社会主义改造服务。

1950年国家进行了2次针对地方税的改革，1950年改革后的地方税主要包括：印花税、交易税、存款利息所得税、遗产税、房产税、屠宰税等。这段时期对地方税的改革以1953年的改革最为重要，1953年改革后的地方税包括：印花税、利息所得税、屠宰税、牲畜交易税、城市房地产税、文化娱乐税、车船使用牌照税和契税。后来还规定这八种地方税由省政府根据中央颁布的统一税法制定具体征收办法，这标志着新中国地方税的产生。

新中国成立初期给地方政府保留了一定的地方税征收、管理和支配的权力。比如，地方可以按一定比例征收地方附加粮和地方附加税；地方查出漏税所得，中央与地方二八分成，地方享有大部分所得。这一规定极大地调动了地方政府在地方经济恢复和建设中的积极性，并保证了对三大产业的社会主义改造的顺利完成，对于地方经济能够在新中国成立初期的混乱局面中迅速得到恢复起到了重要的作用。

（二）改革开放以前的地方税功能（1953～1978年）

从1958年我国开始进行以“五年计划”为标志的大规模经济建设时期至改革前夕的1978年，我国的地方税一年一变，各有特点，也充分体现了这一时期的特征。

这段时期对地方税的改革以1958年和1973年的两次改革为主。1958年我国在简化税制的改革中，将房产税和地产税合并为城市房地产税，改革后我国的地方税包括：牲畜交易税、屠宰税、城市房地产税、文化娱乐税、车船使用牌照税、契税等6种税。1973年对地方税进行的简化税制改革，由于

“左倾”思想的影响，使改革后的税制过于简化，地方税种不成体系，当时的地方税只保留了城市房地产税，车船使用税和屠宰税，由于征收范围十分狭窄，使得地方税收非常有限。

改革开放以前这段时期，我国的地方税制度几乎是一年一变，在不同年份，不同时期都有着不同的特点。这一时期的地方税对于各地方的“五年计划”建设起到了重要的支持和保障作用，对于改善民生也起到一定程度的积极作用。但是由于“左倾”思想和文化大革命的影响，地方税在改革中不断被简化，征收范围变得十分狭窄，地方税收入较之前大为减少，地方税的这些功能和作用不断被弱化，地方在经济建设中的积极性难以被调动，地方税对于协调地区经济发展的作用也无法得到发挥。因此，这已成为中国地方税体系改革亟待解决的问题。

（三）改革开放初期的地方税功能（1979～1993年）

这一时期我国进行了三次针对地方税的税制改革，分别是1980年在“划分收支，分级包干”财政管理体制下对地方税的改革，1985年地方税改革和1988年在“地方包干”的办法下对地方税的改革。

1980年的税制改革后中国地方税包括：盐税、农业税、牧业税、工商所得税、屠宰税、车船使用牌照税、城市房地产税、牲畜交易税和集市交易税。1985年3月21日，国务院发布《关于实行“划分税种，核定收支，分级包干”财政管理体制的规定》，针对地方税进行改革，改革后的地方税包括：地方国营企业缴纳的所得税和调节税、集体企业缴纳的所得税、农业税、牧业税、车船使用牌照税、城市房地产税、屠宰税、牲畜交易税、集市交易税、契税、城市维护建设税，石油部、电力部、中国石油化学工业总公司和中国有色金属工业总公司所属企业缴纳的产品税、增值税和营业税的30%，待开征的土地使用税、房产税和车船使用税。1988年的税制改革主要是针对收入上缴比较重要的17个省、直辖市和计划单列市，实行“收入递增包干”等几种不同形式的包干办法，简称“地方包干”，除上面的税种外，划归地方的税种还增加了城乡个体工商户所得税、个人所得税、个人收入调节税、奖金税和国营企业工资调节税等5种，同时也给予了地方在规定幅度范围内确定税率、税额和减免税的权利。

在改革开放初期，中国地方税的主要作用是调动地方政府吸引外资，发展地方经济的积极性，加强中央的财政能力和对经济的宏观调控能力，为地方政府提供稳定的收入来源，强化地方政府协调地区内部经济发展的作用。虽然这种体制在一定程度上减轻了地方政府的财政困难，并且调动了地方政府的积极性，但是在这一体制下，地方的财政收入与地方税种多少，地方税收入规模大小并没有必然的联系，在没有实施分税制之前的地方税也只能是有名无实，这也是这一体制下地方税的主要特点。

（四）分税制财政管理体制下的地方税功能（1994 年以后）

随着我国建立社会主义市场经济体制目标的确立和公共财政框架的逐步建立，要求对我国税收制度和管理体制进行一次深刻的变革，建立起一套“统一税法、公平税负、简化税制、合理分权、理顺分配关系、规范分配方式”的适合社会主义市场经济要求的税制体系。

1993 年 12 月 15 日国务院发布了《关于实行分税制财政管理体制的决定》，规定了我国的地方税包括：营业税、地方企业缴纳的企业所得税、城市维护建设税、地方企业上缴的利润、个人所得税、城镇土地使用税、固定资产投资方向调节税、房产税、车船使用税、印花税、屠宰税、农业税、牧业税、耕地占用税、契税、遗产和赠与税、农业特产税、土地增值税和国有土地有偿使用收入等。

1994 年的分税制改革实现了三大增长，即财政收入、财政收入占 GDP 比重和中央财政收入占全国财政收入的比重的快速增长，地方政府有了稳定的财政收入来源，中央财政长期被动的局面也得到了彻底的扭转，有力地保证了中央对我国经济发展全局的调控。这次改革对于地方税来说尤其值得一提的是，中国地方税体系在 1994 年的分税制改革后取得了重大的进步，地方政府不仅拥有自己的固定收入，还拥有地方税收入的征管权，地方税已成为了地方政府的稳定的、主要的收入来源。地方税的这种变化对于保障地方经济建设的健康发展，协调地区内部的经济建设起到了重要的作用，并且也调动了地方政府吸引外资和投资的积极性，对于提高地区公共产品的数量和质量上都起到了重要作用。

第二节　地方税体系的概念和内容

税收体系是一个国家根据经济发展水平、财政收支情况，合理划分税种、明确税权、加强税收征收管理形成的相互协调的有机组成整体。一国的税收体系根据税收征管权限，一般分为中央税系和地方税系两个系统。在政府“分权”和“分税”的背景下，中央税体系和地方税体系这两个相互区别的子系统，对国家组织财政收入和实施宏观调控发挥了重要作用。在此，我们从地方税体系的界定、主要内容和地方税体系协调系统等内容进行展开。

一、地方税体系的界定

纵观中国地方税体系的建立和发展，其建立和发展经历了一个漫长的过程。从新中国成立至改革开放前，在计划经济体制和统收统支的财政体制下，稳定的地方税体系没有得到确立。其后，改革开放至分税制改革前，虽然税种和税收的划分得到确定，但地方政府没有相应的税权和征管机构，我国明确意义上的地方税体系还没完全建立。从1994年分税制改革起，我国确定了中央和地方两套税收体系，并按照统一征收、分级管理的原则适当下放部分税权，设置地方征管机构，此时我国的地方税税制结构才真正形成。

一般来说，地方税体系属于财政管理体制的范畴，是各个地区根据经济发展水平、财政支出需求而形成的包括税收收入体系、税收管理权限体系、税收制度体系和税收征管体系在内相互协调与补充的系统。对于地方税体系这个内容复杂且庞大的系统，学者们有不同的见解，但差异不是很大。刘佐认为税收体系作为研究由不同比例税种收入构成的总体，其构成应至少包括税收体系得以形成的主体、税收体系能够运行的载体、税收体系运行的执行者三要素①。邓子基认为中国地方税体系由地方税立法体系、制度体系和征管体系三个主要部分组成②。高亚军则认为地方税体系包括管理权限、来源渠道、收入规模和征管组织四个内容③。还有学者建议将税收司法保障措施涵括在地方税体系之中，建立立法、司法和执法相统一的整体。

在国内学者观点的基础上，本书考虑到分清中央税和地方税税收收入对地方税体系的建立至关重要，因此将地方税收入体系作为地方税体系的一个重要组成部分，以期厘清地方税税收收入的具体内容。其次，地方税税收保障相关措施属于法律法规的内容，本书将其纳入税收制度体系的地方税法律法规部分。因此，本书的地方税体系主要包括地方税收入体系、税权体系、税收制度体系和税收征管体系四个部分。

二、地方税体系的主要内容

根据以上对地方税体系含义的概述，本节将从税收收入体系、税权体系、税收制度体系和税收征管体系等四个方面对地方税收体系的构成要素进行详

---

① 刘佐：“论‘地方税体系’”，《税务研究》1997年，第6~10页。

② 邓子基等著：《地方税系研究》，经济科学出版社2007年版，第5页。

③ 高亚军著：《中国地方税研究》，中国社会科学出版社2012年版，第27页。

细说明。

（一）税收收入体系

税收收入体系是地方税体系的首要内容，它是区分中央税和地方税体系的重要依据。为了妥善处理中央和地方财政关系，根据我国分税制财政管理体制的相关规定，我国税收收入被划分为中央政府固定收入、中央政府与地方政府共享收入和地方政府固定收入。其中地方政府固定收入和中央地方共享收入中由地方政府支配的部分属于地方税税收收入体系，地方可以按照地区的特点进行立法和征收管理，这样便建立起了中央和地方相互区别的税收体系。这种划分实质上是对税收收入归属权和支配权的划分，它适应了政府财政分级管理的要求，有助于调动地方政府征税的积极性。

1994 年分税制改革按照国务院颁布的《关于实行分税制财政管理体制的决定》的规定将税种统一划分为中央税、地方税和共享税，由此地方税税制体系才基本形成。税收收入体系税种及分享比例的具体划分情况如表 1－1 所示。

表 1－1　　1994 年中央税、地方税和共享税的划分

中央税	地方税	中央和地方共享税
关税 海关代征进口环节消费税和增值税 中央企业所得税 地方银行和外资银行及非银行金融企业所得税 铁道部门、各银行总行、各保险总公司等集中交纳的收入（包括营业税、所得税、利润和城市维护建设税） 中央企业上交利润、 消费税	营业税（不含铁道部门、各银行总行、各保险总公司集中交纳的营业税） 地方企业所得税（不含上述地方银行和外资银行及非银行金融企业所得税） 地方企业上交利润 个人所得税 城镇土地使用税 固定资产投资方向调节税 城市维护建设税（不含铁道部门、各银行总行、各保险总公司集中交纳的部分） 房产税、车船使用税、印花税、屠宰税、农牧业税、对农业特产收入征收的农业税（简称农业特产税） 耕地占用税、契税、遗产和赠予税、土地增值税、国有土地有偿使用收入	增值税（中央 75%，地方 25%） 资源税（海洋石油企业归中央，其他的归地方） 证券交易税（中央地方各 50%）

资料来源：《国务院关于实行分税制财政管理体制的决定》（国发［1993］第 85 号）。

随着经济形势的变化，地方税收入体系经历了不同程度的调整。分税制改革后税收收入体系发生过多次变化，从税种的角度来看：（1）取消农牧业税。从 2000 年推行的农村税费改革开始至 2006 年，除烟叶税以外的所有农牧业税都被取消。（2）所得税变化。从2002年1月1日起实施所得税分享改革，除铁路运输、国家邮政、四大国有商业银行和三大政策性银行以及海洋石油天然气企业外，其他都属于中央和地方共享税。共享比例有2002年的中央地方各享有50%到2003年以来的中央和地方分别享有60%和40%。（3）调整营业税。2011年11月17日，财政部、国家税务总局正式发布《营业税改征增值税试点方案》，从2012年1月1日开始对上海市交通运输业和部分现代服务业开展营业税改增值税的试点。并从2012年8月1日起将试点范围扩大至北京、天津、江苏、浙江、安徽、福建、湖北、广东、厦门和深圳10个省、直辖市、计划单列市。（4）其他相关税种的变化。取消屠宰税和筵席税，暂停固定资产投资方向调节税的征收，印花税的分享比率由原来的中央和地方各享50%，变化为中央80%，地方20%，后来中央享受部分上升为88%，并于2000年开始分三年调整为中央94%、地方6%。经过以上调整，目前对中央税、地方税和共享税的划分如表1－2所示。

表1－2　　目前中央税、地方税和共享税的划分

中央税	地方税	中央和地方共享税
关税、消费税、车辆购置税、海关代征的进口环节增值税等	城镇土地使用税、耕地占用税、土地增值税、房产税、车船税、契税、营业税（铁道、银行总行、保险公司等集中缴纳的归中央，其他归地方） 个人所得税（除储蓄存款利息所得的个人所得税外，其余部分的分享比例与企业所得税相同） 资源税（海洋石油企业归中央，其他的归地方）	增值税（不含进口环节海关代征，中央75%，地方25%） 企业所得税（铁道部、银行总行及海洋石油企业缴纳部分归中央。其余的中央和地方按60%和40%共享） 城市维护建设税（铁道、银行总行、保险公司等集中缴纳的归中央，其他归地方） 印花税（证券交易印花税收入的94%归中央，其余6%和其他印花税归地方）

资料来源：中国注册会计师协会编：《税法》，经济科学出版社2013年版，第22～23页。

（二）税权体系

税权体系是地方税体系的重要内容。地方税税权从内容上包括税收立法权和税收征管权，其中立法权是全部税权的核心。这里的税收立法权基本上包括制定和颁布税法的权力；税种开征、修改、补充、停征的权力；税目税率调整和税收减免、税法解释等权力。①

---

① 谢贞发："税收立法权的划分"，《税务研究》2006年，第4期，第23～26页。

我国的税收立法权主要属于人民代表大会及其常务委员会和国务院，但也存在授权立法。授权立法是税收立法权的重要内容，既有纵向上的划分也有横向上的划分。从纵向上看，税收立法权是指中央与地方立法权的划分。如在1994年前，我国的税种基本由中央立法，1958年6月，国务院颁发了《关于改进税收管理体制的规定》，将印花税、利息所得税、屠宰税、城市房产税、文化娱乐税、牲畜交易税和车船使用牌照税等划归为地方固定收入，并且地方政府有一定的权限进行减税、免税。而从横向上看，税收立法权主要是指具备立法资格、拥有立法权力的同级机构及部门权力的划分，这主要涉及全国人大及其常委会与国务院等部门、还有地方人大及其常委会与地方政府间立法权的划分。地方税收的立法权是地方政府有效组织税收收入和进行征收管理的法律保障。

税收征管权从本质上讲是一种税收执法权①，主要指税务机关根据税法，进行税款征收、日常管理和监督检查等一系列工作行使的权力，其中税款征收权是税收征管的核心。通常，地方政府在本地区行使税收权力会受到中央政府和宪法的制约，不能行使完全的税收权力。但是，地方政府拥有不同权限的税权是保证地方税依法征收的必要保障，是地方税税收体系的重要组成部分。

另外，地方税税权从对象上看是地方政府对地方税收拥有的征收权力。赋予地方政府税收征收权，相对于税权集中于中央，有以下两个好处：一方面，地方政府享有一定税权，合理划分中央政府与地方政府的职责，可以调动地方政府征税积极性，提高经济效率。另一方面，地方政府能够利用税收的立法权，根据当地具体情况决定是否需要设立一个新税种，广开税源，来提高公共产品的质量，这样以最经济的方式为地区的人民提供质量最优的公共产品与服务。

（三）税收制度体系

地方税税收制度体系是地方政府各个税制要素与各个税种间形成的相互配合的税收制度体系，包括地方税管理体制、地方税税种结构和地方税法律法规体系三个部分。在分税制体制下，完善的税收制度体系是区别中央和地方财政分配的关键环节。建立完善的地方税税收体制要对属于地方税税收体系中的诸多税种，从税收立法、解释、征管到税款入库使用都建立一套完善的制度。

---

① 赵云旗著：《中国分税制财政体制研究》，经济科学出版社2005年版，第465页。

世界各国实行的地方税税制体系都是根据本国的政治体制确立的，差异较大。美国模式的主要特征是州以销售税为主，郡县市级税收主要包括个人所得税、公司税、财产税等，其中以财产税为主，占地方政府收入来源的75%以上。通过转移支付形式，使得联邦获得大部分税收收入，州和地方使用大部分收入的非对称性税制。日本模式是地方税税收权限较小，日本共有59种税，其中属于道府县税有15种，属于市町村税有19种，大部分收入通过中央征收，道府县税以居民税和事业税为主体，市町村税以居民税和固定资产税为主体。德国模式是税权集中在联邦，主要税源税种各级共享、小规模税源各级专享的分税制。[①] 从世界各国分税制的情况来看，税收分割是分税制最核心的内容，而各级地方政府的事权大小是税收分割的依据。[②] 目前，中国地方税管理体制从横向上看主要分为国税和地税两个部门，从纵向上实行的是省、市、县三级的管理模式。但是，中国地方税实际上主要覆盖中央，地方上则是省，直辖市一级，对于市县一级地方税税权和征管方面却存在着空白。

在税收制度体系中不同税种在地方税体系中的作用和地位各不相同，因此呈现出不同的税种结构。在税收收入中占主要部分，履行主导税收职能的税种便是税制体系中的主体税种，而属于从属地位的税种是辅助税种。这种主体税种和辅助税种的构成就是在地方税制度体系中的税种结构。税种结构的确定不是主观的划分，而是地区经济发展状况、税收运行目标和地区居民纳税意识等客观条件决定的。在税种结构上，存在所得税、流转税等不同主体的税种结构。目前，中国地方税没有显著的主体税种。地方政府在税收制度体系的建设上应该因地制宜，整合本区域内的经济资源、结合经济环境选择合适的主体税种，并形成地方税与地方经济相互促进、协调发展的局面。

（四）税收征管体系

地方税征管体系是地方税体系不可或缺的一个部分，是地方税体系存在的重要保障。一个国家的税收体系能否有效运作，除了需要健全的税收法律法规、有效的税权划分、科学合理的税制结构外，还必须有完备的税收征收管理体系。地方税的征管体系是国家机关为了实现其职能，有效组织地方税收、完成地方税收的征管事务，按照法律规定取得税收收入的征收管理活动各要素的有机整体。从性质上看，地方税税收征管体系具有强制性和无偿性。

---

① 杨斌："关于我国地方税体系存在依据的论辩"，《税务研究》2006年，第32~38页。

② Tiebout. C.："A Pure Theory of Local Expenditures"，《Journal of Political Economy》1956年，第416~424页。

从征管体系的内容上看，它包括征收监控体系、管理与服务体系、税务稽查体系和机构组织体系等。从征税环节来看，其由纳税服务、申报受理、纳税评估、税务检查与审理、税务执行、复议诉讼等构成。

可见，地方税体系的内容是极为丰富的，它涉及税务理论及实际工作的各个方面。地方税的收入体系、税权体系、税收制度和税收征管体系相互渗透、相互作用，构成一个有机的整体，共同形成了地方税体系的基本内容。因此，在研究地方税体系的时候，应具备整体观念，从整体上把握各个子系统的运行效率。同时，要意识到地方税体系各组成部分具有不同的功能和地位，要做到重点突出，主次分明。

三、地方税体系协调系统

任何事物作为物质世界的一个微小组成部分，都与周围的其他事物产生直接或间接的联系。地方税体系作为整个经济系统、社会系统和财税系统的重要组成部分，只有保持体系内元素与周围环境相互协调的关系，才具有现实可行性和较强生命力。研究地方税体系应该与当地的经济发展、地方政府职能的实现、中央税体系和地方非税收入等外部环境相协调。

（一）地方税体系应与地方经济的发展相协调

地方税的建立与地方经济的持续稳定发展有必然联系。经济发展的好坏、快慢直接关系着税收的征收与增收。美国学者迪尤（Due）提出的经济利益原则中谈及，税收归属应该以是否促进经济发展为分界点。[①] 那么，与地方经济发展联系紧密、能促进地方经济发展的税种理应划归地方税。

但目前我国的地方税与地方经济发展存在缺乏相关性的问题。以下我们通过比较广东省、浙江省和甘肃省、黑龙江省等六个省份的地方税收入及比例来说明这一现状。根据表 1 - 3 年度地方税收收入分析，广东省 2011 年房产税收入占地方税收入的比例为 3.20%，高于甘肃省 2011 年的 3.15%。房产税的课税对象是法人组织和个人的经常性用房，一般来说，在工商业发达的地区，房产税的收入较为可观。但广东省属于工商业、房地产业发展较为发达的地区，房产税收收入反而不高。如房产税收入与地方经济发展出现背离的现象一样，城市维护建设税收入与地区经济发展也出现了背离现象。这种地方税与地方经济发展相背离现象的出现在很大程度上与国家经济发展的政

---

① J. F. Due.："Study of State and Local Tax Influence on Location of Industry"，《National Tax Journal》1961 年，第 163 ~ 173 页。

策和目标有关。

表 1-3　　2011 年度六省地方税收收入　　单位：亿元

	地方税收总额	营业税收入	房产税收入	城建税收入	企业所得税收入	个人所得税收入	资源税收入
广东省	4 548.66	1 431.16	145.40	295.45	827.90	341.40	11.12
	R1	31.46%	3.20%	6.50%	18.20%	7.51%	0.24%
浙江省	2 952.01	915.71	99.19	200.07	497.56	185.56	8.50
	R2	31.02%	3.36%	6.78%	16.85%	6.29%	0.29%
陕西省	933.84	332.88	20.04	64.74	124.12	44.42	49.44
	R3	35.65%	2.15%	6.93%	13.29%	4.76%	5.29%
甘肃省	284.04	110.05	8.96	23.62	28.57	14.06	14.36
	R4	38.74%	3.15%	8.32%	10.06%	4.95%	5.06%
山西省	872.88	242.81	15.53	60.97	150.22	42.84	38.76
	R5	27.82%	1.78%	6.98%	17.21%	4.91%	4.44%
黑龙江省	741.85	218.92	20.74	61.53	80.87	34.05	23.73
	R6	29.51%	2.80%	8.29%	10.90%	4.59%	3.20%

资料来源：2012 年《中国财政年鉴》。

注：表中的 R1～R6 代表的是各省各个税种的收入与地方税收入总额的比例关系。

由于我国地区差异大，经济发展不平衡，地方税体系要想发挥积极效应必须具体问题具体分析，根据区域的经济发展模式和特点涉及地方税体系。如有的地区自然资源丰富，这时加大对资源税的调节力度，能够促进资源的合理开发和利用，利于当地经济的可持续发展；有的地区以重工业国有企业为主，这时适当提高地方对企业所得税的分享比例，能够缓解税收收入与税源背离的状况。法人所得制下的税收收入大多由公司总部所在地征收，但是公共服务、土地占用和污染问题留在了税源地。只有在地方税体系的涉及中充分考虑区域经济的特点和优势，才能最大限度地发挥税收对经济的调控作用，也才可能保证地方政府充足的财政收入。

（二）地方税体系应与中央税体系相协调

地方税体系与中央税体系这对相对应的税收体系，在税收收入体系、税权体系、税收制度体系和税收征管体系上都是相互独立的。但是实际上，在确定中央税和地方税收入体系时，都是以中央税体系为主。并通过税收转移支付的形式，保障地方税收收入。由于中国地方税税收体系由高度集权向适当分权改革，在这个过程中处理好地方税和中央税的区分特别值得关注。

目前我国中央政府将事权不断下放，地方财政支出责任过重，导致本该由中央政府承担的职责，中央政府长期没有承担。从表1－4中央和地方财政主要支出项目可以看出地方政府在一般公共服务、公共安全、教育、社会保障与就业、城乡社区事务、农林水事务、住房保障支出甚至地震灾后恢复重建支出上占了极大的比例。地方政府在农林水事务上的支出占到了95.81%，中央政府仅占到了4.19%；地方政府在社会保障和就业负担95.48%的支出，而中央政府只占4.52%。证实了地方政府在财政支出中承担过多，我国中央与地方事权处于一种错位的现状，即事权与财政支出不对等。

表1－4　　2011年中央和地方财政主要支出项目　　单位：亿元

项　目	国家财政支出	中央	地方	中央比重（%）	地方比重（%）
一般公共服务	10 987.78	903.01	10 084.77	8.22	91.78
外交	309.58	306.83	2.75	99.11	0.89
国防	6 027.91	5 829.62	198.29	96.71	3.29
公共安全	6 304.27	1 037.01	5 267.26	16.45	83.55
教育	16 497.33	999.05	15 498.28	6.06	93.94
科学技术	3 828.02	1 942.14	1 885.88	50.73	49.27
文化体育与传媒	1 893.36	188.72	1 704.64	9.97	90.03
社会保障和就业	11 109.40	502.48	10 606.92	4.52	95.48
医疗卫生	6 429.51	71.32	6 358.19	1.11	98.89
环境保护	2 640.98	74.19	2 566.79	2.81	97.19
城乡社区事务	7 620.55	11.62	7 608.93	0.15	99.85
农林水事务	9 937.55	416.56	9 520.99	4.19	95.81
交通运输	7 497.80	331.11	7 166.69	4.42	95.58
资源勘探电力信息等事务	4 011.38	464.12	3 547.26	11.57	88.43
商业服务业等事务	1 421.72	26.93	1 394.79	1.89	98.11
金融监管支出	649.28	413.94	235.34	63.75	36.25
地震灾后恢复重建支出	174.45		174.45		100.00
住房保障支出	3 820.69	328.82	3 491.87	8.61	91.39
国债付息支出	2 384.08	1 819.96	564.12	76.34	23.66

数据来源：2012年《中国财政年鉴》。

要建立和谐的中央与地方分税制度，应该根据分税制各要素对中央和地方的税收体系进行区分。在税收收入体系的划分上，要明确分权的基础。按财权是以事权为基础，根据事权安排财政支出的原则划分中央和地方的税收收入体系。在税收体制上，一方面要借鉴中央税主体税种的划分，另一方面应该根据地区经济状况确定其税种结构和管理体制，做到因地制宜。在税权的划分上要适当下放税收立法权，地方在中央的统一指导下谨慎行使。在税收征管方面，要分设中央和地方的税收征管机构，严格区分各自的权限和范围，防止重复征收和遗漏税源的情况出现。

（三）地方税体系应与地方政府职责的实现相协调

地方政府职责和地方税收入体系存在相互制约的关系。一方面地方政府的职责大小和方向决定地方税收的规模和结构，另一方面，既定的地方税体系体现了不同利益结构博弈后的结果，可以规范和引导地方政府的行为①。一定时期内一地的地方财政应该与该地区的公共产品所需的财力相匹配。中国地方税体系应该对省、市、县、乡实行分层管理，将涉及省级资源配置和区域范围受益的公共产品和服务划为省级政府的支出范围。根据各级政府的规模和财政管理水平分配相应的事权和财权，实现地方税体系与地方政府社会职责的协调。

我国的地方政府区别于中央政府，它不是万能政府，而是有限政府。我国宪法规定：中央政府拥有最广泛的事权，包括行政立法权、行政提案权、行政监督权、人事行政权、建制权及全国人大及其常委会授予的其他职权。地方政府拥有行政执行权、行政领导权、行政监督权、行政管理权等其他事项的办理权。地方政府主要负担基础教育、消防、地区性交通、治安、城建、地方性法律的制定和实施等方面的支出，它在提供公共产品和服务时仅限于本辖区范围内，即地方政府主要承担的是省级及省级以下区域的居民所需的公共产品及服务的供给。可见，我国中央政府与地方政府有很多交叉的事权，这很难判断事权的归属。在政府履行其职能时，并没有一个明确固定的划分原则与分工，"职责同构"现象明显，上级政府有的职责，下级政府也有。在实际工作中出现利益之争，有问题就相互推诿，行政效率低下。

在划分中央与地方收入时，划分标准也各式各样，有按企业经济属性和隶属关系划分的，也有按行业划分的，中央税与地方税也有重合的部分，难

① 许建国："重构我国地方税体系的几个理论问题"，《中南财经大学学报》，1993 年第 6 期，第 80～84 页。

以明确界定。如将城市建设维护税划归为地方固定收入，但其中并不包括铁道部门、各银行总行、各保险总公司集中交纳的部分等等。对税种归属划分不明确，征管范围划分不合理，地方税务部门组织的收入常常不能满足地方政府的支出需要。由于地方税收占地方财政收入比重小，地方政府的开支需要依赖中央的转移支付收入来实现，这制约了地方政府履行社会公共管理的职能，直接导致了各种地方乱收费，预算外资金不断扩大。

（四）地方税体系应与地方非税收入相协调

地方政府财政收入分为地方税收收入和地方非税收入。其中，地方非税收入形式有地方性收费、罚款和地方债务等。虽然地方政府收入的主要来源是地方税收收入，但是地方非税收入也是地方财政收入的重要部分。因此，在改革地方税体系时，应该注意税收收入与非税收入的协调。一方面认识到非税收入是地方财政收入的重要组成部分；另一方面通过一系列措施规范清费归税，扩大地方税收收入的规模。

政府的非税收入是各级政府除税收收入外最重要的财政收入来源，在地方财政中占有举足轻重的地位。目前，我国政府非税收入的主体是预算外收入，其次是预算内收入。如表 1－5 所示，2008 年到 2010 年地方政府预算外收支都占到全国预算外收支的 90% 以上，2010 年地方预算外收入达到了 5 395.11 亿元，由此可见地方非税收入规模不容小觑。这要求我们在重视地方税收入的同时，不要忽视地方非税收入的重要作用。

表 1－5　　中央和地方预算外收支比重

	预算外收入（亿元）				预算外支出（亿元）			
	中央	比重	地方	比重	中央	比重	地方	比重
2008 年	492.09	7.40%	6 125.16	92.60%	402.13	6.30%	5 944.23	93.70%
2009 年	352.01	5.50%	6 062.64	94.50%	459.2	7.40%	5 769.09	92.60%
2010 年	399.31	6.90%	5 395.11	93.10%	386.37	5.70%	5 368.32	93.30%

数据来源：2012 年《中国统计年鉴》。

第三节　地方税体系的理论分析

从地方税（体）系的形成来看，中央税与地方税的划分是税收与财政发展到一定阶段的产物。“一级政权、一级事权、一级财权、一级税基、一级预算”的分级政府和分级财政要求各级政府有其相对独立的财源和收入体系，以保证各级政府职能的实现，公共产品的分级提供是地方税存在的效率基础，分税制财政管理体制是地方税体系产生的直接原因。

一、地方税体系存在的制度基础：分级政府和分级财政

地方税之所以要与中央税分别独立存在，首先是分级政府和分级财政的要求。财政分级源于政府的分级，财政是以社会权力中心为主体的、“以政控财，以财行政”的分配关系。地方财政的主体就是相对于中央的地方政权主体，这些主体按其政权级次对应着一级财政①，多级政府体制的客观存在是中央政府与地方政府事权、财权划分的制度前提，政府的层级决定了相对应的财政的层级。

（一）分级政府与地方税

分级政府也叫多级政府，是一国政府分为几级，每一级政府都有确定的行政区域、有一套分工明确而又相互制约的政权机构、有明确的公共事务管理范围和管理责任、拥有相对独立的财权和相应的财力。多级政府体制是调整中央与地方政府各种关系的最基本制度安排。

美国经济学家施蒂格勒（George Stigler）在1957年发表的《地方政府功能的有理范围》中最早提出了地方政府存在的必要性。他认为，促进地方政府存在的原因有两个：一是与中央政府相比，地方政府更接近自己的公众，因此地方政府比中央政府更加了解所管辖的选民对公共产品的偏好。二是一国国内不同的人们有权对不同种类与数量的公共产品和服务进行投票表决。②也就是说，不同地区的居民可以根据自己的偏好选择公共产品的数量和种类。

美国学者特里希（Richard W. Tresch）的偏好误识理论与斯蒂格勒（George Stigler）的观点相一致。他认为中央政府在向地方政府管辖居民提供公共产品和服务时，存在着一定的不确定性。中央政府与地方政府管辖的居民间存在地域性差异，中央政府可能错误地认识社会偏好，基于信息的不完备性和不确定性得出的结论易造成对公共产品供应不足或者提供过量。这样即使中央政府和地方政府提供公共产品的成本相同，地方政府能够更了解本地区居民的需求和偏好，提供适量的公共产品，更可能实现帕累托改进。

由此可见，由于公众对公共产品需求的偏好、各层级政府向公众提供公

---

① 高培勇等编：《中国财政经济理论前言（4）》，社会科学文献出版社2005年版，第221页。

② George Stigler. Tenable Range of Function of Local Government, Federal Expenditure Policy for Economic Growth and Stability, Joint Economic Committee, Washington D. C.. 213～219。

共产品和服务的效率问题和信息不对称等原因的存在，地方政府相比中央政府在履行资源配置职能时针对性更强，更有优势。分税制实行时，地方税作为地方政府的主要财政形式，保证了其行使职能的基本财力。政府分级理论为地方税体系的存在提供了理论基础。

（二）分级财政与地方税

分级政府体制必然要求实行分级财政体制，因为财政是其实行政府职能的物质前提。分级财政体制是对各级政府实行分级管理的财政体制。它是一种财政控制权的配置制度，要求在清晰界定各级政府事权的基础上，按一定财政原则在各级政府间划分财权。在我国学术界常出现分级财政体制和财政管理体制两个概念。事实上，财政管理体制指的是在特定的行政体制下，通过一定的方式调节政府间财力分配的基本制度。具体地说，它是国家在中央和地方及地方各级政权之间，划分财政收支范围和财政管理职责与权限的一项根本制度。① 二者之间有一定的差异性。财政管理体制在一定时期内并不等同于分级财政体制，其冠有“财政体制”之名，却没有“分级”之实。就我国而言，我国在建国之初，实行高度集中的税收制度，税收的管理权限主要集中在中央，只留给地方有限的自主权，地方政府没有独立性可言；1953 年开始实行“统一领导、划分收支、分级管理”的财政管理体制，地方政府的收入支配权有限，很难作为一个独立的预算主体履行其职能；直到 1994 年分税制改革以后，我国在划分各级政府职责的基础上对财权进行划分，逐渐形成了“一级政权、一级事权、一级财权、一级税基、一级预算”的分级财政体制，这才使得财政管理体制和分级财政体制有了内在联系。

分级财政体制的实质是如何划分各级政府之间的财权，换句话说，财政分权是分级财政体制的必然结果。财政分权指的是中央政府给予地方政府一定的税收权和支出责任范围，允许地方政府自主决定其预算支出规模和结构。由于财政分权的核心是让地方政府拥有一定的自主权，而为了确保不同层级政府职能的有效履行，更为了确保地方政府具备提供地方公共产品的相应财力，政府必须实行合理的财政分权。地方税正是为了使不同层级的政府均有稳定的收入来源，以满足其公共职能的实现，为此，地方税是财政分权的必然结果。

分级政府体制是分级财政体制的必然要求，财政分权则是分级财政体制的必然结果，它们共同构成地方税体系存在的制度基础。

---

① 叶振鹏、张馨：《公共财政论》，经济科学出版社 1999 年版，第 486 页。

二、地方税体系存在的效率基础：公共产品的分级提供

税收的出现是政府履行其职能的需要，但在提供公共产品的过程中，中央政府在提供地方公共产品时会产生一定的效率损失，为此，公共产品也应该实行分级提供。

（一）公共产品的概念及分级

“公共产品”这一词最早是由瑞典人林达尔（Erik Robert Lindahl）在其博士论文《公平税收》中提出的。最早将公共产品与私人物品两个概念区分开来的是萨缪尔森（Paul A. Samuelson），他认为公共产品是社会产品的一种，与私人产品是相对应的。在其1954年发表的《公共支出的纯理论》中对公共产品是这样定义的：公共产品是指每一个社会公众消费这种产品不会导致别人消费该商品的减少。[①] 公共产品具有两种特性：非竞争性（non - rivalrous consumption）和非排他性（non - excludability）。正是基于此，一部分社会成员可以在不缴纳费用的同时享受公共产品，“免费搭车”的现象就会频繁出现。“免费搭车”现象的出现，究其原因是消费者的偏好没有得到真实反映。“林达尔均衡”（Lindahl Equilibrium）理论中对消费者偏好的真实反映与公共产品的最优供给的关系做出了明确解释。如果每一个社会成员都愿意真实地显示自己从公共产品的消费中得到的边际效用，并且都自觉地按其所获得的边际效用大小支付自己理应分担的公共产品成本，那么公共产品的提供将达到最优。[②] 消费者的偏好得不到真实反映，公共产品的供给往往会出现供给不足，造成市场机制调节作用的失灵。

作为追求经济利益的企业来说，如果负责公共产品的提供，企业会因“搭便车”现象的出现难以实现效率的最大化。那么在市场机制调节下，企业不会投资于公共产品，造成公共产品供给的不足。当市场出现这种失灵的情况，需要政府凭借其政治权力进行干预，通过强制性征税来解决非竞争性和非排他性的问题。这种干预实际上使得纳税人通过税收购买公共产品与服务。基于以上分析，我们可以看出，公共产品的非竞争性（non - rivalrous consumption）和非排他性（non - excludability）为政府提供公共产品提供了理论依据。

---

① Samuelson, Paul. “The Pure Theory of Public Expenditure”, Review of Economics and Statistics, 1954 (36), 387 ~398。

② 约翰·伊特韦尔，默里·米尔盖特，彼得·纽曼主编：《新帕尔格雷夫经济学大辞典》中文版，经济科学出版社1996年版，第216 ~218页。

出发，论证了中央和地方在提供公共品和公共服务上的效益差距。但是，奥茨的财政分权理论并不完全令人满意。它不过是在一种次优的理论架构中，为地方政府存在的合理性做出了说明。①

上述理论从不同方面论证了财政分权的必要性和合理性。通常而言，地方政府较之上级政府更接近当地居民，对辖区内居民的偏好有更为准确的认识。所以，地方政府在辖区内居民对公共产品的需求方面的了解程度远甚于上级政府，因而可以纠正上级政府在提供公共产品过程中在需求偏好认识上的偏差，能更有效率地提供公共产品。此外，地方政府在其辖区内所行使的职能仍然是在一定程度上对市场“失灵”的纠正。一方面可以实现区域内部公共产品的有效提供，维持本地区经济的稳定发展，并在一定程度上消除本地区内部出现的不公平现象；另一方面可以配合中央政府财政政策和金融政策的顺利实施。因此，地方政府享有税权是具备经济理由的。

二、国外学者对中央税与地方税划分原则的研究

国外的财税专家对中央税与地方税的划分原则进行了广泛研究，出现了较为丰富和全面的划分原则内容，其中代表性较强的主要有以下三种划分原则：

（一）马斯格雷夫的七原则

现代财政学之父马斯格雷夫（Richard A. Musgrave）认为，税收划分应该遵循七项原则：（1）维护社会经济的稳定是中央政府的职责，为此，具有稳定经济功能的税种应该划归中央政府，而收入波动不大、具有周期性特点的税种则划归地方政府；（2）具备收入再分配功能的税种应该划归中央政府，这样有利于实现全国范围内的公平目标；（3）在各地税源分布不均的税种应该交由中央政府负责，否则会造成地区间税收收入的不平衡性；（4）对流动性较差的生产要素课征的税收划归级次较低的地方政府；（5）针对流动性较强的生产要素进行课征的税收划归中央政府，以免引起资源在地区间的流动，造成资源配置的扭曲；（6）依附于居住地的税收划归地方政府；（7）受益性税收及使用者收费适用于所有级次的政府。② 他的七原则主要从政府的收入再分配职能、维护社会经济稳定及资源的有效配置三个方面着手，与财政的三大职能具有一致性，这体现了中央税与地方税的划分应该有利于政府职能的

---

① 奥茨：《财政联邦主义》，中国社会科学出版社 1972 年版。

② Richard A. Musgrave. “Who Should Tax, Where and What?” Tax Assignment in Federal Countries, edited by Charles E. McLure, Jr. Canberra: Australian National University Press, 1983. 201 - 219.

履行和实现。

从以上七项原则不难看出，马斯格雷夫的税收划分原则是服从和服务于财政职能实现需要的，他们共同为各级政府职能实现提供最佳的资金保障。

（二）塞利格曼的三原则

美国著名财政学家塞利格曼（MartinE P. Seligman）认为税收的划分应该遵循三项原则：（1）效率原则（Efficiency），即以征税效率的高低来界定中央税与地方税的划分，如将所得税划归中央政府，这样征收效率比较高，调查归属简单易行；（2）适应性（Suitability），即以税基的宽窄作为税收划分的依据，税基广的税种归属中央，比如印花税；（3）恰当原则（Adequacy），是以税负是否公平作为分税标准的，为了使全国居民公平地负担税收而设立的税种归属中央，税收只涉及部分地区和部分人的税种划归地方。[①]

可见，赛利格曼的税收划分原则更加注重税收行政效率的高低，而对税收在实现资源优化配置和收入公平分配等方面则关注较少，因此内涵相对比较单一。

（三）杰克·M·明孜的五原则

加拿大学者杰克·M·明孜（Jack M. Mintz）对税收的划分提出了五原则：（1）效率原则，税收的划分应该尽量减少对资源配置的影响；（2）简化原则，便于公众的理解与执行，提高税务行政效率；（3）灵活标准，将税权与事权相适应，便于各级政府有效灵活地使用各项税收政策工具，如税收补贴等；（4）责任标准，各级政府的支出应与税收责任相一致；（5）公平原则，各地区间应尽量保持税种结构、税基、税率上的平衡，以此来保证各地区税负水平的平衡。杰克·M·明孜的税收划分原则包含了政治学和管理学的内容，因而显得更为全面、广阔。

纵观国外学者对税收划分原则的阐述可以看出，尽管分析的视角有所不同，但得出的结论有诸多相似之处，比如大部分划分原则都要求满足效率原则。当然，由于各国的历史文化、经济政治结构均存在较大差异，在划分中央税与地方税时也就会表现出一定的差异。为此，我国在划分中央税与地方税时，既要遵循税收划分的基本规律，又必须着眼于我国的现实国情，将事物的共性与个性紧密结合。

三、中国中央税与地方税的划分原则

由于我国各地区经济发展不平衡、城乡差距过大，在中央税与地方税的

---

① 平新乔：《财政原理与比较财政制度》，上海三联书店出版社 1992 年版，第 363 ~ 364 页。

划分上要保证中央政府对整个宏观经济的调控作用，同时，我国各地区经济发展状况不尽相同，统一进行管理，很难有一种税制能与这些不同区域的发展相适应，这必然要求赋予我国地方政府一定自主权，我国因此应该选择"相对集中、适度放权"的税制模式。通过对国外学者提出的有关税收划分原则的研究，并结合我国社会、经济发展的实际情况，本书提出以下几个关于我国中央税与地方税的划分原则：

（一）集权与分权相统一的原则

对税收的集权与分权不是处理各级政府间财政关系的最终目的，而是一种手段。将税收集中在中央政府或者集中在地方政府都难以实现社会福利的最大化。这可以用图 1—3 来说明。设存在 A 国和 B 国分别实行两种制度，A 国实行的是中央集权制度，B 国实行的是地方分权制度。从效率的角度分析，中央集权和地方分权的各种组合使得社会福利最大化的边界是 TT。如果在常态的经济状况下，A 国的社会福利函数为 V_1，V_2，V_3，…B 国的社会福利函数为 U_1，U_2，U_3，…。从图 1－3 中可以看到，由于 $V_1 > V_3$，而 $U_1 > U_3$，可见对 A、B 两国来说，极度的中央集权和极度的地方分权都不足以带来社会福利最大化[①]。

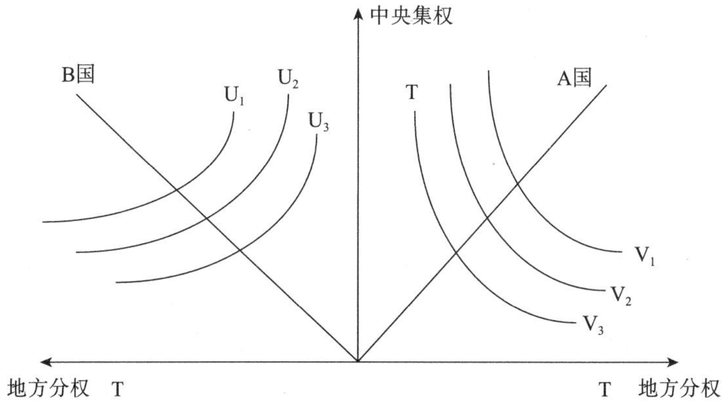

图 1－3 中央集权与地方分权的比较

由此可见，集权与分权作为权力分配的两极，集权的优点往往表现为分权的缺点，分权的优势又构成集权的不足。任何绝对的集权或分权都是不可取的，只有把两者有机地协调和搭配起来，才能扬长避短，优势互补，最大

① 王玮主编：《地方财政学》，武汉大学出版社 2006 年版，第 45 页。

限度地发挥二者的优势。我国在财政管理体制的改革中，确定了“统一领导，分级管理”的基本原则，其实质就是立足本国国情，在对集权与分权进行合理权衡的基础上形成正确的指导思想。同样，在进行地方税体系的建设和完善过程中，我们仍然要实行“统一领导，分级管理”的模式，在中央统一方针、政策、发展战略的前提下，在税收收入、税制结构、税收权限、税收征管等方面进行适当的分权，以调动地方的积极性，增强地方经济活力，加速地方经济和社会事业的更快、更协调发展。地方政府在运用各种财权和税权的时候，要接受中央政府的统一领导和监督约束，以保持全国市场的统一和国民经济的稳定发展。

（二）事权与财权相统一的原则

事权是指各级政府基于自身的地位和职能所享有的提供公共物品、管理公共事务的权力。财权是指各级政府所享有的组织财政收入、安排财政支出的权力。完善地方税体系的内容之一就是在合理界定各级政府事权的基础上，实现税权、财权与事权的统一，明确分权的基础，即财权是以事权为基础的，根据事权安排财政支出的。一般而言，中央政府与地方政府间的事权划分应是：全国性公共产品由中央政府来提供，主要包括外交、国防教育、宏观经济稳定、调节区域内、城乡间收入分配等方面，中央政府可以在文化、卫生等公共服务领域承担更多的责任；地方性公共产品和服务由地方政府提供，包括地区性交通、治安、消防、城市供水、环保、垃圾处理、城建以及对地方经济发展相关的财政支出等；对跨地区具有“外部效应”的公共项目和工程，比如类似防护林体系的建立，应该由中央政府和地方政府一起负责相应支出。

从第二节表1－4可以看出，就我国现阶段的税制分配来看，地方税体系和中央税体系存在事权与财权不相匹配的问题。中央不断下放事权，但是财权却大部分收归中央，这样导致地方支出压力过重，不利于地方公共事业的发展。

（三）公平与效率原则

公平原则。也可称之为公平税负原则，要求地方政府征税后让纳税人所承受的负担与其经济能力相匹配、相符合，并且应该保持税负在纳税人之间的均衡与公平合理——也就是说，经济能力或纳税能力相同的人应当交纳相同的税收。所以，地方税体系建设要有利于创造公平的税收环境，符合普遍征税、量能负担的原则，确保纳税人平等竞争，有利于促进经济效率的提高。与此同时，由于中国地域广阔，地区间经济发展不够平衡，在构建地方税体系时，还要充分考虑优化和调整各级政府的税收收入和分享比例，尽可能兼顾行政区域间地方税体制相对公平。

效率原则。总的来讲，就是要求地方税体系的构建要坚持注重效率、适度灵活、便于征管。没有效率的税制不会是一个“良税”。在构建地方税体系过程中，有效贯彻效率原则主要从以下两个方面着手：一是简化税制设计，坚持征税对资源配置和经济运行都有利。一个复杂的税制不但会增加纳税人税负，而且会加大征收困难，降低资源配置效率。因此，在地方税税种的选择、征税范围的界定、税目的设置、税率的设计、税额的计算以及减免税的处理上，要尽可能简化。二是精简征收管理，坚持以最省的行政成本，来获取更多的税收收入。因此，在地方税征管程序设计上应简便易行、便捷高效，减少办事程序，精简征收环节，推行科学管理，最大限度地提高征管效率，减少征纳双方成本。

（四）受益原则

受益原则，也可以叫中央利益与地方利益统筹兼顾的原则。它要求各级政府按支出的需要征税，税收应该与公共支出相对应。它体现的是两个方面的公平：纳税人与受益主体的公平。根据受益量来确定税收的负担，即受益多少就缴纳多少税收。我国作为一个幅员辽阔、人口众多的国家，中央政府不可能承担提供给全国所有公民的公共产品与服务。公共财政的理论表明，如果公共产品的受益范围是全体公民，则支出责任属于中央财政；若受益范围为区域公民，则支出责任在地方。原则上，承担公共产品与服务供给的政府应该尽可能是与行政区域与公共品外部效应覆盖范围相一致的政府。[①] 如果全国的公共产品由地方政府提供，那只能各级政府分别提供，这样形成规模不经济，地方政府提供的公共产品的成本高于收益，而且将本该属于中央政府的责任推卸给地方政府，地方政府的积极性会因为“搭便车”大大下降；如果地方的公共产品由中央政府提供，由于信息不对称，对各地区的具体情况不了解，易导致公共产品的供需脱节，增加供给的成本，这两种情况都造成了中央利益与地方利益的不平衡。

公共产品可分为全国性受益公共产品和地区性受益产品，我国应当根据公共产品的受益范围来划分各级政府的职能，并应以此来分配税权和财权。由中央政府负责提供有益于全国范围的纳税人的公共产品，而对于那些虽然

① 胡书东：《经济发展中的中央与地方关系——中国财政制度变迁研究》，上海三联书店、上海人民出版社2001年版，第168页。

只惠及某一区域居民，但对全社会发展至关重要的公共产品，在地方政府拥有一定自主权的前提下，主要由中央政府提供，这也是为了维护局部利益的需要。除此之外，政府的权力应当最大限度地发挥效用，一般来说，管辖范围愈小的政府单位，由于更加了解本区域内居民的偏好，其决策结果与合理的市场决策愈接近。因此，较小规模的政府单位所做出的决策比较大的政府单位做出的决策往往更有效率。[①] 我国地方政府区别于中央政府，它不是万能政府，而是有限政府，主要负担基础教育、消防、地区性交通、治安、城建、地方性法律的制定和实施等方面的支出，它在提供公共产品和服务时仅限于本辖区范围内，即地方政府主要承担的是省级及省级以下区域的居民所需的公共产品及服务的供给。

我国目前在中央税与地方税的划分上未真正遵循受益原则，这主要因为我国中央政府与地方政府有很多交叉的事权，难以判断事权的归属。我国宪法规定：中央政府拥有最广泛的事权，包括行政立法权、行政提案权、行政监督权、人事行政权、建制权及全国人大及其常委会授予的其他职权。地方政府同时也拥有行政执行权、行政领导权、行政监督权、行政管理权等其他事项的办理权。可见，在政府履行其职能时，并没有一个明确固定的划分原则与分工，中央利益与地方利益难以兼顾，“职责同构”现象明显，上级政府有的职责，下级政府也有。在实际工作中出现利益之争，有问题就相互推诿，行政效率低下。

① 阿图·埃克斯坦，张愚山译：《公共财政学》，中国财政经济出版社 1983 年版，第 123 ~ 130 页。

第二章　中国现行地方税体系的形成与发展

税收制度是国家经济制度的重要组成部分。一般说来，建立什么样税收制度是由国家的经济和财政制度所决定的。我国现行地方税体系是伴随着中国特色社会主义制度的建立和改革而建立和发展起来的。从 1949 年新中国成立到 1978 年的 30 年间，我国同世界社会主义阵营其他国家一样，逐步建立和实行了以中央集权、高度计划经济和公有制经济为特征的传统社会主义经济模式。与之相适应，实行的是“高度集中、统收统支”管理体制，税收在国家分配中的地位和作用并不突出。因此，严格意义上讲，这一时期，直到 1994 年实行分税制财政体制之前，我国并没有建立起真正意义上的地方税体系。尽管这一时期，特别是 20 世纪 80 年代实行“利改税”后，为了调动地方积极性，中央进行了税收分配制度的调整，将部分税收收入划定为地方政府的固定收入，出现一些收入完全或部分归地方所有的税种，但地方税作为一个完整的税制体系，并没有形成。1994 年，我国进行了分税制财政体制改革，同时配套进行了税制改革，将作为财政收入主要来源的税收收入，分别按照税种、税源或比例划分为中央和地方收入，建立起了真正意义上的地方税体系。总体上看，我国现行地方税体系的形成和发展经历了新中国成立初期、计划经济时期、社会主义商品经济时期和社会主义市场经济时期四个阶段。

第一节　中国地方税体系的雏形

自 1949 年新中国成立到 1994 年分税制改革这数十年间，我国随着经济财政体制的变化进行了多次税制改革与调整。尽管历次税制改革和税收分配方式调整，都或多或少地影响到中央和地方政府之间的税收利益分配，甚至出现将部分收入规模较小的税种实现的全部税收收入划归地方政府的做法，但由于财政体制没有发生根本性改变，并非是在分税制财政体制框架下进行的税收分配，因而也就不存在地方税体系。因此，可以把这一时期看成中国地方税体系的雏形阶段。

一、新中国成立初期的地方税收

1949 年 10 月 1 日新中国成立。随着新生人民政权的建立，统一全国的政治和经济制度提上了重要日程。1950 年 1 月，中央人民政府政务院颁布实施了《全国税政实施要则》、《关于统一全国税政的决议》和《全国各级税务机关暂行组织规程》，统一了全国税制，建立起新中国的第一套税制。《全国税政实施要则》规定：除农业税外，全国统一开征 14 种工商税，包括货物税、工商业税、盐税、关税、薪金报酬所得税、存款利息所得税、遗产税、房产税、地产税、特种行为消费税、印花税、交易税、屠宰税、车船使用牌照税等。

由于当时国家财力极度空虚的特定历史条件，中央政府不得已实行了“高度集中、统收统支”的财政管理体制。1950 年 3 月 24 日，政务院通过并发布《关于统一管理 1950 年度财政收支的决定》，规定：不仅财政管理权限集中在中央，财力也须集中于中央，除经中央批准的地方附加外，各项财政收支均由中央政府调拨使用。这一财政体制对于迅速集中国家财力，平衡财政收支，起到了积极作用。但相比之下，地方财力十分匮乏，机动性很小。地方政府的主要收入依赖于城市开征的城市附加和政教事业费、县人民政府征收的公粮附加（5%~15%），根本无法满足地方财政的需要，地方财政困难日益显现。随着国民经济形势趋于稳定，中央政府财政拮据状况有所缓和，统收统支财政管理体制的诸多弊端也就逐渐显现出来，主要是地方机动财力不足，资金经常处于上缴下拨的过程，十分费时误事。1951 年，中央政府开始在全国实行了“统一领导、分级管理”的财政管理体制，将先前实行的“收支两条线”改为“收支挂钩”，地方可以从本地区组织的收入中留用一部分，以充抵自身的财政支出，地方政府有了自身的收支范围。但是，地方财力仍然十分薄弱，财权相当有限。在“高度集中、统收统支”的财政管理体制下，税收收入全部归中央所有，从税收分配角度而言，这一时期实际上也就没有地方税收。

随国民经济的恢复和国家财政经济状况的好转，我国大规模的社会主义建设全面展开，进入了第一个五年计划时期。与此同时，国家开始有计划地对农业、手工业和资本主义工商业进行社会主义改造。为使税收制度适应新形势的变化，1952 年，我国按照“保证税收、简化手续”原则进行了税制改革，政务院财经委员会颁布了《关于税制若干修正及实行日期的通告》，通告自 1953 年 1 月 1 日起实行新的税制。同时还颁布了《商品流通税试行办法》、《商品流通税试行办法施行细则》。这次改革的主要内容包括：将 22 种产品（包括酒、卷烟、面纱、化肥、火柴、水泥、原木、平板玻璃、麦粉、轮胎、生铁、钢材、有色金属、焦炭、矿物油）原来在生产和销售各个环节缴纳的各项税收合并改征商品流通税，实行从生产到零售一次课征制。同年，将特种消费行为税改为文化娱乐税。减并后的税制包括：商品流通税、货物税、工商营业税、工商所得税、文化娱乐税、利息所得税、船舶吨税、车船使用牌照税、印花税、盐税、关税、城市房地产税、牲畜交易税、屠宰税、农（牧）业税、契税。

就财政管理体制而言，沿着 1951 年财政分级管理的路径，1953 年 8 月，在全国财政会议上，周恩来明确提出改进财政管理体制的指导思想。即在中央统一领导下，划分职权范围，分级管理，层层负责。实行三级（中央、省市、县）预算制度，划分中央与地方的收支范围。1954 年全国开始实行“统一领导、划分收支、分级管理、侧重集中”的财政体制，即“分类分成”的财政管理体制。

在预算收入的划分上，将国家预算收入分为三类：固定收入、固定比例分成收入、调剂收入（详见表 2－1）。

表 2－1　　1951 年中央与地方的财政收入划分

中央固定收入	地方固定收入	中央与地方固定比例分成收入	调剂收入
烟酒专卖	利息所得税	工商营业税	货物税
关税	契税	工商所得税	商品流通税
盐税	印花税	农（牧）业税	
信贷保险收入	屠宰税		
国营企业利润和折旧	牲畜交易税		
中央和大区事业收入	文化娱乐税		
中央和大区行政收入	车船使用牌照税		
中央和大区公产收入	城市房地产税		
	地方国营企业利润和折旧		
	公用事业附加		
	地方公产收入		
	地方事业收入		
	地方行政收入		
	其他收入		

在预算支出的划分上，由于社会主义改造的需要，基本按照隶属关系划分，属于地方的企事业和行政单位支出，列入地方预算。属于中央的企事业和行政单位支出，列为中央预算。地方的财政支出，首先用地方的固定收入和固定比例分成收入抵充，如有不足，则用调剂收入弥补。如果预算执行后，收入超收，结余留给各级地方政府支配。如果收入不能按计划完成，增支的部分由各级政府负责调剂解决。

此次改革打破了1950年以来“统收统支、高度集权”的财政体制，使地方首次有了较为稳定的税收收入，这些税收收入主要来源于利息所得税、印花税、城市房地产税、屠宰税、文化娱乐税、牲畜交易税、车船使用牌照税7个税种，而且，这7个税种此后数十年里一直成为我国稳定的地方税收收入。但并不能就此认为我国已建立地方税体系，这是因为我国没有分税制财政体制的环境，而且地方的主要税种收入过低，所占份额过少。以1957年为例，上述7个税种的收入总额只有8.2亿元，仅占全国税收总额的5.3%，而作为调剂收入的商品流通税和货物税占到税收总额的近40%（详见表2－2）。所以，地方的机动财力受到极大制约，可供地方支配的财权几乎没有。

表2－2　　1957年中国分税种收入统计表

项　目	收入（亿元）	占税收总额的比重（%）
关税	5.8	3.7
盐税	6.3	4.1
货物税	22.6	14.6
商品流通税	37.7	24.3
工商营业税	28.5	18.4
工商所得税	16.2	10.5
利息所得税	0.1	0.1
城市房地产税	2.1	1.4
车船使用牌照税	0.4	0.3
印花税	1.6	1.0
屠宰税	3.4	2.2
文化娱乐税	0.2	0.1
牲畜交易税	0.4	0.3
农业税和牧业税	29.7	19.2
合计	154.9	100

资料来源：刘佐：《新中国税制60年》，中国财政经济出版社2009年版，第484～485页。

二、传统计划经济条件下的地方税收

社会主义改造完成后，我国逐步仿效前苏联建立起单一公有制经济下的计划经济模式，税收制度也相应地进行了调整。1958 年至 1959 年施行“分类分成”的财政体制，财权下放，地方首次对七种地方税拥有了管理权限。1959 年起施行“总额分成”的财政体制，将部分行政权力下放，由地方统收统支，地方获得了较大的财政自主权，但是，这次分权化调整仅限局部领域的权利（力）下放，缺乏配套措施和根本的制度保障，并且催生了地区分割、重复建设等不良后果。两年之后，即 1961 年，中央收回了大部分下放给地方的权利，重新实行高度集中的财政管理体制，一直维持到 1970 年。1973 年，我国进一步简化工商税制，开征工商税，逐渐演变成单一税制。由于这一时期我国总体上实行的是高度集中的财政管理体制，总体上看，这一时期我国仍然没有形成体系的地方税体系。

（一）1958 年简化工商税制后的地方税收

1957 年，财政部向中央报送了《关于改革工商税收制度的报告》，认为在社会主义改造取得胜利后，现行工商税收的社会主义改造职能已然失去基础，而且现行工商税收制度比较复杂，其理由：一是对一个企业要同时征几种税；二是计税价格手续复杂，且与工厂实际销售价格脱节；三是同一件产品从原料到成品，中间要多次征税。因此，必须简化现行工商税制，建议将商品流通税、货物税、营业税和印花税合并成一种税，拟称统一税。该报告得到了中央的同意，并陆续在部分行业试行工商统一税。1958 年 9 月 13 日，财政部颁布《中华人民共和国工商统一税条例施行细则（草案）》，正式将商品流通税、货物税、营业税、印花税合并为工商统一税。至此，我国税制一共设立 14 种税收，即工商统一税、工商所得税、盐税、关税、利息所得税（1959 年停征）、城市房地产税、文化娱乐税（1966 年停征）、契税（契税基本上停止征收）、屠宰税、牲畜交易税、车船使用牌照税、船舶吨税、农业税（1958 年由全国人民代表大会常务委员会立法）和牧业税。

1958 年，为调动地方政府的积极性，进一步分权于地方，仍然实行“分类分成”的财政管理体制。

在收入方面，属于地方财政收入的有地方固定收入、企业分成收入、调剂分成收入三类。固定收入包括地方事业收入、原有地方企业收入、其他收入、七种地方税收[①]。企业分成收入包括两类：一类是中央划归地方管理的企业，地方分得其收入的20%；另一类是中央管理的部分企业，但地方参与利润分成，其收入的20%给该企业所在的省（市）。调剂分成收入包括：工商营业税、商品流通税、农业税、工商所得税、货物税和公债收入。至于调剂分成收入划给地方的比例，主要依据各地区平衡财政的需要，分别计算确定。

在支出方面，属于地方财政的支出有两种：一是地方的经常性开支，包括地方经济建设事业费、行政管理费、社会文教事业费以及其他经常性的支出，这些支出由经中央确定的地方财政收入抵补。二是由中央专款解决的支出，包括大规模移民垦荒、基本建设拨款、重大灾荒救济等特殊性开支。该专款每年确定一次，由中央拨付，列入地方预算。

为使地方财政的收支平衡，满足地方日常开支，地方的收入项目和分成比例将按以下四种情况确定。第一，若地方正常支出能用地方固定收入满足，则中央不再划给地方别的收入，如有多余，结余按一定比例上交；第二，若地方正常支出难以用地方固定收入抵补的，则中央把企业分成收入划给地方，如有多余，要按一定比例上交；第三，若用地方固定收入和企业分成收入仍难以抵补地方正常支出，则地方会得到一定比例的调剂收入，以此抵补差额；第四，如果地方固定收入、企业分成收入、调剂收入全划给地方，仍难以满足地方正常开支，则由中央财政拨款补助。最后，地方经常开支和划分收入的基数以1957年预算为基础，分成比例一经确定五年不变。分成比例确定后，如果地方经营得当，产生结余，将其全部留给地方。

在财政管理权限方面，下放部分财权给地方。一是下放部分税收管理权限，将城市房产税、屠宰税、印花税、利息所得税、文化娱乐税、牲畜交易税、车船使用牌照税等7个收入较小的税种的管理权限下放地方，由省、市、自治区掌握。二是允许省、市、自治区对部分税种在规定范围内实行减免和加成征税措施，包括工商营业税、工商所得税、商品流通税、货物税。三是对盐税税额，省、市、自治区可作必要的调整，报国务院备案。四是对个体手工业和商贩中少数收入较多者，省、市、自治区可对其加成征税。五是对某些利润较大的土特产品和副业产品，允许省、市、自治区开征地方税收。经过此次大幅度下放税收管理权，地方政府获得了较大的财政自主权，中央只掌握全国性税收的立法权和政策制定权。

---

① 七种地方税收为印花税、利息所得税、屠宰税、牲畜交易税、城市房地产税、文化娱乐税和车船使用牌照税。

相较于过去的财政管理体制，此次财权的下放有以下特点：一是在收入划分方面，地方首次参与中央企业收入分成；二是在划分支出方面，在过去，基本建设经费属于地方支出范围，而这次改为全部由中央专案拨款，不再算入地方正常支出基数；三是将过去的“以支定收、一年一变”改为“以收定支、五年不变”。此前，每年都由中央确定地方的支出，再根据地方支出划给一定收入项目，以此确定分成比例。改革后，地方的财政收入项目以及分成比例一经确定五年不变。根据各自收入情况，地方自行安排支出，年终结余不必按比例上交中央而是全部留给地方。

经过1958年的改革与调整，虽然地方能完全掌控的税项收入依然十分有限：七种地方税仅占税收总额的5%左右，收入较大的税种皆为调剂收入，由中央支配。但相较于建国之初，地方已经拥有了较为稳定的地方税种以及相应的管理权限。上述七个税种的地方税特征更为明显。

为克服高度集权下的官僚体制弊端，中央决定向地方下放财权。1958年9月，国务院通过了《关于进一步改进财政管理体制和改进银行信贷管理体制的几项规定》，要求在继续下放收支项目的同时，适当收缩一部分地方机动财力。决定从1959年起中央对地方开始施行以“收支下放、计划包干、地区调剂、总额分成、一年一变”为内容的财政体制。

收支下放，就是不再区分地方固定收入、企业分成收入、调剂分成收入，将包括税收在内的各项收入均划给所在的省、市、自治区管理，作为地方收入。这就使财政再次蜕化到由地方“统收”的“混沌”状态。当然，仍有少数由中央直接管理的企业收入，包括邮电、外贸、海关、铁道等。在支出方面，也大部分由地方“统支”，除了少部分支出以外①，大部分支出项目都划给地方，不再区分中央专项拨款和地方支出。

计划包干，就是地方的财政收支根据国民经济计划和其他有关指标计算，收支相抵后，入不敷出的地方由中央补助，收入富余的地方，多余部分按比例上解。在预算执行中，收入超收的部分要按原定比例上解，中央补助款项按原计划数额拨补，如果年终仍有结余，则归地方自行安排。

一年一定，就是中央每年核定地方当年的财政收支指标、分成比例、补助数额。

总额分成，就是地方总额分成的比例为地方财政总支出与地方组织的总

① 中央部门直接办理的支出包括：少部分经济建设支出（包括基本建设拨款）、中央级行政和文教支出、援外支出、国防费、债务支出。

收入之比。

地区调剂，就是地方上解中央的收入主要用于补助财政收入不足的地区。

这一财政体制被通称为“总额分成”财政体制，一直延续到1970年。可以看出，这种“总额分成”的财政体制有向“统收统支”财政体制复归的趋势。因为，从收入上来讲，全国财政收入基本上由地方政府统一负责征收；从支出上来讲，各项收入由地方根据中央的命令统一安排使用，中央根据地方当年的财政情况，一年核定一次。而且，地方的分成比例和补助数额每年都要按照中央的指示来调整。

由于“总额分成”的财政体制下大部分税源由地方统收，不再区分地方固定收入与调剂收入，虽然地方仍对7个收入较少的税种有管理权，但在“一年一变”的制约下，地方的财政自主权受到极大约束。因此，这一时期实际上也就不存在地方税之说，更谈不上地方税体系。

（二）1973年税制再度简化后的地方税收

进入20世纪70年代，由于国有经济、集体经济一统天下，国家财政收入中国有企业上交利润比重越来越大，税收比重显著下降。而且，在单纯计划经济体制条件下，税收调控经济的作用也就无从发挥。于是，普遍认为当时的税制仍然过于繁琐，应进一步简化。1972年，国务院向全国批转了财政部报送的《中华人民共和国工商税条例（草稿）》和《关于扩大工商税试点的报告》。1973年，全国开征工商税。

1973年简并税制的主要内容包括三个方面：一是合并税种。把工商企业缴纳的工商统一税及其附加、城市房地产税、车船使用牌照税、屠宰税等合并为工商税。把盐税也并为工商税的一个税目（盐税征收办法没有改变，实际上仍然是一个单独的税种）。合并以后，国有企业只需缴纳一种工商税，集体所有制企业只要缴纳工商税和工商所得税两种税。二是简化税目和税率。实行工商税以后，税目由过去的108个减少为44个，税率由过去的141个减少为82个，其中不同的税率只有16个。按照新的税率表，多数企业可以只按一个税率计算纳税。三是调整了少数税率。在保持大多数行业和企业原来税负水平不变的同时，对少数行业的税率作了调整。如农机、农药、化肥、水泥的税率降低了一些，印染、缝纫机、自行车、手表的税率略有提高。税率调整以后，有的地区税收要增加一些，多数地区没有增加或者略有减少。据测算，全国税收总额约减少5‰。四是取消了原税制中一些征税办法，将一部分税收管理权限下放给地方。

由于过分强调简并税种，简化征收办法，对国营企业只征收一种税，对集体企业只征收工商税和工商所得税两种税，税收的经济杠杆作用进一步受到削弱。而且，税制由新中国成立时期的复合税制，被简并为单一税制。

从财政管理体制上来看，1971 年至 1973 年施行的是“定支定收、收支包干”的财政体制，1974 年至 1975 年施行的“收入按固定比例留成、支出按指标包干”的财政体制，1976 至 1979 年，大部分地区实行的是“总额分成”的财政体制。在上述体制下，作为单个税种出现的地方税收基本不存在，地方税体系的概念也就无从谈起。

从社会主义改造完成后的 1958 年到 1978 年实行改革开放以前，我国财政主要依靠企业上缴利润，税收收入并不是最主要的财政收入。无论是国营企业还是集体企业，上缴利润大都高于税收收入。在这二十年间，除去其他零星收入，在财政收入中，企业上缴利润平均占比 53.74%，税收收入平均占比 46.26%①，直到实行“利改税”，税收收入才逐渐成为政府财政收入的主要来源。

三、社会主义商品经济条件下的地方税收

1978 年，中国共产党召开了十一届三中全会，决定实行改革开放，进行经济体制改革。从 1978 年十一届三中全会召开到 1993 年十四届三中全会召开的 15 年间，我国对如何建设社会主义进行从理论到实践的新探索，不断突破计划经济的束缚，深化经济体制改革，大力发展社会主义商品经济。

这一时期，与发展社会主义商品经济的理论创新和改革实践相适应，我国经济领域的各项改革全面展开，其中，税制改革既是先行者，也是重要领域。随着税制改革的推进，特别是实行“利改税”后，税收在中央与地方、国家与企业、国家与个人的利益分配中扮演越来越重要的角色。税收收入在财政收入中的比重大幅度提升，逐渐成为中央和地方财政收入的主要来源。就税制而言，税种更加多元化，税收的财政职能和宏观调控职能更加突出。与此同时，由于中央与地方财政分配体制，尤其是税收分配体制的变化，部分税种全部或部分地成为地方财政收入的确定来源，出现了财政意义上的地方税种，如地方国营企业所得税、集体企业所得税、农牧业税、车船使用牌照税、城市房地产税、屠宰税、牲畜交易税、集市交易税、契税、城市维护建设税等。尽管如此，由于各级财政实行的主要是分级包干的财政体制而非

① 依据《新中国五十年统计资料汇编》中数据计算而得。

分税制财政体制，即采用“分类分成”与“总额分成”相结合方式进行财政收入分配，因此，不能称之为真正意义上的地方税税制体系，但确是分税制改革后的地方税体系的雏形。

（一）“利改税”对中国地方税收的影响

从1980年开始，我国在400多家工业企业进行了以税代利的改革试点，在此基础上，国务院于1983年4月批准了财政部《关于国营企业利改税试行办法》，决定在全国开始实行利改税的第一步，即实行税利并存的制度。具体做法是引入“企业所得税”，按55%的税率对大中型国营企业开征企业所得税，税后利润一部分上缴国家，一部分按国家核定的留利水平留存；另外，按照八级超额累进税率对有盈利能力的小型国有企业开征企业所得税，完税后，企业自负盈亏，政府不再拨款；按15%的税率对招待所、营业性的宾馆、饭店和饮食服务公司开征企业所得税，国家不再拨款，其盈亏由商业主管部门调剂处理；对县以上的供销社，按八级超额累进税率缴纳所得税，国家不再拨款。

1984年9月，国务院批转了财政部关于国营企业推行利改税第二步改革的报告和试行办法，对原来的税种、税率进行了调整。改革的具体内容，一是将工商税拆分为产品税、营业税、增值税和盐税，同时，调整产品税的税率，细分税目；二是开征资源税，征税对象为某些采掘企业；三是恢复和开征城镇土地使用税、房产税、车船使用税和城市维护建设税等四种地方税（由于时机尚不成熟，决定暂缓开征，保留税种），农（牧）业税、烧油特别税、国营企业缴纳的屠宰税、建筑税以及奖金税等，仍按原有规定征收；四是对盈利的国营企业征收所得税，依据企业的规模核定税率，大中型国营企业仍按照55%的比例税率纳税，小型国营企业适用新的八级超额累进税率；五是对大中型国营企业缴纳所得税后的剩余利润，征收调节税（税率根据企业不同情况核定，以1983年利润为基数，基数部分依率计征，增长部分减征70%，一定七年不变）。

“利改税”，特别是第二步“利改税”使国营企业从“税利并存”过渡到完全的“以税代利”，税收在财政收入中的比重迅速上升，成为主要来源。而且，税制结构也发生了重大变化，改变了此前的工商税一税独大格局，税种设置更加多元化，更为均衡，形成了产品税、国营企业所得税、营业税、关税等多税种、多主体的复合税制结构（见表2－3）。“利改税”也使进行财政管理体制改革，合理划分中央税与地方税成为可能，为建立和完善地方税创造了条件。

表 2－3　　中国分税种收入统计表

1982 年税种	各税收入（亿元）	占税收总额比例（%）	1985 年税种	各税收入（亿元）	占税收总额比例（%）
1. 工商税	551.1	78.7	1. 产品税	581.9	28.5
2. 增值税	1.7	0.2	2. 增值税	159.3	7.8
3. 盐税	9.5	1.4	3. 盐税	10.0	0.5
4. 烧油特别税	9.1	1.3	4. 烧油特别税	17.0	0.8
5. 关税	47.5	6.8	5. 营业税	212.8	10.4
6. 工商所得税	48.2	6.9	6. 工商统一税	13.3	0.7
7. 中外合资企业所得税和外国企业所得税	0.1	—	7. 关税	205.2	10.1
8. 个人所得税	0.1	—	8. 国营企业所得税和国营企业调剂税	595.8	29.2
9. 城市房地产税	0.7	0.1	9. 集体企业所得税	99.6	4.9
10. 车船使用税	—	—	10. 中外合资企业所得税	0.2	—
11. 屠宰税	1.6	0.2	11. 外国企业所得税	1.3	0.1
12. 牲畜交易税	0.4	—	12. 个人所得税	1.3	0.1
13. 集市交易税	0.1	—	13. 各类奖金税和国营企业工资调节税	9.9	—
14. 农业税和牧业税	29.4	4.2	14. 城市房地产税	0.9	—
15. 其他	0.5	—	15. 契税	0.3	—
16. 合计	700.0	100.0	16. 资源税	16.6	0.8
			17. 车船使用牌照税	0.2	—
			18. 城市维护建设税	46.9	2.3
			19. 建筑税	22.9	1.1
			20. 屠宰税	2.0	0.1
			21. 牲畜交易税	0.5	—
			22. 集市交易税	0.3	—
			23. 农业税和牧业税	41.8	2.0
			24. 合计	2 040.8	100.0

资料来源：刘佐：《新中国税制 60 年》，中国财政经济出版社 2009 年版，第 486～487 页。

此后，我国又陆续开征和调整了部分税种，如：1985 年将农业税由征收粮食为主改为折征代金①，1986 年开征城乡个体工商业户所得税，1987 年开征个人收入调节税，1988 年开征私营企业所得税，1989 年开征特种消费税，1991 年开征固定资产投资方向调节税。此外，调整了契税政策，全面开征农林等特产税和耕地占用税，等等。到 1993 年，我国开征的税种共达 39 个。

（二）财政分配体制调整催生地方税

实行改革开放后，为进一步调动地方积极性，我国从 1980 年开始，不断调整中央与地方的财政分配方式，通过分配方式调整激励地方大力发展经济，开辟税源和财源。先是在 1980 年，实行“划分收支、分级包干”的财政体制，又称“分灶吃饭”。具体做法就是，按照经济体制规定的隶属关系，将财政收入分为中央固定收入、地方固定收入、中央与地方的调剂收入。其中，地方收入由地方固定收入和调剂收入构成。地方固定收入包括：盐税、地方所属企事业的收入、工商所得税、农业税、城市房地产税、屠宰税、车船使用牌照税、牲畜交易税、集市交易税、契税和地方其他收入。中央与地方的调剂收入为工商税。这样，我国税制中从此就有了多个收入明确、固定归地方所有的税种及地方税种，来源于地方税种的税收收入比重大幅度提高。

1984 年税制改革后，由于税制结构的变动，中央与地方之间的财政收入分配关系也要进行调整，以前按企业收入划分的形式已不再适宜，遂将原来“划分收支”改变为“划分税种”，但“分级包干”的精神仍然不变。从 1985 年起，各省、自治区、直辖市实行“划分税种、核定收支、分级包干”的财政管理体制。在收入的划分上，继续分为中央固定收入、地方财政固定收入及中央地方共享收入。

划为地方财政固定收入的税收包括：地方国营企业缴纳的所得税、调节税，农业税，牧业税，集体企业缴纳的所得税，牲畜交易税，车船使用牌照税，契税，城市房地产税，屠宰税，集市交易税，城市维护建设税，石油部等单位所属企业缴纳的产品税、增值税、营业税的 30%，待开征的土地使用税、车船使用税、房产税。

起调剂作用的收入为：营业税（不包括上述划为中央和地方固定收入的

① 折征代金指征收机关按照税法规定，将纳税人应纳税额的实物量按照国家规定的征收价格折算成金额，以货币形式征收。

部分），产品税，增值税，资源税，个人所得税，国营企业奖金税，建筑税，盐税，外资企业、中外合资企业缴纳的工商统一税、所得税（不包括海洋石油企业缴纳的部分）。

实行上解、分成、补助时区分不同情况。一方面，福建、广东两省仍实行财政大包干办法。另一方面，对其他地区，在划分各省、自治区、直辖市的财政收支范围后，若地方财政固定收入大于其支出的，结余定额上解中央财政，若小于地方支出的，从共享收入中确定一个中央与地方的分成比例，分给地方一部分。若将共享收入全部留给地方后，地方财政仍入不敷出，则由中央定额补助。共享收入的分成比例以及上解、补助的数额一经确定，五年不变。地方多收则多出，少收则少支，自求平衡。

但是，“划分税种、核定收支、分级包干”的财政体制仍有不少缺陷，最主要的就是“鞭打快牛”，收入多则上解多，收入少则上解少，不利于调动地方组织收入的积极性，不利于鼓励地方发展经济。同时，中央财权的不断下放，使得中央本级财政的收入相较于地方收入持续萎缩，中央收入占全国财政收入的比例逐年下降。不得已，于 1988 年开始对全国 39 个地方分别实行不同形式的财政包干办法，包括：收入递增包干、总额分成、总额分成加增长分成、上解额递增包干、定额上解和定额补助。

在分级包干财政体制下，虽然划分了地方税种，并且地方税的种类在不断扩大，但仍然不能认为就形成了地方税体系。究其原因，一方面是因为地方固定收入中地方税的收入比重太小，对地方财力支撑力极其微弱。如 1982 年，城市房地产税、车船使用税、屠宰税、牲畜交易税、集市交易税 5 个传统意义上的地方税种的全部收入仅占全国税收总收入的 4.5%。另一方面，“分类分成”的财政体制难以执行，实际上仍按照“总额分成”的老办法实施。只有在“分类分成”的财政体制中，才划分地方固定收入，而地方固定收入中一般含有地方税种。也就是说，在财政包干体制下，只有在“分类分成”的财政体制内才会产生地方税体系。

这一时期内，1980 年开始实行的“划分收支、分级包干”财政体制，在 1983 年就被调整为“按固定比例总额分成”的包干办法；1985 年确定的“划分税种、核定收支、分级包干”财政体制也未能实行。主要是因为当时的财政体制改革只是被动地、局部地区适应经济体制改革中的诸多变化，不具备完全实行“划分税种”的诸多条件，难以科学合理地划分税种，因此，中央不得不在 1985 年和 1986 年实行总额分成的分配方式，即将地方财政的固定收入以及与中央的共享收入加在一起，确定一个分成比例，且同地方财政收支挂钩，但中央财政固定收入不参与总额分成。1988 年施行的按多种形式包干的财政体制，也具有浓厚的“总额分成”色彩。但这样仍然不能缓解中央财力持续下降的困窘，主要是因为税制也不能很好地适应经济多元化和市场化发展步伐，为各种经济主体的平等发展松绑。于是，进行分税制改革，建立适合我国国情的地方税体系已是财税体制改革的必然选择。

第二节 中国地方税体系的建立与完善

1993 年，党的十四届三中全会通过的《中共中央关于建立社会主义市场经济体制若干问题的决定》，为适应我国社会主义市场经济发展，实行了经济领域新一轮的全面改革，财税体制改革首当其冲。《决定》明确提出：“积极推进财税体制改革。近期改革的重点，一是把现行地方财政包干制度改为在合理划分中央与地方事权基础上的分税制，建立中央税收和地方税收体系。维护国家权益和实施宏观调控所必需的税种列为中央税，同经济发展直接相关的主要税种列为共享税。充实地方税税种，扩大财源，合理确定中央财政收入和地方财政收入的比例。实行中央财政对地方的返还和转移支付的制度，以调节分配结构和地区结构，特别是扶持经济不发达地区的发展和老工业基地的改造。二是按照统一税法、公平负担、简化税制和合理分权的原则，改革和完善税收制度”①。

1994 年，我国实施了影响深远的财税体制改革，实行分税制体制，同时进行税制改革，初步建立了与分税制财政体制相适应的税制体系，地方税体系应运而生。

一、中国的分税制改革与税制改革

1992 年 10 月，中国共产党第十四次全国代表大会召开。十四大报告中明确提出：“要深化分配制度的改革，统筹兼顾国家、集体、个人三者利益，理顺国家与企业、中央与地方的分配关系，逐步实行税利分流和分税制。”1993 年 3 月召开的八届人大一次全会《政府工作报告》中再度提出：要进一步改革财政税收体制，理顺中央与地方、国家与企业的分配关系，改革方向

---

① 《中共中央关于建立社会主义市场经济体制若干问题的决定》，载于《人民日报》1993 年 11 月 17 日。

是实行中央与地方的分税制和国有企业的利税分流。同年 11 月 14 日，中共十四届三中全会通过了《中共中央关于建立社会主义市场经济体制若干问题的决定》。提出要积极推进财税体制改革，一是把现行地方财政包干制改为在合理划分中央与地方事权基础上的分税制，建立中央税收和地方税收体系；二是按照统一税法、公平税负、简化税制和合理分权的原则，改革和完善税收制度。至此，实行分税制财政体制和与之配套的新的税制已势在必行。

（一）分税制财政体制改革

1993 年 12 月 5 日，国务院印发《国务院关于实行分税制财政管理体制的决定》，从 1994 年 1 月 1 日起改革地方财政包干体制，对各省、自治区，直辖市以及计划单列市实行分税制财政管理体制。改革的主要内容是在划分中央与地方事权和支出的基础上，重新划分中央与地方的收入。即根据事权与财权相结合的原则，按税种划分中央与地方的收入。将维护国家权益、实施宏观调控所必需的税种划为中央税；将同经济发展直接相关的主要税种划为中央与地方共享税；将适合地方征管的税种划为地方税，并充实地方税税种，增加地方税收入。

中央固定收入包括：关税，海关代征消费税和增值税、消费税，中央企业所得税，地方银行和外资银行及非银行金融企业所得税，铁道部门、各银行总行、各保险总公司等集中交纳的收入（包括营业税、所得税、利润和城市维护建设税），中央企业上交利润等。外贸企业出口退税，除 1993 年地方已经负担的 20% 部分列入地方上交中央基数外，以后发生的出口退税全部由中央财政负担。

地方固定收入包括：营业税（不含铁道部门、各银行总行、各保险总公司集中交纳的营业税），地方企业所得税（不含上述地方银行和外资银行及非银行金融企业所得税），地方企业上交利润，个人所得税，城镇土地使用税，固定资产投资方向调节税，城市维护建设税（不含铁道部门、各银行总行、各保险总公司集中交纳的部分），房产税，车船使用税，印花税，屠宰税，农牧业税，对农业特产收入征收的税（简称农业特产税），耕地占用税，契税，遗产和赠予税，土地增值税，国有土地有偿使用收入等。

中央与地方共享收入包括：增值税、资源税、证券交易税。增值税中央分享 75%，地方分享 25%。资源税按不同的资源品种划分，大部分资源税作为地方收入，海洋石油资源税作为中央收入。证券交易税，中央与地方各分享 50%（见表 2－4）。

表 2-4　1994 年分税制改革时中央与地方税种（收入）划分

中央固定收入	地方固定收入	中央与地方共享收入
1. 消费税 2. 海关代征的消费税和增值税 3. 关税 4. 中央企业所得税 5. 铁道部门、各银行总行、各保险总公司集中缴纳的营业税、所得税、利润和城市维护建设税 6. 地方银行和外资银行及非银行金融企业所得税 7. 中央企业上交的利润 8. 外贸企业的出口退税	1. 个人所得税 2. 地方企业所得税（不含地方银行和外资银行及非银行金融企业的所得税） 3. 城镇土地使用税 4. 房产税 5. 地方企业上交利润 6. 固定资产投资方向调节税 7. 城市维护建设税（不含铁道部门，各银行总行，各保险总公司集中缴纳的部分） 8. 营业税（不含铁道部门、各银行总行、各保险公司集中缴纳的营业税） 9. 车船使用税 10. 契税 11. 屠宰税 12. 土地增值税 13. 农业特产税 14. 耕地占用税 15. 印花税 16. 遗产和赠与税 17. 农牧业税 18. 国有土地有偿使用收入	1. 资源税（海洋石油资源税归中央，其他资源税归地方） 2. 增值税（中央分享 75%，地方分享 25%） 3. 证券交易税 （中央分享 50%，地方分享 50%）

资料来源：《国务院关于实行分税制财政管理体制的决定》，载《中国财政年鉴》第 63 页，中国财政杂志社，1994 年。

为保持地方既得利益格局，中央财政对地方税收返还数额以 1993 年为基期年核定。按照 1993 年地方实际收入以及税制改革和中央与地方收入划分情况，核定 1993 年中央从地方净上划的收入数额（即消费税 +75% 的增值税 - 中央下划收入）。1993 年中央净上划收入，全额返还地方，保证现有地方既得财力，并以此作为以后中央对地方税收返还基数。1994 年以后，税收返还额在 1993 年基数上逐年递增，递增率按全国增值税和消费税的平均增长率 1∶0.3 系数确定，即上述两税全国平均每增长 1%，中央财政对地方的税收返还增长 0.3%。如若 1994 年以后中央净上划收入达不到 1993 年基数，则相应扣减税收返还数额。

（二）税制改革与地方税体系的建立

与分税制财政体制改革相配套，1993 年 12 月 25 日，国务院批转了国家税务总局报送的《工商税制改革实施方案》，本着“统一税法、公平税负、简化税制、合理分权，理顺分配关系，保障财政收入，建立符合社会主义市场经济要求的税制体系”的指导思想，对我国工商税制进行了重大改革。新税制于 1994 年 1 月 1 日期在全国实施。具体改革内容包括以下几个方面：

——改革所得税。一是统一内资企业所得税。将私营企业所得税、集体企业所得税、原国营企业所得税合并为企业所得税，同时将国营企业调节税取消，于 1996 年停征国家能源交通重点建设基金和国家预算调节基金，并将税率统一。把对各种经济成分适用的税率统一为 33%。对一些规模小、利润低的企业，适用 27% 和 18% 的低档税率。而且统一了计税标准、征收方法和优惠政策，使各企业的计算方法相同、计税口径一致。二是简并个人所得税，将个人所得税、城乡个体工商业户所得税、个人收入调节税这 3 个税种，合并为个人所得税。改革的主要内容包括：增加应税项目、调整税率、调整费用扣除额、采用统一的计算征收办法。

——改革流转税。把对外商投资企业和外国企业征收的工商统一税，以及对内资企业征收的产品税、营业税、增值税加以调整合并，形成了增值税、营业税、消费税三税并立的流转税制体系。其中，增值税在生产和流通环节普遍开征。同时选择少数消费品、奢侈品征收消费税，对转让无形资产、销售不动产、提供一般劳务服务仍然开征营业税。对内外资企业统一适用以上各税。另外，由于已不符合市场经济的内在要求，取消了两个收入规模较小的税种，即集市交易税和牲畜交易税。这次流转税制改革使我国流转税制具备了多层次的调节作用。

流转税制改革的核心是增值税：一是全面实行增值税，涵盖商品的生产、批发、零售和进口环节，但对大部分劳务和销售的不动产，增值税暂不开征。二是采取 3 档税率，即基本税率、低税率和零税率。对出口商品一般适用零税率。基本税率为 17%，低税率为 13%。三是实行根据发票注明税金抵扣税款的制度。四是对小规模纳税人，实行按照规定的征收税率和销售收入金额简易征收。五是改革增值税纳税制度。使用增值税专用发票，以专门登记缴纳增值税的纳税人；完善防止偷漏税的内在机制，建立交叉审计的稽查体系。

消费税是 1994 年税制改革中新设置的一个流转税。由于原来征收产品税的产品改征增值税后，不少产品的税负大幅下降，为了保障国家收入，同时体现税收的经济调节作用，抑制不合理的消费，考虑对一些特殊消费品进行调节，在征收增值税的基础上，对少数消费品再征一道消费税。其征收对象主要包括烟、酒、汽油、柴油、摩托车、小汽车、化妆品、贵重首饰等。

——其他税种改革。一是调整资源税。由于传统的盐税已不再是主要税种，决定将盐税并作资源税的一个税目。二是开征土地增值税。为规范土地、房地产交易秩序，决定以转让房地产的增值额为课征对象开征土地增值税。三是改征农业特产税。把农林特产农业税与产品税中关于农林水产品的10个税目合并，改征农业特产税，重新规定税率和征收办法。四是取消和简并一些税种。由于经济结构的变动，某些税种的调控作用日趋减弱，遂取消了国营企业工资调节税、事业单位奖金税、国营企业奖金税、集体企业奖金税4个税种；把燃油特别税、特别消费税并入具有特殊调节作用的消费税；为了简化和规范税制，推进分税制改革，把开停征屠宰税和筵席税的管理权下放给地方。

至此，我国真正意义上的地方税体系初步建立起来。

分税制实施后，规范了中央与地方间的财政分配关系，构建了以营业税为主体的地方税。分税制实施以前，中央与地方的财政分配更多是行政权力的分配，要么是统收统支的高度集权财政体制，要么是将部分行政权力下放，形成包干式的财政体制，政府间的财政分配关系仍然不规范，更多的是一种探索，政府间的财政分配关系存在着许多不合理的地方，仍不够规范，不是中央统得过死，就是给地方下放得过多。尤其是“财政包干”制，造成中央和地方的分配关系严重失衡。

分税制的实施使各个地区互不相同的包干方式被统一的地方税体系所替代，统一和规范了全国财政体制，减少了中央与地方间的相互挤占，大大减少了原来财政体制下分成的随意性和不固定性。使系统、完整的地方税体系得以确立。与以前相比，地方税收入更为稳定，地方税收收入占全部税收收入比重稳定在30%左右（见表2-5）。

表2-5　1995~2012年中国地方税收入及其占全部税收收入的比重

年份	地方税收入（亿元）	全部税收收入（亿元）	地方税收入占比（%）
1995	1 596.84	5 973.75	26.73
1996	2 094.04	7 050.61	29.70
1997	2 597.32	8 225.51	31.58
1998	2 950.80	9 092.99	32.45
1999	3 312.07	10 314.97	32.11
2000	3 733.70	12 665.80	29.48

续表

年份	地方税收入（亿元）	全部税收收入（亿元）	地方税收入占比（%）
2001	4 716.34	15 165.47	31.10
2002	5 308.69	16 996.56	31.23
2003	6 303.60	20 466.14	30.80
2004	7 863.87	25 723.48	30.57
2005	9 531.75	30 867.03	30.88
2006	11 448.86	37 637.05	30.42
2007	15 027.02	49 451.80	30.39
2008	18 301.15	57 861.80	31.63
2009	20 636.45	63 103.60	32.70
2010	25 890.46	77 394.44	33.45
2011	33 267.82	95 729.46	34.75
2012	42 168.56	110 740.04	38.08

资料来源：根据国家税务总局网站资料计算。

可以看出，地方税在税收总额中已占据一定比重，在20世纪80年代，作为地方固定收入的地方税，一般只占税收总额的十分之一强，而1994年分税制改革后，地方税收一般占到税收总额的30%。

二、实行分税制体制后地方税体系的调整与完善

随着改革的不断深化和国际形势的发展变化，特别是我国2001年正式加入了世界贸易组织后，中央对1994年分税制改革和税制改革时建立起来的税收分配体制以及中央和地方税种的划分进行了必要的调整和完善。

（一）税制调整

2003年以后，按照"简税制、宽税基、低税率、严征管"的基本原则，稳步进行税制改革，税制的变化对地方税体系产生了微妙影响。

取消部分地方税：废止《中华人民共和国农业税条例》，在全国范围内取消农业税，牧业税和除烟叶税以外的农业特产税也同时开始免征，同时颁布并实施烟叶税条例，实现了对烟叶农业特产税的替代；取消屠宰税，进一步减轻农民负担；取消筵席税。筵席税收入少、征管困难，且征收对象与营业税重叠，故于2008年正式废止；城市房地产税的原征税对象包括外国侨民、外国企业和外商投资企业，于2009年对其改征房产税；取消固定资产投资方向调节税，原因在于该税带有浓厚的计划经济色彩，由于市场瞬息万变，该

税的政策效果往往滞后于经济形势发展，若运用不当会对经济发展产生负面影响。

同时完善中央与地方税体系：完善企业所得税制度，一是统一内、外资企业所得税制度。二是调整新增企业所得税征管范围。规定："以 2008 年为基年，2008 年底之前国家税务局、地方税务局各自管理的企业所得税纳税人不作调整；2009 年起新增企业所得税纳税人中，应缴纳增值税的企业，其企业所得税由国家税务局管理；应缴纳营业税的企业，其企业所得税由地方税务局管理；既缴纳增值税又缴纳营业税的企业，原则上按照其税务登记时自行申报的主营业务应缴纳的流转税税种确定征管归属；企业税务登记时无法确定主营业务的，一般以工商登记注明的第一项业务为准；一经确定，原则上不再调整"①。

另外还完善增值税制度，实行消费型增值税改革试点；调整消费税政策，进一步增强消费税的调控功能；加入世界贸易组织后进一步改革和完善关税制度；修订个人所得税法，减轻居民税收负担；完善资源税制度，促进资源节约利用；调整出口退税政策，促进外贸增长方式的转变；不断健全耕地占用税和城镇土地使用税制度；规范和完善了车船使用税制度，统一内、外资企业的车船税政策。

（二）税收分配政策调整

在财政管理体制方面，调整了共享税收入的分成比例，对地方税体系有较大影响。

1. 实施所得税收入分享改革。所得税收入分享改革的指导思想主要是，"根据社会主义市场经济发展的客观要求，并借鉴国际通行做法和经验，在保持分税制财政体制基本稳定的前提下，进一步规范中央与地方的财政分配关系，为企业改革发展和公平竞争创造良好环境，促进地区之间协调发展和经济结构合理调整，维护社会稳定，逐步实现共同富裕"②。

改革的基本原则是：采取循序渐进的方式，在保障地方既得利益的前提下，统一全国的所得税分享范围和比例，同时中央因改革增加的收入全部用于对中西部地区的转移支付。

同时，考虑到铁路、邮政、四大国有银行及政策性银行、石油天然气等部门事关国家全局，因此不宜纳入收入分享范围。因为铁路和邮政部门政企

---

① 《国家税务总局关于调整新增企业所得税征管范围问题的通知》，国税发［2008］120 号。

② 《国务院关于印发所得税收入分享改革方案的通知》，国发［2001］37 号。

合一、垂直管理，加之铁路局的设置跟行政区划不完全对应，导致其缴纳的所得税难以在各地区间合理分配，只可能将其所得税收入划归中央统一管理；另外，将部分重要的国有银行所得税收入划给中央，有利于中央对其实施金融监管，能够更好的防范金融风险。由于石油产品易受国际影响，价格波动较为频繁，并且关系到国家的能源战略，为便于统一管理，宜将中石化、中石油缴纳的所得税作为中央收入。

所得税收入分享改革的主要内容有：（1）除国家邮政、铁路运输、四大国有商业银行、三家政策性银行以及海洋石油天然气外，中央与地方按统一比例分享其他企业所得税和个人所得税收入。（2）2002 年所得税收入，中央与地方对半分；2003 年，中央分六成、地方分四成，2003 年以后年度，根据实际情况确定中央地方分享比例。（3）实施增量分成。“以 2001 年为基期，按改革方案确定的分享范围和比例计算，地方分享的所得税收入，如果小于地方实际所得税收入，差额部分由中央作为基数返还地方，如果大于地方实际所得税收入，差额部分由地方作为基数上解中央”①。

2. 改革出口退税政策。从国际经验来看，出口退税一般由增值税负担。我国增值税中央与地方按 75∶25 比例分享，而出口退税则由中央全额负担，这种利益分享与责任分担的不对称势必导致出口增长越快，中央负担越重，难免产生欠退税问题。因此必须将权、责、利统一起来，由中央和地方共同负担出口退税。

经国务院批准，我国从 2004 年 1 月 1 日起实施出口退税负担机制改革。这次改革的指导思想是：“新账不欠，老账要还，完善机制，共同负担，推动改革，促进发展。”改革的主要内容：

一是按照“适度、稳妥、可行”的原则，区别不同产品，适度降低出口退税率。调整后的退税率分为五档，即 5%、8%、11%、13% 和 17%。“对鼓励出口的产品不降或少降退税率，对一般性出口产品适当降低退税率，对限制出口的产品和一些资源性产品多降或取消退税；二是加大中央财政对出口退税的支持力度，从 2003 年起，中央进口环节增值税、消费税收入增量首先用于出口退税；三是建立起由中央与地方共同负担的出口退税机制，从 2004 年起，以 2003 年出口退税实退指标为基数，对超过基数部分的应退税额，由中央和地方按 75∶25 的比例共同负担；四是推进外贸体制改革，调整

① 《国务院关于印发所得税收入分享改革方案的通知》，国发［2001］37 号。

出口产品结构；五是累计陈欠退税由中央财政负担”①。

2004 年开始实施的出口退税负担机制改革，总体运行良好，取得了明显阶段性成效。但在运行过程中也出现一些新情况，产生了新问题，从财政体制角度来看，突出表现在部分地区出口退税负担偏重，尤其是一些口岸城市以及东部地区，出口退税基数过大，仅靠地方分得的增值税收入难以负担，影响到地方财政的正常运行，为减轻财政压力，某些地方采取种种措施干预外贸发展。

针对新产生的问题，在广泛征求意见的基础上，经国务院批准，在 2005 年，对出口退税机制进一步完善，主要内容：“一是调整中央与地方出口退税分担比例，国务院批准核定的各地出口退税基数不变，超基数部分中央与地方按照 92.5:7.5 的比例共同负担；二是规范地方出口退税分担办法，各省（区、市）根据实际情况，自行制定省以下出口退税分担办法，但不得将出口退税负担分解到乡镇和企业；不得采取限制外购产品出口等干预外贸正常发展的措施，所属市县出口退税负担不均衡等问题，由省级财政统筹解决；三是改进出口退税退库方式，出口退税改由中央统一退库，相应取消中央对地方的出口退税基数返还，地方负担部分年终专项上解”②。

3. 调整金融业税收分配政策。调整证券交易印花税中央与地方分享比例。分税制实施之初，证券交易印花税在中央与地方（上海市和深圳市）间的分享比例为 50 : 50。随着市场经济的不断完善，证券交易市场的规模逐渐扩大，其印花税收入也急剧增加。证券交易印花税成为调节金融市场的有力杠杆，于是，为加强中央宏观调控能力，国务院决定，自 1997 年 1 月 1 日起，调整证券交易印花税收入分享比例，中央分享 80%，地方分享 20%。不久后，证券交易印花税税率被调整，由 3‰调高到 5‰，中央财政获得调高后增加的全部收入，这样一来，该印花税在中央和地方间的分享比例又有所变动，可折算为地方分享 12%、中央分享 88%。2000 年，国务院再次决定分三年逐步调高中央的分享比例，调整到中央 97%、地方 3%。中央从中增加的收入将大部分用于支援西部困难地区建设。

调整金融保险营业税收入划分。为调整金融保险企业与政府间分配关系，以使税收对经济的宏观调控作用进一步发挥。从 1997 年 1 月 1 日起，国务院决定，将金融保险营业税税率由 5% 提高到 8%。提高后的那部分收入，归中

---

① 《国务院关于改革现行出口退税机制的决定》，国发［2003］24 号。

② 《国务院关于完善中央与地方出口退税负担机制的通知》，国发［2005］25 号。

央财政，其他按5%税率征收的部分，归地方财政。各银行总行、保险总公司缴纳的营业税仍然全部归中央财政。不久后，由于改革金融保险行业的需要，国务院决定，从2001年起，分三年将金融保险业营业税税率重新下调至5%，每年下调一个百分点，中央分享部分也随之取消。

第三节 分税制财政体制对现行地方税体系的挑战

地方税体系是分税制财政体制的重要组成部分。分税制财政体制的建立、巩固和完善，都必须重视地方税体系建设。但是，自1994年分税制财政体制改革以来，与之配套的地方税体系建设一直滞后于分税制财政体制的发展和完善进程，地方税体系的税种完整性和政策合理性及其对地方财政收入的支撑能力均受到较大挑战，必须进行改革。

一、中国分税制财政管理体制的总体评价

1994年的分税制改革是适应社会主义市场经济建设需要的重大改革，进一步理顺了中央和地方、政府和企业的收入分配关系，在我国预算管理的法制化建设和统一政府预算、增加财政收入、平衡地区间财政收入差距等方面都有重大突破，具有里程牌的意义。

分税制改革为发展为社会主义市场经济排除了财税体制障碍，有利于市场主体的多元化发展和公平竞争。分税制改革之前旧的财税收支体制，严重阻碍了市场经济的发展。这主要表现在：一是社会主义市场经济要求有一个统一的国内市场，而原有体制下的财政包干制虽然调动了地方发展经济的积极性，但也带来地方保护主义的问题，各地割据发展的问题严重，阻碍了全国统一市场的形成。二是社会主义市场经济要求优化资源配置，提高经济效益，而在财政包干体制下，各地方政府为提升自身的经济实力，往往重复投资，重复建设，导致资源配置状况恶化，宏观经济效益下降。三是社会主义市场经济要求专业化分工协作，而在原有体制下以产品税为主的流转税体系阻碍了产业分工，不利于专业化分工协作企业的形成。四是社会主义市场经济要求一个公平竞争的外部市场环境，而原有体制下按所有制成分设计的所得税制阻碍了不同所有制经济的共同发展。而且，受“大包干制”的影响，不少企业、行业实行“投入产出总承包”，而不用缴税，这无法实现真正意义上的公平竞争。五是社会主义市场经济发展要求政企分开，各企业成为自主

经营、自负盈亏的市场主体，而原有体制下政府为了确保来自企业的财政收入，强化了对企业的行政干预。在此情况下，如果不建立符合市场经济要求的税制体系和现代企业制度，社会主义市场经济体制改革就是一句空话。1994 年的分税制改革在解决上述问题方面取得了重大突破。一方面，通过按照税种划分中央地方收入，取消包干制，打击地区保护主义，打破地区割据，为全国统一市场的形成创造条件。另一方面，改革国有企业的利润分配制度，建立现代企业制度，统一征收企业所得税，确保政企分开，引导企业间分工协作的形成，进一步优化了资源配置，从根本上营造了公平竞争的市场环境。

分税制改革规范了中央与地方的财政收入分配秩序，中央政府的调控能力明显增强。第一，分税制改革规范了政府间的收入范围。在我国原有的财政包干体制下，中央和省级财政收入数额的确定都主要依照切块分配原则进行，两级财政都没有明确的收入筹措范围。分税制改革首先打破这一点，按税种划分收入归属，明确了中央和地方的收入范围。通过设立国家税务局和地方税务局两套税务机构分别征税，增强了各自税收收入的征管能力。各自的收入弹性空间扩张有了制度依据和机构保证，为各级政府根据事权划分规则筹措收入、使用收入奠定了基础。第二，分税制改革重新划分了政府间的事权和职责。1994 年的分税制改革，在划分事权的基础上，明确了中央和地方的财政支出范围。原有体制下，中央和地方对事权没有严格界定，各级政府不清楚各自的职责，支出范围混乱。分税制改革则理清了这一问题，清楚了谁该干什么的问题。第三，分税制改革调整了中央与地方的分配关系。原有体制基本上是中央财政依靠地方财政上解过日子，中央本应有的权威被淡化。1994 年的分税制改革突破了“大包干”的财政管理体制，确立了分税制的基本框架，规范了中央和地方的财政收入分配秩序，调动了各级政府组织收入的积极性，使中央和地方的财政收入都出现了较大幅度的增长。例如，在实行分税制改革前的 1987 年至 1992 年，全国财政收入平均每年增加 226 亿元，实行分税制财政管理体制后的 1994 年至 1997 年全国财政每年平均增加 1 073 亿元。可见，在理顺中央和地方的分配关系后，国家财力增加明显。第四，分税制改革有利于促进地区经济的平衡发展。我国的基本国情是我国幅员辽阔，各地资源禀赋差异较大，公共服务水平、经济发展水平参差不齐。如果中央政府没有足够的调控能力平衡区域间的发展，不符合社会主义共同富裕的要求，同时会对国家的稳定和统一造成严重影响。分税制改革后，我国建立了转移支付制度。虽然，在转移支付制度建立之初还存在诸多不合理、不科学的因素，但在此后不断完善过程中，该制度在调节地区差异，实现

“公共服务均等化”方面起到了不可忽视的作用，特别是对西部大开发和振兴老工业基地发挥了重要作用。实践证明，分税制改革规范了中央与地方的财政收入分配秩序，使中央政府具备了较强的调节地方财力差距能力，增强了中央的宏观调控能力和公共产品、公共服务的供给能力，为进一步调节地方社会经济发展差距，促进资源的优化配置和产业结构的调整，为国民经济的长远、可持续发展提供了财力保证。

分税制改革打破了“企业大包干”，基本理顺了国家和企业关系，初步形成了稳定增长机制。企业是市场经济活动中最基本的微观市场主体，政府与企业的关系折射的是国家与市场的分工和博弈。分税制以前的“企业大包干制”实际上延续了计划经济体制模式，各级政府按照行政隶属关系，主要以“利润”的形式从所属下级企业获取财政收入，因而各级政府对下属国有企业的过度干预和过分扶持便成为理所当然的事情。然而，这与市场经济体制的统一、公开、公平、公正的市场环境要求格格不入。1994 年我国实行的分税制改革在理顺国家与企业之间的关系方面下足了功夫，这主要体现在：一是推进以增值税为主要内容的流转税制和以统一企业所得税为主要内容的所得税改革，同时进一步简化税制，税种规模由原来的 37 个减少到 23 个，取消了长期以来以承包所得税代替国家征税的办法。二是划分国税、地税和共享税后分列分征，改“行政性分权”为“经济性分权”，将企业应纳税收部分该交地方的交地方，该交中央的交中央。三是建立现代企业制度，逐渐打破了“企业大包干”体制下不规范、不稳定、不公平的政府与企业关系格局，促使国有企业政企分开。五是取消原体制下地方政府所拥有的许多税收减免权，地方不能再随意减免税收，也不能通过利用大幅减免税收来干预企业发展。这些措施的实行进一步理顺和规范了国家和企业的分配关系，有利于不同所有制企业平等竞争，有利于兼顾国家利益和企业利益，有利于企业提高投资效益，有利于企业走向市场，成为自主经营、自负盈亏的经济实体，有利于税源稳定增长机制的形成。

从多年的改革实践来看，全国的财政收入由 1994 年的 5218.10 亿元上升至 2012 年的 117 209.75 亿元，涨幅达到 22.46 倍。可见，分税制改革对形成稳定的财政收入增长机制效果明显。目前，我国的政企分离的路子越走越彻底，企业法人化、责任有限化、经营自主化的现代企业制度日益建立和完善，税源建设也因此不断扩大，国家税收聚财能力也不断增强，这都是在原有财政体制下无法达到的效果。

分税制改革加强了财政与税收的法制化建设，特别是预算管理的法制化建设取得重大突破。在原有体制下，我国的财政制度和税收制度都存在着一定的多样性和随意性。如在“大包干”的财政体制下，不同地区实行不同的办法。有实行“收入递增包干”的，有实行“上解额递增包干”的，有实行“定额上解”、“定额补助”的，还有实行“总额分成”、“总额分成加增长分成”的。各地随意减免税收，致使财政收入减少。这都表明我国在财政体制和税收制度方面的法制化水平较低。1994 年分税制财政管理体制改革后，我国在财政与税收方面的法制化水平大大加强了。首先，改革后分税制财政管理体制成为全国统一的、规范的财政管理体制，取消了各地各自为政的“包干体制”，各地区不再有其他形式或不同的办法。其次，对各地减免税政策的清理整顿和管理权限的相对集中，从法制上堵住了地方政府随意减免税收和挤占中央收入的漏洞，规范了税收减免程序。再次，通过分设国家税务局和地方税务局。各地的国家税务局由国家税务总局统一垂直管理，有利于减少了地方政府对税收征管工作的干预，有利于税务部门相对独立的依法征税，促进税收征管越来越走向法治化。最后，预算管理的法制化建设取得重大突破。1995 年，我国在修订《国家预算管理条例》的基础上，发布并实施了《预算法》及《实施条例》。《预算法》及《实施条例》对国家预算级次和组织体系、预算管理职能、预算收支范围、预算编制、预算审查和批准、预算执行、预算调整、决算、监管、法律责任等方面都作了明确规定，强化了预算的法律约束力，为我国预算管理的依法行政提供了法律依据，是分税制财政管理体制改革的又一重大举措，进一步强化了财政与税收的法制化建设，其历史意义重大。

二、当前分税制实施中所面临的主要问题

分税制财政管理体制实施以来，国内外政治经济形势发生了巨大变化，虽然分税制也在不断的发展和完善，但仍然存在一些同当前形势不相适应的问题，值得重视。

1. 分税制的法律体系有待完善。一是分税制的法律层级较低。尽管分税制涉及了中央和地方的重大利益关系，然而目前与分税制相关的法律文件基本上以国务院颁布的行政命令为主，缺乏更高层级的法律保障。二是现行的法律文件内容变动频繁，政策依据缺乏稳定性。在分税制的具体实施过程，国务院、财政部、国家税务总局的相关文件变动频繁。对税务机关而言，这导致税务管理成本提高，管理难度加大。对纳税人而言，这导致其生产经营活动的风险和成本加大。三是地方政府缺乏对地方税收的立法权。分税制改

革已实施多年，但地方税体系改革整体推进缓慢，立法权高度集中在中央，不仅挫伤地方政府的积极性，诱发地方政府不规范的征收行为。如地方政府为解决财政收入问题，往往扩大收费项目，导致了税外收费的乱象。

2. 中央政府与地方政府事权划分不清。虽然，我国在宪法中明确了中央政府与地方政府的事权，但却很笼统，只作了原则性划分，没有制定详细的法律法规，实际操作中依然是随意性较大，而且中央、地方事权交叉较多。经常会出现，一些本来应当由中央政府承担的责任和事务被下放到地方，一部分属于地方的支出责任中央也承担了一部分。各省、市、县、乡级政府间的支出责任划分更是模糊不清，而且地区差别较大。这种事权划分的不清，导致各级政府在一些公共事务上互相推诿。特别是中央政府对地方政府的干预仍然较多，中央出台政策时往往忽略下级政府的承受能力，无形之中加大了地方政府的支出责任，增加了地方财政负担，从而产生中央与地方在职能和财力方面的矛盾。

3. 各级政府的财权与事权不对称。一般而言，地方政府的事权要大于中央政府的事权，地方政府不仅要落实中央的方针政策，同时还要独立发展本地经济、维护本地治安、提供各种公共产品和公共服务等等。但从目前我国的实际情况来看，地方政府的财权比重明显偏低，其事权明显大于其财权。在当前的分税制体制下，我国地方政府的财政收入主要来源于地方税税收收入。然而，地方政府的税制结构不合理，缺乏主体税种。特别是当“营改增”后，虽然“营改增”后的营业税收入仍由地方所有，但地方政府自主掌控财源的能力被进一步削弱。加之其他地方税种的收入规模占整个税收规模的比重较小，地方政府的税收收入数量少且不稳定的问题将会变得更加突出。中央事实上垄断了优质的税源。在中央与地方的利益谈判中，中央往往可以因其权威地位而掌握相关决策的动议权与主动权，以至将事权层层下放、财权逐步上收，会使财权和事权不对称的问题变得更加严重，在很大程度上会加剧基层政府的财政困难。

此外，省级以下地方政府分税制财政管理体制也不健全。1994 年的分税制财政管理体制改革，在当时的历史条件下，从制度设计上只针对中央政府和省级政府两个层次的分税制问题，而不是针对中央、省、市、县、乡五级政府。因而，在省以下的地方政府财政体制中，当时实行的是双轨制，既有分税制，也有原有体制的保留，实行税收返还等。从历史的角度看，这样的双轨制保证了一部分既得利益，有利于减少改革阻力，但也造成了一些问题。例如，部分地区省以下的分税制在一定程度上变相成为了“包税制”，即上级在年初根据支出计划，逐级下达财政收入任务，层层分解，限期上缴，这个县、乡级地方政府的财政造成了很大压力。正因如此，省以下县、乡财政困难的问题在一段时间内显得十分突出。然而，有一点是明确的，即县乡财政困难的问题并不是由分税制财政管理体制改革所造成的。因为，从 1994 年一直到现在，省以下并没有真正进入分税制状态。部分省份干脆就明确宣布省以下不搞分税制，就搞分成制。现在很多关于地方政府和财政体制相关行为短期化、合理只能不到位的问题，实际上是地方残留的分成制和包干制造成的。因而，继续坚持 1994 年分税制财政体制改革，进一步深化省级以下地方政府分税制财政管理体制改革才是解决之道。

这些问题的存在，根本原因在于地方税体系不完善，不进税制体系存在缺陷，而且，地方政府对地方税收的政策制定权、调整权等被限制，以至于地方税收的调控能力和对地方财力的形成能力偏弱，必须进一步深化税制改革，建立和完善真正意义上的地方税体系。

第四节　各级政府间财政管理及收入划分

政府的层级决定了财政的层级，20 世纪 80 年代开始，我国实行了“市管县”的体制，基本确立了中央、省（自治区、直辖市）、市（地区、自治州）、县（自治县、县级市）、乡（民族乡、镇）五级政府体制，其财政体制也相应为五级财政。1994 年以来，中央政府启动了分税制改革，重新调整了中央与地方的财政关系，各地方政府比照中央与地方政府间的财政分配关系，改变了“财政大包干”的财政分配关系，并逐步推进了“省管县”和“乡财县管”的改革，各级地方政府间财政收入分配格局初步形成，为各级地方政府提供了一定的财源。

一、分税制以来多级政府支出责任划分情况

1994 年的分税制财政管理体制改革对我国中央政府和地方政府事权作了如下划分：中央政府主要承担国防、外交、中央国家机关运转所需的经费，以及调整国民经济结构、协调区域发展、实施宏观调控和中央直管事业发展支出等。省级和省级以下地方政府主要承担本地区政权机关运转所需的支出和本地区经济、事业发展所需的支出。尽管我国相关法律对各级政府的事权做出了一些原则性的划分，但这种划分还是十分模糊，并没有对各级政府的

具体支出责任的划分做出相对明确和细致的规定。这导致政府间的支出责任依然缺乏相应的法律依据，特别是在教育、医疗卫生、社会保障、基础设施等具有中央、地方共享职责上。

因此，在实际中，各级地方政府在支出责任划分上的不明晰，往往造成实际过程中的职责交叉、重叠、错位的现象，这会导致地方政府乱收费，并形成大量债务。同时，由于重复投资、重复建设问题严重，导致有限的经济资源配置情况恶化。

二、中央与地方税收收入的划分情况

从新中国成立以来的相关财政收入数据来看，我国地方财政收入比重经历了由低逐渐升高，再到下降，并趋于稳定的发展趋势。例如，新中国成立初期的1953年，中央财政收入177.02亿元，地方财政收入36.22亿元，地方比重17.00%。然而，在分税制改革前期的1993年，中央财政收入957.51亿元，地方财政收入3 391.44亿元，地方收入比重已上升到77.98%。1994年我国实行的分税制改革主要是调整了中央与地方的财政收入分配关系，在中央与省级政府间初步构建了以“分税制”为基础的分级财政管理体制框架。1994年当年，中央财政收入2 906.50亿元，地方财政收入2 311.60亿元，地方比重下降到44.30%。此后多年地方收入比重虽略有上升，但基本维持在50%左右的水平。例如，2011年，中央财政收入51 327.32亿元，地方财政收入52 547.11亿元，地方比重为50.6%（说明：以上财政收入数据取自中国统计年鉴，且不包括国内外债务收入）。根据全国预算执行报告相关数据，2012年中央财政收入56 132.42亿元，地方本级收入61 077.33亿元，地方比重为52.11%。

一般而言，政府的财政收入分为税收收入和非税收入两部分，税收收入是政府财政收入的主要来源。1994年的分税制改革主要是调整中央和地方的税收收入的划分做出了相关规定。如将维护国家权益、实施宏观调控所需的税种划分为中央税；将同经济发展直接相关联的，能够稳定增长的税种划分为中央地方共享税；将适合地方征管，与地方经济发展关系密切的税种划分为地方税。近年来，随着我国经济状况的变化，中央对部分税种和税收收入的划分作了一些调整。例如，取消农业税，合并内、外资企业所得税等，对部分税种税率、计税依据、起征点、免征额等做过多次调整，对部分税种税收收入中央、地方划分比例也做了很大调整。截至目前，中央与地方收入划分情况大致如下：一是中央固定收入包括：关税、海关代征的消费税和增值税、中央企业的企业所得税、铁道部门、银行、保险公司集中缴纳的各税等。二是地方固定收入包括：营业税、地方企业所得税、个人所得税、城镇土地使用税、城市维护建设税、房产税、车船税、印花税、耕地占用税、契税、土地增值税等。三是中央与地方共享收入包括：增值税、资源税、证券交易税等。

三、省级以下地方各级政府财政管理体制及地方税收收入分配办法

1994年的分税制改革实际上只对中央财政和省一级财政制定了可用资金总量的分配制度，但省以下地方政府的分税制改革却并未取得明显的效果，尤其是县乡一级财政面临的较为困难的局面。这主要也是由省级以下地方政府事权划分的模糊不清所造成的，各地省级以下的财政收入划分情况也各有不同。

地方政府事权与支出的划分。实行省级及以下各级政府分税制财政体制，首先应当明确各级政府的事权与支出划分范围。以湖北省为例，为进一步理顺湖北省与市（州）、省直管市的财政分配关系，更好地发挥国家财政的职能作用，并逐步增强省级财政的宏观调控能力。湖北省人民政府于1994年决定对本省各地市州实行分税制财政管理体制。相关决定明确了湖北省省级政府与地市州的事权与支出的划分范围。一方面，省财政主要承担省级国家机关正常运转所需的经费，调整全省国民经济结构，协调地区发展，实施宏观调控所必需的支出，以及由省直接管理的事业发展支出。具体包括：省统筹基建支出，省属企业技改资金，企业简易建筑费，省级科技三项费用，大型防汛、抗旱、水利维修和农业发展等支出，以及由省负担的行政、公检法和文化、教育、卫生、科学等各项事业费等。另一方面，市（州）、省直管市财政主要承担本地区政权机关运转所需支出以及本地区经济、事业发展所需支出。具体包括：市（州）、直管市安排的企业技术资金、科技三项费用、支农支出、城市维护建设经费，以及应由市（州）、直管市负担的行政、公检法和文化、教育、科技、卫生支出。尽管湖北省对省级和市（州）、直管市以下地方政府相关事权和支出做出了上述相关规定，但却并未明确市（州）、直管市以下相关政府财政支出范围。

地方政府税收收入划分模式。我国现行的相关法律规定省以下地方政府分为三级，即市（地区、自治州）、县（自治县、县级市）、乡（民族乡、镇）。目前，我国省以下各级地方政府收入划分形式多样，划分的比例也各有不同。总体来看，大致有如下三种情况：一是省级政府与市县级政府各有相

对独立的税收收入来源。如将个人所得税、契税作为市级政府的固定收入，将营业税作为省级政府固定收入，将增值税、企业所得税土地使用税、土地增值税作为省级政府和市县级政府的共享税。二是将收入规模较小的税种划归省以下政府固定收入。如将资源税、城市维护建设税、印花税、耕地占用税划归市县级政府固定收入，其他税种划归为省级政府和市县政府共享税。三是多数省份将收入规模较大、收入稳定的税种划归为省级政府和市县政府共享收入。如将增值税、营业税、企业所得税、个人所得税等按比例在省、市、县政府间划分。

市、县级地方政府的财政管理体制。目前，我国的省以下市、县级地方政府的财政管理体制的形式大体可分为如下两类情况：

市管县体制。从 1982 年开始，我国开始实行市领导县体制，并形成省、市、县、乡四级地方政府体制。到 1985 年，全国多数地区完成了地改市，实行市管县的体制。在这种体制下，省级政府首先与市级政府划分事权，明确省与市的支出责任，划分收入，确定省对市的税收返还和转移支付。县级财政则由市级财政直接管理，市级财政负责对县级实施转移支付、专项拨款、结算补助和预算资金调度。市管县体制在从计划经济向市场经济转轨的过程中曾起到过积极作用，然而随着我国市场经济机制的不断完善，市管县体制出现的诸多问题。这主要表现在：首先是省、县之间增加了一级政府机构，降低了信息传递速度，影响的行政效率和转移支付效果，容易造成县乡财政困难的问题。其次是不利于县域经济发展，容易造成忽略农村经济发展，加剧城乡“二元结构”矛盾。最后市管县体制还可能加剧了市场割据的局面，不利于全国统一大市场的形成，长此以往对生产力发展的消极影响会逐渐加深。

省管县体制。在省管县体制下，省级政府直接管理市一级和县一级财政，地方政府间在事权和支出责任、收入划分，以及省对以下转移支付、专项拨款、结算补助和预算资金调度等都是由省直接对市和县。市级政府和县级政府无领导和被领导的行政关系，其财政之间也无管理和被管理的关系。实行省管县体制，有利于减少地方行政管理层次，提升行政效率，促进县域经济发展，鼓励统一大市场的形成，缓解城乡“二元结构”矛盾。在 2012 年之前，除部分地区外，这一管理体制已在全国大部分地区稳步推进。

乡镇一级政府财政改革情况。可以肯定的是，在中央、省（自治区、直辖市）、市（地区、自治州）、县（自治县、县级市）、乡（民族乡、镇）五级政府体制下，乡镇级政府机构对推动农村经济发展和社会进步发挥了非常重要的作用。然而，随着我国新农村建设的不断推进和市场经济体制的不断完善，现行的乡镇行政运行机制与当前农村社会经济发展形势不相适应的矛盾日益突出。“麻雀虽小，五脏俱全”，乡镇行政机构日渐臃肿，财政不堪重负。事实上，乡镇政府除了在计划生育、社会治安等工作外，在经济建设、社会公益事业发展方面的政府行政职能作用越来越小。近几年，随着“乡财县管”改革的不断深入，大部分地区已经实现了“乡财县管”。目前，一些省份更是进一步将改革推进到乡镇综合改革。这一改革实际上不再把乡镇看作县政府下辖的另一个实体财政层级，而是作为县级预算下管的一个预算单位，资金仍然在乡镇一级财政使用，但统编在县级。该项改革进一步推进的方向，可以设想为取消乡镇政府这一级政府机构，撤销乡镇党委、政府人大、政协等机构，改设立党总支，乡镇公所，设乡镇长一名，乡镇书记、乡镇长“两个担子一肩挑”。改革前景将是乡镇不再是一级政府机构，因而不存在乡镇一级财政实体层级，也就不必给它配税基。

总之，随着“省管县改革”和“乡镇改革”等财政扁平化综合配套改革的不断深化，我国的五层级财政就会变为三层级财政，即中央、省和市县。这样就可以按三个层级来配置税基，划分财政收入。这也要求每一级政权都应有合理的事权，确保各级政府职能合理化调整到位，政府既不缺位也不越位。进而在此基础上，建立公开、透明、完整的真正具有现代意义的预算体系，进一步提高公共资源的综合配置效率。

第五节 财政转移支付制度的建立和发展

政府间的财政转移支付不仅是地方政府一个重要的收入来源，而且也是中央政府对地方政府财政行为进行调控、实现社会资源在全国范围内优化配置以及地区间收入公平分配的主要手段。

一、中国财政转移支付制度的历史发展

虽然“转移支付”这一术语在我国的正式使用是1994年分税制改革以后出现的，但在新中国成立之初，我国中央政府就已经开始对地方政府实施财政转移支付制度，只是表现形式有所不同而已。经济制度决定财政制度，回顾不同历史时期和经济制度发展过程，我国的财政转移支付制度大致经历了以下几个时期：

社会主义改造时期（1950～1956年）。这一时期，国家刚刚结束多年的战乱状况，一切百废待兴。为尽快恢复国民经济情况，完成社会主义改造，集中力量办大事，我国实行了高度集中的“统收统支”的财政管理体制，又称“收支两条线”模式，这一阶段中中央处于绝对主导地位。经过“一五”建设后（1953～1957年），我国经济困难局面开始有所好转。与这一体制相适应的转移支付主要有以下几种形式：一是1950年实行的全额补助。即地方政府的开支全部由中央财政拨款解决。二是收入分享。1951年开始到1952年间，中央开始实施分级财政试点，地方政府收入不够支出的，由中央与地方的分成收入抵补。三是体制补助。如果分成收入抵补后仍然不能平衡地方政府收支的，再由中央拨款补助。四是体制上解。当地方财政收入大于支出时，将多出部分全部上缴中央。

计划经济时期（1957～1979年）。社会主义改造期结束后，我国开始全面实行社会主义计划经济。这一时期，我国主要实行的是以“公有制为主的高度集中的计划经济体制”，而财政管理体制主要是以“财政收入分成为核心的统一领导、分级管理财政体制”。与这一体制相适应的转移支付制度包括以下内容：对地方政府支出大于收入的，中央实行固定比例分成和调剂分成，即中央按固定比例分成弥补地方财政不足，对仍有缺口的由中央划给地方的调剂收入弥补。而对基本建设支出、自然灾害等则由中央对地方按特定项目的专项拨款。总结来看，主要有以下几种转移支付形式：一是全额补助。即1968年实行的地方财政全额由中央拨款。二是包干上缴。地方收入高于支出的按绝对数上解中央。三是体制上解。地方收入高于支出的按一定比例上缴中央。四是差额包干上缴。地方支出大于收入时，中央差额包干补助。此外，1977～1979年，中央对地方实行了总额收入分成加专项拨款的转移支付方式。

社会主义商品经济时期（1980～1993年）。这一时期，中央加大了对财政体制的改革力度，并开始实行划分收入，分级包干的财政体制，即一切国家财政支出，必须按照经济管理体制规定的隶属关系，明确划分中央和地方财政的收入范围。期间，我国实施过多种形式的转移支付方式，如总额收入分成、定额补助、比例上解、定额上解、递增上解以及专项拨款等。但由于中央财政的不足，主要还是依靠地方上缴维持中央开支。

社会主义市场经济时期（1994年至今）。1993年11月十四届三中全会通过了《中共中央关于建立社会主义市场经济体制若干问题的决定》，并正式提出了“转移支付”这一概念。该决定指出，“近期改革的重点，一是把现行地方财政包干制改为在合理划分中央与地方事权基础上的分税制……实行中央财政对地方的返还和转移支付制度，以调节分配结构和地区结构……”1994年1月1日后，我国进行了分税制财政管理体制改革。中央在重新划分了中央和地方财政收入的基础上，相应调整了原有的财政包干体制下的转移支付形式，建立了中央和地方财政之间的税收返还制度，形成了以税收返还、体制补助、专项补助等为主要内容的财政转移支付制度。

二、分税制体制下的财政转移支付方式

1994年分税制改革后，我国于1995年出台了《过渡期财政转移支付办法》，逐步建立了转移支付体系，并逐年加大了中央向地方的财政转移支付力度。据财政预算执行报告相关数据，2012年全国财政收入117 209.75亿元，其中：中央财政收入56 132.42亿元，地方本级收入61 077.33亿元，中央对地方税收返还和转移支付收入45 383.47亿元，同2011年相比增长13.74%，2012年转移支付占全国财政收入的38.72%。目前，我国财政转移支付类别包括税收返还、一般性转移支付、专项转移支付和原体制上解或补助等。主要形式有如下几种：

1. 税收返还。税收返还主要包括“两税”返还和所得税税基返还。按照1994年分税制财政管理体制改革的相关要求，以1993年为基期年，以地方净上划收入数额（消费税的100%加上增值税75%减去中央下划收入）作为中央对地方税收返还基数，保证1993年地方既得利益。1994年以后，税收返还额在1993年基数上逐年递增，递增率按增值税和消费税平均增长率的1∶0.3系数确定。增值税和消费税增长1%，税收返还就按照0.3%的比例增长。2002年后，中央决定以2001年为基期，如果地方分得的所得税收入小于2001年地方实际所得税收入，差额部分就由中央作为基数返还地方；如果大于地方实际所得税收入，差额部分由地方作为基数上缴中央。

2. 一般性转移支付。我国的一般性转移支付是在1995年作为分税制改革的配套措施开始实施的，当时称之为“过渡期转移支付”，在2002年进行所得税分享改革后改称为一般转移支付。近年来，随着改革的不断推进，转移支付制度的不断完善，逐渐明确了转移支付的目标和原则。主要对中西部地区实施转移支付，并通过公式测算一般转移支付额。具体公式：一般转移支付 =（标准财政支出 - 标准财政收入）× 系数。

3. 专项转移支付。1994年实行的分税制财政管理体制改革后，专项转移支付范围越来越广，规模越来越大，除原有的防治自然灾害支出以外，还有支援农业支出、基本建设支出、支援不发达地区和民族地区发展资金支出等。

2000 年中央出台的《中央对地方专项拨款管理办法》明确了专项拨款的目的是实施宏观调控，并对专项拨款的申请、审批、分配、使用以及执行监督情况做了明确规定。

4. 原体制补助与上解。原体制下实行中央对地方补助的地区，中央继续按规定给予补助；原体制下规定收入上解中央的地区，按不同体制类型继续上解。一是实行递增上解的地区，按原规定继续递增上解；二是实行定额上缴的地区，按确定的上解额，继续定额上解；三是实行总额分成的地区和原分税制试点地区，暂按 1993 年的实际上解数，并核定一个递增率，每年递增上解。1995 年后，中央取消了对地方政府体制上解的递增率，实行定额上解的办法。

三、中国财政转移支付制度的积极意义

我国地域辽阔，资源分布和经济发展极不平衡，建立财政转移支付制度，对于统筹区域经济发展，缩小地区差异，让全国人民共享改革发展成果，维护国家政治稳定具有重大政治和经济意义。

财政转移支付制度有利于促进公共服务公平分享和区域经济协调发展。转移支付制度是中央宏观调控的重要措施，中央对地方的财政转移支付制度的不断完善，对促进公共服务公平分享和区域经济协调发展的作用重要。我国经过多年的改革开放，发展成果巨大。而对改革成果的分享应当是公平公正的。这既包括市场所提供的私人物品的公平分享，也包括政府提供的公共服务的公平分享。由于我国各地的经济发展水平参差不齐，各地政府财政能力各有高低，因而各地公共服务提供水平也有较大差别，根本谈不上在全国范围内公共服务的公平分享。1994 年的分税制改革后，规范了财政转移支付制度，同时极大地增强了中央政府的财力，这有利于中央在全国范围内全盘考虑，通过调整地区转移支付政策，加大对中西部落后地区和老工业基地的基础设施和各项社会事业的投入，扩大地区保障和改善民生方面的财政支出，有效地促进了基本公共服务的公平分享及区域经济协调发展。近年来，中央为满足地方支出需要和促进落后地方发展，向地方的财政转移支付支出一直是中央全部财政支出的主要部分。例如，2011 年中央对地方财政转移支付占中央财政收入的 77.77%，而 2012 年这一比例高达 80.85%。

财政转移支付制度有利于调节收入分配，促进社会公平。转移支付制度中的社会福利有利于将高收入阶层的一部分收入转移到低收入阶层，以促进公平分配。而转移支付制度中的消费性补贴则通过对基本生活物品的补助，

对最低生活标准的保障，保护了低收入者的利益。这有利于调节收入分配，促进社会公平。

财政转移支付制度有利于促进产业结构调整。为了保证社会所需的公共产品以及关系国计民生的生产资料、消费资料的生产，贯彻国家产业政策，调动企业和单位的生产积极性，可以运用转移支付制度，使国家的重点建设、基础设施、教育、卫生、科技等项目资金得到保障，从而促进产业结构的调整。例如，国家通过对农用生产资料给予补贴，可以使农用生产资料以较低的价格供应给农民，以此来促进农业生产的发展。

财政转移支付制度有助于促进公共财政体制的建立和完善。我国通过近几年来的不断完善转移支付制度，有效地推动了部门预算、政府采购、国库集中支付以及政府收支分类改革等各项工作的深入开展，促进了公共财政体制的建立和完善。特别是省以下财政管理体制也配套建设了转移支付制度。这充分调动了地方政府发展经济和组织收入的积极性，保证了各级地方政府正常运转和各项事业发展的资金需要，为基础经济发展提供了有效的财力保障。

四、财政转移支付制度存在的问题及改革构想

由于各方面的原因，目前我国实行的财政转移支付制度也出现了一些新问题，必须引起重视。

1. 转移支付责任模糊。分税制改革以来，我国对地方政府财权划分还比较明确，但对事权的划分则很模糊。财权和事权的不对称直接导致了各级政府间对拨付的财政转移支付资金运用的随意性，转移支付责任十分模糊。这将会导致上下级政府对同一项公共服务重复提供，或对某些公共服务项目互相推诿，财政支出的整体效益低下。

2. 转移支付结构不合理。我国转移支付结构不合理，主要表现在一般性转移支付规模偏小，专项转移支付比重偏大。目前，我国财政转移支付中很多项目如调整工资转移支付、退耕还林转移支付、农村费税改革转移支付等都带有专项转移支付的性质，真正意义上的具有均等化作用的一般性转移支付规模偏小，这实际上弱化了地方政府的财政自主权。

3. 转移支付资金分配不规范。目前，我国的财政转移支付制度还存在支付资金的分配不规范的问题。例如，税收返还是为了保护原有各地区的既得利益，其制度的设计缺乏科学性。此外，我国转移支付制度中的专项拨付的分配缺乏科学依据和标准，立项审批缺乏严格、规范的程序，分配过程也有

很大的随意性，容易产生资金被挤占、挪用、截留、沉淀的现象，导致国家整体利益受损。

4. 转移支付制度缺乏法律支撑和有效的监督机制。目前，我国尚未制定财政转移支付法，现行政府间财政转移支付制度的主要依据是《过渡期转移支付办法》，该《办法》属于行政规章，立法层次低、缺乏法律权威性、制度的稳定性较差，分配的随意性较大。而且，制度运行过程中的干扰因素较多，地方获得资金的规模不是取决于实际需要，而是取决于政策变化及努力程度。由于缺乏有效的监督机制，导致财政资金难以统筹安排、合理配置，甚至还滋长了政府中狭隘小团体主义和地方保护主义的毒瘤，严重违背了财政转移支付资金拨付的目标，降低了资源配置的效率。

为此，我们建议应从以下几个方面继续完善我国的转移支付制度：一是明确五大原则，即在建立完善现有的财政转移支付制度时应遵循科学化原则、法制化原则、规范化原则、公正性原则、透明性原则等。二是合理划分我国各级政府的财权和事权。这就要求进一步明确并细化各级政府的职能范围，改变政府包揽一切事务的做法，深化分税制改革。三是科学确定财政转移支付目标。从我国实际来看，我国转移支付的目标应该为逐步调整各地区之间横向不平衡，保障欠发达地区的财力水平，促进公共服务和经济发展水平的均衡化。四是调整财政转移支付结构。主要建立以一般转移支付为主的财政转移支付体系，强化地方政府的财政自主权。五是加快转移支付制度的法制化建设。加快建立转移支付制度的法律体系，从根本上确立转移支付制度的法律地位，为转移支付制度建立和完善提供坚实的保障。六是建立转移支付评价、监督和考评机制。对每一项转移支付资金都应建立起有效的审批程序、监督审计、考评奖惩系统，以提高转移支付资金的使用效率，防止资金审批和使用过程中腐败现象的发生。

第六节　中国政府非税收入情况及其对地方税体系的影响

目前，非税收入在各个市场经济国家的财政收入中普遍存在，成为各国政府收入体系的一个组成部分。相关文献（李爱鸽《地方政府财源建设问题研究》2009 年第 1 版）显示，高收入发达国家非税收入占财政收入的比重为 5%～15%，中等收入国家为 15%～25%，低收入的发展中国家为 20%～30%。据统计年鉴相关数据计算，2011 年全国一般预算收入中（含中央和地方），非税收入占全部收入的13.61%。中央一般预算收入中，中央非税收入占全部收入5.25%。地方一般预算收入中，地方非税收入占全部收入的21.77%。部分地方非税收入较高，例如湖北非税收入占地方收入高达30.11%。

一、非税收入的构成及其作用

非税收入是指政府通过合法程序获得的除税收以外的一切收入，通常是由各级政府、国家机关、事业单位、其他社会团体，在履行政府职能过程中，依据政府权力、政府信誉、国有资产所有权所收取的用于满足社会公共需要或准公共需要的财政资金。长期以来，我国一直使用“预算外资金”的概念和口径。非税收入与预算外资金相比，既有区别又有联系。非税收入是按照收入形式对政府收入进行划分的，而预算外资金则是按照资金管理方式对政府收入进行划分的。非税收入的范围比预算外资金广，非税收入从统计口径上可分为预算内的非税收入、预算外的非税收入和制度外收入等。

我国第一次对“非税收入”概念提出了一个较为明确的界定是在2003年5月发布的《财政部、国家发展和改革委员会、监察部、审计署关于加强中央部门和单位行政事业性收费等收入“收支两条线”管理的通知》（财综[2003]29号）文件中。该文件提出：“中央部门和单位按照国家有关规定收取或取得的行政事业性收费、政府性基金、罚款和罚没收入、彩票公益金和发行费、国有资产经营收益、以政府名义接受的捐赠收入、主管部门集中收入等属于政府非税收入。”这种从“预算外资金”到“非税收入”的转变，标志着我国在建立公共财政体系、规范政府收入机制上认识的深化。

在特定的历史条件下，非税收入有其重要的历史作用，一是它有利于促进经济发展和社会事业的进步。例如，城市基础设施建设、教育等公共事业都需要有大量的财政资金支持。二是它有利于缓解政府财政资金短缺的压力。大部分非税收入按照“谁收取，谁使用”的原则，直接用于各个部门的事业发展，对财政资金不足的弥补作用明显。三是它有利于调动地方政府理财积极性。我国的地方政府没有税收立法权，但有一定程度的制定非税收入的权力，地方政府的自主权扩大了，其理财的积极性也随之调动。

二、中国非税收入的产生和发展

中国非税收入作为财政收入的一种形式，从新中国成立之初就已经存在，只是在不同阶段，其管理方式，表现形式各有不同而已。其产生和发展大致经历了以下阶段：

第一阶段，形成阶段（1949～1978年）。新中国成立初期，我国实行的是高度集中的财政管理体制，国家财政统收统支。当时，政府的非税收入项目很少，资金数额也不大，且大部分项目放在预算内管理。主要包含国有企业上缴利润、地方公粮附加、工商业税附加和房地产税附加等。1953年起，我国开始进入第一个五年计划期。此时，中央实行“统一领导、分级管理”的财政管理体制，适当扩大了地方的机动财力，并形成了由企业管理的专项基金，并将工商税附加列入预算外，用于城市公用事业的维护，各单位的零星杂项收入留给单位自收自支。1958年开始，我国对财政体制进行了改革，预算外资金开始大幅增加。当时，各地、各部门单独管理的政府非税收入有工商税附加、城市公用事业附加、养路费、育林基金、企业利润留成、自筹资金兴办的企业收入等。1961年，中央实行了“调整、巩固、充实、提高”方针，取消了一些不合理的非税收入项目，政府非税收入资金数额开始有所减少。1966年国家进入文化大革命时期。当时，政治动乱，经济停滞不前，国家的预算管理也较为混乱，非税收入管理也较为混乱。

第二阶段，计划管理阶段（1978～1986年）。党的十一届三中全会后，国家各项工作的重点转移到经济建设上来。这一时期，国家进一步扩大了地方政府和企业的自主权，逐步调整了中央与地方、国家与企业的关系，同时推行事业单位企业化管理，鼓励事业单位有偿服务，鼓励行政事业单位积极创收，导致非税收入的项目和规模不断扩大，到20世纪80年代中期，政府非税收入项目由建国初期的十几项增加到百余项，非税收入规模由此直线上升。

第三阶段，专户存储阶段（1987～1995年）。1986年国务院颁布了《关于加强预算外资金管理的通知》，正式提出了预算外资金的概念。由此开始，在全国范围内开始推行预算外资金财政专户储存和计划管理相结合的管理方式，将政府的财政资金分割为预算内、预算外两大块，并明确规定了预算外资金的所有权和使用权归属地方、部门和单位，形成了事实上的国家预算双轨制。在这种“所有权不变、使用权不变、财政专户存储”的管理模式下，预算外资金不断膨胀，干扰和冲击了正常的政府公共分配秩序，助长了不正之风和腐败现象的发生。

第四阶段，“收支两条线”管理（1996～2001年）。1996年，国务院《关于加强预算外资金管理的决定》，进一步明确预算外资金属于财政性资金，要求全额上缴财政专户，实行收支两条线管理。1999年，财政部等五部门联合下发《关于行政事业性收费和罚没收入实行“收支两条线”管理的若干规定》，“收支两条线”管理改革全面启动，逐步形成了“财政专户管理，收支两条线”的管理格局，将原来分散在各个单位的预算外资金统进财政专户这个“笼子”中，预算外资金管理工作逐渐制度化和规范化。

第五阶段，国库集中收缴阶段（2002至今）。2001年，国务院办公厅转发了财政部《关于深化收支两条线改革，进一步加强财政管理意见的通知》（国办发［2001］93号），正式启动了财政国库管理制度的改革工作。对非税收入的收缴管理进行了全面改革，真正开始向现代化、规范化、严格的管理方式转变。

三、中国非税收入与税收收入规模的比较分析

我国的政府非税收入与预算外资金有着密不可分的关系。起初，我国政府的非税收入主要起源于预算外资金。随着我国财政管理体制改革的不断深化，预算外资金不断纳入预算内管理。2011年，我国为不断深化财税体制改革，完善公共财政体系，宣布全面取消预算外资金。尽管如此，原有的一些预算外资金项目并未完全取消，只是管理方式发生了改变，由实行预算外管理改为实行预算内管理。对于我国各个时期直至现阶段的非税收入规模，专家学者们的估算与政府部门所公布的数据之间存在较大出入。在此，我们以统计部门公布的数据为口径进行测算（表2－6）。

表2－6　我国政府非税收入规模统计表　单位：亿元、%

年份	全部收入合计	税收收入	非税收入合计			非税收入占全部政府收入比重	非税收入占税收收入比重
			小计	预算内非税收入	预算外非税收入		
1990	6 146.32	2 821.86	3 324.46	615.82	2 708.64	54.09	117.81
1991	6 828.33	2 990.17	3 838.16	594.86	3 243.30	56.21	128.36
1992	7 722.28	3 295.91	4 426.37	571.45	3 854.92	57.32	134.30
1993	6 143.29	4 255.30	1 887.99	455.45	1 432.54	30.73	44.37
1994	7 446.85	5 126.88	2 319.97	457.44	1 862.53	31.15	45.25
1995	8 976.47	6 038.04	2 938.43	531.93	2 406.50	32.73	48.67
1996	11 638.73	6 909.82	4 728.91	835.57	3 893.34	40.63	68.44
1997	11 845.63	8 234.04	3 611.59	785.59	2 826.00	30.49	43.86
1998	13 291.73	9 262.80	4 028.93	946.64	3 082.29	30.31	43.50
1999	15 129.28	10 682.58	4 446.70	1 061.53	3 385.17	29.39	41.63

续表

年份	全部收入合计	税收收入	非税收入合计			非税收入占全部政府收入比重	非税收入占税收收入比重
			小计	预算内非税收入	预算外非税收入		
2000	17 500.44	12 581.51	4 918.93	1 092.50	3 826.43	28.11	39.10
2001	20 986.08	15 301.38	5 684.70	1 384.70	4 300.00	27.09	37.15
2002	23 642.24	17 636.45	6 005.79	1 526.79	4 479.00	25.40	34.05
2003	26 508.40	20 017.31	6 491.09	1 924.29	4 566.80	24.49	32.43
2004	31 313.58	24 165.68	7 147.90	2 448.72	4 699.18	22.83	29.58
2005	37 386.71	28 778.54	8 608.17	3 064.01	5 544.16	23.02	29.91
2006	45 348.30	34 809.72	10 538.58	4 130.70	6 407.88	23.24	30.27
2007	58 142.10	45 621.97	12 520.13	5 699.81	6 820.32	21.53	27.44
2008	67 947.60	54 223.79	13 723.81	7 106.56	6 617.25	20.20	25.31
2009	74 932.95	59 521.59	15 411.36	8 996.71	6 414.65	20.57	25.89
2010	88 895.93	73 210.79	15 685.14	9 890.72	5 794.42	17.64	21.42
2011	103 874.43	89 738.39	14 136.04	14 136.04	13.61		15.75

注：税收收入中包含关税收入。

数据来源：历年《中国统计年鉴》（其中，根据《财政部关于将按预算外资金管理的收入纳入预算管理的通知》财预［2010］88 号文，从 2011 年 1 月 1 日起，将按预算外资金管理的收入全部纳入预算管理，2011 年无预算外资金数据）。

从表 2 -6 中我国 20 年多来非税收入规模情况来看，1992 年我国的非税收入规模达到最大，达到税收收入的 1.34 倍，占全部政府收入的 57.32%。1993 年，由于中央决定转换国有企业经营机制，建立现代企业制度，并实行了新的财务会计准则，企业收入不再作为预算外资金管理，而是作为企业的自有资金存在，因而当年非税收入的绝对规模数较上一年下降了 57.35%，非税收入占税收收入比重下降到 44.37%。从 1994 年开始，我国非税收入逐年增长，1996 年总量重新超过 1992 年总量，非税收入占税收收入比重也上升到 68.44%。1997 年，非税收入绝对总量再次下降，但从 1998 年开始回升，到 2010 年我国非税收入达到创纪录的 15 685.14 亿元，但非税收入占税收收入比重一直呈稳步下降趋势，当年非税收入占税收收入 21.42%，占全部政府收入的 17.64%。2011 年，我国预算管理制度改革取得重大成果，中央宣布全面取消预算外资金，将所有政府性收入全部纳入预算管理。2011 年，非税收入占税收收入比重也因此下降到 15.75%，占全部政府收入的 13.61%。

考虑到数据统计内涵的不同，1993年和1997年数据同以前年度不可比。我们将1990年到2010年的数据分为，从1990年到1992年，1993年到1996年，1997年到2010年三个阶段进行比较分析。第一阶段，1990年到1992年3年间，税收收入增长了16.80%，平均每年增长5.6%，而同期政府非税收入增长了33.15%，平均每年增长11.05%，政府非税收入的增长速度高出税收收入5.45个百分点。第二阶段，1993年到1996年4年间，税收收入增长了62.38%，平均每年增长15.60%，同期政府非税收入增长了150.47%，平均每年增长37.62%，政府非税收入的增长速度高出税收收入22.02个百分点。可见，这一期间政府非税收入的增长速度大大超过了税收收入的增长速度。第三阶段，1997年到2010年14年间，税收收入增长了789.12%，平均每年增长56.37%，同期政府非税收入增长了334.30%，平均每年增长23.88%，政府非税收入的增长速度要低于税收收入32.82个百分点。

一般而言，非税收入规模的大小和增长速度的快慢，受到以下三方面因素的影响：一是政府职能。政府职能范围的大小，决定了政府非税收入的来源和使用方向。政府职能范围越广泛，政府非税收入的来源和使用就越宽广。二是经济体制。例如，在计划经济体制下，政府主要通过行政和计划的方式履行职能，此时政府的非税收入规模相对较小。而在市场经济体制下，由于政府履行职能的方式呈现出多元化的趋势，在税收收入规模相对较小的情况下，政府为完成相应的市场经济职能作用，对非税收入的需求也迅速扩大。三是财政体制。在高度集权的财政管理体制下，地方政府取得非税收入的权限较小，政府非税收入来源受到限制。然而，在分权型的财政管理体制下，地方政府权限扩大，地方政府获取非税收入的来源十分广泛。在1994年实现分税制财政体制后，我国出现了中央与地方政府间财权与事权不相对应的问题，使得地方政府收支矛盾十分尖锐，非税收入也自然成为地方政府弥补经费不足的重要途径。此后，我国一直不断深化财税体制改革，实施费税改革，完善公共财政体系，强化预算管理，使得政府非税收入逐步纳入预算管理，税收收入增长也逐渐快于非税收入的增长。

四、中国非税收入管理目前存在的问题及完善建议

非税收入如实政府收入的重要组成部分，有着不可替代的作用，但同时，由于体制原因和疏于监管，现阶段非税收入的收支管理依然存着一些突出问题，导致某些领域存在费挤税，资金的收取和使用不透明，引起社会各界的不满。主要问题表现在以下几个方面：

1. 项目种类繁多，资金规模偏大。我国政府非税收入是一个庞杂的体系，主要包括行政事业性收费、政府性基金、罚款和罚没收入、彩票公益金和发行费、国有资产经营收益、以政府名义接受的捐赠收入、主管部门集中收入等。我国政府非税收入项目经历了由少到多，不断膨胀的过程。各级政府对收费和基金没有总量控制，基本是按需扩张。部分地方政府的收费项目更是严重，可以说有的已经到了巧立名目、规模失控的地步，甚至很难准确掌握各类非税收入的项目和总量。从资金规模来看，据统计，我国非税收入由1978年的960.09亿元增长到2011年的14 136.04亿元，增长了13.72倍。除此以外，还存在大量既非预算内，也非预算外的制度外收入，如果加上这一块收入，我国政府的非税收入的规模将更大。

2. 审批不够规范，法制监督机制不健全。目前，我国政府非税收入审批和监督机制仍然处于不规范的状态。政出多门，多头立项，中央和省两级审批收费的政策界限不明确，而且没有制定统一的集资管理法规。违规设立收费、基金、集资项目、随意征收和使用非税收入的现象比较严重，扰乱了正常的社会分配秩序，加重了企事业单位和居民的经济负担。虽然，国家多次开展了治理“乱收费、乱罚款、乱集资摊派”的“三乱”问题，而且取得了一定成效，但离该问题的彻底解决还有一段距离。

3. 征收主体多元化，资金浪费现象严重。非税收收入的征收主体由过去个别执法部门、单位扩大到很多政府部门。各种收费项目，有些由主管部门直接收取，有些则委托其下属事业单位收取。有的是为实行国家行政管理职能而收取的注册费、管理费、证照费等，有的是为保护和利用国家资源而收取的资源费，有的是提供特定服务收取的各种咨询费、检测费、技术鉴定费，有的为社会公益事业和专项建设收取的附加、资金、基金、集资等，这些收费项目往往由部门和单位直接收取，缺乏监督制约，管理混乱，资金浪费现象严重。

非税收入作为我国政府收入的重要组成部分，绝大多数都发挥着不可替代的积极作用，而且在一定领域内会长时间存在，不可能完全消亡。但必须严加控制，规范管理。一是完善现行分税制财政管理体制，保证地方政府财力充足。非税收入占地方财政收入的比重较大，主要是因为地方政府没有充足稳定的收入来源，同时又要承担较为繁重的公共事务，因而地方政府只能依靠非税收入来弥补财政资金的不足。为解决非税收入项目繁多、规模过大的问题，应该首先明确各级政府事权，同时完善现行分税制财政管理体制，保证地方政府有充足财力。二是规范审批权限，科学确定项目收费标准。应当对不同的非税收入分类并确定相应的审批权限，建立公开、透明的审批程序，同时坚持非营利的定价原则，科学合理地制定收费标准，以有效提供公共服务为目的，优化非税收入结构，从源头遏制乱收费现象。三是进一步完善非税收入的预算管理体系。应逐步将所有非税收入纳入预算管理，深化“收支两条线”，实现非税收入直达国库单一账户。四是统一非税收入的征收管理单位。设立专门的非税收入征管部门，以解决非税收入多头管理的现状。五是建立健全非税收入的监管体系。应当建立多层次的非税收入监督管理机制，使非税收入管理公开化、民主化、透明化，对非税收入的审批、执行、保管、使用实施全程监督。

第三章　中国现行地方税体系运行情况评估

我国现行地方税体系是在分税制的基础上，经过近年来不断的改革逐渐形成的。1994 年以来的各项税制改革，使得我国的税制体系不断完善，在充分发挥“中央和地方两个积极性”、保障中央与地方政府财力、调节社会投资、调整经济结构等方面起到了一定的作用。但是不得不承认，我国现行税制体系尤其是地方税体系仍然存在着一些问题，本章将在分析 1994 年以来地方税收入结构和规模、对比中央和地方财力与事权匹配情况的基础上，对我国现行地方税体系运行情况进行评估。

第一节　现行地方税构成

一、现行地方税税种

现行的地方税体系是在 1994 年分税制改革时建立的，虽然近 20 年来经历了多次调整，但基本框架没有改变。现行的地方税包括：营业税、城镇土地使用税、房产税、资源税、耕地占用税、印花税、土地增值税、车船税、契税、烟叶税和城市维护建设税。①

二、现行地方税功能

众所周知，税收有组织财政收入、调控经济运行、调节收入分配、监督

① 为统一计算口径，将营业税、印花税等严格意义上属于共享税的税种作为按地方税。

经济活动等作用。现行各地方税税种在具备以上税收职能的前提下，各有侧重，根据地方税各税种课税对象及其功能侧重可作如下划分。

（一）保障地方财政收入的流转税

地方税中的营业税、烟叶税属于流转税，上述税种是以商品、服务（烟叶）的流转额为计税依据，税收收入受成本影响较小。

1. 营业税。作为现行地方税体系中的主体税种，营业税对在我国境内提供应税劳务、转让无形资产或销售不动产的单位和个人，就其所取得的营业额按比例征税。广泛涉及国民经济中的第三产业，其广泛性和普遍性的特点随着第三产业的蓬勃发展，税收收入稳步增长，是保障地方财政收入的主要税种。

2. 烟叶税。针对晾晒烟叶和烤烟叶收购金额（收购金额 = 收购价款 ×（1 + 10%），按 20% 税率征收的烟叶税，是在 2006 年取消农业税后，作为取代烟叶特产农业税而开征的税种。其功能有二，其一，是我国烟草“寓禁于征”政策的延续；其二，我国主要烟草种植区域均为偏远贫困山区，上述地区工业基础薄弱，经济发展相对落后，营业税等商品流转税难以为其创造大量税收收入，加之烟草消费弹性较小。因此烟叶税对保障地方政府尤其是偏远贫困山区地方政府财政收入发挥着重要作用。

（二）公平税负和缓解财富分配不均的财产税

房产税、车船税、城镇土地使用税、契税等均是以纳税人拥有财产数量或财产价值为课税对象的财产税。对财产课税，有利于公平税负和缓解财富分配不均，有利于限制消费。税收负担与财产价值、数量关系密切，发挥了调节财富、量能负担、合理分配的功能。

（三）引导资源合理开发倡导可持续发展的资源税

以自然和某些社会资源为课税对象的资源税。资源税受益税的性质，使其征收阻力小，且税源广泛，资源税的开征在保证财政收入的同时也更加有利于引导资源合理开发，体现资源可持续开发的科学发展观。

（四）根据客观需要限制特定行为的行为税（印花税除外）

土地增值税、耕地占用税、城市维护建设税等行为税是国家为了实现某种特定目的，以纳税人的某些特定行为为课税对象的税种，功能在于国家根据一定时期的客观需要，限制某些特定行为。

（五）印花税

印花税兼有行为税和凭证税的性质，其税率低税负轻的特点体现了税收“取微用宏”的功能，除组织财政收入功能外，印花税还有着配合和加强经济合同监督管理的功能。

第二节　地方税收入结构与规模

一、地方税分税种收入规模

根据表3－1，1994年至2012年，地方税各税种收入基本呈现稳步增长趋势。2012年税收收入规模较1994年相比，土地增值税增幅最大，达46.4倍；营业税、房产税、资源税等增幅达20倍左右，其余税种2012年收入规模亦较开征年份相比有显著增加。

表3－1　　地方税分税种收入规模

年份	地方税各税种收入规模（亿元）										
	营业税	城镇土地使用税	房产税	资源税	耕地占用税	印花税	土地增值税	车船税	契税	烟叶税	城市维护建设税
1994	680.23	32.53	60.26	45.5	0	61.81	0	11.29	0	0	176.27
1995	869.38	33.65	81.67	55.06	0	46.75	0.27	13.4	0	0	212.05
1996	1 065.35	39.42	102.18	57.35	0	146.72	1.12	15.15	0	0	245.1
1997	1 353.42	43.99	123.93	56.63	0	266.28	2.53	17.21	0	0	272.29
1998	1 608.03	54.21	159.85	61.93	0	238.52	4.27	19.05	0	0	294.98
1999	1 696.53	59.07	183.53	62.86	0	282.33	6.81	20.86	0	0	315.29
2000	1 885.7	64.94	209.58	63.65	0	521.85	8.39	23.44	0	0	352.13
2001	2 084.65	66.18	228.59	67.11	0	337.04	10.33	24.61	0	0	384.4
2002	2 467.63	76.84	282.4	75.14	0	179.42	20.51	28.89	0	0	470.92
2003	2 868.87	91.57	323.86	83.11	0	214.98	37.29	32.16	0	0	550.01
2004	3 583.58	106.22	366.31	98.8	0	290.28	75.05	35.76	0	0	674.06
2005	4 231.52	137.35	435.85	142.2	0	226.85	140.31	38.9	0	0	795.67
2006	5 129.75	176.81	514.81	207.02	0	376.64	231.47	49.97	0	41.45	939.73
2007	6 582.8	385.47	575.42	261.02	0	2 261.75	403.12	68.16	0	47.5	1 156.4
2008	7 628.4	816.89	680.28	301.64	0	1 320.15	537.44	144.19	0	67.24	1 344.2
2009	9 015.19	920.99	803.62	338.22	0	901.47	719.55	186.51	0	80.67	1 544.14
2010	11 159.24	1 004.01	894.06	417.55	0	1 041.87	1 278.29	241.62	0	78.3	1 887.09
2011	13 679.87	1 222.22	1 102.39	598.83	0	1 043.74	2 062.79	302	0	91.4	2 777.48
2012	15 751.29	1 540.69	1 372.48	904.26	1 583.75	986.79	2 718.99	392.89	2 848.97	131.75	3 126.74

数据来源：1994年至2011年数据均来源于各年度《全国税务统计》，2012年数据来源于《税收月度快报》。

注：根据上文列举11种地方税种计，投调税、屠宰税、筵席税数额极小且已停止征收故未纳入。

二、地方税收入结构

根据表 3－2 数据显示，1994 年以来营业税作为地方税的主体税种，其占地方税税收收入比重长期保持在 60% 以上，其中在 1994 年至 2005 年占比在 50%～60%，值得注意的是在 2000 年增值税地方分享比例由 50% 降至 25% 和 2002 年个人所得税、企业所得税地方按 50% 比例分享后，营业税收入占地方税收收入比例一度高达 68% 以上。其余 10 项税种在地方税税收收入方面所占的比重基本呈现“维持地位、适量微调”的现象。

表 3－2　　地方税收入结构　　单位：亿元

年份	地方税税收收入		地方税各税种占地方税税收收入比重										
	指标值（亿元）	增长率（%）	营业税（%）	城镇土地使用税（%）	房产税（%）	资源税（%）	耕地占用税（%）	印花税（%）	土地增值税（%）	车船税（%）	契税（%）	烟叶税（%）	城市维护建设税（%）
1994	1 067.89		63.70	3.05	5.64	4.26	0.00	5.79	0.00	1.06	0.00	0.00	16.51
1995	1 312.23	23.00	66.25	2.56	6.22	4.20	0.00	3.56	0.02	1.02	0.00	0.00	16.16
1996	1 672.39	27.00	63.70	2.36	6.11	3.43	0.00	8.77	0.07	0.91	0.00	0.00	14.66
1997	2 136.28	28.00	63.35	2.06	5.80	2.65	0.00	12.46	0.12	0.81	0.00	0.00	12.75
1998	2 440.84	14.00	65.88	2.22	6.55	2.54	0.00	9.77	0.17	0.78	0.00	0.00	12.09
1999	2 627.30	8.00	64.57	2.25	6.99	2.39	0.00	10.75	0.26	0.79	0.00	0.00	12.00
2000	3 129.68	19.00	60.25	2.08	6.70	2.03	0.00	16.67	0.27	0.75	0.00	0.00	11.25
2001	3 202.91	2.00	65.09	2.07	7.14	2.10	0.00	10.52	0.32	0.77	0.00	0.00	12.00
2002	3 601.74	12.00	68.51	2.13	7.84	2.09	0.00	4.98	0.57	0.80	0.00	0.00	13.07
2003	4 201.85	17.00	68.28	2.18	7.71	1.98	0.00	5.12	0.89	0.77	0.00	0.00	13.09
2004	5 230.07	24.00	68.52	2.03	7.00	1.89	0.00	5.55	1.43	0.68	0.00	0.00	12.89
2005	6 148.65	18.00	68.82	2.23	7.09	2.31	0.00	3.69	2.28	0.63	0.00	0.00	12.94
2006	7 667.66	25.00	66.90	2.31	6.71	2.70	0.00	4.91	3.02	0.65	0.00	0.54	12.26
2007	11 741.65	53.00	56.06	3.28	4.90	2.22	0.00	19.26	3.43	0.58	0.00	0.40	9.85
2008	12 840.42	9.00	59.41	6.36	5.30	2.35	0.00	10.28	4.19	1.12	0.00	0.52	10.47
2009	14 510.36	13.00	62.13	6.35	5.54	2.33	0.00	6.21	4.96	1.29	0.00	0.56	10.64
2010	18 002.03	24.00	61.99	5.58	4.97	2.32	0.00	5.79	7.10	1.34	0.00	0.43	10.48
2011	22 880.72	27.00	59.79	5.34	4.82	2.62	0.00	4.56	9.02	1.32	0.00	0.40	12.14
2012	31 358.60	37.00	50.23	4.91	4.38	2.88	5.05	3.15	8.67	1.25	9.09	0.42	9.97

数据来源：1994 年至 2011 年数据均来源于各年度《全国税务统计》，2012 年数据来源于《税收月度快报》。

第三节 共享税地方分成部分收入规模

一、增值税

1994 年至 2000 年，增值税地方分享比例为国内增值税部分的 50%。根据表 3－3 数据显示，1994 年至 1996 年三年间地方分享增值税保持 13% 以上比例增长。在 1997 年亚洲金融危机的大背景下，社会商品交易增长量出现一定下降，因此数据显示 1997 年至 1999 年增值税增长比例相对放缓。

2001 年至今，增值税地方分享比例为国内增值税部分的 40%。根据表 3－3 数据，2001 年至 2007 年随着经济的不断增长增值税地方分享部分增长率持续升高，直至 2008 年以美国次贷危机引发的全球金融危机影响我国，国内商品交易受国际金融危机影响出现下滑，增值税地方分享部分增长率出现下滑 2009 年达到历史低点 3.75%。

表 3－3　增值税地方共享部分收入规模及增长率　单位：亿元

年份	税收收入规模				增长比例	备　注
	增值税收入	国内增值税	进口货物增值税	地方分享部分		
1994	2 661.33	2 338.56	322.77	1 169.28		按地方分享国内增值税 50% 计算
1995	3 038.64	2 653.68	384.96	1 326.84	13.48%	
1996	3 516.60	3 024.12	492.48	1 512.06	13.96%	
1997	3 910.00	3 343.84	566.16	1 671.92	10.57%	
1998	4 301.94	3 729.02	572.93	1 864.51	11.52%	
1999	5 032.14	4 000.85	1 031.28	2 000.43	7.29%	
2000	6 149.32	4 667.53	1 481.78	2 333.77	16.66%	
2001	7 090.77	5 452.53	1 638.24	1 363.13		按地方分享国内增值税 25% 计算
2002	8 141.18	6 275.40	1 865.78	15 68.85	15.09%	
2003	10 096.25	7 341.37	2 754.89	1 835.34	16.99%	
2004	12 593.65	8 930.20	3 663.44	2 232.55	21.64%	
2005	14 867.06	10 698.45	4 168.61	2 674.61	19.80%	
2006	17 755.94	12 894.79	4 861.15	3 223.70	20.53%	
2007	21 595.43	15 610.03	5 985.40	3 902.51	21.06%	

续表

年份	税收收入规模				增长比例	备 注
	增值税收入	国内增值税	进口货物增值税	地方分享部分		
2008	25 266.41	18 139.34	7 127.07	4 534.84	16.20%	按地方分享国内增值税 25% 计算
2009	26 109.83	18 819.77	7 290.06	4 704.94	3.75%	
2010	31 451.58	21 608.58	9 843.01	5 402.14	14.82%	
2011	37 210.03	24 551.43	12 658.60	6 137.86	13.62%	
2012	40 448.03	26 533.14	13 914.89	6 633.29	8.07%	

数据来源：1994 年至 2011 年数据均来源于各年度《全国税务统计》，2012 年数据来源于《税收月度快报》。

二、企业所得税

自 2003 年实行中央与地方 6∶4 分享以来，与增值税类似在增长率持续升高的趋势下，2008 年起呈现大幅下降，甚至 2009 年出现负增长，2009 年以后随着国民经济的回暖，2010 年至今企业所得税呈现增长态势（见表 3－4）。

表 3－4　企业所得税地方共享部分收入规模及增长率　单位：亿元

年份	税收收入规模（亿元）		增长比例	备 注
	企业所得税	地方分享部分		
2002	2 588.68	1 294.34		按地方分享 50% 计算
2003	3 047.64	1 219.06		按地方分享 40% 计算
2004	4 074.98	1 629.99	33.71%	
2005	5 511.31	2 204.52	35.25%	
2006	7 080.90	2 832.36	28.48%	
2007	9 674.99	3 870.00	36.64%	
2008	12 195.16	4 878.07	26.05%	
2009	12 156.26	4 862.51	－0.32%	
2010	14 548.89	5 819.56	19.68%	
2011	19 602.80	7 841.12	34.74%	
2012	22 007.61	8 803.04	12.27%	

数据来源：2002 年至 2011 年数据均来源于各年度《全国税务统计》，2012 年数据来源于《税收月度快报》。

注：因 2002 年前所得税按企业类型分中央税和地方税征收，以 2002 年至 2012 年计。

三、个人所得税

自2003年实行中央与地方6:4分享以来，个人所得税增长率持续升高的趋势下，其中2009年增长率放缓，2012年因个人所得税扣除标准的进一步提升，个人所得税地方分成部分呈现了负增长（见表3－5）。

表3－5　个人所得税地方共享部分收入规模　单位：亿元

年份	税收入规模（亿元）		增长比例	备　注
	个人所得税	地方分享部分		
2002	1 211.07	605.54		按地方分享50%计算
2003	1 417.33	566.93		按地方分享40%计算
2004	1 736.20	694.48	22.50%	
2005	2 093.96	837.58	20.61%	
2006	2 452.67	981.07	17.13%	
2007	3 184.94	1 273.98	29.86%	
2008	3 722.31	1 488.93	16.87%	
2009	3 943.59	1 577.44	5.94%	
2010	4 837.27	1 934.91	22.66%	
2011	6 054.08	2 421.63	25.15%	
2012	5 820.36	2 328.14	－3.86%	

数据来源：2002年至2011年数据均来源于各年度《全国税务统计》，2012年数据来源于《税收月度快报》。

注：2012年1月1日起，个人所得税收入实行中央与地方按比例分享。

第四节　地方税在地方财政中的地位和作用

一、地方税在地方财政收入中的地位

根据图3－2，2007～2011年数据显示地方税收入占地方财政收入的比重长期保持在40%以上，地方税在地方财政收入中的地位不言而喻。

中国地方税税收收入和地方政府财政收入均稳步增长。值得注意的是，尽管二者均有增长，地方税税收收入占地方政府财政收入的比重却在逐年下降。一方面是税收优惠政策的不断出台，地方税收入增长相对放缓，另一方面是地方财政支出的刚性需求，倒逼地方政府采取地方税以外的途径取得地方财政收入。

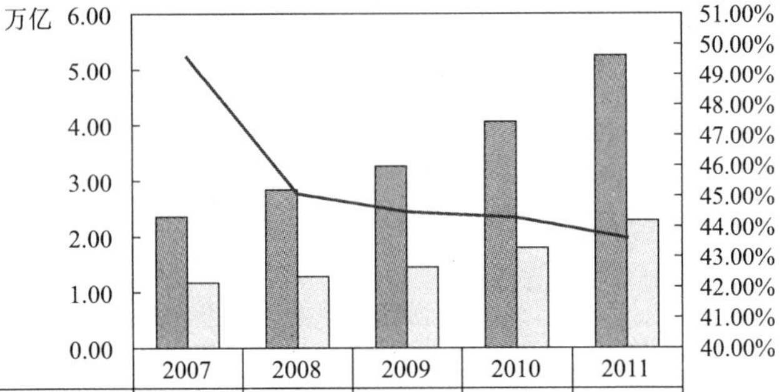

	2007	2008	2009	2010	2011
地方财政收入	2.36	2.84	3.26	4.06	5.25
地方税税收收入	1.17	1.28	1.45	1.8	2.29
地方税收收入占地方财政收入比重	49.58%	45.07%	44.48%	44.29%	43.62%

图 3-1　地方税收入占地方财政收入比重

数据来源：地方税税收收入数据来源于各年度《全国税务统计》；地方财政收入数据来源于《中国统计年鉴》。

二、地方税在调控国民经济中的作用

（一）保证地方政府财力，保障地方政府职能的实现

图 3-2 统计数据显示，2007~2011 年，地方财政收入除 2009 年增长率为 13.8%，其余年份均保持 20% 以上增长，且增长速度呈加快趋势。与地方财政收入高速增长相对应的是 2007~2011 年地方税税收收入以更高速度的增长。地方税税收的持续、稳定、高速增长充分保证了地方财政收入，为地方政府调控经济、提供公共服务提供了有力保障。

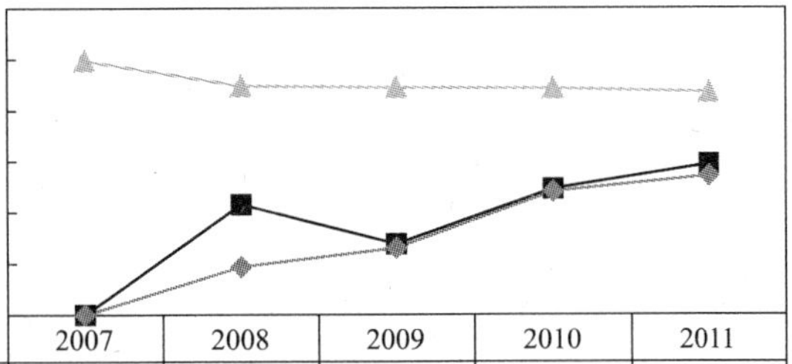

	2007	2008	2009	2010	2011
地方财政收入增长比例		21.54%	13.80%	24.57%	29.38%
地方税税收收入增长比例		9.36%	13.01%	24.06%	27.10%
地方税收收入占地方财政收入比重	49.81%	44.82%	44.51%	44.33%	43.54%

图 3-2　地方税收入与地方财政收入增长比例

数据来源：地方税税收收入数据来源于各年度《全国税务统计》；地方财政收入数据来源于《中国统计年鉴》。

（二）调节社会投资，引导国民经济健康发展

1. 固定资产投资方向调节税引导固定资产投资健康发展。1991 年固定资产投资规模过度膨胀，为引导投资，抑制经济过热，固定资产投资方向调节税开征，对投资规模和投资结构进行调节。1994～1997 年，固定资产投资呈现出逐年下降趋势。但从 1998 年以来，国民经济发展态势发生改变，需要扩大投资，从 1999 年 7 月 1 日起，该税减半征收，直至 2000 年起暂停征收。

2. 印花税抑制股票市场无序膨胀。1994 年以来，曾有 7 次调整证券交易印花税，根据表 3－6，可以明显看出，证券交易印花税税率与股票市场波动呈反向变化。尤其值得提出的是，在 2007 年股市过热，出现大量泡沫的背景下，2007 年印花税税率由 1‰调增至 3‰，及时制止了更多资金进入股市。

表 3－6　证券交易印花税税率调整对股市的影响　单位：亿元

调整时间	税率调整幅度	首日沪指表现
2008 年 4 月 24 日	↓3‰到 1‰	↑高开 7.98%；涨 9.29%
2007 年 5 月 30 日	↑1‰到 3‰	↓低开 5.69%；跌 6.5%
2005 年 1 月 23 日	↓2‰到 1‰	↑高开 1.91%；涨 1.73%
2001 年 11 月 16 日	↓4‰到 2‰	↑高开 6.42%；涨 1.57%
1999 年 6 月 1 日	↓4‰到 3‰（B 股）	—
1998 年 6 月 12 日	↓5‰到 4‰	↑高开 1.93%；涨 2.65%
1997 年 5 月 10 日	↑3‰到 5‰	↑高开 1.61%；涨 2.26%

数据来源：根据历次证券交易印花税政策调整与沪指股市数据整理。

（三）调整经济结构，促进经济结构有序调整

1. 取消农业税，促进农业发展。作为有 13 多亿人口的大国，农作物收成的丰歉，直接关系到人民的吃穿问题。农业稳定发展对我国具有十分重要的意义。自 1958 年颁布实施《农业税条例》以来，农业和农村为国民经济的工业化转型做出了巨大贡献。

随着我国国民经济的不断发展，尤其是新世纪初以来，我国人均 GDP 超过 1 000 美元，开始步入工业化中期阶段，工业发展已经成效显著，加之在目前全面建设小康社会和构建社会主义和谐社会的背景下，“三农”问题已成为首要问题，当前农业和农村发展落后，农村基础设施薄弱、公共服务不足等问题亟待解决。根据《全国人民代表大会常务委员会关于废止〈中华人民共和国农业税条例〉的决定》我国于 2006 年起全面取消农业税。

农业税的取消，辅以相关农业扶持政策的出台，实现了“工业反哺农业”，对农业“取”向“予”的转变。对农业扶持力度的加大，是我国产业结构调整中的一大重要举措。

2. 多项举措，促进小微企业、科技创新企业发展。当前随着改革开放的不断深入，小微企业大量涌现，从个体来看，小微企业分散经营，无法形成规模效应，小微企业的发展可以说是“如履薄冰”，尤其在金融危机、成本上涨等众多客观因素的影响下，作为国民经济“毛细血管”的小微企业正面临着巨大挑战；创新是一个民族的灵魂，是一个国家兴旺发达的不竭动力，也是企业永葆生机的源泉。科技创新企业的发展，直接决定着国民经济发展的质量。近年来，我国制定了多项扶持小微企业和科技创新企业发展的地方税政策，通过营业税、企业所得税、印花税的多税种优惠的配合应用，促进我国小微企业、科技创新企业的长足发展。

三、地方财力与事权匹配度分析

（一）地方政府支出责任

1. 地方财政支出规模及增长比例变化。根据图 3－3，2007～2011 年地方财政支出以每年超过 20% 的速度高速增长，2011 年地方财政支出金额达到 92 733.68亿元，较 2007 年增长近 1.5 倍。

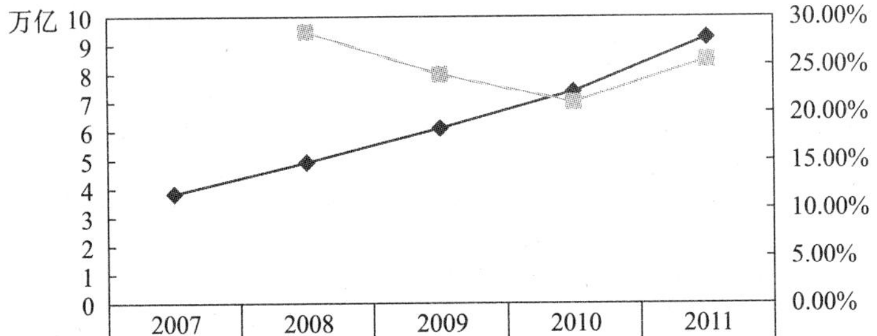

	2007	2008	2009	2010	2011
支出规模	38339.29	49248.49	61044.14	73884.43	92733.68
增长比例		28.45%	23.95%	21.03%	25.51%

图 3－3　地方财政支出规模及增长比例

数据来源：2008－2012 年《中国统计年鉴》。

2. 地方政府财政支出结构变化。从地方政府财政支出结构来看（图 3－4），地方政府财政支出范围广，项目多，其中用于教育、一般公共服务、社会保障和就业、农林水事务、城乡社区事务占一半以上。

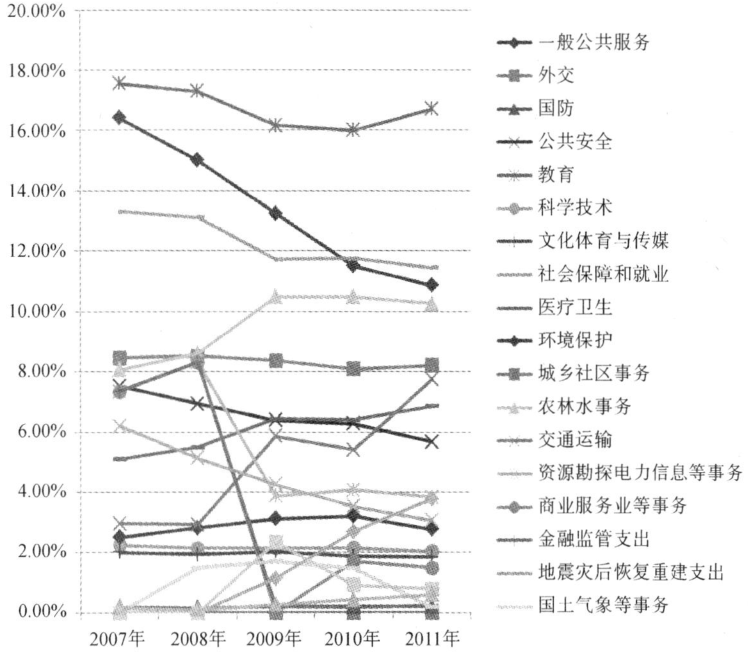

图 3－4　分项目地方财政支出比例变化

数据来源：2008－2012 年《中国统计年鉴》。

（二）地方税增长情况

2007～2011 年，地方税税收收入呈快速增长趋势，2008～2011 年各年较上年增长幅度分别为 9.36%、13.01%、24.06%、27.10%。2011 年地方税税收入规模较 2007 年增长近 1 倍（见图 3－5）。

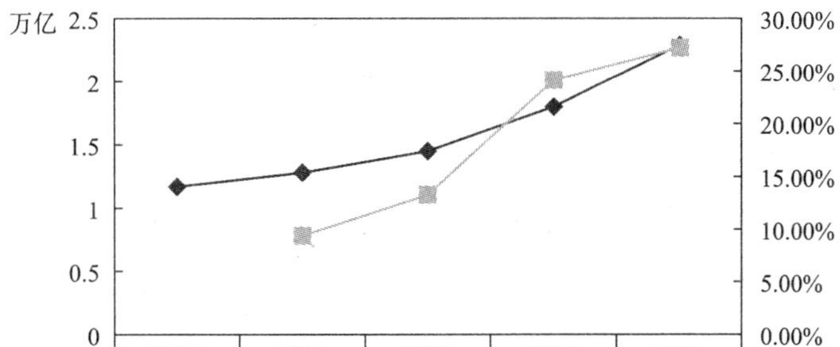

	2007	2008	2009	2010	2011
地方税税收收入	1.17	1.28	1.45	1.8	2.29
增长比例		9.40%	13.28%	24.14%	27.22%

图 3－5　地方税税收收入增长

数据来源：《全国税务统计》。

（三）地方税与地方政府支出责任匹配分析

虽然根据上文分析，地方税税收收入加速增长，但是根据图 3－6，地方财政支出规模基数大，增长快。地方财政支出与地方税税收的差额正在不断加大。

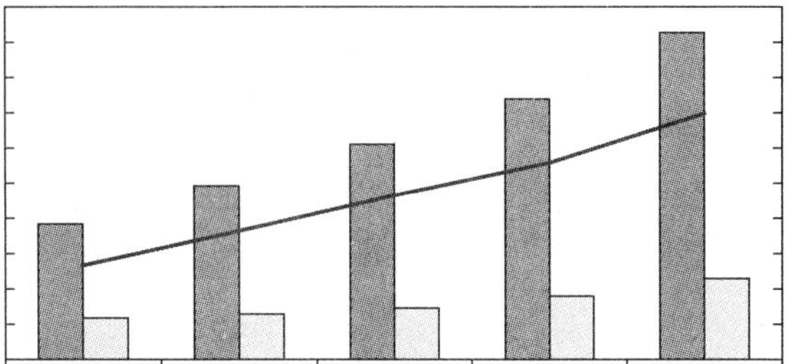

	2007年	2008年	2009年	2010年	2011年
地方财政支出	38339.29	49248.49	61044.14	73884.43	92733.68
地方税税收收入	11741.65	12840.42	14510.36	18002.03	22880.72
支出与收入差额	26597.64	36408.07	46533.78	55882.4	69852.96

图 3－6　地方税税收收入与地方财政支出对比

数据来源：地方税税收收入数据来源于各年度《全国税务统计》；地方财政支出数据来源于《中国统计年鉴》。

现行的地方税体系，地方税税收入规模已经无法与地方政府支出责任相匹配，地方政府的财力与地方政府事权之间矛盾正呈不断深化的趋势。

第五节　现行地方税体系存在的问题和原因分析

我国现行地方税体系是在 1994 年分税制改革时建立的，虽然近 20 年来经历了多次调整，但基本框架没有改变。现行的地方税体系在税权配置、主体税种、地方税制、地方税征管方面存在着诸多问题。

一、税权配置不合理，不利于地方行使职能

（一）税收立法权高度集中

根据《国务院关于实行分税制财政管理体制的决定》（国发［1993］85 号）规定，“中央税、共享税以及地方税的立法权都要集中在中央。”因此几乎所有地方税种的税法均由中央政府制定及颁布（已停征屠宰税、筵席税等个别税种的部分权力除外），除海南省和相当于省级的民族自治区及深圳特区

被授予可制定地方性税收法规外，其余各省、市均没有税收立法权。地方只能在中央制定的税收相关法律允许的范围内制定地方税收条例、规定，这些条例、规定散见于各地、各类通知、规定中，缺乏完整性和规范性。

税收立法权高度集中于中央，体现了中央统揽全局的要求，对税收政策的统一性和权威性起到了一定作用。但税收立法权过度集中也存在一些弊端：第一，在事权的客观需求下，地方出现越权行为，扰乱分税制财政管理体制秩序；第二，制约地方政府组织财政收入的积极性，或因无法可立，无法可依，失去本地域独有或零散的税源。

（二）税收管理权划分不合理

现行地方税体系中税收管理权划分不合理，严重影响了地方税收收入的组织以及政府职能的实现。目前税收管理分设国、地税两套机构，对于保障中央和地方财政收入，调动两个积极性，加强税收管理，发挥了一定作用，但是税收管理方面弊端也很突出，两部门之间因为平台不一致、标准不统一、机构不对称等原因，使得两部门难以实现涉税信息交换与共享，导致税收征管难度加大。如对“共管户”征收的城市维护建设税和教育费附加，计税依据中的增值税和消费税是由国税部门征收，而税款的征收是由地税部门负责，信息不对称和共享不及时使得地税部门对此类税收的征收、检查难度大、效率低。

二、税制体系不合理，不利于地税部门征收管理

（一）税收结构不合理，主体税种单一

从2008～2009年湖北省统计数据看（见表3－7），在当前地方税体系中，营业税所占比重长期保持在50%左右。营业税的主体税种地位十分明显，且收入规模比较稳定。但是随着“营改增”的全面铺开，作为地方税的营业税将逐步由作为共享税的增值税取代，在不考虑增值税扣除、改革前后假定税收总收入不变的前提下，意味着地方税收收入将减少37.5%[①]，如将“营改增”的整体减税要求和抵扣计算入内，这一比例将更大。

地方税主体税种单一，伴随着“营改增”的全面推行，所带来的地方税税收收入的锐减，会加剧地方财政收入的紧张，在地方事权不变的情况下，无疑会给地方政府公共产品和服务的供给造成严重影响。

---

① $1 \times 50 \times 75\% = 37.5\%$

表 3 – 7　　湖北省营业税占地方税总收入比重

税　种	2008 年	2009 年	2010 年	2011 年	2012 年
营业税	54.12%	53.08%	48.32%	50.98%	51.30%
其他地方税	45.88%	46.92%	51.68%	49.02%	48.70%

数据来源：湖北省地方税务局统计数据。

注：其他税种包括：资源税、城镇土地使用税、城市维护建设税、印花税、土地增值税、房产税和城市房地产税、车船税、耕地占用税、契税、烟叶税。

（二）税制结构不合理

现行地方税体系的税制结构在税制要素以及征管办法方面存在着一些问题，严重影响了地税部门的征管工作。

1. 税制要素设计不合理。现行的地方税包括营业税、城镇土地使用税、房产税、资源税、耕地占用税、印花税、土地增值税、车船税、契税、烟叶税、城市维护建设税，部分税种在税目、税率、减免税等税制要素的设计上极不合理。如营业税税目列举式规定，未列入的应税劳务和行为不纳税，造成了营业税的征管困难和税收流失；资源税目前征收范围仅限于原油、天然气、煤炭等常规资源，对如今普遍开发的水资源、草场资源等不征税，且在资源税税率方面我国实行从量计征的办法，使得资源税收入与资源市场价格脱节，一定程度上阻碍了资源税收入的提高；城镇土地使用税、契税等税种的税收优惠规定不够详细，在实际征管过程中，纳税人逃税、避税手段多，征管、检查难度大。

2. 征管办法变动频繁。现行的税制体系中部分税种的征管办法变动频繁，降低了税收收入的稳定性和可控性。以企业所得税为例，实施分税制以来，中央对企业所得税征管归属进行过三次重大调整：第一次调整（1994 ~ 2001 年），地税部门只负责征收“地方企业所得税（包括地方国有、集体、私营企业）”[①]；第二次调整（2002 ~ 2008 年），“在各级工商行政管理部门办理设立（开业）登记的企业，其企业所得税由国家税务局负责征收管理”[②]；第三次调整（2009 ~），“以 2008 年为基年，2008 年年底之前国税局、地税局各自管理的企业所得税纳税人不作调整。2009 年 1 月 1 日起新增企业所得税纳税

---

① 《国务院办公厅转发国家税务总局关于组建在各地的直属税务机构和地方税务局实施意见的通知》（国办发［1993］87 号）。

② 《国家税务总局关于所得税收入分享体制改革后税收征管范围的通知》（国税发［2002］8 号）。

人中，应缴纳增值税的企业，其企业所得税由国税局管理；应缴纳营业税的企业，其企业所得税由地税局管理。”①

（三）税收立法滞后

公认的税收有三大特征，即无偿性、强制性和固定性。税收作为国家组织公共收入的主要手段，提供公共服务的主要财源，强制性是保障，税收的强制性主要通过税收立法得以保障。目前，我国现行的各税种中，仅有企业所得税、个人所得税和车船税进行了专门立法，其余税种则是根据条例、规定或者办法来征收。条例、规定与专门立法相比，法律层级较低，在纳税人认同度和税收法律保障效力方面均差于专门立法。

（四）税源监控难度大

各地税务机关采取的税源监控措施主要有：税控收款机、源泉扣缴、以票管税、税务稽查等。“以票管税”是地税部门税源监管的一个重要手段，随着“营改增”的全面铺开，营业税的逐渐消失，这势必要求能够尽快做好第三方信息平台的建设，以涉税信息的及时共享来实现对税源的全方位监控。以湖北省为例，湖北省人民政府 2009 年颁布了《湖北省地方税费征收保障办法》（湖北省人民政府令第 331 号），《办法》明确要求“各级人民政府及相关部门、单位应当大力支持地方税务机关依法履行职责”、“不断完善电子政务平台，积极支持地方税务系统信息化建设，尽快实现涉税费信息采集的社会化和信息化。”但就目前来看，实施效果并不明显。

---

① 《国家税务总局关于调整新增企业所得税征管范围问题的通知》（国税发［2008］120 号）。

第四章　地方税体系的国际比较与借鉴

地方税体系是指由多种地方税种组成的，具有一定的收入规模，明确的税权划分，相对独立的征收管理机构的统一体。因而，地方税体系由税权划分、地方税税收收入规模、地方主要税种和税收征收管理等四部分组成。尽管这四部分在各国地方税体系中的地位和影响不同，但它们是密切联系的完整统一体，对一个科学合理有效的地方税体系是不可或缺的。本章将从这四个方面出发，对世界上发达国家、新兴经济体、适度分权国家的地方税体系进行比较研究，从而抽象出共性和一般的特征，以期对我国的地方税体系的建设和完善提出借鉴和启示。

第一节　分权型发达国家地方税体系

本节主要对分权型发达国家，包括美国、加拿大等国的地方税体系从税权划分、地方税的税种设置和收入规模以及税收征管情况等角度进行介绍。

一、美国地方税体系

美国是一个典型的联邦制国家。根据美国联邦宪法，联邦政府享有国家主权，但各州享有高度的自主权——可以有自己的立法权（但不得与联邦法律相抵触）和行政权。联邦和州两级政府在联邦宪法规定的权限内独立行动，互不干预，各州给予各级地方政府相当大的自主权。美国实行联邦、州、地方三级相对独立的财政管理体制，各级政府拥有自己的财政收入和支出范围。

（一）美国各级政府的税权划分

美国各州享有包括税收立法权在内的各种税收自主权。但各州的税收立法不得与联邦立法相冲突。美国联邦宪法对各州税收没有具体限制，州以下地方政府的税收权限由州法律所赋予，在联邦及州宪法规定的范围内，地方可以制定本地的具体法规，行使税收管理权。

美国的税收制度在三级政府之间坚持税源同享、以不同税率进行独立开征、以税基范围和税率幅度的具体规定进行税收协调的原则。地方政府与州政府的税源基本相同，两级政府的税收体系大致相似，包括销售及总收益税、财产税、个人所得税、公司所得税、机动车辆许可证税以及其他税收。由于联邦、州和地方之间进行有意识的税收协调，三级政府之间便形成了联邦以个人所得税和社会保障税为主；州以销售税为主、地方以财产税为主要税收来源的格局。

联邦政府开征的税主要有个人所得税、公司所得税、社会保险税。近些年，社会保险税有大幅度增加。州税和地方税的设计部分继承了联邦税的立法思想，他们在税种的开征上与联邦税有一定程度的交叉，但主体税种各不相同。美国州政府根据本州立法机构制定的有关法律和经济发展水平和税收来源的充裕程度等设立不同的税种和相关税率，在本州范围内征税。州政府开征的税种有销售税、个人所得税、公司所得税（占比很小）、财产税等。其中，州政府的税收收入主要来源是销售税，2008 年销售税占州政府税收收入的 45.87%，2009 年为 50%；其次是个人所得税，2008 年个人所得税占州政府税收收入的 35.61%，2009 年占 34% 左右。见图 4－1 和表 4－1。

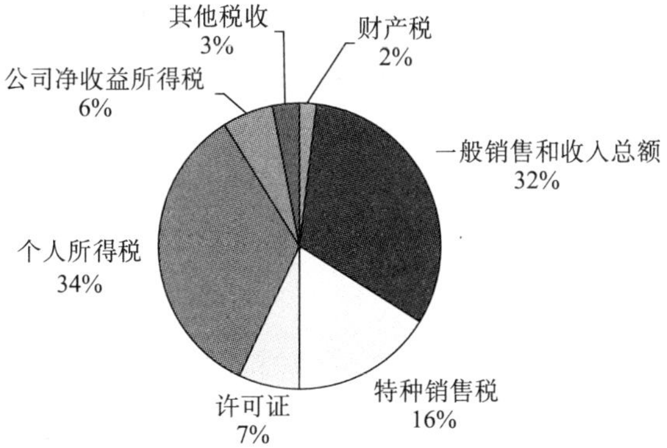

图 4－1　2009 年美国州税收分类情况

资料来源：美国统计局，2009 年州政府税收。

表 4－1　2008 年美国主要税种收入占州和地方政府的全部税收收入的比例

	个人所得税	社会保险税	公司所得税	销售税	财产税
州政府	35.61%	0	6.49%	45.87%	1.62%
地方政府	4.78%	0	1.28%	16.43%	72.34%

资料来源：根据美国统计局 2008 年统计资料数据计算。

（二）美国的地方税税种设

美国的地方税以财产税为主体税种，占地方政府税收收入的 72.34%（2008 年）。美国把财产税的课税权交给了地方，联邦政府不征收财产税，财产税占州政府的税收收入比重很小，2008 年只有 1.62%，2009 年也只有 2%（见表 4－1 和图 4－1），因而美国的财产税主要就是指地方财产税。除财产税外，地方政府还根据各自获得的授权开征地方的销售税、消费税、个人所得税、公司所得税等，但这些税种所带来的税收收入占地方总税收收入的比重非常小。

1. 财产税。州财产税的征税对象一般是不动产和动产。有的州对公司的股票和公司的财产征收两次财产税。现在，州的财产税税基在逐步缩小，州的财产税占州税收收入的 2% 左右。州财产税的设计与地方政府的财产税设计基本相同。

2. 销售税。

（1）征税环节。州销售税在零售环节征税，对批发环节和中间产品的销售不征税。

（2）征税范围。销售税对零售环节的货物或劳务征收，各州自行决定应税商品和劳务的范围。通常，各州都对以下商品免税：处方药、电脑软件程序、医疗服务、食品、农业机械、家庭消费必需品如住宅用电器和煤气、销售给免税组织的货物或劳务。一半以上的州对生产过程中的一些消费品，如燃料、润滑油免税。还有一些州对工业用的机器设备免税。另外，部分州还有抵免项目，主要是针对服装、食品和医疗等。

（3）纳税人。零售业者为州销售税的纳税人。

（4）计税依据。税法规定，零售业者可以在商品售价之外标明应纳税额，作为商品的卖价。因而，最终的税收负担是由消费者承担。

（5）税率。州销售税实行比例税率，各州和地方的销售税税率不同，从 1%—10% 不等。

3. 个人所得税。

（1）纳税人。个人所得税的纳税人分为居民纳税人和非居民纳税人。居民纳税人包括美国公民和有美国居民身份的个人。美国公民是指出生在美国的人和加入美国国籍的人。美国居民是指非美国公民，但按美国移民法拥有法律认可的永久居住权的人（如获得绿卡的人）。其他既非美国公民又非美国居民的则为非居民纳税人。

（2）课税对象。居民纳税人的课税对象是全球所得，非居民纳税人仅就来源于境内所得纳税。

（3）应税所得。个人所得税的税基是申报联邦个人所得税调整后的毛所得。这些所得是：提供劳务获得的报酬，包括酬金、佣金、福利和其他类似项目；从事经营获得的毛所得；处置财产的利得；利息；租金；特许权使用费；股息；赡养费和分居抚养费；年金；来源于人寿保险和捐赠合同的所得；养老金；因豁免债务而获得的所得；合伙企业毛所得的分成；与死者有关的所得；来源于地产或者信托权益的所得。

（4）税率。大多数州采用累进税率，少数州实行单一的比例税率。

4. 公司所得税。州与联邦的公司所得税的模式大致相同，只是税基和税率水平各不相同，计算步骤也有其特殊之处。

（1）纳税人。纳税人分为居民公司和非居民公司。在州境内或者根据州法律组成或者创建的公司是居民公司，即使其在州境内不进行经营活动或者不拥有财产。居民公司以外的其他公司都为非居民公司。

（2）应税所得。各州主要是以联邦的公司所得税税基为基础。应税所得主要包括：经营收入、资本利得、股息、租金、特许权使用费、劳务收入和其他收入等。

（3）税率。大多数州采用比例税率，也有的州实行超额累进税率。

（4）税款计算。州公司所得税的计算相对简单，先确定应纳税所得额。应纳税所得额是公司的总所得减去为取得收入而发生的、税法允许扣除的各种费用和损失后的余额。允许扣除额是由税法事先规定的、公司在取得总所得过程中发生的必要的营业和非营业支出。然后乘以适用税率，减去税收抵免额，即可计算出应纳税额。

（5）州公司所得税的划分问题。有的公司业务范围可能遍布全国，这势必引起各州行使各自税收管辖权而引起的竞争。于是，为了明确各自的管辖权，各州都制定了一个划分公式，以确定属于本州的公司所得税的份额。

最常见的公式是“资产、工薪和销售额三因素结合法”，使用三个基本要素的平均数划分公司所得，这三个要素分别是公司在本州的总资产、工薪额和销售额占其总额的比重。公式如下：

州公司所得税 = 州公司所得税税率 × 公司的总所得 × [（本州的总资产比

重 + 工薪额比重 + 销售额比重） ÷3]

5. 消费税。

（1）征税环节。州消费税一般在零售和批发环节征收。

（2）征税范围。州消费税针对汽油、对健康及环境有害的消费品（如烟、酒等）和部分特殊经营项目（如保险费、公用事业）征收。州消费税通常是专款专用于特定的项目。

（3）纳税人。通常为应税消费品的批发和零售商，但实际税收负担由消费者承担。

（4）税率。一般都是采用定额税率。

（5）征收管理。对于烟税和葡萄酒的消费税，州税务机关一般使用印花税票管理。批发商从州税务机关先购买印花税票，在销售给零售商之前把票贴在商品上。对于啤酒和蒸馏酒，批发商先向购买方收取消费税后再缴纳给税务机关。

6. 社会保障税。大部分州政府都开征了社会保障税。它主要包括伤残保障和失业救济两个项目。州的失业税只对雇主征收，税率水平一般不超过2%，但最高工薪限额大多为7000美元。税款由雇主从雇员的工薪中直接代扣代缴，每季度申报缴纳。州的社会保障税在计算联邦保障税时可以抵免。

（三）美国地方税的征收管理

州销售税一般由零售商申报，代扣并代缴给州政府的主管税务机关。在申报时，不但要申报应税货物或劳务的销售额和税额，还要填报未缴税和免税信息，包括申报数额，并说明未缴税和免税的理由。

申报缴纳之前，零售商首先要进行税务登记，申请销售执照。每一个零售商都有唯一的执照号码，以此作为税务机关进行征管的基本资料。销售税可按月、按季或按年申报，但最终是由税务机关根据零售商的业务性质、交易数量等信息来决定。

州政府为了鼓励零售商及时足额缴税，通常会给予各州一定的减免，相当于给予的代征手续费。

但如果纳税人未能按期申报纳税，将会处于10%的罚款，并另加收滞纳金。为了加强征管，州税务机关对新零售商都预收纳税保证金，一旦纳税人发生欠税，税务机关直接从保证金的银行账户上扣留税款。

州个人所得税的申报缴纳以代扣代缴为主，自行申报为辅。联邦国税局可以负责代征州政府的个人所得税，纳税人可以一次性地电子申报个人所得税和联邦个人所得税。

二、加拿大地方税体系

加拿大是一个高税收、高福利的国家。人均 GDP 处于世界前十，远超过于 OECD 国家平均水平。加拿大的宏观税负一直处于较高状态，2001 年税收占 GDP 的比例为 34.8%，经过 2007 年的税改后，2008 年税收占 GDP 的总量依然为 32.2%。

（一）税权划分

加拿大宪法对联邦政府的征税权基本上没有任何限制，联邦政府几乎可以对所有的财产和收益征税，以满足自己的需要，并规定关税由联邦独享。但是，对于省级政府，宪法规定只能征收直接税和资源税，以及某些收费，而不能征收间接税。市县等地方政府则由省授予一定的征税权，主要是对财产税、狗税、娱乐税、执照费等的征收权。二次世界大战以来，随着省和地方政府在经济发展中的作用不断加强，宪法规定的政府间税权划分的界限开始有所突破，主要表现为省政府的征税权逐渐扩大。它不仅可以征收直接税，而且还能够征收间接税。由此形成加拿大联邦政府和省政府对一些主要税收（如个人所得税、公司所得税、销售税及商品服务税等）的税源共享，这是目前加拿大政府间征税权分配的一个显著特征。关税则由联邦政府征收，资源税专属省政府，财产税则完全归地方政府。

（二）地方税收入规模

加拿大各级政府之间税权划分明确，省和各级政府都逐渐形成了自己的主体税种。在省政府的财政收入中，所得税、销售税、医疗保险税、社会保险税是主要税种，占 60% 左右；在地方政府的财政收入中，以财产税为主体，占总收入的 40% 以上。这种税收结构表明，主体税种已成为省以下政府财政的主要收入来源，它基本上能够为地方政府履行公共管理职能提供必要的资金保证；同时，这种税收结构也在相当程度上有利于联邦与省政府财政分配关系的相对稳定。

加拿大的非税收入是指各级政府收入中既不属于税收收入，也不属于转移支付收入的部分。2006 年，非税收入占联邦收入总额的 8.81%，占省收入总额的 38.9%[①]。从三级政府非税收入来源看，联邦政府非税收入的重要来源是投资收益，这主要是通过联邦所属国有公司取得的；省政府对非税收入的依赖性更大，其主要来源是自然资源收入、政府企业的经营收入，以及政

① http：//statucan. gc. ca 加拿大统计局网。

府控制的酒精饮料的专卖收入等。在1982年的宪法修改中，省政府被赋予直接征收自然资源税的权力。尽管这种收入可列为税收收入，但在加拿大统计中却把所有的自然资源收入都纳入非税收入的范围；地方政府的非税收入包括许可费和特许费、专卖收入和劳务收入、罚款、投资收益，以及其他收入。

（三）州和地方税种设置及收入情况

加拿大省级以个人所得税和商品劳务销售税为主，辅之以社会保障税；地方税以房地产税为主，占全国税收收入的10%（2009年）[①]。下面重点介绍房地产税和商品劳务税。

1. 房地产税。

（1）纳税人。加拿大房地产税的纳税人是房产和土地的所有人。包括居民（Residential）纳税人和非居民（Non - Residential）纳税人。

（2）征税对象。加拿大房地产税征税的主要对象是土地、地上建筑物及永久性的构筑物。大部分省，除征收营业性房地产税外，对市政区居民、农村居民住宅也同样征收，还有的省对农地、林地、设备和设施（如发电站、铁路）征税。各省的房地产税的征税对象见表4-2。

表4-2　加拿大房地产税的征税对象

省	征税对象
纽芬兰省	土地、房屋、机器、设备或土地与建筑物上的固定装置
爱德华王子岛	土地、房屋、管道、服务于建筑物的机器设备以及移动房屋
新斯科舍省	土地、建筑物、树木、灌木、洞穴、地下改良、移动房屋等
新不伦瑞克省	土地、房屋、服务于建筑物的机器设备
魁北克省	土地、建筑物、服务于建筑物的机器设备
马尼托巴省	土地及改良设施（房屋、建筑物、固定装置等）
萨斯喀彻温省	土地、房屋、服务于土地或房屋的机器设备、管道、厂房
卑诗省	土地、房屋、机器设备
安大略省	土地、房屋、机械、固定装置、建筑物、管道
不列颠哥伦比亚区	土地和改良设施（房屋、建筑物、固定装置等）
北部区	土地、房屋、机器设备
育空区	土地、房屋及改良设施、公共设施、移动住宅

通常各省都把教堂、公墓、学校、医院、非赢利机构和慈善机构所拥有

① http：//calgaryrealeatate. ca .

的房地产、保留用地、老年人、残疾人所使用的改良设施、市、省和联邦政府所拥有的房地产作为免税财产。

(3) 税率和计算方法。在加拿大政府统一制定的财税政策下，各省及地方政府自主开征房地产税。全国范围内没有统一的房地产税税率，由省或地方政府根据本地区财政情况制定。每年初，地方政府财政治理部门都要对本年度财政总支出做出预算，再以此减去房地产税以外的其他收入，其差额部分就是本年度房地产税纳税总额。然后再依据应纳税总额和本辖区内应税房地产评估价值总额之比例，来测算出当年房地产税率。政府会把所辖地界里所有房产估价总值作为计税基数，但所有房产不包括医院、学校、教堂、公墓等。

各省的房地产税税率存在差别，省内各市之间同样存在差别，因为房地产税是市级政府的主要收入来源。表 4 - 3 显示了一些市的房地产税税率。

表 4 - 3　　加拿大部分城市的房地产税税率 (%)

城　市	平　房	标准公寓
卡尔加里 (Calgary)	0.84	0.88
埃德蒙顿 (Edmonton)	1.24	0.94
哈利法克斯 (Halifax)	1.18	1.18
蒙特利尔 (Montreal)	1.78	1.39
渥太华 (Ottawa)	1.34	1.08
里贾纳 (Regina)	1.99	1.98
萨斯卡通 (Saskatoon)	1.57	1.83
圣凯瑟琳 (St. Catherines)	1.93	1.17
圣约翰 (St. John)	1.29	1.20
多伦多 (Toronto)	1.15	1.05
温哥华 (Vancouver)	0.72	0.57
维多利亚 (Victoria)	0.61	0.61
温尼伯 (Winnipeg)	1.96	2.56

资料来源：Frontier Centre for Public Policy 2002.

2. 商品劳务销售税 (GST) /统一销售税 (HST)。

(1) 征税对象和税率。大多数省对在加拿大制造的商品和提供的劳务征收商品劳务销售税，该税也对不动产 (如土地、建筑物等) 和无形资产 (如商标、商誉、电子商务) 计征。新斯科舍省、新不伦瑞克省、纽芬兰及拉布拉多省实行的则是统一销售税，其税基与商品劳务销售税一致。从 2010 年 7 月 1 日起，安大略省将它的零售销售税与 GST 合并成统一销售税，卑诗省也不例外。

（2）免税项目。一些商品和服务无论提供者是谁都可以享受免税，比如长期住宅、14 岁以下儿童的保健服务，个人提供的儿童、残疾人看护服务。而慈善机构提供的一些商品和服务也可获得免税待遇。

第二节 分权型新兴经济体国家的地方税体系

本节主要对分权型新兴经济体国家，包括俄罗斯、印度、巴西等三国的地方税体系从税权划分、地方税的税种设置和收入规模以及税收征管情况等角度进行介绍。

一、俄罗斯地方税体系

（一）税权划分

政府间税权划分实质上是各种税权的分配，它至少应包括主要两个方面：税收征收管理权的划分、税收立法权的划分。

1. 税收立法权的划分。俄罗斯的税收立法权由联邦立法机关集中掌握。税种、税率及税收收入的分配方式由联邦确定，联邦主体和地方都不得自行设立税种，联邦主体和地方立法机关只对本级税收享有一定的权力。税权涉及的内容包括税收优惠、税率、纳税程序、纳税期限、会计报表的格式等，即联邦主体和地方自治机关仅能在税法典规定的税种清单范围内，对划入地方预算的那部分税收收入行使一定的自主权，在联邦规定的税率界限内确定税率。联邦税由联邦税法典规定，征收范围包括全俄所有区域。联邦主体税由联邦税法典规定，并需要经过联邦主体法律公布实施，其征缴范围为相应的联邦主体所辖区域。联邦主体可以根据规定的限度自行决定联邦主体税的税率，规定联邦主体税的纳税程序和纳税期限、会计报表形式、税收优惠原则。地方税根据联邦税法典规定，并由地方自治机关公布有关法律，在相应的辖区征收。具体来说，俄罗斯的地方税（运输税、博彩税、法人财产税、个人财产税以及土地税）的税种、税率及税收收入的分配方式由联邦立法机关确定。联邦主体的立法机关对运输税、博彩税、法人财产税，而地方自治立法机关对个人财产税和土地税，享有法律规定的上述有限权力。

2. 税收征管权的划分。俄罗斯的税收管理权分为三级，即联邦税由联邦国家的征税机关征收管理，区级税由联邦主体国家的征税机关征收管理，地方税由地方自治机构的征税机关征收管理。具体而言，俄罗斯的组织财产税（即法人财产税）、博彩税和运输税，其税收管理权由联邦主体（共和国、边疆区、州、自治州、自治专区、联邦直辖市）的征税机关进行征收管理。俄罗斯的土地税和个人财产税，其税收管理权就由地方自治机构的征税机关进行征收管理。

（二）地方税种设置及收入情况

地方税种主要由个人财产税及土地税组成。2011 年，州和地方政府的税收收入为 2.3 万亿美元，主要来自于财产税收入，且财产税收入增长迅速。

1. 个人财产税。俄罗斯个人财产税，以俄罗斯境内的独立住房（house）、商品房套间、单个房间、别墅、车库、其他的建筑物和住所等为征税对象。

俄罗斯个人财产税的纳税义务人，是指在俄罗斯境内拥有独立住房（house）、商品房套间、单个房间、别墅、车库、其他的建筑物和住所等的自然人。

根据《俄罗斯联邦个人财产所得税法》第三条第一款规定，地方自治管理的代表机关制定的规范性法律文件，以及联邦直辖市莫斯科市和圣彼得堡市的法律，按纳税标的的现价确定税率。地方自治管理的代表机关以及联邦直辖市莫斯科市和圣彼得堡市的立法（代表）机关，可根据纳税标的的现价在规定的税率限额内确定相应的税率差。具体见表 4-4。

表 4-4 个人财产税的税率表

纳税标的的现价	税　　率
低于价值 30 万卢布（含）	不超过 0.1%（含）
从价值 30 万至 50 万（含）	从 0.1% 至 0.3%（含）
超过价值 50 万卢布	从 0.3% 至 2.0%（含）

2. 土地税。按照俄罗斯联邦税法典第三百八十九条规定，俄罗斯土地税以各地方自治区域内（包括莫斯科市和圣彼得堡市）的土地为征税对象。不包括以下特殊用途的土地：从国防回收的用地且供俄罗斯联邦文化遗产、纳入世界文化遗产以及历史文化艺术遗产等的用地；仅限于国防、安全和海关所需用地；林业用地；仅限于国防而覆盖了作为水基金支持的水体所在用地。

俄罗斯土地税的纳税义务人，是指在各地方自治区域内的拥有土地的所有权、使用权、处分权和终身继承权的法人和自然人。

俄罗斯土地税以各地块的地籍价值为计税依据。地籍价值根据俄罗斯联邦土地法来确定，纳税人按现行税法典规定的地籍价值纳税。

税率由地方立法机关的规范性法律文件（包括莫斯科市和圣彼得堡市制

定的法律）来确定，不得自行提高。具体税率可依据各地块的分类和土地的不同用途来确定：农业用地为0.3%包括：用于农业领域的用地或居民区农业经济用地和农业生产用地；公共住房综合体的工程基础设施和住房基金所属用地（其他除外）或住房建设所获（划拨）用地；个人家庭副业、园艺、畜牧以及郊区农场经营。其他用地为1.5%。

（三）税收征管情况

个人财产税纳入地方预算之中。一般以一年为一个纳税期，纳税报表可以在第一季度后、半年后或第9个月进行申报。

土地税以公历年度为一个纳税周期，每年的第一、第二和第三季度是法人和自然人纳税人的纳税申报期。法人（法人企业的企业活动用地）和自然人纳税人需自觉缴纳全部税额。纳税人应提交相应土地的税收申报表。申报表提交的时间在计算土地税之后（即1月1日之后），但不得晚于每年的2月1日。而具体的缴税时间则由地方自治的代表机关确定。任何情况下，自然人和法人的缴税时间都不会早于申报单最终提交期限（即2月1日）。土地税进行清算时，根据每年1月1日所有人所持的土地价值（原始税基）清算。如果土地为多人共同所有，根据土地共同所有制法律，若所有人有份额分配，则按份额缴税；若所有人共同登记，则平均分配缴税。

二、印度地方税体系

（一）税权划分

1. 联邦政府和邦政府的税权划分。宪法规定印度联邦和邦政府间税权的划分基于分离原则，即税种要么完全归属中央政府，要么完全归属邦政府。大部分税基广泛的税种划归中央政府，包括非农用所得税和财富税、企业所得税、产品税（酒类产品除外）和关税。这些税种的收入潜力较大，征管成本相对较低、经济增长的收入弹性更高。所有宪法未注明的剩余税权都归中央所有。

宪法规定划归邦政府的税种很多，但只有产品销售税才是邦政府收入的主要来源。这一狭窄的有效税基在很大程度上是政治经济因素导致的，这些因素妨碍了州政府获取农用土地税和农用所得税。此外，中央和地方对所得税的划分是基于收入来源（农用和非农用所得税），导致收入流失，因为许多州政府选择不对农业收入征税。最大的无效率来自于间接税，虽然在法律层面上对产品开征的税种（中央的制造产品消费税）和销售税（州政府销售税）是分开的，但实质上是对相同税基的开征，造成了重复征税，导致州政府缺乏空间去选择有效的间接税率（见表4-5和表4-6）。

表 4－5　　印度联邦和邦政府自有税种

联邦税种	邦税种
1. 非农业所得税	1. 土地收入，包括土地价值评估和收入征管，以获取收入为目的的土地登记和调查的管理
2. 关税，包括出口关税	2. 农业所得税
3. 烟草及其他印度制产品的消费税，以下产品除外：（1）饮用酒类；（2）鸦片、大麻和其他麻醉品。但包括医用酒精和厕所洗洁剂包含的酒精	3. 农用土地继承税
4. 企业所得税	4. 农用土地遗产税
5. 财产资本价值税（个人或法人的农用地除外）；法人资本税	5. 土地和建筑税
6. 财产遗产税，不包括农用地	6. 矿藏开采权税
7. 财产继承税，不包括农用地	7. 对本州生产和制造的以下商品开征消费税，或以印度其他地区对类似商品开征的相同或更低的税率开征补偿税：（1）饮用酒类；（2）鸦片、大麻和其他麻醉品，但不包括医用酒精和厕所洗洁剂包含的酒精
8. 对由铁路、海运或空运至目的地的货物开征的终点税：铁路货运税和航运税	8. 对进入本地用于消费、使用和销售的货物开征的税
9. 期货和证券交易税（不包括印花税）	9. 电力消费和销售税
10. 印花税（汇票、支票、本票、提货单、信用证、保单、股权转让单、债券、信托单）	10. 销售或购买货物税（不包括报纸）
11. 销售和购买报纸以及在报纸上发布广告的税收	11. 广告税，不包括在报纸上发布广告和电视、广播发布的广告
12. 州（邦）际间销售或购买货物（不包括报纸）的税收	12. 公路和内河航运运输货物税
13. 州（邦）际间托运货物税	13. 机动车税
14. 其他	14. 动物和船只税
	15. 通行税
	16. 职业税、交易税、就业税
	17. 奢侈品税，包括对娱乐活动、赌博的征税
	18. 印花税（联邦未开征的票据）

表4－6　　印度州（邦）政府预算收入表（税收收入＋非税收入）单位：千万卢比

	2003～2004	2004～2005	2005～2006	2006～2007	2007～2008	2008～2009	2009～2010
A. 税收收入	225 885.7	267 876.8	316 563.1	383 547.1	423 583.1	486 870.7	535 480.6
1. 直接税	32 741.56	41 157.24	49 497.97	65 929.96	83 460.32	93 014.76	105 227.5
a）所得税分享额	10 679.5	14 159.47	18 264.85	22 523.03	30 869.5	33 179.68	35 959.99
b）酒店营业税	14.09	16.94	21.23	25.01	32.62	28.29	40.51
c）遗产税分享额	0	2.3	0	0	0	0	0
d）土地收入税	2 156.42	2 531.21	2 704.21	3 299.25	3 281.78	3 942.94	4 098.09
e）农业税	15.45	28.4	16.56	14.81	25.91	22.27	33.54
f）企业所得税	17 591.66	22 039.79	25 884.78	37 029.09	45 920.59	52 278.83	61 039.74
g）财富税	15.15	45.96	50.79	46.75	50.92	71.87	122.88
h）其他	2 269.29	2 333.17	2 555.55	2 992.02	3 279	3 490.88	3 932.78
2. 间接税	193 144.1	226 719.6	267 065.1	317 617.1	340 122.8	393 855.9	430 253.1
a）联邦消费税分享额	21 438.63	22 550.57	25 617.72	26 181.98	27 763.15	31 836.88	29 282.61
b）州消费税	19 548.1	22 061.13	26 192.25	30 592.92	35 551.49	40 777.8	47 723.79
c）一般销售税	89 658.18	110 597.2	132 845.2	160 137.3	165 750.1	187 212.1	208 739.5
d）汽油销售税	7 810.33	4 950.41	2 712.77	1 072.68	891.34	7 622.73	8 071
e）印花税和登记费	15 896.83	19 702.09	25 686.31	33 401.23	36 571.78	40 036.45	42 314.45
f）机动车税	9 986.56	10 738.51	12 156.72	13 610.09	14 248.75	15 942.64	17 834.24
g）货物和客运税	4 285.4	5 223.95	6 472.42	6 808.31	6 592.42	8 203.61	9 289.7
h）电力消费税	5 527.48	7 232.26	7 678.14	8 161.18	7 221.42	8 430.21	9 324.56
i）娱乐税	755.36	3 107.19	695.83	768.14	865.69	989.09	1 079.43
j）甘蔗购买税	5.95	1 520.36	78.09	93.57	548.21	513.6	666.02
k）关税	13 981.37	15 558.36	18 301.33	23 191.52	27 349.19	32 118.65	33 186.58
l）服务税	2 442.81	4 107.79	6 907.38	11 379.43	14 447.79	17 673.84	20 084.22
m）其他	1 807.09	－630.22	1 720.9	2 218.8	2 321.42	2 498.3	2 656.98
B. 非税收入	28 767.5	29 627.03	34 476.12	53 194.4	54 266.95	54 092.8	49 241.56
1. PSUs 的净贡献	－1 468.14	－9 115.04	－5 582.74	－5 245.72	－8 168.2	－11 001.7	－14 261.4
a）DCUs 的净贡献	－1 860.19	－9 458.54	－6 198.37	－5 901.93	－8 722.08	－11 468.7	－14 752.6
i）森林	－549.25	－287.25	－535.68	－525.73	－436.83	－957.18	－1 251.55
ii）能源项目	－289.31	－1 144.81	－3 220.62	－2 844.78	－3 597.97	－3 767.76	－6 783.51
iii）公路和航运服务	－39.18	－294.51	－297.86	－319.35	－336.91	－455.12	－571.59
iv）奶业发展	－182.12	－59.18	－137.73	－143.09	－374.46	－190.41	－303.35

续表

	2003 ~ 2004	2004 ~ 2005	2005 ~ 2006	2006 ~ 2007	2007 ~ 2008	2008 ~ 2009	2009 ~ 2010
v）工业	-4.6	4.28	-93.12	-12.51	-42.19	-37.02	-39.14
vi）采矿业	1 815.96	2 043.07	2 355.9	2 927.92	3 317.02	3 575.82	4 362.66
vii）灌溉项目	-2 611.69	-9 720.14	-4 269.26	-4 984.39	-7 250.74	-9 637.06	-10 166.2
b）股息和利润	392.05	343.5	615.63	656.21	553.88	467.03	491.19
2. 利息收入	8 602.85	9 400.59	10 618.6	13 115.83	13 988.96	18 265.57	14 865.78
3. 一般服务收入	9 346.58	11 153.49	11 840.6	22 500.4	25 692.15	19 883.68	19 577.66
4. 社会和社区服务收入	3 188.65	3 578.61	4 758.98	7 011.33	7 567.27	6 425.93	6 442.93
5. 经济服务收入	9 097.56	14 609.38	12 840.68	15 812.56	15 186.77	20 519.32	22 616.63
C. 中央转移支付收入	49 977.41	57 167.64	77 479.79	95 793.1	107 234.8	152 102.3	165 403.9
D. 基金转移支付收入	4 357.06	5 264.03	6 243.02	6 814.29	4 326.56	4 999.97	5 945.31
总收入	308 987.6	359 935.5	434 762	539 348.9	589 411.4	698 065.8	756 071.4

2. 农村地方政府自有税种。赋予农村地方政府的税收权利与其承担的事权责任是相关联的，在各州之间差异较大。根据宪法，某些基本职责完全由农村地方政府负责。即便这些基本服务也需要大量的资金。因此，向三级农村地方政府赋予税权，需要与地方政府承担的职责相挂钩。

表4－5和表4－6表明，不同层级的农村地方政府获得了不同的税种开征权。这些税种的相对重要性在州与州之间差别较大。县乡两级征管的税种很少，而村级政府具有较大的税收征管权。在很多情况下，税收的承包安排，要求村政府征税并将其上缴给更高层级的地方政府。房产税、土地税费收入、附加印花税、通行费（toll）、职业税、广告税、非摩托机动车税、货物入市税、使用者费构成了地方自有来源收入的主要部分，也仅仅占农村地方政府财政支出的6%～7%。在许多州，财产税是最主要的税种，但是由于征管的无效率，该税依然是无弹性的。其评估是基于年度租金价值，与之相关的缺陷是租金的低估。然而，一些州已经对税制结构进行了改革，运用单位面积法来确定房产税基。

3. 城市地方政府自有税种。印度宪法规定地方城市行政单位归州政府管辖。印度宪法明确规定了联邦和州政府各自具体的支出责任和收入征收范围。宪法明确列示了联邦收支、州收支以及在联邦和州共同管辖的领域二者共享的收支条目。宪法第74次修订案明确规定了地方自治组织的责任是实施经济发展计划和维持社会公正，放弃了维护公民责任的职责。为了履行这些工作，城市自治机构必须掌握合理和对称的收入筹集权力。然而，虽然宪法明确了地方机构的支出责任，却没有列出地方机构的收入来源。宪法第243条款仅仅是规定州立法机构有权规定本州内市镇自治机构在规定的限制和规定的程序下，有权开征税费，并获取州政府的转移支付。因此，第74次宪法修改案并没有明确财政分权体系下的资源与责任的匹配。市镇政府可以征收的税费、可以分享的收入、可以获得的转移支付数额都由州政府自由裁量。

（二）邦和地方税种设置及收入情况

1. 邦政府主体税种。

（1）邦增值税。从2005年3月1日开始，印度大部分邦用新的增值税取代了销售税，哈里亚纳邦是第一个开征增值税的邦。安达曼和尼科巴群岛和拉克沙群岛两个联邦属地没有开征销售税。恰蒂斯加尔邦、贾坎德邦、中央邦、拉贾斯坦邦、古吉拉特邦在2006年3月开征增值税。泰米尔纳德邦在2007年1月开征增值税。目前，北方邦和本地治里联邦属地还没有采用增值税。

印度的邦增值税是消费型增值税，税基排除了中间投入品和投资品的价值，接近于零售税的税基。邦增值税的开征遵循目的地原则，以下三类销售行为不包括在邦增值税的纳税范围内：邦际贸易和商务发生的销售；在邦外发生的销售；出口或进口环节发生的销售。

邦增值税的纳税人包括：邦内所有从事商务交易的个人、合伙企业、股份企业等。但营业额低于某个临界值的小企业，不是邦增值税的纳税人，具体的临界值由各邦确定，一般设定在20万～50万卢比（4万～8万美元）之间。低于临界值的小企业或零售商，可以选择按1%～2%的比例税率来纳税，具体税种的名字在各州不同，有的叫推定税，有的叫营业税，有的叫组合税等。超过上述营业额的零售商仍然要缴纳增值税。

增值税是一个多阶段开征的税种，每个生产或销售阶段的增值额，为邦增值税的征税对象。邦增值税的计算方法是基于发票的税收抵扣法。在该方法下，处于生产和销售链的任一阶段的纳税人，就其产出销售额向购买者收取增值税，将税款上缴税务部门，同时就其购买的投入品中包含的增值税，凭发票向税务部门提出申请退回。发票是增值税最重要的纳税凭证。因此，印度邦增值税的最终负税人不是生产者或销售者，而是消费者。

印度在各邦统一了增值税的税率结构。具体包括如下税率：

0%：非正规目标的初级产品和未加工产品、具有重要社会价值的产品（比如铅笔、教材等）。

1%：金、银和宝石。

4%：大宗生活必需品、工业和农业投入品（烟叶、纤维板、种子、钢铁、皮革）；药材和药品、纺织品、糖、资本品。

12.5%（收入中性税率）：其他商品。

各邦对石油产品、香烟和酒类产品等开征了更高的税率，这个税率各邦之间不同。

（2）邦消费税。邦消费税是对酒类和鸦片、大麻、其他麻醉品的消费和使用开征的税种，在邦内批发、零售、出口环节开征。

征税对象包括：白酒、葡萄酒、啤酒、本地酒精、印度制造的外国白酒（IMFL）、大麻、麻醉药品等。

印度各邦对本邦的消费税设定了不同的税率结构，有的是比例税率，如喀拉拉邦，对购买成本征税100%；有的则是定额税率，如比哈尔邦，每公升100卢比。

（3）职业税。在印度的税收结构中，对职业、交易、就业开征的税收（通称为职业税）由州政府负责征管。这是邦政府为数不多的直接税之一，与工薪税非常类似。邦政府可以选择自己开征，也可以授权下级政府开征（比如，喀拉拉邦将该税征管权全部下放，阿萨姆邦则部分下放）。职业税是马哈拉施特拉邦稳定的收入来源，但好几个邦却并未开征，而大部分开征该税的邦所征收到的收入都不高。

邦内的任何一个人，不管是自己还是委托他人从事交易，或拥有一份职业或专业技术工作，或受雇于他人（全职或兼职），都是职业税的纳税人。职业税通常只对税法规定的就业类型开征，税法未规定的就业类型就不用纳税。纳税人可分为两类：①受雇于某个组织，并领取工资和薪金的纳税人；②自我雇用的纳税人（比如小型商户、自由职业者、剧院、图书馆和镭射影院的所有人等），包括法人。对于前者，税收由雇主代扣代缴；对于后者，需向相关机构缴纳税款。雇主需要向税务部门详细上报雇员的详细信息和薪酬支付情况。税务机关的评估也分为两类：登记评估（雇主）和参与评估（直接向税务机关纳税的个人）。

纳税人受雇领取的工资、薪金所得，和自我雇用获得的收入，为职业税的征税对象。该税在印度的税制体系中，更接近于工薪税，因此适合于将税收收入用于为社会保险项目融资，使得纳税人感觉到比较公平，从而更容易接受这一税种。但是，目前此种专款专用的安排只有马哈拉施特拉邦实施。

（4）娱乐税。娱乐税包括对电影院、博彩、赛马、镭射电影、有线电视、欢乐游行、撞球游戏、休闲客厅、游乐园、时装秀和其他表演开征的税。与其他邦税种一样，娱乐税的税率结构极其复杂。奥里萨邦、安得拉邦、古吉拉特邦和中央邦的税率划分尤为复杂，而哈里亚纳邦、旁遮普邦、拉贾斯坦邦的税率结构相对比较简单。邦与邦之间税率结构差异太大，以至于对其进行比较分析变得非常困难。在卡纳塔克邦、泰米尔纳德邦等几个州，来自于娱乐税的90%的收入分配给地方机构，剩余部分才保留在邦政府。

各邦娱乐税的税率结构和征税方法不同。随着时间的演进，娱乐税已经丧失了收入意义。许多邦的娱乐税仅仅来源于电影票和门票所得，税收收入大幅度降低。而电影发行产业通过技术创新和新的商业运营模式获得了迅猛增长。印度邦税务机关却拒绝对其日渐丢失的税源进行重新恢复。

（5）机动车税。印度机动车税具有多种形式，主要是基本机动车税或道路税。此外，机动车销售税、客运和货运税、道路通行费和机动车进入税也由道路交管部门开征。这些税具有多个目标，比如支付道路维修护理成本，减轻道路的拥挤和污染等。

印度宪法规定：对机动车（无论是否由机械力驱动，是否适合在公路上行驶）的征税，以及对由公路和内陆航运运输的货物和乘客的征税，其税权赋予州政府所有。该税一开始是对货物和客运的运费开征的，但随着时间的演进，该税逐渐变成目前的形式，即具有充分的弹性，包括复合税、一次总付税等多种形式。

目前的税率结构相当复杂。各邦采用不同的标准来设定税率结构。比如安得拉邦、卡纳塔克邦、马哈拉施特拉邦、旁遮普邦和拉贾斯坦邦将税率与机动车的成本挂钩。有些邦考虑排量，其他一些邦则考虑非载重重量、甚至还考虑货运和客运线路的不同。

机动车税相对易于征管，因为其执行是基于实物验证，而大部分邦都已经建立了验证系统。

2. 邦以下地方政府主体税种——房产税。印度各邦以下地方政府开征的税种差异明显，且大部分都是一些税源较小、征管较难的小税种。在城市地方政府层面，房产税是其主体税种（见表4－7）。

表 4-7 主要邦首府主要主体税种

邦	城 市	主要税种
安得拉邦	海得拉巴	房产税、职业税
比哈尔邦	巴特那	房产税、职业税
德里特区	德里	房产税、广告税
古吉拉特邦	苏拉特	房产税、货物入市税
卡纳塔克邦	班加罗尔	房产税、广告税
喀拉拉邦	科钦	房产税、职业税
中央邦	印多尔	房产税、广告税
马哈拉施特拉邦	孟买	货物入市税、房产税
旁遮普邦	卢迪亚纳	货物入市税、房产税
拉贾斯坦邦	斋浦尔	货物入市税、房产税
泰米尔纳德邦	钦奈	房产税、职业税
北方邦	瓦拉纳西	房产税、广告税
西孟加拉邦	加尔各答	房产税、广告税

房产税是印度城镇政府最重要的收入来源之一。房产税是一个一般的名称，不仅包括对房产的征税，还包括一系列服务税和附加税。服务税包括水税（water tax）、排污税（sewerage tax）、除垢税（scavenging tax）、排水税（drainage tax）、保护税（conservancy tax）、教育税（education tax）、消防税（fire tax）、教育附加税（education cess）和植树附加税（tree cess）等（具体开征的附加税各州之间不一样）。

印度邦与邦之间房产税结构并不相同，在房产价值评估、税率确定、税收征管、税收减免和争端处理等方面都存在差异。

印度房产税的纳税人是房产和土地的所有人。包括居民（Residential）纳税人和非居民（Non-Residential）纳税人。

印度房产税的征税对象是建筑物及其附着的土地，具体包括：居民住宅楼（自住或出租）、办公楼、厂房、仓库、商店、公寓等等。

印度房产税的计税依据是房产价值。各州房产价值的评估方法不同，总体来看，有两套房产价值评估体系：年度估定价值评估法（Annual Ratable Value，简称 ARV）和单位面积价值评估法（unit area assessment，简称 UAA）。

年度估定价值（ARV）。在年度估定价值评估体系下，房产税的计税依据为房产的年度估定价值，即“土地或建筑物在评估时预期可以获得的合理的年度总租金”。这一价值相当于对房产未来产生的收入的市场评估。

单位面积价值（UAA）。在单位面积价值评估体系下，房产税的计税依据等于土地或建筑物的面积乘以单位面积价值（unit area value）。单位面积价值的确定：将整个城市划分为不同类别的地段，每个地段设定不同的单位面积价值；分类的依据是考虑房屋平均租金价值、土地的平均资本价值、物质基础设施的质量、社会和市场基础设施的可获性、发展的类型、房产所有人的经济阶层。

印度各邦房产价值评估方法不同，没有统一的规定（见表4－8）。

表4－8　印度代表性城市房产价值评估基本信息

城市英文名称	城市中文名称	评估方法	计税依据	评估周期
Ahmedabad	艾哈迈达巴德	自愿申报 & 强制评估	单位面积	每4年一次
Bangalore	班加罗尔	自愿申报 & 强制评估	单位面积	每4年中进行一次
Bhubaneswar	布巴内斯瓦尔	强制评估	年度估定价值	初次评估后不需要再评估
Chennai	金奈	自愿申报	单位面积	每5年中进行一次
Hyderabad	海得拉巴	自愿申报	单位面积	每5年一次
Kolkata	加尔各答	强制评估	年度估定价值	每6年一次
Indore	印多尔	自愿申报	单位面积	每5年中进行一次
Ludhiana	卢迪亚纳	强制评估	年度估定价值	每年一次
Patna	巴特那	自愿申报	单位面积	每5年一次
Pune	浦那	自愿申报 & 强制评估	年度估定价值	每年一次

三、巴西地方税体系

（一）税权划分

1. 税收立法权和征收权划分。巴西实行联邦、州和地方三级课税制度，税收立法权和征收权主要集中在联邦。巴西联邦税收立法有两种不同程序：一是联邦税务局提出建议，经财政部批准后报总统同意，提交国会讨论通过；另一种是由国会下设的财政委员会提出税收议案，交国会审议通过形成法律，交由税务机关执行。税务机关执行中不受任何干预。但对于减免税，税务机关只能根据有关规定审查纳税人是否具有享受减免税的条件，但无权自行决定对某些项目的减免税。

2. 税收管理权限的划分。现行各税种分别划归联邦、州和地方三级管理。在划分上有两种方式：一类是税收管理权限划归哪级政府，其收入亦随之划归该级政府的税种。此类税种属联邦政府的有：进口税、出口税、金融证券税等；属州一级的有工业产品税（实质为增值税）、财产税等。另一类是税收管理权限由某一级政府掌握，但收入由各级政府按法定比例分配的税种，类似共享税。如巴西宪法规定，所得税与工业环节产品税由联邦政府统一管理，收入则由联邦、州和市三级政府共享。此外，企业尚须向联邦政府缴纳社会保险税，由雇主和雇员分别缴纳，雇主缴纳绝大部分，这也是联邦政府的主要税种。

各级政府之间的税种划分情况为：联邦政府征收的税种主要有工业产品税、金融交易税、个人所得税、公司所得税、特定行业和所得项目所得税、进口税、出口税等；州政府征收的税种主要有商品流通税、转让税等；地方政府征收的税种主要有劳务税、不动产税等。三级政府的税收管理权限都由联邦宪法规定，宪法明确规定了各级政府之间的税收收入的归属及共享税分配比例。

（二）州和地方税种设置及收入情况

1. 州政府税。

（1）州增值税。又称为商品流通服务税，相当于增值税，属累进税。在商品从生产到消费的各个流转环节以及对运输及通讯业所提供的劳务，由各州在本辖区范围内征收。州增值税收入的一部分要分配给州内市（县）政府。纳税人为一切制造商、生产者、商人及提供劳务的人。税基是转让货物的价格或包括辅助费用的离岸价格，未定价货物按市场价格计算；提供劳务按其补偿价计税。税率由联邦政府制定，对工业产品出口免税。

它以商业发票的总额为基数，共有两种税率，17%和18%，圣保罗州为18%，其他各州均为17%（两者均指州内交易应交的），但对于某些非生活必需品或奢侈品则适用25%的高税率。如从一州卖到另一州，则可根据州与州之间的协议减税，如圣保罗卖向巴西利亚，只需向圣保罗州政府交7%的州增值税。如卖向中南部各州，只需交12%。税款交州财政厅，其中只有75%归属州财政厅，其余25%归属市财政厅。出口商品可免征州增值税。但如属进口商品，进口时则先预扣，但允许在进口商在货物卖出后交此税时抵扣。

商品流通税是州政府的最主要财源，各州商品流通税收入的一部分用来建立市特别基金，由各市政府分享。

（2）遗产和赠与税。遗产和赠与税是巴西对因继承或赠与而取得财产的个人征收的一种税。税法规定，巴西各州及联邦区有权征收遗产和赠与税。不动产的纳税地点为所在地，动产、金融证券及债权的纳税地点为捐赠人所在地或凭证出具地。联邦议会规定最高税率为 8%。

2. 市政府税。

（1）劳务税。劳务税是巴西政府对兼有商品销售性质的劳务提供征收的一种税。根据巴西宪法规定，除某些属于州征税范围的劳务外，市政府有权对其他任何劳务征税。劳务税的纳税人是维修店、旅馆、饭店等，课税对象是纳税人取得的劳务收入。税法规定：建筑业，除自建的以外，一般都要缴纳劳务税；租赁公司以提供融资租赁为目的进口商品的，应视同纳税劳务征收劳务税。但对超出市范围的运输、通讯服务以及大多数金融服务不征收劳务税。劳务税按取得的劳务收入征收，税率在 0.5%~10% 之间，不同劳务税率不同，各市适用税率也不相同。

（2）城市房地产税。巴西的城市房地产税分为为城市土地税和城市房产税。城市土地税的是城市无建筑的土地所有者课征的地价税。城市房产税是对城市房地产的所有者课征的土地税。房地产税根据建筑面积、占地面积和价值计算。可一次或分期支付。

巴西房地产税的纳税人是土地所有者，其房产税是以土地和实际建筑面积价格测算，依累进税率并设加成率，各市执行标准不同；按年征收，大部分城市在 1~3 月，但可分期交付。市政府每年可以根据房产价值的变化调整一次税收，但必须在次年前 3 个月内做出通知，让房产拥有者知道其升值而变化的赋税额；否则，房主可以不交且上告。

巴西中央政府做出统一减免房地产税收的特殊规定，诸如：公共设施、自然灾害、政府征用土地、自然保护区土地和为保护历史建筑风格的建房以及对长期没有利用的土地由政府统一征用分给无家可归的人等情形。同时，市一级政府也可以根据各自实际决定减收一些房产税收，比如在圣保罗拥有 70 平方米以下的房产可以不交税，退休人员唯一的房产不交税。

2012 年度巴西各级政府征收的各类税赋总额为 1.59 万亿雷亚尔（约合 8 150 亿美元），创历史新纪录，占当年全国国内生产总值（GDP）的比重为 36.27%。从各级政府征收税赋比例来看，联邦政府税收占到总量的接近 70%，州一级税赋约占 25%，市一级税赋占 5%。统计显示，在各类税收中，全国社保税征收金额的同比增幅最高，为 11.3%，其次是商品和服务流通税。企业社保融资税和所得税等。[①]

① 数据来源：中国金融信息网，http：//world.xinhua08.com/a/20130305/1131684.shtml。

四、南非地方税体系

（一）税权划分

南非有三级政府，中央、省和地方政府。中央政府拥有基本税权，集中主要的税收立法权和征收权，税款也主要由中央征收。省和地方政府仅拥有宪法授予的税权。南非税务局征收全部中央税收，税务局依据税法规定征税，税法草案由财政部长提出，议会讨论通过后由总统签字生效实施。南非是自由经济国家，政府对经济没有行政操控权，依照法律和规章制度进行管理。

（二）州和地方税种设置及收入情况

从收入来源来看，省级政府自有收入主要靠征收一些小税种，如摩托车牌照税、医院服务税和赌博税。根据南非法律规定，省级政府还可以对个人所得税和燃油税进行再次征收，但不享有对这两项收入的优先安排，迄今为止，省级政府实际上没有开征这两种税。南非宪法虽然规定省级政府可以举债，但只能用于偿还现有债务，因此，省级政府实际上没有债务收入。相对于省级政府，地方政府有自己稳定而充足的财源，从中央获得的拨款要少得多。地方政府本身拥有课税权，主要对房产税与地区企业征收营业税，同时按使用者交费原则征收水、电等费用，以及地区服务委员会收费。南非法律规定地方政府可以为资本投资项目举债，但只限于使用中短期债务工具，同时由于1994年废除了“国家担保制度”，地方政府完全要依靠自己的信誉与能力来举债，因此，实际举债规模并不大。

1. 地方税收收入情况。

（1）省和地方政府税费种类（见表4－9）。

表4－9　南非省级政府税费收入分类（2005/2006～2010/2011）

单位：百万兰特

	2005～2006	2006～2007	2007～2008	2008～2009	2009～2010	2010～2011
税收收入	4 337	4 825	5 398	5 623	6 227	6 613
赌博税	916	1 084	1 225	1 325	1 458	1 539
赛马税	92	104	121	150	130	139
酒精营业执照税	23	21	24	19	73	80
摩托车牌照税	3 305	3 616	3 988	4 129	4 565	4 856

续表

	2005～2006	2006～2007	2007～2008	2008～2009	2009～2010	2010～2011
服务收入	1 280	1 403	1 759	1 989	2 004	2 136
转移支付收入	69	77	159	144	85	22
罚没收入	92	98	117	145	139	148
利息、分红和地租	1 019	1 142	1 401	956	840	1 073
资本性财产销售入	108	106	113	103	96	60
财产和债务转让费	416	426	454	427	206	201
总计	7 321	8 076	9 402	9 388	9 598	10 254

资料来源：南非财政部省级数据库。

（2）地方政府税费种类及历年收入（见表4－10）。

表4－10　南非地方政府税费及其他收入分类（2003/2004～2009/2010）

单位：百万兰特

	2003～2004	2004～2005	2005～2006	2006～2007	2007～2008	2008～2009	2009～2010
财产税	13 980	16 396	17 401	18 521	21 486	22 770	24 136
服务收费	36 146	38 735	40 201	44 498	49 223	51 549	54 777
区域服务费	4 983	7 009	7 604	386	95	2	0
投资收入	1 673	2 115	2 357	2 970	3 845	3 818	4 133
政府补助	8 980	13 742	17 398	27 223	26 571	28 311	28 491
公共捐赠	44	588	664	695	—	—	—
其他自有收入	8 025	8 784	10 375	11 763	17 184	16 260	16 167
总计	73 832	87 369	96 000	106 056	118 405	122 710	127 705

注：区域性服务收费从2006年7月起取消，暂时性替代补助包含在均等化分享资金中。

资料来源：南非财政部地方政府数据库。

2. 地方税主要税种——财产税。财产税（property rates），是一种地方税，主要是由省级以下的各级地方政府课征。在直辖市，由市政委员会课征；在区级市，由市政府课征。国家和各省级政府无权课征，也不能对课征到的市级财产税进行分配。

所有的土地（包括居住用地、商用地、工业用地和农业用地）、土地权力（right in land）以及附属于土地的改良物都负有纳税义务。应税土地还包括地方政府占用的土地以及闲置的土地。市区外的土地暂不征税。课征闲置土地的主要理由有二：一是公共服务和基础设施同样有利于闲置土地（的业主）；二是对此类土地课税将刺激土地的开发。

纳税人为应税房地产的“业主”。根据法定定义，“业主”通常包括：使用其姓名或名称进行相关土地产权登记的人；土地权力的持有者或承租人；当土地属于相关地方政府理事会的财产时，该土地的承租人是该土地的“业主”。当财产的业主丧失清偿能力、已经死亡、根据法院命令受到监护、或者属于正在被清算的未上市公司时，财产税的纳税人将是该应税财产的执行者、管理者、受托人、监护人或清算人。

用于房地产税课征目的的评估基础是财产的资本价值。地方政府理事会至少可以在下述三种税基的两种之间进行选择，以具体确定房地产税税基：地皮课征，即仅对未开发土地的价值进行课征；比例课征，即对已开发的土地的价值进行课征；复合（差别）课征，即对土地及其改良物同时进行课征，但两者适用不同的税率。“未开发土地的价值”是指：“假设在评估日有意愿的卖者在公开市场上将该土地或土地权力出售给有意愿的买者可获得的金额。”“土地的地皮价值”或“土地权力的地皮价值”可以通过类似的方法求出，不过在计算时应“假设该土地未进行过改良”。“改良物的价值”应该通过从土地（或土地权力）的改良价值中扣除土地（或土地权力）的地皮价值的方法求得”。

对所有房产课征统一的比例税率。地方政府可以对不同的财产给予不同的退税额或减税措施，以此来替代差别税率。差别税率仅用于不同用途的土地，如农业用地和采矿用地。有的省级政府例如自由邦、西好望角还设定最高税率。如果税基既包括土地也包括改良物，则土地的适用税率要高于改良物的税率。该设定过程是考虑了公众对于地方政府税收草案的评价和意见，同时也考虑了预算。

（三）地方税税收征管

南非的房地产税按年进行课征。为方便纳税人，财产税通常按月进行征收。这种办法对财产税纳税人和地方理事会都有好处。因为它不仅减少了纳税人一次缴付税款可能遇到的问题（例如现金流量问题），而且还能保证地方理事会在整个财政年度相对稳定的收入流。应税财产的共同业主对应纳财产税额承当连带责任。对于拖欠税款，地方理事会可以罚处利息。

财产税的纳税人不得借口异议或申诉尚未处理完毕就推迟应纳税款的缴纳。如果由于异议或申诉的原因使得应纳税额增加了或减少了，那么其差额应该由纳税人补缴或者退还给纳税人（不过，增加或减少的税额必须等到申诉结果出来之后才能处理）。

在所有的省份，除非应税财产已经获得相关地方理事会颁发的“清缴证书”（证明该项财产所有的应纳财产税已经清缴完毕），否则契约办公室将拒绝办理该项财产的所有权转让手续。

如果某项财产的应纳财产税的拖欠已经超过三年，那么该项财产可能会被地方理事会没收并公开拍卖。

第三节　适度分权型国家的地方税体系

本节主要对适度分权型国家，包括日本、德国和法国等三国的地方税体系从税权划分、地方税的税种设置和收入规模以及税收征管情况等角度进行介绍。

一、法国地方税体系

（一）税权划分

法国实行议会制政治体制，立法、行政、司法相互独立，其税收立法与其他立法一样均由国会行使立法权。法国宪法第三十四条逐一列举了法律事项，作为议会立法的权限范围，其中包括“各种性质的赋税的征税基础、税率和征收方式”。但需要指出的是，法国议会的立法权受到了很大的限制。法国宪法第三十七条规定，凡在第三十四条列举范围以外的事项都属于条例的范围，而这些条例都是由行政机关来制定的，条例分为命令（由总统和总理制定）和规定（由其他行政机关制定）两种。另外宪法第三十八条和第十六条再次限制了议会的立法权限范围。根据这两条的规定，本来属于法律的事项，也可以由条例规定。总统制定的条例甚至可以变更和废除现存的法律。由此可知，法国行政机关享有非常大的立法权，很多税收法律都是以政府法令的形式出现的。

作为一个地方分权型国家，法国宪法第 72－2 条明确规定了地方财政自治原则。地方税收自治作为地方财政自治的重要组成部分得到了强化。因此，法国地方政府拥有一定的税收自主权，它们可以自主确定地方税的税基和税率，也有权决定是否开征某些税种（如垃圾税），但这种税收自主权受到了较大的限制。法国地方政府不得开征新的税种，地方议会虽然可以投票决定地方税的税率，但只能在国家规定的上限和下限之间选择。另外，法国主要的地方税都是以地籍租金收益作为税基，而由于地籍租金收益的评估较为复杂，自20世纪70年代以来，法国的地籍租金收益一直没有进行调整，所以法国地方政府自主确定税基的权力也受到较大的限制。

（二）地方税种设置及收入情况

在税种划分上，法国实行的是中央与地方实行彻底的分税制，税源划分清晰。中央税及其收入由中央政府掌握，地方税及其收入由地方政府（区、省、市镇）掌握。中央和地方之间存在少量的共享税（如：能源产品国内消费税），而地方政府之间存在着大量的共享税。在各级政府的税收收入分配中，主要税种归中央，零星税源归地方。增值税、个人所得税、公司所得税和社会普摊税①等属于中央主体税种，占到税收收入总额的80%以上。② 列入地方税的只是一些税源零星分散的税种，包括直接税和间接税两种类型。其中直接税有房屋建筑地产税、非房屋建筑地产税和居住税等；间接税有饮料销售税、演出税、娱乐税、通行税等。法国中央政府掌握了大宗税收收入，地方政府则只拥有一些零散税收，因而形成了中央政府在财力上的集中局面。

法国地方税主体税种主要由地方经济捐税、建筑土地税、非建筑土地税和居住税三个税种构成。

1. 地方经济捐税。作为替代职业税而新开征的一个税种，法国地方经济捐税实际上包含两个部分，一个是企业不动产捐税，一个是企业增加值捐税。虽然地方经济捐税继续采用了职业税部分税基③，但由于将企业的“生产性”投资部分（即设备和动产）排除在外，所以地方经济捐税改革对企业的减负效应比较明显，这一改革的推出也有助于降低地方税对经济的扭曲效应。

（1）企业不动产捐税。所有在法国从事生产经营行为的单位和个人，其拥有的不动产均属于企业土地税的征税范围，但不包括法律规定的免税行为，即手工业（既包括个人也包括个体工商企业）、农业（包括个人和企业）、非商业行为以及出版经营书籍期刊、矿产品转让等行业的不动产不属于企业土地税征税范围，同时公共组织、互助组织、工会组织拥有的不动产也不属于企业土地税的征税范围。

企业土地捐税的税基为企业或个人所有的属于建筑土地税和非建筑土地

---

① 社会普摊税是一种社保税，主要为社保筹资，它的税基为个人所有收入，包括工薪收入和财产收入等。

② 数据来源：法国预算部预算司2013年预算草案中的2011年税负报告。

③ 企业土地捐税的税基实际上就是职业税税基中的企业不动产部分。

税计征范围的不动产（包括土地、厂房、固定资产等）地籍租金收益。企业土地税计税依据的计算方法与建筑土地税和非建筑土地税类似，即年地籍租金收益的评估值减除一定的比例，如工业企业的减除比例为30%，机场的减除比例为1/3，环保节能设备为1/2。

企业不动产捐税收入全部归属于法国市镇一级政府，其税率由各市镇议会自行确定。如果一个企业在不同市镇拥有不动产，则其不动产应分别按不同市镇确定的税率计算缴纳企业不动产捐税。

（2）企业增加值捐税。企业增加值捐税的征税范围与企业不动产捐税相同，即所有在法国从事生产经营的，且其营业额超过一定限额的单位和个人均属于企业增加值捐税的纳税人。根据法国《税法典》第一千五百八十六条的规定，这一限额为152 000欧元，但考虑各种税收减免后，实际征收时，这一限额提高到500 000欧元。

企业增加值捐税的计税依据为企业增值额，企业增值额等于企业的年度营业额减除年度成本，企业的营业额包括产品劳务销售收入、特许权等无形资产使用权收入、不动产和无形资产转让收入、其他营业收入和营业外收入[①]；企业成本包括原材料等成本支出、外购服务支出等可扣除增值税进项的项目。

同时，法律还规定企业增值额上限，对于营业额不超过760万欧元的企业，增值额上限为营业额的80%，对营业额超过760万欧元的企业，上限为85%。

理论上，企业增加值捐税的税率为1.5%，但因为年不含税营业额不超过5 000万欧元的企业都可以享受一定的减免，所以它们的税率要低于1.5%，具体税率形式如表4－11所示。

表4－11　　地方增值税的实际税率

年不含税营业额	实际税率
<500 000 €	0%
500 000 €≤营业额≤3 000 000 €	$\frac{0.5\% \times (\text{营业额} - 500\ 000\ €)}{2\ 500\ 000\ €}$
3 000 000 €≤营业额≤10 000 000 €	$\frac{0.9\% \times (\text{营业额} - 3\ 000\ 000\ €)}{7\ 000\ 000\ €} + 0.5\%$
10 000 000 €≤营业额≤50 000 000 €	$\frac{0.1\% \times (\text{营业额} - 10\ 000\ 000\ €)}{40\ 000\ 000\ €} + 1.4\%$
>50 000 000	1.5%

① 法国实行全范围增值税，作为计算销项税额依据的营业额包括企业取得的各项收入。

由此可见，对年营业额不超过 5 000 万欧元的企业，企业增加值捐税实际上实行的是累进税率，企业营业额越高，其税率相对较高①。

2. 建筑土地税。法国建筑土地税纳税人为所有不动产的所有者或享有该不动产用益权的人，年龄超过 75 岁、领取残疾人津贴者、收入低于一定数目者（单身年收入不超过 7 826 欧元，已婚未有小孩 11 178 欧元，已婚有小孩 15 070 欧元）免纳土地税。纳入征税范围的不动产包括所有地上或地下的建筑设施。对个人来说，主要包括用于居住的房屋和车库及其他附属设施（不管所有者是否实际占用这些设施）。建筑土地税同样是根据每年一月一日建筑物的状况来确定纳税人、征税范围。如果建筑物所有人在一月一日之后卖掉该建筑物，那么他仍然要缴纳该年度的建筑土地税。如果在该年度建筑物所有者对该建筑物进行修葺而增加了该建筑物的价值，那么该建筑物的增值部分将纳入下一年度的建筑土地税。法国建筑土地税主要受益者为市镇、市镇联合体、省和大区四级政府。建筑土地税的税基为年租金净值，它等于年地籍租金收益评估值减 50% 的抵扣额。年地籍租金收益由国家税务总局下设的土地税中心评估。但建筑土地税的税率由地方政府确定。

3. 非建筑土地税。法国非建筑土地税纳税人为所有未开发土地的所有者或享有用益权的单位和个人。它的征税范围主要包括农林牧业用地和待开发的土地，还包括铁道、采石场、矿场、池塘、盐场等占用地。一般来讲未开发土地的所有者为公共部门或某些协会的，不缴纳非建筑土地税，另外，有些土地可以享受一定时期的免税（如某些林地可以享受 30 年的免税）。某些纳税人还可以享受一定的减免（如青年农场主）。非建筑土地税的税基为年租金净值，它等于年地籍租金收益评估值 80%。非建筑土地税的税率由地方议会投票确定。

4. 居住税。居住税的纳税人为每年一月一日实际占用某一房产的自然人，这个自然人可能是房产所有人、房产租用人或房产免费使用者。低收入者、年龄超过 60 岁者、上年纪的寡妇和鳏夫、残疾人等免纳居住税。按照法律规定，所有带家具的用于居住的房产都应该缴纳居住税。这里的房产包括别墅、公寓等居住场所，同时也包括附属于这些居住场所的建筑物如杂物间、车库等。居住税主要受益者是市镇、市镇联合体和省。其税基由国家确定，税率

① 累进级距为不含税营业额，实际税率的计算公式为：［权重 ×（不含税营业额 − 级距下限）/（级距上限 − 级距下限）］＋上一级最高实际税率。第一级最高实际税率为 0%，第二级最高实际税率为 0.5%，第三级最高实际税率为 1.4%，第四级最高实际税率为 1.5%，第五级的最高实际税率为 1.5%，第二至四级的权重 = 本级最高实际税率 − 上一级最高实际税率。

由地方政府确定，地方政府可以根据自己的财政状况选择降低或提高税率，但不得超过国家规定上限。

（三）法国地方税收入

2011年，法国地方税收入高达1172.5亿欧元。其中直接税收入801.52亿欧元，占地方税收入比重为68.4%，间接税收入370.98亿欧元，占地方税收入比重为31.6%。在直接税中，五个主要税种（居住税、建筑土地税、非建筑土地税、垃圾处理税和地方经济捐税）的收入为726.2亿欧元，占地方税收入62%。在间接税中，主要的税种是财产转让税、国内能源产品消费税、公共交通缴款、保险合同特别税和机动车注册税等。从不同层级政府的地方税收入结构来看，市镇一级的地方税收入为643亿欧元，占地方税收入比重为54.8%，省一级为407.6亿欧元，占地方税收入比重为34.8%，大区一级为121.9亿欧元，占地方税收入比重为10.4%。法国2011年地方税收入的具体情况见表4－12①。

（四）税收征管情况

法国税收管理体制高度集中，法国税务机构实行自上而下的垂直领导，人、财、物实行高度集中管理，不受议会、行政区的任何干预，以保证税收管理执法的高效运行。全国实行一套税务机构，只有国家税务机关，没有地

表4－12　　法国地方税收入规模（2011年）　　单位：亿欧元

税　种	市　镇	省	大　区	总　计
居住税	187.1			187.1
建筑土地税	151.1	109.4		260.5
非建筑土地税	9.6			9.6
企业不动产捐税	63.3			63.3
企业增加值捐税	38.8	71.3	36.7	146.8
网路企业定额税	4.2	2.1	6.4	12.7
商业面积税	6.1			6.1
垃圾处理税	58.9			58.9
财产转让税	23.2	86.1		109.3
国内能源产品消费税		65.3	42.7	108.1
公共交通缴款	66.5			66.5

① 数据来源：http：//www.collectivites－locales.gouv.fr/files/files/chapitre_ 5.pdf.

续表

税　　种	市　镇	省	大　区	总　计
保险合同特别税		62.3		62.3
机动车注册税			20.8	20.8
电力税	10.4	5.6		16
海外领地税	8.1	1.7	5.2	15
学徒发展税			7.2	7.2
输电塔定额税	2.1			2.1
居留税	2.1	0.08		2.18
登山索道税	0.3	0.2		0.5
矿业费	0.1	0.1		0.2
驾照税			0.03	0.03
其他	11	3.3	2.8	17.1
总计	643	407.6	121.9	1 172.5

方税专设机构，各个税种的征收工作均统一掌握。全国设中央、大区、省和税务所四级税务机构，实行中央、省和税务所三级管理制度。中央级税务机构是法国预算部。按照行政区划，法国设立21个大区税务局，108个省税务局。其中大区税务局是税务总局的派出机构，主要起协调和承上启下的作用，以计算机管理中心为主，同时，在税收业务上主要负责对较大企业的税务稽查。省税务局下设税基计算中心和征收中心，是最基层的税收征管单位，全国约有850个这类派出机构。

随着2001年通过的《财政组织法》开始正式实施，从2006年开始，法国的税收管理机构也发生了较大的变革。2008年，法国将两大税务部门——国家税务总局和财政部会计司合并，成立了单一的税收管理机构。两套税务机关合并之后，原本负责税收计算和税收征缴的两个不同的机构合二为一，这有利于提高公用事业的服务质量和税收征管的效率，降低纳税人的纳税成本。目前，法国单一税务部门的改革主要集中在中央层面，还没有在地方一级推广。合并后成立的税务局隶属于预算部下面的财政总局，税务局下设税务稽查部门、税务法律服务部门和税务管理部门。税务法律服务部门又按纳税人分为两个部门，即个人纳税人和企业纳税人。税务管理部门下设三个部门：分别是个人纳税人、企业纳税人和财产与财富税。法国另设立独立的审计法院，不受行政权力控制，负责审查政府部门、国有企业及公共机构的财务账目。由此可见，从税务到公共会计、国库收支，均置于双重监督与控制之下。

二、德国地方税体系

（一）税权划分

德国的《基本法》并没有直接提及税收法定原则，也没有明确地将一切立法权力赋予立法机关，同时也没有规定联邦政府拥有立法权，但根据《基本法》第80、81、84、85、86条的规定，我们可以看出，绝大多数事务的立法权都是由立法机关行使，这些事务都只能通过议会制定法律来进行规定。但立法机关也可以授权行政机关立法，德国联邦政府可以根据授权发布两种命令：一是行政命令，即为实施某一法律而制定的具有一般性和普遍性的规程、规则、细则和办法；二是委托命令，可以由联邦政府、联邦各部长经由法律授权颁布。从以上我们可以看出，联邦政府有一定的税收立法权。

德国是联邦制国家，由16个州组成，在税收立法上，联邦政府享有高度的集中的税收立法权，大约有95%的联邦税收法律是由联邦议会立法制定，其中宪法和税收基本法等确立税收法律制度的主要法律条文或法律由联邦议会立法，专属联邦收入的税种如：关税、保险税、特种消费税等税法由联邦议会立法，联邦和地方共享的税种如个人所得税、增值税等税法也由联邦议会立法。仅约有5%的税收法律由州或市议会立法，其中由州立法的税种有遗产税、机动车辆税、不动产转让税、博彩税、啤酒税和防火税等，其余的一些小税种则由市议会立法。同时，还规定联邦立法的法律效力高于州及州以下所立法的法律效力，州及州以下税收立法不得超越联邦立法的法律精神。

由于受共同立法权的限制，德国税收立法权基本控制在联邦一级，州政府一般只能对地方性的小税，如狗税行使立法权，也可以对某些地方税的税率、减免等做出规定；州以下的地方当局没有税收立法权。但税收管理权基本上集中在州一级，州一级管理的税收包括州的专享税和全部共享税，联邦政府只对很少一部分专享税进行管理。

（二）地方税收入规模

德国实行的是共享税为主、专享税为辅的分税制。按照税源大小和便于征收的原则，德国把税种分为中央税、地方税和中央地方共享税三类。凡属大宗的税收，包括个人所得税、公司所得税、增值税和营业税均属于共享税。这使得共享税收入占税收总额比重较大（约占全国税收总额的72%），且地方主体税种在很大程度上依赖共享税。

州税主要包括财产税、遗产税、地产购置税、机动车税、啤酒税、消防税、彩票税、赌场税、赛马税等 10 种税。1992 年，州税收入占全国税收总额的 4.5%，2003 年为 4% 左右，2005 年为 4.6%。

德国地方税收收入分为四类：工商税（trade tax）、土地税、分享到的所得税、分享到的增值税等。其中工商税是最主要的地方税收收入来源。（见图 4－2）。德国的地方税收入从 1999 年至 2005 年间变化不太大，一直在 5 000 万欧元左右，从 2006 年到 2008 年这三年增长较快，2008 年达到 8 000 万欧元左右，2009 年由于金融危机的影响，开始下降，但仍高于 2005 年；地方税收入占总收入的比重变化不大，一直在 10%～15% 之间。见图 4－3 及图 4－4。

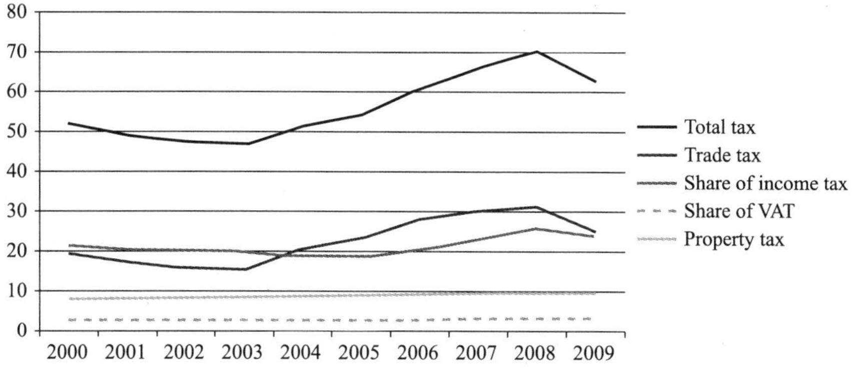

图 4－2　德国地方税收收入的历史演变（bill. €）①

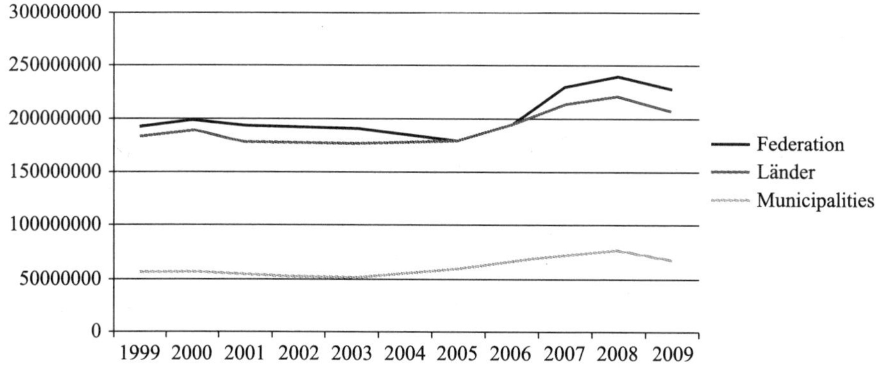

图 4－3　德国各级政府的税收收入

资料来源：德国财政部。

① Paul Bernd Spahn, Regional and local government : Responses to recession in Germany, 2010.

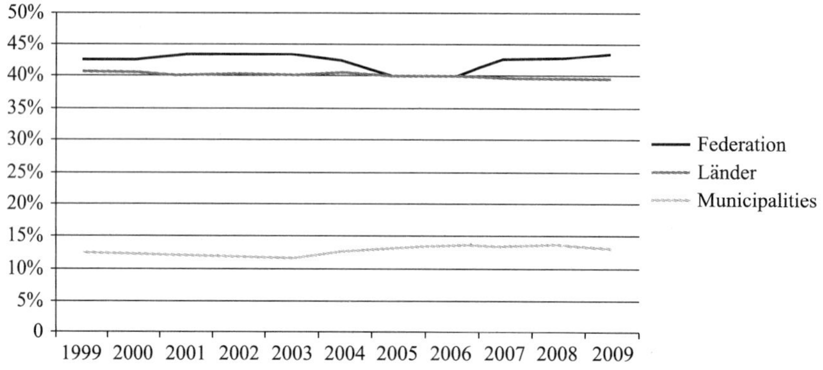

图 4－4　德国各级政府税收占总税收收入的比重

（三）地方税主要税种设置

1. 工商业税。德国的工商税是地方政府的收入来源。纳税人为所有在德国境内经营的公司、合伙企业和独资企业。课税对象为纳税人的应税营业所得。应税营业所得通常和所得税的应税所得一样，都要经过一些调整，但减少公司所得税的税基的调整项目和减少工商税的应税所得的调整项目并不相同。

工商税的有效税率取决于联邦税率和各市政府规定的乘数。工商税的应纳税额可分两步进行计算：

第一步，计算统一应纳税额，用基本联邦税率乘以应税所得

即统一应纳税额 = 应税营业所得 ×5% （2007 年），现为 3.5% 。

不具法人地位的公司，尤其是中小企业，可获得 24 500 欧元的减免额。统一应纳税额在相关地方政府间进行分配。

第二步，地方政府用本地制定的乘数乘以本地政府分配到的统一应纳税额数，即得实际应纳税额。用公式表示为：

实际应纳税额 = 基本应纳税额 × 乘数

乘数由各市级政府根据各自的财政状况制定，标准乘数是 200% ，最高可达 500% （法兰克福、汉堡、慕尼黑）。目前，德联邦政府确定的税率指数是 5。各地方政府确定的稽征率一般在 300 至 500 之间，其中，法兰克福和慕尼黑为 490，汉堡为 470，汉诺威为 460，杜塞尔多夫为 455，科隆为 450，不来梅和斯图加特为 420，柏林为 410。因此，企业承担的工商税的实际税负，即实际有效税率为 7% ~ 20% ，（2010 年），其中法兰克福和慕尼黑为 19.68% ，汉堡为 19.03% ，汉诺威为 18.70% ，杜塞尔多夫为 18.53% ，科隆为 18.37% ，不来梅和斯图加特为 17.36% ，柏林为 17.01% 。

目前德国工商税的税基主要是归属于在当地政府管辖下的公司的营业利润。因此，从控股公司获得的股息不包含在税基中（除非参股比例少于10%），相应地，该控股所发生的损失也不能从应税所得中抵扣。独资企业和不具有法人地位的公司都可以从其个人所得税纳税义务中抵免部分工商税。因此，工商税对具有法人地位的公司所课征的税要高一些，因为这些公司没不能享受减税、低税率或抵免。大公司或高盈利的公司交纳60%的工商税。因此，联邦政府2008年对工商税进行改革，目的就是降低对公司利润征税的法定税率，降到15%，同时拓宽税基。

2. 土地税。在德国，占有土地的人必须缴纳土地税（Grundsteuer, real property tax）。在对土地征税时，把土地分为两类：农林生产用地和非农林用地。对农林生产用地征收土地税A（Real Property Tax A），对非农林用地征收土地税B（Real Property Tax B）。拥有土地价值的人，通常是土地的所有者。土地的使用者也可能被使用者指定作为纳税人。

根据《德国资产评估法》(Bewertungsgesetz)，不同的土地的课税价值的计算方法不同。农林生产用地的计税价值为产出价值，非农林用地的计税价值为市场价值。课税的对象为单元价值。

单元价值乘以土地面积，就是纳税土地的总估价值。纳税土地总估价值乘以联邦税率为土地的计税价值。即土地计税价值（Steuermessbetrag) = 土地估计价值（Einheitswert) ×联邦土地税税率（Steuermesszahl)。

德国土地税的税率取决于地产的种类。联邦统一税率对农业生产用地和林地为6‰，对建筑用地为2.6%～3.5‰。独户住宅的土地税率，价值在75 000马克之内的税率为2.6‰，价值在75 000马克以上的部分税率为3.5‰。双户住宅的税率为3.1‰。其他建筑用地3.5‰。

虽然土地税税率由联邦政府统一制定，但各市政也有较大的土地税调控空间。即宪法规定市政可以进一步制定当地土地税征收乘数或杠杆税率(Hebesatz)。即土地税的市镇征收乘数由各个市镇自行决定。各市的土地税征税乘数的差异非常大（280%～810%，2010年）。据德国科隆经济研究所消息，柏林和德累斯顿两城市的土地税征税乘数（Grundsteuer Hebesatz）是最高的。该乘数和城市的经济发展状况有关系。城市的经济发展速度越快，该乘数就越高。巴特霍姆堡是个人口不足5万人的小城，它的征税乘数就较低。各市镇在每年年初决定下一年度的乘数，州可以对市镇土地税征税乘数上限进行控制。各个市镇可以为“A”类地产税和“B”类地产税分别设立征税乘数，通常“B”类地产税的征收乘数较高。

3. 房产税。德国对出租的住房征收房产税，对自有自用的住宅（不包括度假村）不征收房产税，只对房基地征收土地税。德国是土地私有制国家，房地产一体化，作为居民生活必需品的住宅与其他土地买卖和经营实行严格区别对待的税收政策。普通居民购置住宅时，房基税不是重要的考虑因素。为了鼓励居民拥有住宅的所有权，对购买和建筑住宅的居民可享受所得税特别扣除。总扣除额为房屋购置价值的5%～6%。分摊所得税扣除的时间为8年，在最初的4年每年为19 800马克，以后每年的所得税扣除额最高在16 000马克。因此，购置和装修住宅是德国中等收入阶层降低所得税纳税义务的一个重要手段。另外，只有当房产是文物，而且维护费用超过房产收益时，纳税人才可以提出房产税免税申请。

房产税是地方税，有专门的《房产税法》。计算方式相对简单，是按“统一的征税值”乘以3.5%后，再乘以当地确定的税率。例如，某德国房产近140平方米，按此规定，计算的结果是每年分季度交纳900余欧元。这一数字相对固定，因为“统一的征税值”在德国西部是按1964年1月1日的数字确定，在东部是按1935年1月1日的数字确定，虽然法律要求每6年需重新核算“统一的征税值”，但实际上没有做到，所以此征税值低于实际房产价值。

（四）税收征收管理

德国实行税收政策中央集权及分税制的财政体制，在管理形式上坚持方便、准确、有效，降低征纳双方办税成本的原则。德国的税收执法任务分别由联邦税务机关、州税务机关和市税务机关完成。尽管德国有联邦税、共享税和地方税，但德国并没有设立国税和地税两套税务机关，而只是在联邦、州和地方政府间划分税收执法权限。联邦税务机关只是负责关税和联邦专属税的征管。而州则负责除联邦和地方税务机关征管之外的所有税收的征管，地方税务机关只是负责市议会立法的税种的征管，由此可见，州税务机关是德国税收执法的主要力量。

三、日本地方税体系

（一）税权划分

日本实行中央集中立法制度，地方政府无税收立法权，其税收权限由中央立法所规定，主要包括地方税课税及税率选择、制订地方税征收条例和地方征管等。日本《地方税法》规定了都道府县和市町村政府可征收的地方税税目以及各种地方税的课税对象、计税依据与税率。从法律的角度讲，地方政府既可以选择不征《地方税法》中列示的税，也可以选择征收《地方税法》中来列示的税。《地方税法》第六条规定，“地方政府认为由于公益上的原因及其他事由而不宜课税时，可不课税”，把地方税的课税权给予地方政府。同时，以法外税的形式赋予地方政府在《地方税法》规定的税目之外课税的权限。税法的上述规定，实际上把地方税的课税选择权下放给了地方政府。除此以外，日本中央政府还允许地方政府对法定地方税的税率进行选择。对大多数地方税而言，地方税法只规定标准税率，据该法的解释，标准税率是“地方政府课税时可以使用，或者由于有特殊需要也可不使用的税率”。如都道府县民税中的个人部分，标准税率为150万日元的以下的2%，超过150万日元部分的4%，同时又规定“如果都道府县用与标准税率不同的税率征收时，必须事先向自治大臣提出申报”；又如固定资产税，其标准税率为1.4%，税法规定市町村政府可使用最高2.1%的税率，但超过1.7%就须事先书面申报自治大臣。概括起来讲，地方税法规定的税率是标准税率，都道府县民税和市町村民税等主要税种，地方政府如不按标准税率征收，则需报中央审批，而对于固定资产税等则在税法中规定了税率变动的幅度（称为限制税率），在一定范围内，地方政府可自主选择，超过了一定幅度原则要报中央政府审批。

地方政府无论征收法定税还是法外税，都必须制订征税条例。地方税征收条例由各地方政府起草，并经本地本级议会审批，需与中央政府协商并获批准的事宜必须在提交议会之前进行。地方税征收条例内容包括税目、纳税人、课税对象、计税依据、税率及其他与征税有关的事项。对于法定地方税来说，地方税条例是将《地方税法》规定的税种，按法律规定的原则和当地实际制订出具体的征收细则；而对于法外地方税来讲，经中央政府和本级议会批准后就具有税法的效力。

地方税征管也是地方政府税收权限的体现之一。从目前的情况看，除地方消费税由国税部门代为征收外，其余地方税均由地方政府征收。各级地方政府除在政府机构上设置税务管理部门外，还根据需要设置一定的税务所，负责地方税征收工作。

（二）地方税种设置及收入规模

依据征收主体的不同，日本地方税可分为都道府县税和市町村税；依据税收的用途不同，地方税可分为普通税和目的税。日本地方税的具体设置见表4－13。普通税的用途没有特别规定，地方政府可以自由支配；目的税则明确规定了用途，地方政府不能随意使用。

表 4-13　日本地方税构成

	都道府县税	市町村税
普通税	都道府县税、事业税、地方消费税、不动产取得税、府道县烟税、高尔夫球场使用税、特别地方消费税、机动车税、矿区税、狩猎者登记税、固定资产税、法定外普通税	市町村民税、固定资产税、轻型机动车税、市町村烟税、矿产税、特别土地持有税、法定外普通税
目的税	自动车取得税、轻油交易税、狩猎税、水利地益税	洗浴税、事业所税、城市计划税、水利地益税、公共设施税、住宅用地税、国民健康保险税

资料来源：童适平："战后日本财政和财政政策研究"，上海财经大学出版社 2002 年版，第 22 页。

1. 道府县税。道府县税是由作为直接税的道府县民税、事业税以及汽车税和作为间接税的地方消费税、不动产取得税、道府县烟草税、汽车取得税以及汽油引取税这些主要税源所构成。道府县的税收规模为：平成 21 年（即 2009 年）年度税收总额为 15 兆 4218 亿日元。由于道府县税的基础税是以个人所得为基础的道府县民税和事业税这两种税（这两种税在道府县税收收入中占比为 60.1%（根据平成 21 年地方财政预算），故而税收收入受到经济景气的影响有所波动，缺乏稳定性。由于这种情形，为了使得道府县基础税的法人事业税的特性明确化以及安定化，平成 16 年（2004 年）4 月 1 日开始实施以资本金总额超过 1 亿日元的法人为对象，开征外形税。

2. 市町村税。市町村税主要是由市町村民税、固定资产税、市町村烟草税、企业所得税及都市计划税所构成。2009 年，市町村税的税收规模为 20 兆 7642 亿日元。

市町村税的基础税是市町村民税和固定资产税，这两种税占市町村税总税收的 87.8%（2009 年）。

基础税种的市町村民税是针对个人征收的税种。市町村税针对居民的能力对应分担征收地区的社会费用，应认识到它对应的支出是对当地居民有益的福利项目。

固定资产税是任意市町村内都广泛存在的以固定资产为课税对象的税收。它的税源偏而小，而且由于这种税收极具稳定性，作为市町村税是十分合适的。固定资产税和市町村民税共同作为支撑地方分权的市町村税的基础税收，起到了重要的作用。

（三）地方税收入规模

相比于国税，日本地方税的设置更偏重受益原则。但从总体上来看，与国税一样，直接税收入在地方税收总额中所占的比重较大（见图 4－5）。此外，就市、町、村而言，除市町村税外，固定资产税收收入所占的比重也较高，2006 年达到 42.5%（见图 4－6）。以 2006 年为例，日本都、道、府、县税总收入为 163 243 亿日元；市、町、村税总收入为 201 819 亿日元。

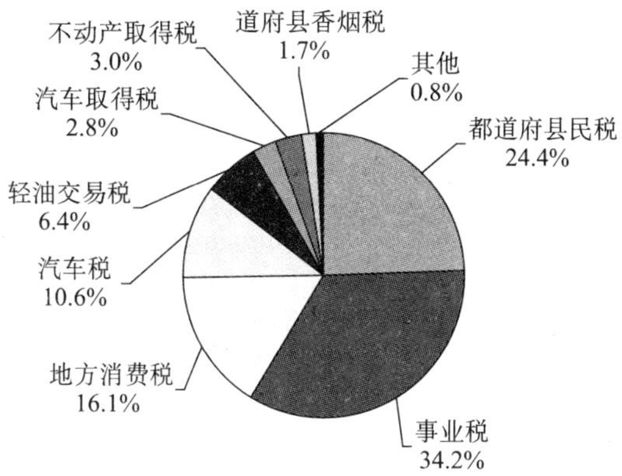

图 4－5 都、道、府、县税收收入构成

资料来源：日本自治大学研究部长穴户邦久授课资料。

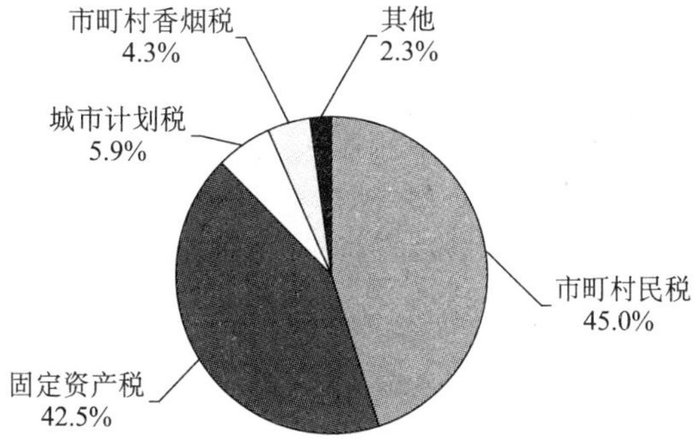

图 4－6 市、町、村税收结构（2006 年）

资料来源：日本自治大学研究部长穴户邦久授课资料。

（三）地方税税收征管

日本税收征管实行分级负责，即中央税由中央负责征收管理，地方各级税收由其本级政府负责征收管理。其税务机构分为国税系统和地方税系统，三级政府都有自己的税务机构，各征各的税。中央税由财务省国税厅负责征收，国税厅在全国设有 12 个国税局和 517 个税务所；都道府县税由都道府县财政局或税务局负责征收；市町村税由市町村财政课负责征收。在实际工作中，为了方便纳税人，也有代征的情况。由国税局代征的地方税主要是指与中央税同税基、同课税标准、同扣除条件的地方消费税，由中央政府代征后交给地方财政。除地方消费税由中央代征外，其余地方税均由地方政府征收。

第四节　各国地方税体系的国际比较

本节主要从税权划分、地方税种设置、地方税税收收入规模和税税收征管四方面对前述各国的地方税体系进行国际比较，从中找出带有规律性的共性，同时也分析存在的差异。

一、税权划分的国际比较

税权划分是分级财政体制的重要内容，同时也是各级税收体系协调机制的有机组成部分。当我们论及地方税税收权限问题时，实际上讨论的是税收权限在中央与地方之间集中与分散的程度，而不是绝对的中央集权或绝对的地方集权。具体则是指以上四种权限中中央集什么权、地方分什么权的问题。

（一）强调中央税权的主导地位是各国税权划分上的共性

值得注意的是，无论是单一制国家，还是联邦制国家，无论是实行集权式分权模式的国家还是实行分散式分权模式国家，各国大致上都将中央税权置于地方税权之上，使地方税权受到中央税权的制衡。比如，尽管美国地方政府有高度自治权，但在税权上仍然存在着“双重制约”，即联邦对州和地方以及州对地方在税收权限上的制约。

（二）税权划分的模式

从税权集中与分散的程度看，税权划分有三种模式：

1. 分散型。分散型的特点是各级政府都被赋予很大的税收权限，最典型的代表是美国。美国联邦、州及地方政府均各自行使相对独立的税收权限，包括立法权、解释权、开征停征权、调整权和优惠权等，这是形成统一的联邦税制与各异的州与地方税制并存这一独特格局的根本原因。这一模式的优点在于保证各级财政尤其地方财政自主地组织和支配财源，实现各自的财政职能和财政目标，但同时它对各级税权关系的协调也提出了很高的要求。

2. 适度集中、相对分散型。指将某一部分税权划归中央，其余部分归地方，如立法权集中、执行权分散，这一类如德国与日本。在德国，绝大部分税种的立法权集中在联邦，各州在联邦尚未行使其立法权的范围内有一定的立法权，但州以下地方当局则无税收立法权。而征管权方面，除关税及联邦消费税外的其他税收的征管权均分散给州及地方政府，尤其集中于州一级。日本与德国类似，税收立法权大多集中于中央，管理使用权分散在地方，但中央对地方的税权限制更详细具体一些，地方政府在执行《地方税法》的操作中要受到许多相关规定的制约，如课税否决制度、对特定税种税率规定上限甚至统一税率等。该方式若处理得当，可以体现出集权而不统揽，分权而不分散的优点。

3. 集中型。指基本税收权限集中于中央，地方只有较少的权限，如在法国和印度，不论中央税还是共享税或地方税的立法权均集中于中央，地方只对其专有税种享有一定的调整权和征管权等机动权力。

由上可以看出，一国政治体制是影响税权划分模式的重要因素，集权型税权划分模式大致分布在单一制国家和集权制国家，分散型模式则多数分布在联邦制国家和分权制国家，而界于集权与分散之间的适度集中、相对分散模式既存在于单一制国家，又存在于联邦制国家。

（三）各国税收权限的具体分配

首先，对于立法权各国基本上都将其集中于中央，特别是对主要的地方税种立法权更是如此，即使在联邦制国家（除美国以外），税收立法权的分散也主要是指一些零星小税种的立法权由地方拥有，如德国除了娱乐税、狗税、渔猎税和许可证税以外的税种立法权归州级政府外，其他税种立法权均集中于联邦。而在印度，无论中央税、地方税还是共享税的立法权无一例外均集中于中央。至于中央政府掌握的立法权内容是对地方税的征收范围和税种名称仅有原则性规定，还是十分具体的对地方税征收方面，如征税对象、纳税人、税率、征收方法等都规定得十分详细，集权制国家和发展中国家一般采取后种做法。在前一种情况下，一些税权还有分散的余地，但后者则没有。地方税的征收管理模式有以下两种：

1. 相对独立的地方税收征管系统。地方政府有相对独立的地方税务局，征收地方税。地方税务机构与中央税务机构相互独立，分别履行征收地方税和国税的职责。这又有两种类型。一是地方税务机构由该级政府单独设立，各级政府的税务机构之间分别独立征管本级政府的地方税，三级税收征管机构工作上相互协调配合，但不存在领导与隶属关系。美国是这种模式的典型代表。二是并不设立独立的税务机构，地方税的征收由设在地方财政部的相应机构征收管理，如英国的地方税由各郡、区财政局下属的税务机关负责征收。

2. 设在地方的税务机构作为国家税务部门的派出机构。各级税务机构之间存在行政级次的领导与隶属关系。如法国，全国只有中央一套税务机构，地方政府无相应的征管机构，地方税由中央税务总局和公共会计局设在各区、省和市的下属机构负责征收。

从发达国家的情况看，税收征管恪守确实、便利、节俭、高效的原则。

（四）税权划分的法制化与规范化

从各国的实际情况看，以法律的形式将中央与地方的税权划分确定下来是一种普遍做法，如美国宪法中对联邦及各州、地方的税权划分有明确的原则性规定，日本与韩国地方税权则是以《地方税法》的形式加以确定的。这都在一定程度上减少了税收管理与执行中的盲目性和随意性，有利于保障地方政府的合法性

二、地方税税种构成与设置的国际比较

税种的划分是地方税收收入的保证，也是一个在中央与地方政府之间分配税源的问题。各国地方税税种设置上具有以下特征：

（一）主体税种的设置

地方主体税种是指在地方税体系中居主导地位，发挥主要税收收入功能和调节功能的一个或几个税种的总称。

从各国地方税主体税种类别上看，大多数国家选择了财产税，财产税（含房地产税收）具有税基流动性小、税源稳定有弹性、地方政府征管有优势等特点，从而成为大多数国家地方税主体税种的最佳选择。目前，美国、加拿大、印度等都以财产税（房地产税收）为地方主体税种，但重要程度在不同的国家和同一个国家内的不同地区之间都是不一样的。高的达到60%，甚至70%以上，通常在30%~40%之间，也存在在地方税体系中处于微不足道地位的地方。如在美国，财产税收入约占州以下地方政府税收收入3/4，日本财产税占市町级税收收入37%，法国地方税收收入结构中建筑税、住宅税分别占44%和26%。财产税作为地方政府重要收入来源的原因主要在于两点：（1）税基稳定，纳税面宽，且征收方法简便，透明度高；（2）财产税充分体现了受益原则，即不论个人财产还是企业财产都享受着地方财政公共支出的利益，因而理所当然应该纳税。除财产税外，把所得税作为地方税主体税种是国际发展的新动向。如日本都道府县税收收入40%来源于事业税，市町村税收收入中51%为居民税收入。根据IBM的统计，其25个成员国中所得税成为地方税主体税种的国家有11个。所得税适于作地方税的特点主要有：（1）税

源潜力大；(2) 依能课税，能更好地体现公平原则；(3) 较好地体现受益原则。但与财产税不同的是，所得税要求地方政府有较高的税收征管水平。这在一定程度上限制了所得税成为地方主体税种的进程。

当然，各国根据本国税种设立的情况、税源的分布及地域特点、地方政府的需要等因素，也选择了其他税种作为地方税的主体税。有些国家以商品税类税种为主体，如美国州政府以销售税为其主体税，巴西以商品流通税为地方主体税，印度以营业税为地方主体税；有些国家以所得税类税种为地方主体税，如日本以法人税和居民税为地方主体税。

(二) 地方税的税种性质

地方税种大都是税源较分散，流动性较差，对宏观经济影响面较小，收入规模也相对较小的税种，或一些零星的税种，但也有一些国家将所得税、流转税等税源较集中，流动性较强，收入规模较大的税种划归地方税，如美国和日本。显然一国地方税税种的性质在很大程度上是由地方税权大小决定的。

(三) 税种划分形式方面

地方税中既有地方专有税种，也有中央与地方共享税源的税种。一般来讲，各国地方政府都有其专有税种，这些专有税种有独立的征税对象，税源划分也清晰，同时也有一些国家设有中央与地方共享税源的税种或共享税，如经济合作与发展组织中有美国、德国等九个国家对所得税、货物税和劳务税在中央与地方之间进行了分割。这类税种的分割增强了地方税税源的弹性，同时也使地方从中获得了相当的财力。

(四) 税种类别方面

总的来讲，各国地方税种几乎涵盖了包括流转税、所得税、财产税等在内的所有税种，但各国情况差异很大，具体地讲：

1. 财产税类。这类税收主要有车船税、房产税、遗产税和赠与税。由于其很强的地域性且对宏观调控影响不大，各国一般将其划为地方税。联邦制国家财产税在州税中比重不大，在地方税收中比重较大，但对财产税中的遗产税和赠予税，许多国家将其列为中央税，如美国、日本、英国、韩国和印度等，但也有一些国家将其列为地方税，如德国将遗产税列为州税。

2. 所得税类。

(1) 个人所得税。一般国家的地方税中并无个人所得税或相对中央政府来讲，地方个人所得税微不足道。但也不乏将个人所得税置于地方税重要地位的国家税收，如美国两级地方政府均征收个人所得税，个人所得税收入占到了州政府税收收入的28%（1992年），占州以下地方政府税收收入的5%（1992年）；德国将个人所得税设为共享税，日本两级地方政府税收中均存在居民税且是主体税种之一。

（2）地方公司（企业）所得税。在州一级开征公司所得税的只有美国、日本等少数国家，而在地方政府一级开征企业所得税的较多，如美国、日本、印度和德国等。除企业所得税外，有些国家地方政府还向企业征收与所得有关的其他税收，如法国的职业收入税，对国内经营工商业的个人或法人组织所得利润征收。

3. 商品税类。大部分国家将重要的商品税（包括增值税、消费税、销售税等）划为中央税，如印度、法国，或划为共享税，如德国。而有些国家将它们列为地方税，如美国的销售税，印度的营业税。有时单环节课征的商品税种往往划归地方，主要的消费税都划归中央，而将一些不重要的特别（种）消费税划归地方也是许多国家的普遍做法，如日本、韩国、德国。

4. 资源税类。主要有土地税、资源税等。如美国、日本、德国、印度的地方政府都开征了土地类税收。这类税的开征一方面为地方政府提供了财源，另一方面，也促进了地方自然资源的合理开发与利用。

5. 辅助税种。各国都十分重视辅助税种的设置。地方税体系的完整性、功能的健全性、收入的可靠性及调控的灵活性等都离不开各辅助税种的合理搭配。除财产税和所得税主体税种外，辅助税种还包括包括特定目的税、行为税等各有特色的零星税种。如法国、印度、德国地方政府都开征的娱乐税，法国和印度都开征的广告税等。涉及环境维护的税收，如高速公路使用税、机动车税、环境污染税、城市规划税等；涉及地方资源的征税，仅限于那些地方性的非战略性资源，如小煤矿、小金属矿、小盐矿、小滩涂养殖场等。

三、地方税收入规模的国际比较

地方税收入规模反映了地方税权的真正实现程度，包括地方税收入的总量、地方税收占税收总额的比重、地方税收入占地方财政收入的比重、地方政府税收收入分配的方法等指标。

（一）地方税收入占税收总额的比重

地方税收入占税收总额的比重，与地方政府的职责有很大关系。地方政府职责较大，事权较多的国家，其地方税收入占税收总收入的比重较大，如美国、州和地方税收收入占税收总额的比重，占49%以上；日本占47%以上。反之，地方政府职责较小的国家，其地方税收入占税收总额的比重较小，如法国仅占17%左右，加拿大的地方税收在税收总额中占的比重更小。从分权的角度看，集权制、单一制国家这一指标的数值较小，如法国地方税多年来所占比重只有10%左右而分权制、联邦制国家这一指标的数值则较大，如美、德两国地方税所占比重近年来分别在35%和52%左右。值得注意的是，联邦制国家地方税在全国税收总额中的比重近年来也出现了下滑的趋势。

但中央在税收分配中占绝对比重却是大多数国家税制的共性，法国85%、印度70%、日本65%、美国66%。主要财力集中于中央，有利于增强中央对地方的宏观调控能力和保证经济整体的健康发展。

（二）地方税总收入占地方财政收入的比重

主要取决于地方政府财政收入的结构。在选取的国家中，地方财政收入主要包括：地方税收入、中央政府的经常性拨款和专项拨款、地方政府有偿服务收入、规范收入和银行贷款资金。其中，主要来源是地方税收入和中央的经常性拨款收入。如美国州政府税收收入占财政收入的70%以上，地方政府税收收入占地方政府财政收入的24%左右，不足部分，主要靠联邦的经常性拨款。

四、地方税征管机构的国际比较

地方税征管机构是实施地方税征管权的组织保证。外国地方税征管机构的设置，大致可以总结划分为两种情况：

（一）地方政府设立地方税征收机构

地方政府设立地方税征收机构，并独立征收地方税，地方税务机构与中央税务机构相互独立，职责分工明确。这一种情况又有两类，一类是地方税务机构单独设立，如美国，与分级分税体制相适应，分别设有三级税收征管机构，分别独立征管划归本级征管的税收，三级税收征管机构工作上相互协调配合，实行信息共享，不存在领导与隶属关系。一类是并不设立独立的税务机构，地方税的征收由设在地方财政部的相应机构征收管理。

（二）分税但不分机构，全国只有一套税务机构

地方税务机构作为国家税务总局的派出机构，受上级领导与管理，如在法国，全国只有中央一套税务机构，地方政府无相应的征管机构，地方税由中央税务总局和公共会计局设在各区、省和市的下属机构负责征收。除此之外还有许多独特的征管机构设置方式，如在德国，税收的征管不是通过设立国税与地税两套体系，而是由联邦与州财政部共同在州设立的财政总局内分设的联邦机构和州机构两个系统来完成。这个系统中最重要的联邦机构是海关，而州机构下设州税务局，不但征收大部分联邦税，还负责征收除进口增值税外的共享税和州政府的专享税。地方税务局作为州的派出机构，只征地方税，并向地方政府负责。

第五节　各国地方税体系的借鉴和启示

从第四节对外国地方税体系的比较分析中可以看出，国家政体、经济体制、经济发展水平、历史传统是影响甚至决定一国地方税体系模式选择的重要因素。地方税体系的建设不仅涵盖了地方税权、地方税种、地方税规模、地方税征管机构设置等多方面内容，而且它们之间交互影响、互相作用，如后三项内容的在一定程度上既由地方税权决定，体现地方税权的内容，又在地方政府税收活动中深刻影响地方税权的实现程度。因而一国地方税体系的建设具有复杂性和系统性，这些对于中国地方税体系的建设和完善无疑有十分重要的借鉴和启发意义。

一、适合国情的税权划分是地方税体系运行的基础

税权划分是国家税权在相关国家机关之间的分割与配置，由于各国国情不同，并不存在一个统一的地方税权划分模式，关键是要从自身国情出发，选择与自身国情相适应的分税制体制和税权划分模式。

具体来说，要注意以下几个方面：

（一）税权模式的选择与国家的政体结构相适应

国家的政体结构在很大程度上决定着该国政府的事权范围和在政府间的分布，从而在很大程度上决定了该国税权的划分。在联邦制国家，各级政府一般都享有相对独立的行政管理权和税收立法权，而在单一制国家，税收权力主要集中于中央，地方政府除了一些收入极小的税种外，几乎没有独立的税收立法权。但是，政体结构只能看作决定或影响税权划分的考虑因素之一。

（二）中央税权主导性与向地方适度分权相结合

从各个国家税权划分的实践来看，尽管有的国家地方立法权相对较大，有的国家地方立法权相对较小，但基本的税收法律法规的立法权都掌握在最高立法机构和中央政府手中，将中央税权置于地方税权之上，使地方税权受

到中央税权的制衡，确保中央政府的宏观调控能力。在强调中央税权主导性的同时，都不同程度地赋予地方一定的税权。

（三）税权划分注重法制化和规范化

从各个国家税权划分的实践来看，尽管存在税权划分的层次和结构复杂的特点，但基本都以法律、行政法规的形式明确中央和地方各级政府的税收立法权、税收执法权以及税收收入归属权等问题。通过以法律法规明确各级政府的税收权限，可以在具体的实施过程中，真正做到有法可依。

（四）税权划分体现税种属性与功能，兼顾地方税收入规模的需求

以组织税收收入的效率为依据，根据课税客体的性质，一般将税收划分为所得税、商品税和财产税。所得税、商品税的税基流动性比较大，将之划归中央政府征收，效率就比较高。财产税的税基仅仅局限在财产所在的区域，税基比较固定，由熟悉当地情形的地方税务局的人员征收管理的难度较小，因而大多数的国家基本上都将财产税划归为地方税。

二、科学合理地设计地方税制和选择主要税种是地方税体系运行的核心

一般而言，地方税要设置多少个税种以及什么样的税种，基本上由两大因素确定，一是分税制的量的规定性，即地方政府承担支出责任越大，要求地方课征的税种就越多；二是分税制的质的规定性，即决定税种的性质，凡是不影响全国性经济稳定、全社会收入分配以及生产要素全国性流动的税种适合作为地方税课征。

而主体税种的建设是各国地方税体系建设的主要内容，各国根据本国的税种设立情况、税源分布、地域特点及地方政府的需要等复杂因素，选择了不同的税种或税种组合作为地方主体税种。主要都选择的财产税或所得税。作为地方税主体税种，除了满足按中央和地方税种划分基本原则所确定的一般地方税的特征，还必须满足以下原则：第一，税基广泛，税源丰富稳定，税收规模较大，能筹集足够的收入满足地方政府的需求，在整个地方税体系中举足轻重。第二，具有适度弹性。作为地方税主体税种，弹性应适度，若弹性太小，则其数量不能随经济的增长而相应增加，不能满足随经济增长而增长的地方政府支出需求；若弹性太大，则其数量易波动，不满足稳定性要求。第三，基于利益原则课征，该类税种的征收对象承担较重税负，但与之相对应，这些纳税者也处于较好的公共服务中。第四，由地方征管，效率高。地方主体税种的选择还应考虑到征税成本，作为主体税的税种应适合由地方政府征收，从而降低征管成本，提高征管效率。

三、合理确定中国地方税收入规模是地方税体系运行的目标

从我国目前地方税收入规模来看，地方税收入占全国税收入的比重、地方税税收收入占地方政府财政收入的比重分别为30.42%和62.55%，与其他国家相比较，基本处于合理区间范围内，但通过上面的介绍可以看出，各个国家实行的分税制存在较大的差异，不可能有放之四海而皆准的固定模式。我们对其他国家税收分配状况的分析，也只是吸收其精华，去除其糟粕，起到一种启发与借鉴的意义，而不是衡量和评价的标准，更不是全盘“照搬”，合理确定中国地方税收入规模，还必须与我国的基本国情相符合，与我国的政治体制、历史传统、社会习俗、经济基础相符合。

四、严密完善的税收征管是地方税体系运行的保障

各国地方政府一般都设立有单独的地方税务机构，负责本级政府辖属范围内的地方税的征收与管理。一些国家的税务征管机构和人员不仅负责税收征管工作，而且拥有税务监督的职责和权力。例如，美国国内收入局有权检查任何账簿、记录和其他数据，并取得必要的证词。不需要经过法院批准就可以传唤有关人员，收集有关信息。如果纳税人不配合，上述传唤、收集事宜将由法院强制执行；德国、荷兰等部分欧盟国家都普遍设立了税务违法案件调查局，既有税务检查权又有税务违法刑事案件的侦查权和税务违法犯罪的起诉权，兼具税官和警官的双重身份。

分税制并不意味着一定分设机构，地方税务机构也不一定单独设置，即使单独设立也不一定按行政区划层层设置，一切都应根据本国政体、经济体制、经济发展水平、征管水平、税源分布等因素来决定，因而地方税务机构的设置呈现多样化。

五、完善的财政转移支付制度是地方税体系运行的重要补充

财政转移支付制度是实行分税制的一个必须且有益的补充。各国普遍采用的财政转移制度的办法既科学又灵活，各具独特的色彩。美国为保证各级政府均有可靠的财政收入，实行自上而下的财政补助金制度，在美国联邦预算支出中，拨给地方政府的补助金占全部预算支出的10%左右。日本财政转移支付包括地方税收分成和财政专项补助，此外还通过地方交付税和地方让与税实行转移支付，经过财政转移支付以后，地方政府可分得总收入的60%以上。

第五章　构建中国地方税体系的总体思路

作为分税制财政体制的一个重要基石，地方政府应当也必须有自己的税收体系。在深化税制改革和全面推进分税分级财政管理体制的过程中，建立一套科学合理、严密规范的地方税体系是正确处理中央与地方财政分配关系的一项重要内容。所以，由增设专属于地方政府的主体税种做起，全面完善地方税体系，便进入到党的十八大报告和十八届三中全会《决定》之中，甚至成为全面深化税收制度改革的一个重心地带。本章将在参考和借鉴其他国家地方税体系建设的先进经验并结合我国具体国情的基础上，提出构建有中国特色的地方税体系的总体思路、制度框架和具体税制要素设计。

第一节　总体目标、指导思想和基本原则

一、总体目标

根据党的十八大及十八届三中全会关于税制改革的部署和要求，结合当前我国国情、税情，构建中国地方税体系的总体目标是：以保持中央和地方税收分配格局总体稳定为前提，以优化税制结构为基础，构建能够稳定地保障地方各级政府公共基本支出需要、有利于加强地方税源控管、维护市场统一、促进社会公平、合理引导地方政府行为的具有中国特色的地方税体系。

具体来讲，要实现这一总体目标，成功构建起中国地方税体系，必须完成好四大任务：

1. 要建立稳定的税收收入体系。通过完善地方税制，从制度层面固化地方税收入体系，建立科学合理、稳定增长的收入机制，为地方政府提供有保障、可持续的税收收入，做到地方财力与支出责任相匹配，以满足各级地方政府保障改善民生、提供公共服务等支出需要。

2. 要建立合理的税权管理体系。按照保持中央相对集中、给予地方适当分权的原则，通过合理界定、有效配置地方税权，优化中央和地方财税关系，充分调动中央和地方两个积极性，促进“两个比重”保持在适度合理水平。

3. 要建立完善的税收制度体系。按照党的十八届三中全会“简化税制、稳定税负”的要求，采取重构地方主体税种、税费联动改革、开征新税等改革措施，完善地方税体系，充分发挥其筹集收入、调控经济、调节分配的职能作用，促进地方经济结构的优化调整，调节社会财富，缩小收入差距，引导市场主体公平竞争。

4. 要建立科学的税收征管体系。通过调整规范国税、地税之间的关系，包括划清征管范围、界定部门职责、加强国、地税合作等，避免职责不清、职能交叉，进一步规范税收征管，提升征管效率，减少税收流失，降低征纳成本，提高纳税人的税法遵从度和社会满意度。

二、指导思想

构建地方税体系，应树立明确的指导思想，以便于科学的战略决策。

1. 以落实科学发展观、推进国家治理体系和治理能力现代化为宗旨指导地方税体系建设。党的十八大更加突出了科学发展观的指导地位，提出要加强改革创新，完成全面建设和谐社会的宏伟奋斗目标。党的十八届三中全会提出，要推进国家治理体系和治理能力现代化，全面深化改革，到 2020 年在重要领域和关键环节改革上取得决定性成果。深化财税体制改革被列为 15 项重点改革之一，构建中国地方税体系就是其重要内容。针对目前地方税体系存在的诸多问题和障碍，必须坚定不移地坚持以科学发展观为指导，进一步解放思想、敢于创新，积极构建系统完备、科学规范、运行有效、促进地方经济科学持续发展、有利于社会和谐稳定的地方税体系，从而推进科学的宏观调控和有效的政府治理，努力发展和完善社会主义市场经济，为实现“两个百年”目标、实现“中国梦”贡献应有的税收作为。

2. 以优化税制结构、确保税负稳定、促进社会公平为原则指导地方税体系建设。税收作为国家筹集财政收入的重要手段，具有重要的调控经济、调节分配职能。在为政府提供财力支撑的同时，通过有效实施税收手段，积极帮助政府实现宏观调控目标，应是重构地方税体系的核心所在。优化税制结构、确保税负稳定、促进社会公平，是党的十八大及十八届三中全会对税制改革的核心要求，也是构建地方税体系必须遵循的基本原则。因此，在设计地方税制时，要遵循结构优化、社会公平这一总体要求，通过合理调整直接税与间接税比重、共享税占税收总收入的比重、费改税等建立结构科学合理的地方税体系。同时，贯彻落实公共资源出让收益合理共享机制的要求，将国有土地、国有矿产资源、国有公共设施、国有资本等公共资源收益纳入共享机制，并根据占有公共资源的数量、质量和收益在中央与地方、地方与地方之间重新合理分配。

3. 以深化财税体制改革、建立现代财政制度为目标指导地方税体系建设。党的十八届三中全会指出，财政是国家治理的基础和重要支柱，要按照“完善立法、明确事权、改革税制、稳定税负、透明预算、提高效率”的24字方针，深化财税体制改革，建立现代财政制度。全会将财政的作用提升到前所未有的高度，也将建立中国现代财政制度这一重要历史任务赋予各级政府和财税部门。在国内外经济形势日益严峻复杂的背景下，重构中国地方税体系，理应在建立现代财政制度这一历史任务中担当重任，以不断优化资源配置、维护市场统一、促进社会公平，充分发挥中央和地方两个积极性。一方面，要遵循中央与地方、财力与事权相匹配体制的要求确定地方税收入的规模，以事权定财力、以公共支出定税收收入，改变目前中央与地方分配关系中财力与事权“剪刀差”的不合理现状，从体制上根治地方政府债务风险和减少对土地财政的高度依赖的积弊。另一方面，要遵循基本公共服务均等化和主体功能区建设的公共财政体系要求处理中央与地方分配关系，根据不同地区经济发展状况实行差别化的税收政策，提高一般性税收转移支付比例，建立对地方合理的税收补偿机制。

4. 以完善分税制管理体制为契机指导地方税体系建设。1994年的分税制改革，确立了现行中央和地方的税制框架及经济利益关系，调动了中央和地方的积极性，实现了“两个比重”的提高，改革取得了初步成功。但是，省以下分税制没有得以推进和完善，导致基层财政困难、过分依赖土地收入等诸多问题显现。在“营改增”试点全面推开等现实背景下，党的十八大报告明确提出重构地方税体系，为完善分税制管理体制提供了前所未有的机遇。党的十八届三中全会通过的《决定》，进一步对地方税体系建设指明了方向。因此，要充分考虑世情、国情、税情的变化，在坚持分税制改革方向的前提下，在构建地方税体系过程中，使我国的分税制进一步得到完善。

5. 以财政分权改革的世界经济背景指导地方税体系建设。财税分权一直是西方主流公共经济学理论研究中的核心问题之一。现代市场经济国家的财税体制，实行的是所谓的财税联邦主义，也就是中央和地方进行财政分权。在经济转轨国家，传统的中央计划经济在向市场经济转型的过程中，无一例外地都在进行财税分权改革。根据世界银行 1997 年的报告，到 20 世纪 90 年代中期，75 个发展中国家已有 62 个搭上了财政分权的班车。因此，中央政府向地方政府的财政分权已成为国际潮流。我国长期以来实行中央政府高度集权的计划经济体制，地方政府只是中央政府的一个政策执行机构，没有自己独立的财税权限。与计划经济体制向市场经济体制转变相适应，我国在财政的定位上也发生了相应的变化，由生产建设型财政转向实行公共财政制度。公共财政制度对公共产品供给理论的分析内在地要求进行中央与地方的财政分权，运用各自的财权在各自的管辖范围和职责权限内提供公共产品。在这种财政分权化的改革背景下，理应赋予地方一定的税收立法权和政策调整权，形成完善的地方税体系以支撑地方政府提供辖区公共产品、管理区域经济和社会事务的财力、财权需要。

三、基本原则

地方税体系是现代税收体系的一部分，首先必须遵循现代税收的基本原则，比如效率原则、公平原则、稳定原则和财政原则。在目前我国各级政府治理结构和财政管理体制背景下，构建适合我国国情的地方税体系，实际上是一场涉及经济、财政、税收等多个领域的重大改革。因此，中国地方税体系的改革和建设在坚持贯彻上述原则的基础上，还必须遵循以下六项具体原则：

1. 分级（省、县市两级）分税、彻底分税的原则。分级分税预算体制是市场经济国家普遍采取的一种预算管理体制。1994 年我国实行“分税制”改革，初步形成了具有中国特色的多级预算体制，但由于对既得利益的照顾和忍让，造成分税制改革不彻底。要贯彻落实中央关于进一步深入推进分税制改革的要求，必须减少预算层级，按省、县（市）两级政府分税，并坚持彻底分税，建立地方支柱税源，提高地方税收入在财政收入中所占比重，确保地方财力与事权匹配，促进税制结构优化，构建真正意义上的地方税体系。

2. 合理引导地方政府行为的原则。目前地方政府饱受诟病的土地财政积弊、“跑部钱进”乱象、地方债务困局等，很大程度上是分税制体制下地方税体系建设滞后、地方税收入保障不力带来的恶果。因此，在设计地方税体系时，应坚持实事求是，保障地方有足够、持续、稳定的地方税收入，以充分满足各级地方政府的基本公共支出需要，破解当前地方政府过度依赖土地出让和举债度日的财政窘境，从而合理引导地方政府的行为，让政府放下“包袱”去做该做的事，促进法治、效能、服务型政府建设。

3. 非流动性税源配置地方的原则。按照税收“取之于民、用之于民”的本质特征，地方税收入应主要用于区域内纳税人的需要，实现纳税人付出与收益相对应。因此，要坚持非流动性税源配置地方的原则，而且课税对象和征税范围应相对固定，从而避免地区之间恶性税收竞争，确保地方税具备税制相对稳定、税基坚实、征税范围广泛、收入规模大、能够成为地方财政收入主要支撑等特性。同时，地方税制的实施应有利于促进地方经济发展方式的转变，有利于地方产业结构的调整，最大限度地促进地方经济发展。

4. 两个“总体稳定”的原则。分税制改革的核心，在于合理界定各级政府事权与财权，科学处理中央与地方之间、地方政府之间的税收分配关系，这是构建地方税体系的关键。新的地方税体系，既要充分保障地方政府用以履事权的稳定收入，又不能大起大落，打破目前中央与地方税收分配总体格局。这是党的十八届三中全会提出“改革税制、稳定税负”的总体要求，也是深化分税制改革、构建地方税体系要实现“优化税制结构、促进社会公平”目标的应有之义。

5. 税费配套联动改革的原则。地方税体系建设是一项艰巨复杂的系统工程，涉及中央与地方、政府与纳税人以及地方政府之间利益关系的优化调整，必须实事求是、统筹兼顾、循序渐进、稳步推行，通过深化改革创新，确立和培育地方主体税种，改革完善一批辅助税种，取消一批过时税种，择机开征一批新税种，形成税制简化、结构合理、功能完善的地方税体系。与此同时，地方税改革不能就税论税，必须坚持税费联动，把各项规费基金收入、甚至是预算外收入纳入改革的视野一并统筹考虑。

6. 充分发挥国税、地税作用，有利于税源控管的原则。党的十八届三中全会明确提出要完善国税、地税征管体制，这也是构建地方税体系必须牢牢把握和贯彻的重要原则。一方面，在地方税税种的选择和征税范围的划分上，要与国税征管范围有一个科学、合理、明晰的界定，避免征管的重复交叉，给纳税人带来不必要的负担。另一方面，在地方税税目税率的设置、税额的计算以及减免税审批等征管程序的设计上，要尽可能简化程序、减少环节、简并手续，最大限度地降低征纳双方成本，提高征管效率，便于税源控管。

第二节　中国地方税体系的构建框架

随着营业税改征增值税的推进，中央和地方税收收入分配必须重新调整，而核心问题就是地方税体系的构建。地方税体系的构建是一个系统工程，不仅涉及主体税种的设置，还涉及辅助税种的搭配、税权配置、税收征管等方面。因此，需要从全局的角度和战略的高度来对中国地方税体系的构建进行整体把握和设计。

一、增值税改革对构建中国地方税体系的影响

党的十八届三中全会通过的《中共中央关于全面深化改革若干重大问题的决定》，是指导新形势下全面深化改革的纲领性文件。《决定》从推进国家治理体系和治理能力现代化，从优化资源配置、维护市场统一、促进社会公平、实现国家长治久安的高度，对深化税制改革做出全面部署，为更好发挥税收在服务发展大局中的作用指明了方向。地方税作为我国税收体制的重要组成部分，对于税制改革的成功，在“营改增”大背景下显得至关重要。

《决定》关于增值税与地方税改革的指导意见主要有以下几点：一是完善税种、稳定税负；二是推进增值税改革，适当简化税率；三是优化税制结构，逐步提高直接税比重；四是保持中央和地方财力格局总体稳定，结合税制改革，考虑税种属性，完善地方税体系；五是调整消费税的征收范围、环节、税率，把高能耗、高污染产品及部分高档消费品纳入征收范围；六是逐步建立综合与分类相结合的个人所得税制，调节过高收入；七是建立覆盖全社会的个人财产信息系统，加快房地产税立法并适时推进改革；八是加快资源税改革，推动环境费改税，坚持使用资源付费和谁污染谁付费，谁破坏生态谁付费原则，逐步将资源税扩展到占用各种自然生态空间。

根据《决定》的精神，我们认为，增值税改革与地方税体系建设应有两种思路：

第一种思路：对现行营业税行业实行部分“营改增”，即只对交通运输、邮电通信，以及文化体育、服务业中与工业产销链条联系密切、重复征税问题突出的部分行业推行“营改增”。在继续保留增值税与营业税并存格局的基础上，改革、完善地方税其他税种。

第二种思路：按照原定思路实行全部“营改增”，就必须调整分税制财政体制，即在继续坚持税种划分为主、收入分享为辅的分税制模式下，重构地方主体税种，完善地方税体系。

税制改革是一个长期、渐进的过程，不可能一蹴而就，因此，改革应避免对现有格局产生较大冲击，地方税的改革也是如此。考虑到我国当前的财政经济形势，在“营改增”大背景下的地方税体系建设采用第一种思路，即仅在部分行业推行“营改增”的理由主要基于以下几点：

第一，理论上，增值税能够解决重复征税问题，但在中国国情环境下，增值税究竟实际能够在多大程度上解决服务业的重复征税问题，依然是一个需要实事求是深入研究的大问题。

第二，在全国范围内普遍推行两轮“营改增”，有可能从税制设计上基本解决交通运输、邮电通信和部分与工业产制环节密切相关的现代服务业的重复征税问题。“营改增”继续扩大到其他行业已无必要。

第三，经过两轮“营改增”，目前的增值税税率已达六档之多：3%、5%、6%、11%、13%、17%。如果“营改增”继续扩大到其他服务行业，税率档次还将继续增加。过于复杂的税率设计既不符合增值税制度的中性原则，也与三中全会通过的《决定》要求适当简化增值税税率的要求相悖。

第四，对于目前仍然保留征收营业税的部分行业，如果继续推行“营改增”，将面临以下困境和难题：一是金融保险业如何征收增值税，这是欧共体国家至今也未能解决好的难题；二是建筑安装行业层层转包、管理无序，增值税征管难度极大；三是娱乐业、服务业的小微企业浩若繁星，财务管理水平低下，征收增值税的效果会打折扣；四是转让无形资产和销售不动产如果改征增值税，纳入进项抵扣范围，势必大幅度提高现行增值税税率的平均水平，不符合三中全会《决定》中关于“稳定税负”的要求。

第五，目前，两轮“营改增”对地方营业税规模和地方财力的影响有限。如果继续扩大“营改增”范围，必然导致两大后果：一是影响企业负担与政府财政收入稳定；二是影响中央和地方财力格局总体稳定，需要对现行税制体系和分税制体制进行大改大动。

第六，各国国情不同，税制结构和增值税模式亦不可能完全相同。美国至今尚未开征增值税；印度的增值税（销售税）由各邦（省）负责征收，征税范围仅限于产品销售；欧共体国家货物与劳务“完整链条式增值税模式”不适合中国国情，而且其本身也有很多劳务是采取定率征收模式征收的，与营业税无异。如果只实行部分“营改增”，那么地方税体系的建设将仍然维持营业税的主体地位，重点对其他地方税制进行优化改革。

二、全面“营改增”与地方税种体系建设的思路

实行全部“营改增”，使增值税覆盖整个商品和劳务，就必须调整分税制财政体制，重构地方主体税种，完善地方税体系（见图5－1）。

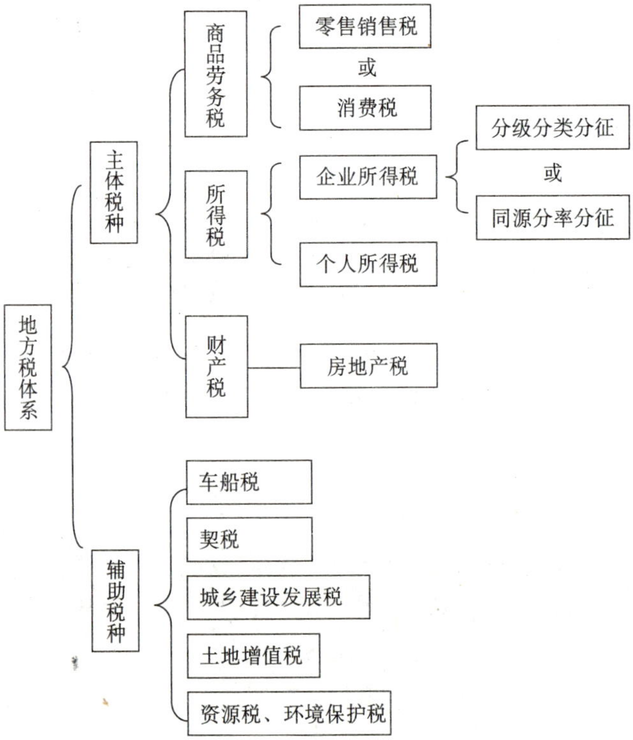

图5－1　“营改增”背景下中国地方税体系建设的总体架构

1. 地方商品劳务税改革。地方商品和劳务税的改革目标是调整开征零售环节销售税，或将消费税改为地方税，构建地方主体税种。有两种主要思路：一是取消零售环节增值税，整合消费税、车辆购置税，在零售环节对消费者

购买的商品、产品征收零售税，并将此税种设置为地方税；二是保留零售环节增值税，同时扩大消费税征收范围，把高耗能、高污染产品及部分高档消费品纳入征收范围，并根据有利于税源控管的原则，确定征税环节，打造成地方主体税种。

2. 地方所得税改革。

（1）企业所得税：按照“分类分征”或“同源分征”模式改革现行企业所得税，使企业所得税收入成为地方政府另一个主要收入来源。具体有两种办法：

一是实行“分级分类分征”，即对跨地经营、统一核算、总机构设在北京的公司、企业，其所得税由国税部门征收，收入划归中央财政；其他企业的所得税则由地税部门征收，收入划归地方财政。二是实行“同源分率分征”，即对所有企业的所得税，按照体制确定的分征税率，由各级国税部门和地税部门分别征收，分别入中央和地方各级金库。为了避免多头管理矛盾，也可以按照有利于税源控管和服务企业的原则，实行企业所得税由国税或地税代征的办法。

（2）个人所得税：加快建设覆盖全社会的个人收入和财产信息系统，逐步建立综合与分类相结合的个人所得税制。目前仍保留作为地方主体税种之一。

3. 地方财产行为税改革。地方财产行为税改革的目标是建立起涵盖购买、保有、转让交易各环节对房屋、土地、车船和无形资产征收的财产税体系。

（1）房地产税改革。总体思路是借鉴国际经验，统筹企业和个人，统筹房产和地产，引入房地产估价体系，对房地产保有环节按评估值计征房地产税。对房地产交易环节，则应整合、简并现有的耕地占用税、契税、印花税、土地增值税和营业税等诸税种，建立起涵盖房地产保有及流转环节的房地产税收体系。

（2）车船税改革。车船税具有促进节能减排，调节财富分配的作用。为了充分发挥其双重作用，需要改革和完善车船税的计税依据，将目前按照排气量征收的定额税制调整为“按排量征收”与“按价值征收”相结合的复合税基制度。

（3）契税改革。适当扩大契税征税范围。除继续对有偿购置和转让土地、房屋征收契税外，要将目前征收营业税的“转让无形资产”税目调整纳入契税征收范围。除缴纳印花税的证券交易项目外，对其他产权凭证纳入征收契税范围，同时停征印花税，以解决印花税与契税的部分税基重复征税问题。

（4）城市维护建设税改革。将“城市维护建设税”更名为“城乡建设发展税”；对“教育费附加”和“地方教育费附加”实行费改税，并入城乡建设发展税；改革计税依据，将原城市维护建设税依据增、消、营三税税额附属征收，改为按照纳税人的销售收入（或营业收入）为依据独立征收，并实行城乡统筹的单一比例税率。

（5）资源税和环境税改革。资源税改革：一是要扩大征收范围，逐步将水、森林、草场、耕地等纳入资源税征收范围；二是要改革计征方法，根据不同特点的资源项目，采用从量计征和从价计征两种方式；三是要推动资源产品费改税。

环境税改革则主要是对现行排污费实行费改税，先行开征环境税。征税对象包括：企业、单位和个人排放的各种废气、废水和固体废弃物，以及难以降解和回收再利用的包装物等。在条件具备时，开征碳税。环境税应当实行“环保部门核定、地税部门征收”的征管模式。

第三节　销售税（消费税）改革

前面的分析表明，“营改增”后，在现行的地方税体系中很难找到某个税种能够担当地方主体税种大任。构建地方主体税种，必须另辟蹊径，或需对现有税种进行改造，或重新开设新的税种。在本节主要探讨地方主体税种——销售税。

作为地方主体税种，销售税被不少专家学者寄予厚望。而销售税这一新税种的设立又有两种思路：一是取消零售环节的增值税，并将相关税种进行整合，开征新的零售环节的销售税。二是将现行消费税改革扩围，将其下移到零售环节，改造成零售环节消费税；下面将围绕上述设想进行论证并适度进行税制设计。

一、方案一：取消零售环节增值税并设立销售税

我国 1994 年的税制改革，纵然是基于流转税和所得税双主体的理念设置的，但实际执行结果还是以流转税为主体。即使经过了 20 多年的努力，流转税仅仅从 70% 降到 60%，所得税仅仅从 10% 提高到 20%，其他税仍然不超过

10%。这充分说明，一国税种结构，或一国主体税种，都必须依托当时的经济税源情况，而从来不是随人意愿设置或者通过法律规定硬性调节出来的。在目前的经济税源结构背景下，以及我国整个税种仍以流转税为主体的前提下，地方最重要的主体税种也应主要依赖流转税。

但"营改增"之后，现存的地方流转税中已没有可担此大任的税种，所以开征一种新的地方流转税十分必要。要真正通过税收引导地方经济发展，规范地方政府的行为，促进地方政府更好地履行职能，我们认为地方主体税种之一，应是基于地方消费水平开征的销售税。因为，事实上真正的税源应当是消费，而不是生产，只有经过消费者检验的生产才是有效率的，否则只能是低效生产甚至无效生产。该税的基本设想是，在零售阶段就消费者购买消费品的消费支出征税，税款由消费者支付而由零售业者负责代收代缴。

（一）零售环节开征销售税的利弊分析

在零售环节开征销售税并作为地方主体税种，好处众多：（1）可以真正地通过消费引导投资，将消费者手中的货币选票变成引导全社会生产和投资的指挥棒，而不是相反。（2）由于销售税的税基包括了消费者对生活必需品的购买，因此当经济处于景气循环中的扩张期时，销售税的增长会比其他税目（如所得税）来得缓慢；然而当经济衰退时，销售税收会比其他税目（如所得税）有保证，能够实现收入的持续增长，虽增加速度较扩张期更为缓慢，但相对其他税目收入的减少（如所得税），销售税提供了地方政府税收结构中一项可靠稳定的税收来源（Schuldt，Powell，and Ring，2003）。（3）由于地方税收与居民消费水平直接挂钩，为了扩大税源，地方政府必然竞相改善消费环境，刺激内需。这不仅可以避免现行税制条件下，地方政府争相投资建厂、重复投资、地方封锁和分割，争夺增值税和消费税税源的恶性竞争状况，而且有助于我国经济增长模式从过度依赖出口和投资拉动向消费驱动型的战略性转变。[①]（4）零售环节销售税不存在进项税额抵扣问题，可以避免在多档增值税税率情况下的"高征低扣"、低征高扣等问题，保证了税负的公平。（5）有利于缩小地区间财力差距。吕冰洋测算了开征销售税和保留原有的增值税两种情形下，各地区零售环节销售税和增值税税额的变异系数，发现前者为0.836，后者为0.963。[②] 这说明开征销售税的确可以缩小地区财

① 李玉红、白岩峰："地方税种改革格局中的主体税种选择问题研究"，《中央财经大学学报》2010年第6期。

② 吕冰洋：《税收分权研究》，中国人民大学出版社2011年版，第193页。

力差距。

开征销售税也存在不少弊端：一是开征新税会引起社会大众的误解和抵触情绪，最终可能降低全社会消费需求，进而影响生产，损害经济发展。二是由于销售税具有累退性，故此对承受力较为薄弱的低下阶层市民来说，影响势必较大。结果可能令贫者愈贫，加大贫富差距。三是由于该税涉及的纳税人多，税源管理和征管难度大，因此，将导致税务行政成本的增加。同时委托零售企业代收代缴销售税制度，将给企业带来繁琐的衍生成本。万一企业承受不来而要将有关费用转嫁给消费者，到头来受影响最大的还是社会大众。

销售税的上述弊端，可以通过如下手段去规避：一是加强税法宣传，让社会了解新税实质。二是确保改革前后消费品税负的不变，以实现改革前后物价的稳定。三是加大对基本生活用品的免税优惠。四是尽可能简化课税机制，减少企业代收代缴负担。

基于上述分析，我们认为销售税的开征虽然利弊共存，但弊端可以通过一系列手段和方法减轻或消除，因此开征销售税具有可行性。

将销售税作为州政府的地方主体税种，美国、加拿大等国已经先行一步。在零售环节向消费者征收销售税（也称零售税），并将确定为州以下政府主体税种，是美国自20世纪30年代以来一直采用的政策。虽然流转税的最主要形式是增值税，即使全世界有超过100个以上的国家开征了增值税，但美国却是OECD国家中唯一没有采用增值税而推行销售税的国家。美国销售税起源于20世纪30年代的经济大萧条时期。由于当时州政府传统依赖的财源，如所得税和财产税税收收入逐渐萎缩，于是州政府转而以销售税作为融通政府支出的工具，密西西比州于1932年率先推出这一制度。目前大约有45个州与哥伦比亚特区对有形商品的购买征收销售税。20世纪30年代至今，销售税已成为美国州政府重要及可靠的财源，其收入对州及地方政府的财源意义重大。

上述分析表明，在零售环节开征销售税并将其作为地方主体税种，不仅理论上有依据，而且在实践上也是可行的。

（二）开征销售税应坚持的基本原则

1. 维持基本消费品原有税负不变。近年来，税收负担问题，一直是全社会关注的焦点之一。目前，很多的研究仅仅通过宏观税负的国际数据比较就得出结论，认为我国的宏观税负并不重。但假如与纳税人享受的公共服务相结合，就会发现中国的税收负担其实并不低。在近年一轮又一轮的物价上涨之潮推动下，蔬菜、白糖、油等许多生活必需品价格不断上涨，老百姓生活成本居高不下。在这种背景下，零售环节销售税的出台原则上不能够增加消费者基本消费品的实际税负。否则，新税种的出台，可能会引发新一轮的物价上涨，引发社会的不满情绪和对新税开征的抵触情绪。

2. 与现行增值税税制流畅衔接。拟开征的销售税是对现行增值税的改造，在不能增加纳税人现有税负的基本前提下，销售税的税制设计就要考虑与现行增值税对接的问题，一方面要确保流转税链条的流畅，另一方面要确保不因改革引发新一轮消费品价格上涨。

3. 保留并完善现有消费税。拟开征的销售税，是对零售消费品普遍征收的一种流转税，相当于理论上的一般消费税。而现行税制中的消费税，是基于特殊调节目的，对14类特殊消费品征收的流转税，相当于理论上的特别消费税。因此，这两个税种是普遍征收和特殊调节的关系。从课税目的来看，二者相互补充，不可偏废。因此，开征新的销售税并不意味着要取消现行消费税，二者需要同时存在。不过，可以借销售税开征契机，对消费税进行改革完善，可作为一个税种的两个层面来设计。

4. 立足“营改增”后地方主体税种缺乏的背景。在零售环节开征销售税，是基于营业税全部改造为增值税，即地方主体税种极度缺乏这一背景下推出的新税。所以，新的销售税应该担当起地方主体税种的大任，其税收收入规模应该与原来营业税的收入规模基本匹配，课税范围、税率等税制要素的设计都应该从这一背景和初衷出发。

5. 与其他地方主体税种的改革联动。将销售税确认为地方主体税种，在随后的税制设计中，对课税范围、税率等税制要素的设计和收入规模的确定等方面，应该考虑其他主体税种对地方财政的支撑，从而避免税制出台后，地方税收收入规模过大或过小的问题。

（三）开征销售税的实施路径

以“营改增”为契机，改革地方税体系，构建地方主体税种是近期税制改革的主要目标。在全面实施“营改增”的基础上，以零售环节增值税改销售税为突破口，将销售税打造为地方主体税种，应成为地方主体税种建设的重要思路。开征该税的具体实施路径如下：

1. 从税收理论和世界税收实践两方面客观分析开征销售税的利与弊，在权衡利弊的基础上将销售税确定为地方主体税种。

2. 明确开征销售税应遵循的基本原则，确立建立地方主体税种的改革目标。

3．测算在“营改增”背景下，销售税的开征及相关配套改革对中央、地方财政收入的影响。

4．在普通消费者税负不增、居民消费需求不减、社会商品零售价格不涨等一系列前提下，科学设计销售税的课税范围、税率水平和优惠政策等税制要素。同时对相关税种进行联动改革：取消车辆购置税将其并入销售税，改革不动产营业税将其合并为销售税。

5．在税法出台至实施前的间隔期（最低时间为半年），税务部门和相关媒体要加强对新税法的宣传，普及销售税立法意图和基本精神，消除社会大众对新税的误解，让社会理解并接受销售税。同时，地税部门加强对代收代缴销售税企业的业务培训和技术指导，为销售税的顺利征收入库奠定基础。

6．取消商品零售环节增值税，改征销售税。

7．与销售税的实施同步，出台《销售税专业发票管理办法》，在全社会零售行业推行。与生产、批发环节的增值税专用发票相统一，设计价税分离的销售税发票，让社会大众明明白白纳税。

8．为了加强税源管理，在所有零售环节安置税控收款机，通过收款和发票开具来控制税源。

（四）基本税制要素设计

1．纳税义务人。从中华人民共和国境内零售环节购买应税消费品的企业单位和个人，为销售税纳税义务人。所谓零售，是指将应税消费品销售给生产、加工、批发、零售单位（以下简称经营单位）以外的单位和个人的业务。从零售方式看，包括实体店零售 、无铺零售（如上门推销、电话销售、网络销售、电视销售、邮购等）。经营单位将应税消费品用于馈赠、赞助、集资、广告样品、职工福利、奖励等方面，视同零售。受托加工（除另有规定外）、委托零售应税消费品的，视同受托方发生零售行为。

对经营者购买是否课税的问题，需要作特别探讨。

从课税货物的用途上讲，销售税是消费者购买后直接用于最终消费的消费品。所以，销售税应仅就消费者的消费支出课税，不应对为了生产目的所从事购买的经营者课税。但是，经营者在销售货物时可能无法确定购买者是基于何种动因的购买。在这样的情况下，经营者是否需要代收代缴购买者的销售税呢？有两种方案可供选择：

第一方案：在税制设计时不需要经营者去辨认购买者的购货用途，无论是经营者消费支出还是个人消费支出，在消费行为发生时一律由零售业者代征销售税。假如企业购买财货是为了用于经营，如作为再生产品的原材料、辅助材料等，则其再次发生销售行为缴纳增值税时，该部分购进货物的进项税额因为没有增值税专用发票是无法获得抵扣的。为了消除重复征税，纳税人可凭零售环节的购货发票和生产耗用情况，到地方税务机关申请退税。假如企业消费支出是为了经营活动所必需的消费，则不存在日后退税问题。这一方案的优点：一是可以有效降低零售业者代收税收的额外负担；二是确保了增值税专用发票抵扣凭证的规范统一。

第二方案：让增值税和销售税在零售环节并存。对消费者的购买行为缴纳销售税，对经营支出的购买行为，仍由销售者缴纳增值税。这一方案很好地规避了前述方案的缺陷，但会增加销售者对销售行为的辨认成本，同时经营者还会同时面对国、地税两家税务机构的征收管理，交叉征管问题明显。

美国的做法类似于第一方案。按美国税制规定，企业从零售商的购买支出，应缴纳销售税。事实上，几乎40%的州政府销售税收入都是来自对企业与企业之间的购买课税（Derrick and Scott，1993；Ring，1999）。但假如企业此项购买是为了日后再出售，则再售行为可以享受税收减免优惠。

基于上述分析，我们认为，我国在零售环节征收销售税，对经营者购买应采取第一方案。

2．征税对象。关于销售税的征收对象有两种选择：一是货物；二是劳务。传统上看，美国的销售税一直局限于有形商品的销售①，虽然近年来，部分州政府由于面临财政上的困境，开始逐步扩展对劳务课税。但总体上看，美国现行消费税的最大特征在于多数州只对有形商品的销售课税，而对劳务不征税。由于我国有专门对劳务课征的营业税和增值税，所以不应将劳务纳入零售环节销售税的课税范围。即：从课税对象上看，拟开征的销售税应属于有形货物。按其是否可以移动，又可分为有形动产和不动产。按照这一设想，汽车零售和房地产税销售理应纳入课税范围。所以开征销售税，就应该取消现行的车辆购置税，将其合并到零售环节销售税中，至于税款仍可采用现有车辆购置税专款专用模式。

将房地产购置纳入销售税课税范围的理由是：一是房地产税具有受益税的特征，地方政府通过提供公共产品和公共服务、改善基础设施，会使本地区

① 1930年刚制定销售税制度时，原始的用意在于设计一个简单且易于管理的税，而且认为若对劳务课税如同对劳动课税的看法，所以当时的销售税不对劳务课税（Doergberg et.，2001）。

的房地产价值不断增值，从而扩大房地产行业的税基，进一步增加地方政府的税收收入，与地方经济发展可以实现良性循环，同时也促进了地方基本公共服务的均等化。二是地方政府了解本地情况，在税收征管上有较大优势。三将房地产交易环节税收作为地方税，已经得到了国外很多国家、特别是发达国家的经验证明。

对电子商务是否课税的问题，在这里需要作特别探讨。

电子商务所面临的销售税课税对象主要涉及三个层面：因特网连线服务；通过因特网销售商品；从互联网直接下载软件或信息。对其征税与否，世界各国都在积极探索。

在对哪些电子商务征税问题上，美国各州做法有所差异。

第一，主张对因特网连线服务征税的只有康乃迪克、爱荷华等 9 个州（另外，俄亥俄州主张只就商用连线征税），大多数州主张不征此税。

第二，主张对通过因特网销售商品的各州普遍征收销售税（除夏威夷州未作最终决定外）。

第三，对从互联网直接下载软件或信息，认为要征税的有亚拉巴马、亚利桑那等 17 个州；认为应给予免税的有阿肯色、加利福尼亚等 16 个州；认为只对下载软件征税，对下载信息免税的有伊利诺伊、印第安纳等 8 个州；认为对下载商用的征税、个人使用的免税的有俄亥俄州，而俄克拉荷马州主张对此规定原则上免税，但若使用人把它编成手册则属于应税。

从理论上讲，电子商务和实体店销售只是销售方式的差异，应该同样征税。但由于我国电子商务尚属起步阶段，2012 年电子商务的交易总规模 1.2 万亿元，仅占社会零售商品总额的 6%。从促进其发展的角度出发，电子交易销售税的设计可以相对简化：对通过因特网销售有形动产普遍征收销售税；对从互联网直接下载软件或信息暂予免税；对因特网连线服务可暂不征税。

对跨区消费是否征税的问题，也需要作特别探讨。

由于跨区交易在征税权的归属上，直接影响到各地的财政收入，因此必须事先界定清楚，否则将引发地方税收竞争和征税冲突。

我们认为，从公平税负的角度而言，跨区消费应该纳税，其收入应归属于消费者居住地所有。至于如何征收？在制度设计上应把握如下几项基本原则：一是从源泉扣缴的原理出发，课税机制首选代收代缴，其次才是个人自行申报。第二，课税地的税务机关原则上能在一定程度上控管代收代缴人，否则代扣机制将难以实现。因此，我国拟开征的销售税，对跨区交易应首选代扣代缴机制，由零售业主在交易发生时代收消费者应缴纳的销售税，并缴入课税地主管税务机关。

3. 计税依据。从理论上讲，销售税的课税依据——消费者支出，包括纳税人为了使用及消费目的所从事的商品与劳务的最终购买。因此，零售阶段所课征的销售税应包括所有消费者财货及劳务的购买，至于中间投入则应该排斥在税基之外。然而，美国销售税于零售阶段对消费者支出全额（即零售商收入全额）课税，其传统的问题是将中间投入纳入税基之中。这一设计有违税收基本原理，与理论上销售税本质相去甚远。

在我国，由于纳税人的生产、批发行为是就其增值额征税，所以零售环节征收销售税绝对不能对消费者支出全额（经营者收入全额）课税。否则既违背了税收基本原理，也与全程流转环节的增值税制度脱节，导致零售环节销售税的重复征税。

综上所述，我们认为，我国在零售环节开征销售税，应以本环节零售商的增值额为计税依据。但是，这样的税制设计又会使税收征管变得非常复杂，因为零售业者在纳税人每次购物时都必须代征税款，而此刻能够获得的信息就是商品的销售价格（即消费者的消费支出）而不是商品在本环节的增值额。为了降低税收征管成本，尽量减少零售业者代征税款的额外负担，我们可作如下变通，用商品的销售价格（即消费者的消费支出）作为计税依据，然后通过税率设计来体现对本环节增值额征税的税制设计理念。

对销售税采用显性税还是隐性税的问题，需要作特别探讨。

从纳税环节看，消费税分为直接消费税和间接消费税。拟开征的销售税属于直接消费税。税款由消费者在购买应税消费品时缴纳。其税制设计模式有两种选择：

模式 1：价税分离式。即商品不含税标价 100 元，在价外单独标明税收 3 元，（假如销售税税率为 3%，下同），纳税人购物时需付 103 元，其中 100 元是作为经营者收入的货款，3 元为消费者缴纳经营者代收的消费税。

模式 2：价税合并式。即商品含税标价 103 元，其中 100 元为业主所有的货款，3 元为消费者缴纳业主代收代缴的消费税。

模式 1 的特点是改变了零售环节增值税价税合并定价方式，打破了税款由零售业者负担的假象，让消费者明明白白纳税。其优点：一是有利于正确引导人们的消费行为，促进人们理性消费。二是有利于加强纳税人对地方政府用税行为的监督，促进地方政府更好地履行职能。三是有利于避免经营者以投机取巧谎报销售额或力争减免税的方式来增加利润，从而促使经营者以降低成本的方式提高经济效益。四是有利于改变长期存在的生产、批发与零售环节商品标价法的不统一的状态，实现流转环节商品标价方法的统一。其缺点在于开征之初，极有可能招致消费者的心理上的抵触和行为上的抵制。因为纳税人一般认为，政府开征了新税，就一定加重了纳税人负担。同时，消费者承担税款的显性，极有可能招致全社会消费需求递减，进一步引发内需不足。为避免这一问题的发生，加强新税法宣传显得非常必要。

模式2与我国现行零售环节增值税的设计基本相同。该模式的优点是，可以最大限度地降低社会大众对新税种开征的抵触情绪，对当前的消费需求造成的影响较小。但这一模式仍未解决原来零售环节增值税价税合计的设计框架，纳税人缴纳税款较为隐秘，对培养纳税人的纳税意识是极为不利的。

综上所述，我们认为销售税应采取显性税模式，即对零售商品采取价税分离标价法。

4. 税率。对销售税的税率设计，是实行统一税率还是幅度税率问题，需要认真研究。

销售税作为地方税，应适当考虑给予地方一定税收自主权，因此，可以采取中央确定幅度税率，由地方结合本地消费情况自行确定具体执行税率。但假如各地区实行执行税率差异太大，将造成不同商品相对产出的扭曲、不同消费偏好家庭的不同等对待，以及为了区分课税项目与非课税项目所产生的税收依从与税务行政的复杂性。因此，销售税的税率跨度不宜太大。在这个问题上，美国的做法应引以为戒：由于开征销售税的美国各州税率差异较大（2011年美国州销售税税率为4%～8.25%，地方附加销售税税率为3%～11.5%），消费者常常会到比居住州税率更低的州去购买商品。为了防止这一避税行为，美国政府出台了与销售税对应的使用税。使用税的设计在于使消费者从事州外购买州内使用（要付使用税）承担的税负与从事州内购买（要付销售税）相同，从而使课征州的税基得以保全，不至于税收流失。但从税务管理的角度看，使用税的征收相当困难，最终使得使用税形同虚设。美国使用税征收管理的一系列尴尬，归根结底是因为美国各州消费税税率差距过大引发的。

鉴于美国失败的做法，我们认为，我国拟开征的销售税可以采取适度范围的幅度税率。这一点也与我国税权划分的指导思想相一致。

同时，对税率定为多少这个问题，也需要合理确定。

从税制设计的连贯性和不增加消费者税收负担的原则出发，假如以零售环节的增值额为计税依据，销售税的税率应为17%。但是，这样的设计会使税收征管变得非常复杂。假如我们用商品的销售价格（即消费者的消费支出）作为计税依据，那么税率应重新确定。

按我国现行增值税制度的基本规定，假如零售环节有两个纳税人：一般纳税人和小规模纳税人，在一个纳税期间零售业务的增值额基本相同，则一般纳税人应纳增值税 = 本环节增值额 ×17%，小规模纳税人应纳增值税 = 本环节收入全额 ×3%。之所以将税率设计成17%和3%是为了确保两类纳税人在不同的计算方法下的应纳税额相同。所以，用消费者消费支出作为计税依据时，零售环节销售税的基本税率应围绕3%这一核心设计幅度税率。为了确保改革前后消费者承担的税负基本不变，具体幅度设计应考虑改革前零售环节增值税纳税人的增值税税负。2010年国家税务总局对全国240万户商业企业增值税一般纳税人的调查显示，2010年商业企业增值税税负平均税负为2.27%，其中零售企业增值税平均税负为1.33%。2011年对全国365万户商业企业一般纳税人的调查显示，2010年商业企业增值税税负平均税负为2.05%。

综上所述，我们可以设定销售税的基本税率为1%～3%，具体执行税率由各省自行决定，报财政部和国家税务总局备案。至于纳税课税范围的车辆和房地产，作为特殊的耐用消费品，为了不影响原有税制设计目标的实现，可以仍沿用目前的税率，即，对于房地产购置行为，将税率设计为5%；对于车辆购置行为，将税率设计为10%。

5. 税收优惠。原则上销售税应尽可能减少税收优惠，因为这部分收入是地方征收财政收入的重要来源。但出于照顾低收入者基本生活的考虑，应对纳税人购买的普通食品、处方药品等基本的生活日用品给予免税优惠。为促进网络贸易的发展，对课税地与跨区网站不存在关联性的网络有形动产消费行为免税；对从互联网直接下载软件或信息暂予免税。

6. 税收征管。

（1）纳税义务发生时间。纳税人在零售环节购买货物，其纳税义务发生时间为支付销售款或者索取销售款凭据的当天；先开具发票的，为开具发票的当天。具体结算方式不同，纳税义务发生的时间略有差异。

（2）纳税办法。销售税纳税方式，有自行申报纳税和代收代缴两种。

①自行申报纳税人的规定：包括自行申报纳税的纳税义务人在境外购买、境内消费应税消费品的单位和个人；在境内非居住的其他低税率地区购买应税消费税的单位和个人；境内购买应税消费品但没有被代收代缴销售税的单

位和个人。

②自行申报纳税期限的规定：纳税人购买应税商品需自行申报纳税的，在购买行为发生的次月 15 日内向主管税务机关办理纳税申报。

③自行申报纳税地点的规定：一般地，纳税人在中国境内有户籍的，应向户籍所在地主管税务机关申报纳税；但户籍所在地与中国境内经常居住地不一致的，应向固定经常居住地主管税务机关申报纳税。纳税人在中国境内没有户籍的，向中国境内经常居住地主管税务机关申报纳税。纳税人进口货物，应当向报关地海关申报纳税。

④代收代缴纳税义务人的规定：为了降低纳税人的奉行成本和税务机关的税收征管成本，提高税收征管效率，销售税主要采用代收代缴方式。凡实体店零售的，零售应税消费品的单位和个人，为销售税的代收代缴义务人。

⑤代收代缴时间的规定：凡是网络销售的，可由付款银行在向支付平台付款时或者是网店开具发票时代收代缴销售税。

⑥代收代缴期限的规定：扣缴义务人每月所收的税款，应当在次月 15 日内缴入国库，并向主管税务机关报送《扣缴销售税报告表》及有关资料。扣缴义务人因有特殊困难不能按期报送《扣缴销售税报告表》及有关资料的，经县级税务机关批准，可以延期申报。

⑦扣缴税款缴纳地点的规定：扣缴义务人应当向其机构所在地或者居住地的主管税务机关申报缴纳其扣缴的税款。

（3）出口退税管理。对于消费者购买应税消费品出口的，可以凭销售税专业发票到商品购置地的主管税务机关办理出口退税。

7. 配套改革措施。

（1）消费税扩围。为了更好地实现消费税的调节目标，降低销售税开征对中央财政的影响，消费税可能在现行税制的基础上进一步扩范围、提税率。消费税的完善，将进一步加大对节能环保、收入公平、产业结构优化的调节力度，更好地彰显消费税的调节功能。同时将增加消费税收入规模，从而也可以在一定程度上弥补销售税的开征对中央财政收入的减少。

（2）取消车辆购置税，将其并入销售税。车辆购置税与拟开征的销售税，在纳税环节、税种性质等方面都具有一致性，所以开征销售税后，应车辆购置税取消，将车辆作为销售税的一个税目，统一征收销售税。

（3）取消销售不动产营业税，将其并入销售税。将不动产并入销售税税目的理由在前面的内容中已作阐述，在此不再赘述。

(4) 印制价税分离的零售业销售发票，在所有零售行业普遍推行。

(5) 出台销售税代收代缴管理办法，强化税款的源泉控管。

二、方案二：对现行消费税进行扩围改革

也有学者建议，改造现行消费税，扩大消费税征税范围，并将其征收环节由生产环节下移到零售环节，弥补“营改增”后地方税收缺口，并将其作为地方主体税种，重建地方税体系。围绕这一改革思路和必要性等宏观层面的问题，我们展开如下分析：

（一）消费税的改革思路

将现行的消费税、车辆购置税和房地产行业营业税统一合并为消费税。具体而言，改革途径为通过扩大范围、提高税率、改变计税方法和调整纳税环节等手段，对现行消费税进行改革，同时与部分营业税行业（重点是转让土地使用权和销售不动产）合并，改为零售环节征收的销售税，划归为地方税收。

（二）消费税改革的必要性

1. 构建地方主体税种的需要。“营改增”之前，营业税是地方财政收入的主体税种。从湖北的情况看，自 2008 年以来，营业税占地方税总收入的比重一般在 48%~54% 之间。“营改增”之后，地方财政将陷入主体税种缺乏之困境。通过消费税改革，并将现行车辆购置税、部分营业税项目纳入消费税，不仅可以充分发挥税收的调节职能，而且有利于壮大地方财政收入，缓解“营改增”后地方财政收入的困境。按 2012 年计算，湖北省全省征收消费税 411.36 亿元；车辆购置税 62.66 亿元，房地产交易营业税 104.41 亿元，其他行业营业税 262.36 亿元。按原税负大致稳定测算，全面“营改增”后，新的销售税将有效弥补营业税减收带来的收入缺口。

2. 引导消费促进地方经济可持续发展的需要。将源头课征的价内消费税改为零售环节的价外销售税，会切实增强消费者的“税负感”，有助于更好地发挥消费税引导居民消费行为的功能。同时，进一步扩大消费税课税范围，将高能耗、高污染等产品纳入消费税课税范围，可充分体现消费税节约资源、保护环境的征税意图，促进地方经济的可持续发展。

3. 转变地方政府职能促进产业结构调整的需要。在生产环节课征的消费税制度，使得一些省份过度依赖单一消费品的生产，比如烟草制品、酒类制品，这些地区为了确保其财政收入，往往会采取各种手段对应税消费品实施地方保护。如此一来，一方面会破坏全国范围内的市场资源配置，损害相关

产业的整体效率；另一方面，更加强化了地方经济对单一消费品的依赖，增加了产业转型的难度。将生产环节的消费税改为零售环节征收的销售税，有利于割裂地方政府与应税消费品生产之间的利益关联，减少地方政府对本地制造业的依赖，缓解因地方政府争相投资建厂、重复建设、地方封锁和市场分割所带来的争夺增值税和消费税税源的不当地方税收竞争。此外，将消费税改为零售环节征收的销售税，还有助于地方政府转变职能，促进各地争相改变消费环境，刺激消费需求，最终实现我国经济增长模式从过度依赖投资拉动和出口向消费驱动型的战略转变。

4. 完善现行流转税制的需要。从课税环节看，我国现行消费税主要在源头环节课征，这一税制设计至少存在如下问题：第一，消费税的转嫁性决定了生产商负担的消费税最终必然会由消费者承担，但零售环节的价内消费税，导致了对消费者征收消费税的隐秘性，而作为调控类的消费税，只有以价外税的形式征收，才能真正起到正确引导消费的目的。第二，在生产环节课征消费税，必然导致生产企业流动资金被占用，影响企业财务状态和流动资金的周转，不利于社会生产的发展。而将消费税由生产环节改为零售环节课税，将可以有效地规避上述问题。

从课税对象看，对小汽车和摩托车在生产环节征收了消费税后，还会在零售环节征收车辆购置税。虽然纳税环节不一致，但税负归宿一致，税款最终都是由消费者承担。因此车辆消费税的功能与车辆购置税并无差异。两税重复设置，导致税制设计不清、车辆重复征税严重。此外，众多的奢侈消费品和消费行为并没有纳入课税范围，使得消费税出现税收调节空白带，制约了消费税功能的全面发挥。对消费税课税范围进行改革扩围，将车辆购置税并入消费税，应是消费税改革的一个方向。

从税率设计看，作为引导消费行为、调整产业结构的消费税，普遍存在税率过低、调节乏力的问题。我国消费税的税率结构经过了几次调整，在一定程度上提高了高污染、高能耗产品的税率。但部分应税消费品的税率结构和税率设计不合理，与“两型”社会建设目标不尽一致。例如，对木质的一次性筷子课征5%的消费税，资源保护、节能环保的象征意义远远大于税制本身的调节作用。由于这类商品税率低、价格低，导致计税依据所含税款很少，很难真正起到调节生产、限制消费、保护资源的征税初衷。再比如，2008年9月实施的汽车消费税新政，规定排气量在4.0以上的乘用车，税率由20%上升到40%；排气量在1.0以下的乘用车，税率由3%下调至1%。虽然大排气量汽车税率有所上升，但税率仍然偏低，对超大排气量汽车和能耗高的小轿车、越野车的生产与消费缺乏调节力度。

总之，改革现行消费税，将其由生产销售环节下移到零售购买环节，将其培育为地方主体税种，应是地方主体税种建设的一个方向。

（三）消费税改革的实施路径

消费税是对国内生产的商品或特定活动课征的一种间接税，是在对商品普遍征收增值税的基础上，选择少数消费品再另外征收的一个税种，其征收目的主要是为了调节产品结构、引导消费方向、提高政府财政收入。为适应经济形势的发展，充分发挥消费税对消费行为的调节和引导作用，促进节能减排，产业结构升级，保护生态环境和不可再生资源，落实结构性减税政策，今后一段时间，我国消费税的改革应着重从以下几个方面进行：

1. 调整消费税的征税范围。随着我国经济的发展，在收入差距日益扩大，环境保护和循环经济进一步发展，消费结构不合理的背景下，我国应对消费税的征税范围实施“有增有减”的结构性改革。将来要继续加大对奢侈品的调控力度，逐步将高档住宅、高档服装、高档家具以及歌舞厅等高档消费行为纳入消费税的课税范围。将高档实木家具、私人飞机、高档私人会所等列入消费税的征收范围，扩大对高档消费品、奢侈品及高档消费行为的征税范围。同时为顺应结构性减税及考虑到低碳循环经济的发展要求，可将不可再生资源、高污染、高耗能商品增加到消费税的征税范围内。这种做法既能促进低碳经济的发展，又可以解决目前尚未开征碳税所带来的环境保护问题；另外，适当取消部分低档酒类等涉及生产资料的应税商品的征税范围，在适合的时候也可取消对普通化妆品征收消费税。故此，在结构性减税的背景下，对消费税的征税范围进行“有增有减”的调整，既能降低宏观税负水平，又能完善和优化我国的消费税制体系。

2. 合理设计和调整消费税税率。消费税负担政策的目标是寻求税负高低的最佳点，这一点最有利于发挥消费税的财政收入功能和经济调节作用。如果税率过高，就会产生“寓禁于征”的效应，抑制生产发展，影响消费税的财政收入功能；相反，如果税率过低，又起不到调节消费和调节收入分配的作用。我国现行消费税税率的设计在很大程度上是为了平衡财政收入，主要选择在 1994 年税改中因征收增值税而税负较大幅度下降的产品，再征收一道消费税。因此不涉及或基本不涉及原有需求结构的变化，其调节消费存在着低效问题。虽然这次改革作了一些调整，但远远不够。因此，下一步改革应适时调整消费税税率。在结构性减税的背景下，应适当降低化妆品尤其是化学类化妆品的税率。同时由于我国小汽车消费市场的发展，可以适当减低普通小汽车及其相关产品的税率，以扩大需求，促进我国经济的发展。同时提高部分资源类商品，如实木地板和木制一次性筷子等不利于环境保护、低碳循环经济发展的商品的税率。限制过度消耗资源、不可再生资源和严重污染环境的产品的消费，为未来中国“绿色”税收制度奠定基础。

3. 改价内税为价外税。价外税是税制设计的一种形式，即在应税商品的价格之外，另外收取税金。而价内税是税金包括在货物价格之内的计税方式。相对应价外税，价内税是一种相对隐蔽的课税形式。价外税使得消费者完全知晓自己所承担税款的具体数额，而价内税则缺乏透明度，是在消费者完全不知晓的情况下纳税的，目前很多国家如美国都采用价外税的形式。我国消费税计税方式采用价内税，消费者在购买货物或接受服务时，就已经支付了“无形的税金”，但是却对交税本身没有任何概念。价内税也使消费者所负担的税收隐蔽化了，降低了消费税的透明度，削弱了消费税的调节作用，与税制设计要求公开透明的原则和要求相背离。将消费税由价内税改为价外税，可增加税收的透明度，使消费者明确自己的纳税人身份，增强纳税意识，而且它突出了间接税性质，有利于调节消费结构，正确引导消费需求，还可明确体现国家抑制某些产品消费、服务消费的政策。价税分离后，消费者就能够清楚自己所购买的商品是国家限制消费的商品或是特殊消费商品，从而必然会影响到其消费决策和行为。

4. 完善税收征管。目前我国消费税实行单一环节课税制度，即除金银首饰、卷烟批发外，其他应税消费品均在生产的起始环节（包括生产环节、进口环节）征收。这种生产源头单一环节征税的方法虽然便于税收征管，降低了征税成本，但却存在局限性。

（1）单一环节征税会产生转移定价，即应税生产企业通过设立独立核算的经销部，以低价格的内部价把产品销售给经销部，再由经销部门按正常市价对外销售，通过生产、流通利润转移的方式逃避缴纳消费税义务。而涉外企业则往往采取在境外生产，在中国境内销售应税产品的营销策略避税。

（2）我国现阶段消费税主要在生产等源头环节课征还带来了区域间不平衡的问题。首先，导致了税负在地区间分配的不均衡。我国生产企业多集中在城市及东部沿海地区，这些地区获得了大量的消费税收入，但是这些消费品的消费税有相当一部分通过产品销售的方式输出给了农村和中西部等其他地区，而广大农民和中西部负担的消费税却没有形成当地政府的税收收入。结果，一方面，生产型企业集中的城市和东部沿海地区税收收入殷实，公共物品供给水平很高；另一方面，农村和中西部地区尽管负担了很多税收，但税收收入不足，公共物品供给不足，使税收负担和公共物品的供给出现了不公平。尽管中央政府可以通过地区间的横向转移支付对这种扭曲进行一定矫正，但仍然在一定程度上导致和加大了我国的城乡差距和地区差距。

（3）我国目前消费税在生产等源头环节征收还在一定程度上导致了重复投资、投资过热等现象，扭曲了我国的产业结构。由于各地方政府税收收入的多寡与当地生产型企业的数量和规模直接相关，那么这种税收制度安排的结果无疑促使各地争相投资建厂，而且还要努力增加规模，以争夺税源。我国近年来出现的投资过热、重复投资以及买方市场的出现、市场上大量产品供过于求，无不与此有关。因此，应当由消费引导投资，消费者手中的货币选票才是生产和投资的指挥棒，而不是相反。

总之，将消费税的课税环节从生产等源头环节逐步移向最终的消费环节，不仅可以实现真正的“消费税”，充分发挥消费税的调节作用，而且有利于我国国民经济中诸多深层次问题的化解。

（四）消费税的设计构想

1．纳税义务人。从中华人民共和国境内零售环节购买应税消费品的企业单位和个人，为销售税纳税义务人。所谓零售，是指将应税消费品销售给生产、加工、批发、零售单位（以下简称经营单位）以外的单位和个人的业务。从零售方式看，包括实体店零售、无铺零售（如上门推销、电话销售、网络销售、电视销售、邮购等）。经营单位将应税消费品用于馈赠、赞助、集资、广告样品、职工福利、奖励等方面，视同零售。受托加工（除另有规定外）、委托零售应税消费品的，视同受托方发生零售行为。

2．征收范围。消费税施行至今已近 20 个年头，随着时代的发展，对于消费税征税对象的界定也应与时俱进。目前的消费税共分为 14 个税目，其中的某些税目从过去人们认知里的“奢侈品”正在逐步成为大众消费品，如普通化妆品、小汽车、摩托车等，而一些新的高档消费品，如私人飞机等已经成为新的“奢侈品”。为充分发挥消费税的调控职能，可以考虑对消费税的征收范围进行以下改革：

将符合节约性课征原则、资源供给缺乏并有可能对环境造成污染且不宜大量消费的产品，以及部分高污染、高能耗的产品纳入消费税征收范围，增加消费税应税品目，充分发挥促进节能减排和引导理性消费的作用。在环境保护税尚未开征的情况下，加大对高污染和高能耗产品的税收征管力度，可以抑制此类产品的产销与消费。例如，可以将造纸、印染、电解、电镀、金属冶炼等行业相关产品以及塑料袋、一次性餐盒、一次性电池等纳入消费税目。对已成为民众生活息息相关的消费品应该从税目中去除，如啤酒、黄酒、摩托车等。汽车轮胎与小汽车的消费税存在重复征税，可以考虑去掉汽车轮胎税目。

增加对高档服务消费的税目。随着我国服务业不断发展，以及消费观念、消费行为的不断变化，一些生活性服务业趋向高档化、奢侈化，如：高档娱乐消费、高级家政服务、桑拿、高档洗浴、高档餐饮服务……这些服务产品本身附加值高，消费此类服务的消费者一般属于高收入人群，为了对这类服务的消费实施调控，改善收入分配，促进税收公平，需要将此类服务纳入消费税征税范围。

增加奢侈品的消费税税目。我国对奢侈品的消费增长很快，因此对奢侈品征收消费税大有可为，将来很可能成为我国税收的一个新的增长点。应考虑增加奢侈品的税目，如高档服装、高档箱包、高档家具、高档装饰品、高档住房、私人飞机、珠宝、玉石、名人字画、高档工艺品等。

3. 税率。税率是税制设计的核心要素，税率的高低直接决定了纳税人税负的大小。从全球范围看，不管是发达国家还是发展中国家，消费税的税率都可划分为两种类型：从量定额与从价定率。由于消费税征税对象的选择性和多样性，消费税的税率档次就不能同一般的货物与劳务税一样，对所有商品或劳务采用单一或少数几个税率，而需要对不同的商品和劳务适用差别税率，以保证政府利用消费税政策调节不同的生产和消费行为。

（1）提高部分消费品的税率。①资源类商品，如实木地板和木制一次性筷子等不利于环境资源的保护，目前设置的5%的税率过低，难以起到加大消费成本、抑制消费的作用，建议将该税目的适用税率大幅度提高到10%或更高。适当调高汽油、柴油等成品油的消费税税额，继续完善成品油消费税，建立消费税税额与产品价格相关联的税率浮动机制，引导生产者更加重视节能机动车的研发和生产。②对健康有损害的消费品，如烟、酒等。当前，高价烟、酒不仅具有“炫富”的功能，而且经常成为行贿受贿的工具，建议适当提高高档烟、酒的平均税负水平。改变目前对白酒采用单一比例税率加从量税的做法，借鉴日本经验，改为按白酒的度数分档次设置差别比例税率加从量税计征。对于奢侈品，如私人游艇、高档手表、高尔夫球具等是富人的炫耀工具，目前10%、20%的税率过低，可以分别定为30%或更高，以实现消费税对收入分配的调节作用。

（2）适当降低一些消费品税率。对大众消费品如化妆品尤其是化学类化妆品可以由当前的30%降低到10%以下，部分可以取消征税；大众型小汽车的税率也可适当下调。

（3）新增消费品的税率设定。普通消费品如造纸、印染、电解、电镀、金属冶炼等行业相关产品，以及塑料袋、一次性餐盒、一次性电池等消费品，对环境生态的破坏作用程度和使用数量有很大关系，建议适用从量计征的方法。

对近年来兴起的一些奢侈消费品如私人飞机、高档住房，高档箱包服装等是富人的炫富工具和财富的标准，应课以重税并按价格从价计征，税率可以设定为30%或更高。对高档娱乐消费、高级家政服务、桑拿、高档洗浴、高档餐饮服务等高端服务税率的设定，可以参照营业税娱乐业实行10%～30%的幅度征税。

4. 计税依据和征收管理。消费税的计税依据和征收管理可以参照前述在零售环节征收销售税的内容进行设定。

三、销售税改革应充分考虑的几个难点

在我国现行经济、税制结构下，虽然推进销售税的改革是大方向、大趋势，但是改革过程中存在着诸多问题应引起重视，并亟待加强研究。

在取消零售环节增值税改征销售税改革方案中，首先面临的是增值税与销售税并行征收的理论依据问题。在一国商品劳务税体系中，增值税与消费税并存征收的较多，而增值税与销售税并行征收的较少（在联邦制国家有，但个案极少），因为这种情形在增值税理论上是说不通的。在征管操作中，销售税有可能破坏增值税链条的完整性，比如，当零售环节消费品再次进入生产加工环节时，增值税税款如何抵扣将成为一大难题。同时，如何划分产制、批发环节销售与商品零售，也将成为征税部门面临的一个十分复杂而头疼的问题，若处理不好，将埋下大量的逃税隐患。在社会认同方面，由于规范的销售税是价外税，如果开征销售税并采取价外税方式征收，则容易引起社会大众的误解和抵触情绪，政治风险比较大。

在改革消费税成为销售税方案中，从理论上讲，消费税不太适合作为地方税，因此消费税的主要功能是用于特殊的财政需要，以及调节特殊消费品或特定消费行为，重在体现政府的政策导向，适宜于作中央税。消费税改革面临的另一个实际问题在于科学、合理地确定消费税征税环节，尤其是占消费税收入80%以上的烟、酒、油等三大品目的征税环节，这是一个事关地区间税收利益分配和重点税源控管的重大问题。在我国目前阶段，烟、酒、油消费如果改在零售环节征收，则必将造成税收大量流失；如果放置在工业产

制环节征收，又会引致地区间税收利益分配的严重失衡，长远看则会导致全国各地小烟厂、小酒厂、小油厂死灰复燃、遍地开花。解决烟、酒、油消费税征税环节难题的唯一办法，是将其消费税继续确定在产制环节征收，并且划为中央收入。如果做出这种选择之后，能够在零售环节征收并作为地方税收入的，就只剩下烟、酒、油以外其他品目的消费税了。显然，这对于11 813亿元的“营改增”收入缺口而言，已经没有多大财政意义和地方税体系建设意义了。

第四节　所得税改革

1994 年税制改革之初，地方企业所得税和个人所得税属于地方税。自 1999 年个人所得税实行中央和地方共享开始后，我国的所得税实质上成为共享税。目前，企业所得税在地方税体系中的地位仅次于营业税，而个人所得税也逐渐成为了地方税的第三大税种。

“营改增”后地方税体系建设给所得税改革带来了契机。未来的所得税应在尽可能消除现有税制弊端的基础上，立足我国国情，对接世界发展形势，将其培育为名副其实的地方主体税种。

一、企业所得税的改革

（一）企业所得税的课税现状及收入归属

1994 年税制改革，将企业按类型分为中央企业、地方企业、涉外企业，其中中央企业、涉外企业的企业所得税为中央税，由国家税务局负责征收管理，收入全部归属中央财政；地方企业所得税为地方税，由地方税务局负责征收管理，收入全部归属地方财政。此后，国家税务总局对国、地税在地方企业所得税的税收征管权和收入分配权方面进行了两次较大的调整：一是从 2002 年起，将新办地方企业所得税改由国税征收，并将所有地方企业所得税的超收部分（基于 2001 年）在中央和地方之间进行四六分成；2003 年收入分成比例变成五五分成；2004 年收入分成比例变成六四分成，此后分成比例一直未变。二是从 2009 年 1 月 1 日起，新办缴纳增值税的企业，其企业所得税由国家税务局征管；新办缴纳营业税的企业，其企业所得税由地方税务局征管。通过上述改革和调整，地方企业所得税变成了实质上的共享税。

企业所得税现行的课税模式和收入分享机制，引发了一系列问题：

1. 削弱了地方财政收入的稳定性。2001 年地方税务机关征收的企业所得税占全国企业所得税的 48.13%，到 2011 年这一比例仅为 25.83%。姑且不论上述税收征管权税收收入分享机制的变动与调整是否适应了中国经济社会发展的需要，仅从法律规范的角度来看，就存在着一定的缺陷，主要是税权的调整缺乏必要的法律程序，地方政府在涉及自身利益的调整问题上缺乏应有的话语权。话语权的缺乏使得中央与地方收入分享机制具有较强的随意性，自然难以确保地方财政收入的稳定性。以企业所得税为例，2001 年地方企业所得税占地方财政收入和税收收入的比重分别为 20.87% 和 23.58%，收入分享后的 2011 年上述两项指标分别下降为 12.84% 和 16.41%，降幅高达 8.03% 和 7.17%。[①]

2. 降低了税收征管的效率性。首先，一个税种由两个机构共同征管，会造成征管资源分散，不能有效发挥专业分工优势和规模效应。其次，一个税种由两个机构共同管理，必然会增加国、地税税收征管范围的界定成本。尽管国税发［2002］8 号和国税发［2003］76 号对新办企业、改组改制以及经营形式发生变化后企业的税收征管范围进行了规定，但是随着经济体制改革的不断深化，企业改组形式日益复杂，现行政策法规中并没有对所有情形进行明确具体规定，实际执行中如果国、地税对于税收政策的理解不一致，都可能导致国、地税征收机关站在各自的立场，要么争相介入管理，要么相互推诿、扯皮，从而更不利于真正强化企业所得税征管。

3. 阻碍了税收执法的公平性。国家税务总局明确要求“按照所得税收入分享体制改革后新的所得税征管范围，国税局、地税局必须保持所得税政策的一致性”。但实际执行中很难做到这一点。一方面，企业所得税税制设计的复杂性和税前扣除弹性，使得应纳税所得额的确定在一定程度上具有伸缩性。因此，对政策理解程度不同、计算方法不同，都可能出现各不相同的计算结果。另一方面，管理方式的灵活多样也决定了企业所得税负担不平衡现象的不可避免。目前企业所得税征管方式主要有查账征收和核定征收两种，而核定征收又视能否准确核算收入总额和成本总额，分别采取核定应税所得率和核定所得税税额两种征收方式。采取不同的征收方式，企业的所得税负担都可能会有不同，有的甚至相差很大。再加上不同税务机关的征收管理力度不同，规范管理程度不同，使得所得税的弹性更大。总之，由国、地税两套机构分别征收企业所得税，就难以保证企业所得税政策的一致性。若执行所得

① 上述数据分别根据 2002 年、2012 年《中国统计年鉴》相关资料计算整理。

税政策不统一，税基管理不一致，就会人为造成企业的税收负担有轻有重，违反税收的公平原则，增加税务机关征收管理的难度，削弱税务机关执法的权威性。

（二）企业所得税的改革方向

从理论上讲，分税制的核心之一就是按照税种属性划分税权，实行中央地方分级管理。所以，在真正的分税制下，中央和地方应都拥有一定财政规模的主体税种，而不仅仅是中央与地方的收入分成。

要解决企业所得税分别征收、收入共享所带来的种种问题，就应该完善企业所得税征管制度，改革征管办法，重新确定征管方式。在当前情况下，有四种模式可供选择：

1. 通过不断出台新的文件，对经济社会中层出不穷的新的经济组织形式的所得税征管权限进行划分。这种一一明确规定的做法，将使所得税征管更加繁琐，且随着企业形式的多样化而必须随时做出调整，所得税法反而会更加繁杂和不稳定。并且，这只是一种事后补救措施，无法在事前将问题解决，会不断带来新的征管矛盾，引起征管秩序混乱。

2. 将增值税纳税人企业所得税归属于国税征收，将营业税纳税人企业所得税归属于地税征收。这只可能是一个短期方案。因为我国流转税制度正在逐步改革和完善，“营改增”后，增值税征收范围也将由生产领域扩大到服务领域，增值税将覆盖原来的营业税范围。这不断会带来新的征管问题，而且还会带来更多的地方财政困难，地方税收入的稳定性进一步受到挑战。

3. 企业所得税统一由国税或地税一家征收，所得税收入按比例分享。这一方案的好处是可以避免两家同时征管可能带来的所得税政策执行的不一致。但结合我国国情来看，在国税、地税都存在税收收入征收压力的情况下，任何一方站在自身角度都很难放弃企业所得税的征收管理权。我国现行的分税制是以中央集权为主的财政体制，财权主要集中于中央政府。完善地方税体系实质上就是为了改变中央集权的格局，完善分税制财政体制，但这一方案的实质仍然是在分钱而非分权。也就是说，这一方案并没有解决地方财政收入缺乏法律保障的问题，也无意于地方税体系的完善，更远离分税制财政体制初衷。

4. 国、地税对企业所得税实行同源共享、分率分征。所谓同源共享、分率分征（以下简称同源分征），是指国、地税税务机关同时管理企业所得税。两征管主体课税所依据的企业所得税税源（基）一致，但各自的征收税率则不尽相同。如可按现行税收分享比例，国税部门按企业所得税税率的 60%

（即15%）征收，地税部门按企业所得税税率的40%（即10%）征收。当然，在统一设计中央和地方财政利益格局和税制总体结构的情况下，也可适当降低地方企业所得税的附征比例。为避免现行国、地税共同征收企业所得税引发的种种问题，我们认为同源共享、分率分征必须统一税制执行、统一税基管理、统一征收强度。而做到上述“三个统一”，就只能由其中一个征管主体确定企业所得税的税基。国家税务总局从有利于税收征收管理出发，可指定国税或地税部门负责确定所得税税基，并将相关信息实行两家共享。

我们认为，从目前的征管现状出发，第四种方案更具有可行性。其理由如下：

1. 同源分征，有利于提高税收征管效率。按现行国、地税征管范围的界定，“营改增”后，不仅原来归属地税管理的营业税将划归国税，而且相应的企业所得税也划归国税，这将导致“营改增”后国税部门税收征管工作量急剧增加，相应漏征漏管可能性变大。一些学者的研究也认为，在当前情况下，国税局企业所得税征收比重的提高将会降低企业所得税征管效率。① 相反，地税部门营业税和企业所得税管户将进一步减少。在税务机构设置和人员配备不变的前提下，现行税收征管力量的配备必然导致整个税务部门行政效率和管理效率的低下。此外，同源分征，不需划分企业类型，不需要面面俱到制定企业划分标准，也降低了不同纳税人身份的界定成本，有利简化和规范所得税税制和征管。

2. 同源分征，有利于兼顾税收公平。现行国、地税对企业所得税的管理，采取的是各自确定税基、各自征管的模式。这一做法极易导致税收征管强度的不一致，所得税税负的不一致。而同源分征，可以避免所得税政策执行不统一、税基管理不一致而引致纳税人税收负担的轻重不一。同时也较好地照顾到中央和地方的利益，减少政策执行中的阻力。

3. 同源分征，有利于完善分税制财政体制。同源分征，地方政府对企业所得税拥有独立课税权和收入支配权，因而地方税务机关课征的企业所得税可以定性为地方税。加上企业所得税的收入规模较大，所以同源分征可以说构建了一个新的地方主体税种。从这一层面上讲，同源分征有助于建立更为规范的地方税体系和地方主体税种，可以从根本上保持地方税收或财政收入规模，是分税制财政体制在我国的进一步完善。

---

① 李建军、谢芬、苏明萃：“我国企业所得税征管效率测度分析”，《经济理论与经济管理》2012年第11期。

总之，企业所得税作为地方主体税种的现实选择，虽然要考虑税收的一般理论和原则，但也不应拘泥于教条，而更应基于现实的经济基础和财政现状；既要借鉴他国的实践经验和效果，也应考虑其实施基础的差异性条件。

二、个人所得税的改革

（一）个人所得税的现状

自1980年9月10日第五届全国人民代表大会第三次会议通过《中华人民共和国个人所得税法》（以下简称《个人所得税法》），我国的《个人所得税法》经过了1993年、1999年、2005年、2007年（两次）和2011年共六次修订。现今的个人所得税，具有如下特点：

1. 税收收入共享。1994年税制改革，将我国的个人所得税的税收征管权和收入归属权均划归地方，个人所得税属于完全意义上的地方税。但1999年11月1日恢复对储蓄利息征收个人所得税后，将储蓄存款利息个人所得税的税收征管权和收入归属权划归中央，导致个人所得税从单纯的地方税变成了共享税。2004年个人所得税的收入分享机制也发生变化，中央和地方按6∶4的比例分享个人所得税收入，至此我国的个人所得税变成收入共享的中央地方共享税。

2. 在税款计算上实行分类课征制。我国现行个人所得税采用的是分类所得税制，将个人取得的各种所得划分为11类，分别适用不同的费用减除规定、不同的税率和不同的计税方法。

3. 在税率适用上累进税率与比例税率并用。分类所得税制一般采用比例税率，综合所得税制通常采用累进税率。比例税率计算简便，便于实行源泉扣缴；累进税率可以合理调节收入分配，体现公平。我国现行个人所得税根据各类个人所得的不同性质和特点，将这两种税率形式综合运用于个人所得税制。其中，对工资、薪金所得，个体工商户的生产、经营所得，对企事业单位的承包、承租经营所得，采用累进税率，实行量能负担；对劳务报酬、稿酬等其他所得，采用比例税率，实行等比负担。

4. 在费用扣除上以定额和定率扣除为主。个人所得税以纳税人的收入或报酬扣除有关费用以后的余额为计税依据。世界各国的个人所得税均有费用扣除的规定，只是扣除的方法及额度不尽相同。我国本着费用扣除从宽、从简的原则，主要采用费用定额扣除和定率扣除两种方法。对工资、薪金所得，每月减除费用3 500元或4 800元；对劳务报酬等所得，每次收入不超过4 000元的减除800元，每次收入4 000元以上的减除20%的费用。其目的是把课税重点集中在高收入者的身上，体现多得多征、少得少征和公平税负的政策精神。此外，还有对经营所得按会计核算扣除以及对消极所得不扣除费用的方式。

5. 在征纳模式上课源制和申报制相结合。我国《个人所得税法》规定，对纳税人的应纳税额分别采取由支付单位源泉扣缴和纳税人自行申报两种方法。对凡是可以在应税所得的支付环节扣缴个人所得税的，均由扣缴义务人履行代扣代缴义务；对于没有扣缴义务人的，以及个人在两处以上取得工资、薪金所得的，由纳税人自行申报纳税。这样有利于避免个人所得税税款的流失，加强个人所得税的征收管理。

6. 在纳税单位上以个人为主体。我国的个人所得税以个人为纳税主体，个人纳税义务的确定仅仅依据个人收入状况，不与家庭收入水平、家庭特许费用等情况挂钩。所有个人面对同一累进税率单独计税。以个人为纳税主体，税收征管涉及对象集中于个体行为，因此计征相对简便，但是却不利于保证同等收入家庭具有相同的税收负担，易于引起税负横向不公。

（二）个人所得税的功能定位

作为现代税收体系中的一个重要税种，个人所得税具有税收的基本功能，是现代政府组织财政收入，公平社会财富和调节经济运行的重要手段。不过，其具体作用在不同国家或一个国家的不同时期有不同的表现或侧重点。现阶段，我国的个人所得税的功能定位主要体现在如下几方面：

1. 调节收入分配，体现社会公平。随着经济的发展，我国人民的生活水平不断提高，一部分人已经达到较高的收入水平。因此，有必要对个人收入进行适当的税收调节。在保证人们基本生活费用支出不受影响的前提下，高收入者多纳税，中等收入者少纳税，低收入者不纳税，以此缓解社会分配不公的矛盾，在不损害分配效率的前提下体现社会公平。

2. 扩大聚财渠道，增加财政收入。现阶段，西方主要发达国家都实行以所得税为主体的税制模式，个人所得税的规模和比重较大。在我国，目前个人总体收入水平不太高，税收征管水平较低，个人所得税的收入功能十分有限。但是，从增长情况看，个人所得税收入占全部税收收入的比重不断提高，其占比从1993年的1.15%上升到了2010年的6.6 %①，逐步成为了筹集财政收入的渠道之一。随着我国经济的进一步发展和居民的收入水平的逐步提高，

① 根据相应年份中国统计年鉴及国家税务总局网站数据计算。

个人所得税占全部税收收入的比重还将继续提高。

3. 增强纳税意识，树立义务观念。长期以来，我国公民的纳税意识普遍较为淡薄，义务观念也比较缺乏。通过加强个人所得税税法宣传，建立个人所得税的纳税申报、源泉扣缴制度，强化个人所得税的征收管理和对违反税法行为的处罚等措施，逐步培养、普及全民依法履行纳税义务的观念，提高全体人民的公民意识和法制意识。

（三）个人所得税的改革方向

现阶段，我国促进社会和谐进步，着力保障和改善民生的重要举措，是制定调整国民收入分配格局的政策措施，逐步提高居民收入在国民收入分配中的比重，提高劳动报酬在初次分配中的比重。在一系列政策调整中，个人所得税制改革应有所作为。一方面，由于个人所得税具有税基广、弹性大、调节收入分配等特点；另一方面，我国现行分类个人所得税制征管办法，存在税法涵盖面不足和税负扭曲问题。个人所得税改革至少应从如下几方面进行：

1. 改革税制模式，从分类制向综合分类制转变。在开征个人所得税之初，我国居民个人的收入水平比较低，收入来源比较单一，政府征税的目的主要在于对一部分居民畸高的收入进行调节。30 多年后的今天，我国居民个人的收入水平有了很大提高，而且收入的来源渠道呈日益多样化趋势，仍按居民收入的类型征收个人所得税已无法达到调节收入分配的目的。因为，在现行税制下，不同种类所得的税率是不完全相同的，这样就会出现两种情况：一是纳税人有意把自己的收入在不同类型间进行转换，以达到不缴税或少缴税的目的；二是纳税人就其单个来源的收入可能不用纳税或者纳税不多，但如果把其全年收入加总起来考虑，则是一笔不小的收入。从结果上看，就不可能完全达到对收入进行公平调节的目的，因而对我国现行个人所得税制模式进行改革十分必要。综合所得税制或混合所得税制是目前世界上普遍实行的个人所得税征收模式，几乎没有一个国家实行纯粹的分类所得税制。我国采取分类所得课税模式是当时客观经济环境和征管效率的要求，但实践表明，这种课税模式既缺乏公平性，又加大了征税成本，同时不利于实现社会公平。随着经济的发展和个人收入形式的多元化，其缺点和弊端日渐凸显。但是，我们也必须注意到，如果采取完全的综合征收，在当前的税收征管环境下难度相当大，不可避免地会产生税源失控、税收流失现象。简化的、渐进的做法是采用综合所得课税为主、分类所得课税为辅的混合所得税模式。

早在 2003 年 10 月 21 日党的十六届三中全会通过的《中共中央关于完善

社会主义市场经济若干问题的决定》在“完善财税体制，深化金融改革”一节中，就提出“改进个人所得税制，实现分类和综合相结合的个人所得税制”；在“推进收入分配制度改革”一节中，提出了“健全个人收入监控办法，强化个人所得税征管”，从而确定了个人所得税的改革方向。2006年，这个改革方向被进一步写入了“十一五”规划中。为了调节收入分配，缩小收入差距，2010年5月，国务院转国家发改委《关于2009年深化经济体制改革工作意见的通知》再次提出，研究实施个人所得税制度改革。2013年11月，党的十八届三中全会再次提出了逐步建立综合与分类相结合的个人所得税制的改革目标。

2. 改革以个人为主体的纳税方式，采取以家庭为单位综合纳税。个人所得税是以个人还是以家庭（夫妇）为纳税单位，是该税制中理论和实践两个方面都富于争论的一个问题。总体上讲，个人所得税纳税单位的选择，应关注个人所得税纳税单位的确定对人们婚姻行为、税收负担公平程度和劳动力供给状况的影响。家庭联合申报，意味着需要以家庭总应税收入作为个人所得税税基，在累进税率下，使得高收入家庭组合承担了相比单身个人纳税更高的税率。因此，家庭联合申报可以看作是对结婚的处罚。但是，以家庭作为纳税主体，可以促使妻子将个人的劳动纳入整个家庭的税收计划，降低高收入家庭中女性的劳动意愿，从而可以调整劳动供给。更为突出的优点是，家庭联合纳税可以确保总收入水平一致的家庭的税收负担一致，促进了税收的横向公平。与家庭成员联合计税相比，以个人为纳税单位，在实现婚姻中性和平衡劳动力供需的同时却也给相同收入的家庭带来了横向的税负不公。对于收入水平相同但收入在家庭内分配不均等的情况下，由于各国采用累进税率，高收入个人面临较高的边际税率，而家庭成员收入水平基本均等的家庭，纳税者面临的边际税率相对适当，从而造成收入悬殊的家庭税收负担相对较重。

总之，不同的纳税单位申报制度具有对立性的优劣势，因此在个人所得税纳税单位的选择上，各国往往根据不同时期的政策目标进行权衡取舍。

我们认为，从我国当前的国情出发，应该选择以家庭作为个人所得税的纳税单位。因为相对而言，中国传统的家庭婚姻观念比较浓厚，一段时期内家庭联合纳税并不会影响中国的婚姻状态。同时，由于提高家庭收入水平的要求和女性独立思想的影响，我国女性回归家庭的比例较低。相反，经过30多年的改革发展，我国的经济总量有了很大增长，但是社会公平问题也越来越突出。个人所得税作为调节收入再分配的重要手段，在这样的背景下社会公平职能更会受到广泛关注。纳税单位的选择需要在累进所得税的前提下考虑公民的实际生活福利。家庭作为最基本的社会单位，是经济行为（如消费、投资和储蓄的决策）、社会行为的基本主体，因此，对家庭行为的调节是税收政策关注的基本点。从这个角度来说，选择以家庭为纳税单位有助于确保纳税人生活福利均等。同时，个人收入的差距最终要体现在家庭收入差距上，收入分配差距扩大更主要体现在家庭收入水平的差距上。据统计，2010 年全国居民收入基尼系数为0.481，而同期全国家庭收入的基尼系数为0.61。可见家庭收入差距较个人收入差距更大，因此个人所得税制度应该更加注重对家庭收入差距的调节。

3. 改革收入归属，将个人所得税确认为地方主体税种。从理论上讲，个人所得税的税种功能是调节收入差异，所以在发达国家，个人所得税基本属于中央税。而在我国，将个人所得税设置为地方税更合理。其理由如下：第一，由于中国户籍管理制度、住房习惯等，居民的流动性相对较低，个人所得税总体上来说也具有受益税的特征，适合作为地方税。第二，个人所得税是所有税种中涉及纳税人最多的税种，税收征管工作量非常大，再加上个人收入多元化、隐性化，现金交易的大量存在，税源监控非常困难，税收征收成本高，征管难度大。相对于国税部门，地税部门对本辖区纳税人的收入情况相对了解。将个人所得税设置为地方税，可以在一定程度上提高税源监控效果，调动地方政府加强税收征管的积极性。第三，为了实现公平目标，以家庭为纳税单位要求在扣除项目上尽可能全面、细致。扣除费用中生活费用、交易费用、医疗费用、住房费用、社会保障费用和家庭养老等数据的收集整理，是一项庞大的系统工程，并且上述信息具有浓厚的地方特色。地税部门取得这些信息比国税部门会更加方便、快捷。第四，从收入规模和收入弹性而言，随着我国经济水平的不断提高，人均财富拥有量呈逐年上升趋势，加之个人所得税征收管理手段也在不断地改进，在这种情况下，个人所得税的增长前景是乐观的，足以成为一级政府的主体税种。所以，应将个人所得税改造为名副其实的地方税，由地方税务局负责征收管理。

4. 合理确定费用扣除标准，建立地区差异幅度扣除制度。同企业财务核算原理类似，个人所得税的计税依据也应先进行必要的费用扣除。必要的费用通常由三个部分构成：一部分是为取得收入而必须支付的有关费用，即“成本费用”；二是为养家糊口而必需的“生计费用”；三是花费在特殊人群上的“特许费用”。在我国，目前工薪费用扣除标准是综合考虑居民人均消费支出水平、物价上涨和就业者人均赡养人数等因素确定的，忽略了诸如未成年子女的抚养教育费、高房价、高医疗价格及通货膨胀等诸多影响家庭生计费的重要因素，导致税前扣除额较低，加重了工薪阶层负担，影响了个人所得税调节收入公平的税收目标。此外，全国一刀切的费用扣除标准，也导致了税收负担地区间的不公平。绝对的扣除标准，导致对个人生计费扣除未能与物价指数变动挂钩，难以适应由于通货膨胀造成的居民生活费用支出不断上涨的实际情况。

为了实现公平目标，以家庭为纳税单位要求在扣除项目上尽可能全面、细致，但是这无疑会给税收征管带来难度。为了推进纳税单位改革，减少和简化扣除项目是必然的。关于费用扣除制度的确定，我们建议：第一，在费用扣除项目上，仅扣除为取得所得所需的必要费用。如生活费用、交易费用、医疗费用、住房费用等，尽量避免扣除项目的过于繁杂；第二，在费用扣除方法上，采用不区分所得来源的总括扣除；第三，在费用扣除形式上，实行定额扣除和定率扣除相结合。在定额扣除标准设立上，应充分考虑到地区差异，全国实行幅度差异，可以有两种模式：一是全国实行基准扣除（如3500元），允许各地区根据当地实际在规定的比例（如20%）范围内自行浮动；二是全国规定幅度扣除标准（如3500～5000元），各地在此范围内根据本地实际确定。这样既保证法律在全国范围内的统一性和严肃性，也能体现制度的灵活性、适应性和可操作性。

同时，个人所得税制还应结合其他社会制度进行综合考虑。例如，赡养问题。当社会养老保险不完善时，个人所得税申报方式的选择就应该考虑赡养老年人的负担应该如何在夫妇间划分和如何在子女间划分等。反之，当社会上的老年人普遍具有政府提供的社会养老保险时，个人所得税制设计中可以较少地考虑纳税人赡养老年人的负担。再如，抚养问题。按照我国的计划生育政策，我国并不需要通过税收政策提高生育率。为保证政策间的相容性，应该只对计划生育政策允许范围内的子女进行抚养扣除。总之，在抚养和赡养这些近阶段广受关注的主要问题上，我们可以简化处理：实行年内定员定人定额标准扣除，即确定抚养或赡养人按照人员、享受税收扣除人员并实行定额扣除。

5. 改变纳税模式，针对综合分类所得制定不同纳税申报方式。我国现行的个人所得税采用的是代扣代缴为主、自行申报为辅的征纳模式。对可以由支付单位从源泉扣缴的应税所得，由扣缴义务人代扣代缴。对于没有扣缴义务人的，由纳税人自行申报纳税。这种税收方式难以控制高收入者，在征收管理上还存在一些问题，如：一些高收入者采取化整为零，以实物、债券、股权分配等方式逃税。与综合分类课税模式的转变相适应，我国未来的个人所得税的纳税模式也应进行改革。我们认为比较合理的方案如图 5－2 所示：

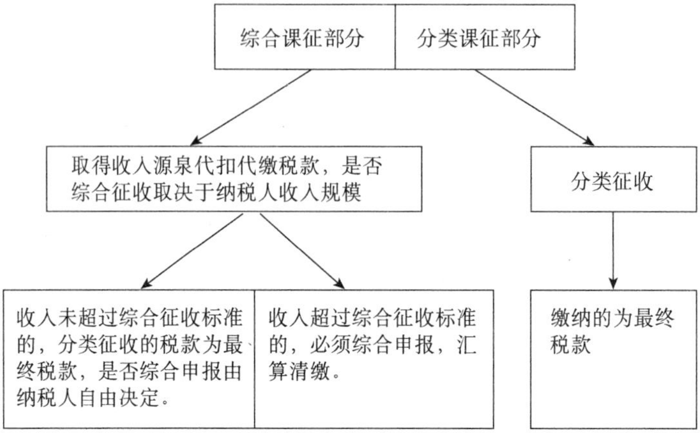

图 5－2　个人所得税的税款缴纳方式

如图 5－2 所示，对分类课税部分，分类制定税率和费用扣除标准，纳税人缴纳的税款即为最终税额。对于综合课税部分，纳税人首先应进行收入的综合申报，以确定是否达到综合征收的标准。全年收入达到综合课征标准的实行综合征收，并进行年终汇算清缴，多退少补。全年收入未达到综合课税标准的，其日常被代扣代缴的税款即为最终税款，不需要纳税人再进行年终的汇算清缴。

此种方案的优点体现在对分类课税和综合课税的纳税方式进行区分，有效地减少了年终汇算清缴的人数。为了鼓励纳税人进行年终综合申报，可以考虑在日常代扣代缴时设计较低的费用扣除标准和较高的税率，有效地发挥个人所得税的调节收入分配功能，同时还能进一步培养纳税人自觉纳税的意识。上述方案的关键是如何合理确定综合申报标准。

6. 完善个人所得税的配套改革。我国个人所得税的课税模式由分类模式转向综合与分类相结合的课征模式，是对原来个人所得税制度和征税管理制度的重构。推进个人所得税的改革，需要继续完善课税模式转变所需的配套制度和措施：建立个人所得税征管信息平台，建立有效的收入监控制度，构建协调的涉税部门信息共享机制，建立个人所得税稽核制度，创立个人所得税援助机制等。配套制度和措施完善程度在一定程度上决定了我国个人所得税改革进程的快慢。

第五节　房地产税改革

房地产税是在房地产保有环节征收的一种税，主要包括房产税、城镇土地使用税。在当前“营改增”不断推进、地方主体税种进一步缺失的背景下，党的十八届三中全会通过的《决定》提出“加快房地产税立法并适时推进改革”，是破解土地财政困局并促进地方财力重构的必要之举，对健全和完善中国地方税体系结构，合理引导地方政府行为，意义重大。未来如果房地产税作为市、县一级基层政府的主体税种，还将会对地方政府与纳税人的关系以及地方政府治理模式产生重要而深远的影响。

一、房地产税作为地方税主体税种的理论依据

将房地产税作为市、县级地方税主体税种的原因主要包括以下几个方面：

1. 市、县级政府的重要职责是市政建设、维护治安、保护居民财产安全的实现，所负担提供的公共品具有明显的受益区域和受益对象，税基宽泛。

2. 财产税的税基是财富存量，对财产价值的评估方法和程序需要专门机构来完成，征收成本高，征管难度大。将其作为地方的主体税种，能够调动地方政府的积极性，有利于加强税源监管，提高征管效率。

3. 房地产属于非流动性生产要素，对其征税的经济影响范围较小，即使设置一定的税率差别也不会改变该生产要素的地区配置。

4. 税源稳定增长。近几年来，我国工业化、城镇化进程加快，为房地产税提供充足的新增税源，房地产税收呈大幅度增长态势。随着房地产税在地方财政收入中地位的逐步提高，它作为主体税种的条件也基本成熟。

5. 从世界范围来看，把房地产税收作为市、县级地方税主体收入也是普遍做法。几乎所有国家税收制度中都会涉及房地产税，甚至在其税收收入中占有相当大的比重。例如，美国房产税占财产税的六成，州以下地方政府其房地产税收入占地方税收入的比重达到40%~50%。

二、房地产税成为县（市）级政府地方主体税种的可行性分析

2003年以来的10年间，随着房地产价格的持续快速上涨，房地产税改革受到社会各界的广泛关注。但是，无论是城镇建设税费改革还是房地产税改革并未有进展，直至2011年初，上海、重庆实行了将房产税征收范围扩大至

居民自住房产的试点。然而，从上海、重庆两地的试点来看，由于除独栋商品住宅外基本不涉及存量房产和第一套住房，且规定了较大的免征面积，纳入试点方案的应税房产数量较少，因此税收收入规模有限，改革效果并不显著。党的十八届三中全会关于“加快房地产税立法并适时推进改革”的部署和要求，再一次引发全社会对这一政策动因的普遍猜想。那么，房地产税究竟有无可能成为现行地方主体税种？全面改革房地产税的各项时机是否成熟？我们将从以下几个层面逐一进行分析。

从经济环境来看，我国国民经济迅速发展，到2010年已成为全球第二大经济体。社会财富不断积累，城乡居民收入水平大幅度提高，并出现了高收入阶层，个人和法人拥有的各类财产大量增加，房地产税源基础正在夯实。从发展趋势看，未来我国经济的发展前景仍被普遍看好，必然进一步推动居民财富的积聚和消费观念的更新，居民拥有财产的数量和价值会继续提升，与之相关的财产所有权的变更、转移行为也将保持增长趋势。可以预料，所有这些必然能够为房地产税提供充足的新增税源。

从法律基础来看，2003年十届全国人大二次会议讨论并通过的宪法修正案，从国家根本大法的层面明确了对私人合法财产的保护，这为加强财产课税提供了必要的法律依据和制度帮助。2007年10月实施的《物权法》发出了对国家、集体和个人所有权一体保护的信号，为财产税的征收打下了基础，也是房地产税征收的先决条件。

从决策层面来看，党的十六届三中全会在《关于完善市场经济体制若干问题的决定》中提出：“实施城镇建设税费改革，条件具备时对不动产开征统一规范的物业税，相应取消相关收费”，择机推行房地产税已提上了政府的议事日程。我国“十一五”和“十二五”规划均对“研究推进房地产税改革”提出明确要求。党的十八届三中全会通过的《决定》进一步对房地产税立法及改革做出部署，把建立健全我国房地产税制列为我国新一轮税制改革的核心内容之一。

从技术层面来看，随着房地产市场的不断发育、税收征管工作信息化水平的日益提高和模拟评税试点工作的逐步深化，在我国已经拥有一支较高水平的房地产估价专业队伍和比较严密的技术标准，从而为征收住房保有税确定客观合理的市场价值奠定了技术条件。首先，随着房地产市场的不断发育，我国的房地产评估中介行业发展日臻完善，相关的评估准则体系和行业自律管理制度已建立，专业人才队伍不断壮大，可以成为房地产税基评估的重要专业依托。同时经过10多年的模拟评税的研究和不断探索，我国已经培养了一批既懂得房地产评估知识、房地产税收政策，又具有一定计算机操作能力的评税业务骨干，积累了丰富的评税经验。所有这些，为房地产计税依据的转变做好了人才储备；其次，税务机关信息化建设成果为科学评税提供了可操作的平台。经过近十年的努力，税务系统信息化基础建设已初具规模，在硬件配置、政策法规、业务流程、技术实现等各方面均取得了长足进步，一个包括硬件、网络和应用系统在内的较为完整的税收管理信息系统正在形成，这些都可为实现房地产计税评估提供必要的技术支持和可操作的平台。

从操作层面来看，全国12个城市的模拟评税试点为计税评估值的准确确定积累了丰富的经验。我国已经基本形成了符合我国房地产管理特点的操作规范，主要表现在：一是已经建立了多部门配合的评税工作模式。即由地方税务局负责、地方财政和房地产部门配合，计算机专业人员以及房地产评估专家操作评税计税工作。这种工作模式充分利用税务部门的征管力量，从工作效率看，符合我国目前税收征管国情；二是初步建立了适合地区特点的评税技术标准。对于不同类型的房地产计税价值，分别采用重置成本法、市场比较法和收益法进行批量评税。这些方法基本上符合房地产评估原理和我国目前的房地产现状，具有客观性和可行性；三是结合我国现行税收征管水平和各地房地产的市场发育情况，开发了适合不同地区房地产的计算机批量评税系统。该系统以较为先进的数据库为依托，具有房地产税源登记、计税价值的批量评估、税款的计算以及测算分析功能。此外，境外已有的房地产税基评估有效做法为我国构建房地产税基评估提供了十分宝贵的经验。所有这些都为我国采用评估值作为房地产税的计税依据提供了很好的借鉴。

三、房地产税改革思路及实施步骤

我国现行房地产税制存在诸多问题，亟待改革完善。这些问题主要包括：一是房地产税制度严重滞后于经济社会的变革与发展。二是房地产税制不完善，且存在“重流转轻保有”的税负结构不合理情况。三是现行房地产税的征管覆盖面窄，给纳税人提供了避税空间。四是筹集财政收入的功能微弱。据统计，2012年我国房产税、城镇土地使用税两税合计仅占国家全部税收收入的2.63%，占地方税收收入的7%。五是计税依据存在设计不合理的问题。六是地方税权短缺，既不利于调动地方积极性，也不适合分税制财税体制的客观要求。

针对当前房地产税制存在的问题，结合国际经验，我国房地产税改革应遵循的思路：

1. 房地合一。整合现行房产税和城镇土地使用税，开征新的房地产税，继续由地方税务部门负责征收。

2. 评估征税。以房地产的评估价值为计税依据，实施比例税率，赋予地方政府在幅度范围内具体确定适用税率的权力。

3. 信息联网。加强与房地产管理机构和公安部门等相关部门的协调配合，建立房地产信息网络共享平台（包括家庭人员构成信息等），实现信息资源真实准确、实时共享。

4. 先易后难。为减少社会震动，减轻改革压力，对征税对象和范围的扩展可按照先企业后个人、先高档住宅后普通住宅、先城市后农村、先增量后存量的顺序渐次铺开，确保改革稳妥有序。

在具体推进策略上，我国房地产税改革宜采取“三步走”的实施步骤：

第一步，构建房地产交易计税价格评估系统，先将其应用于二手房交易税收征管，并大量采集房地产信息，建立房地产信息数据库，为房地产税改革奠定技术、信息、人才和征管基础。

第二步，整合现行房产税和城镇土地使用税，开征“房地产税”，将企业应税房地产的计税依据由房产原值、土地面积、租金收入统一调整为房地产的评估值。全国按照基本保持“两税”税负水平、略有增长的原则设计税率幅度，具体税率选择由省级人民政府确定。

第三步，建立健全个人住房数据库、完善配套措施和相关法律法规、加强宣传和舆论引导，为全面顺利实施房地产税创造条件。待时机成熟后，按照“先企业、后个人；先高档住宅、后普通住宅；先增量、后存量；先城市、后农村”的思路，逐步扩大房地产税征收范围，最终向所有单位和个人拥有的应税房地产征收房地产税。

通过房地产税改革，改变现行房地产类税制“重交易、轻保有”的现状，调整其功能定位，将房地产税打造成为真正意义上的地方财产税。

四、房地产税制设计

1. 纳税人。在现行房产税暂行条例中，“个人所有非营业用的房产”不在征税范围之内，实际上只对“生产经营用房产”征税。在房地产税改革设计中不应设置任何界限，凡在我国境内拥有或使用不动产的单位和个人都应该成为房地产税的纳税义务人，以充分体现税收公平原则。

另外，现行房产税规定农村的单位或个人不属于房地产税纳税人。而目前，部分郊区农村为了既得利益，违规占用集体土地建设房屋获取收益，破坏土地资源，严重扰乱了房地产市场秩序。对农村房产征收一定的房地产税，既有利于调节农业经济，也有利于农村公共财政的建立，所以应把农村纳入房地产税征税范围。考虑到我国农村的特殊性，对那些房产价值较低、土地使用面积较少、支付能力相对较差的贫困家庭和低收入者，设定一定的减免税予以照顾，避免加重农民负担，对农业用地也可部分免税。

综上所述，房地产税纳税人可以具体设计为：在中华人民共和国境内拥有土地使用权、房屋所有权的所有单位和个人，为房地产税的纳税义务人。

2. 征收范围。房地产税征税范围应突出完整和规范，但我国现行城镇土地使用税和房产税征收范围不包括农村区域和个人所有非营业用的房产，如突然开始对这部分房产征税，容易引起纳税人的抗拒心理，但不将这部分纳入征收范围不但不符合税收的“公开、公平、公正”原则，也为今后想开征造成极大的困难。因此应将现行仅对城市、县城、建制镇和工矿区范围内的征税范围扩大到农村，即对我国境内所有不动产征税。具体包括：生产经营用不动产、非生产经营用不动产、闲置不动产。其中，非生产经营用不动产主要包括机关、团体、居民等生活用房屋及其附属物。闲置不动产主要包括闲置房屋、闲置土地等。但在实际征管中仍维持原有范围不变，对农村土地和个人非经营性房产采取若干年内免征的办法，给国民一段适应期，也让其意识到所享受的优惠。待时机准备成熟，民间财富积累到一定程度，再逐渐推广到农村土地以及个人自住房上。假如条件仍不允许，可适当延长免税年限。

3. 计税依据。从理论上说，房地产税的计税依据应该是不动产的市场价值。由于信息不对称等原因，税务部门较难准确掌握不动产的市场价值，但通过一定程序和专业技术手段测算的不动产评估价值，可以有效反映和替代房地产的市场价值。按照国际惯例并结合我国国情，我国房地产税应以不动产的评估价值减除一定扣除项目标准后的余额作为计税依据，扣除项目包括免税面积、免征额、修理费用等。同时，根据房地产税的税目不同，其计税依据也应有所不同。对农村土地，其计税依据应以规定的标准单位，考虑土地面积、土地位置等因素来分类确定；对其他不动产，则以其评估价值作为计税依据。

从国外房地产税的计税依据来看，大多数国家趋向于按房地产的评估值征收房地产税，使其具有随着经济增长而增长的弹性特征。这样做的好处是，一是按现行实际价值计税，比较客观；二是在征收管理上具有统一性，比较公平合理；三是随土地房产价格升值相应增加税收，有利于有效组织收入。

4. 税率。根据上述房地产税税制要素设置设想，房地产税征收范围应当扩大到所有个人存量住房。在进行房地产税率测算时，考虑现有数据资料，特别是个人住宅相关数据资料较为有限，同时也考虑到按照“三步走”的实施路径，对个人住房征收房地产税尚需时日，因此，我们仅依据现行房产税、城镇土地使用税制度及税收收入现状，对经营性房地产征收房地产税的税率进行分析测算，并以此作为个人住宅房地产税税率的初步参考。从理论上说，个人住宅房地产税税率应低于经营性房地产，在征收时可通过制定相应的差别化税率或减税、免税措施予以解决。

确定房地产税的税率，应遵循“既不会大幅增加纳税人的税收负担，也可基本保证政府财政收入与现在水平持平或略有增长”的原则。以湖北省鄂州市为例，2012 年，鄂州市以整合“两税”（房产税、城镇土地使用税）为房地产税并按评估值征税为改革主要目标，制定了房地产税制改革调查测算方案。《方案》以 2010 年 12 月 31 日为测算基准时点，在现行“房土两税”征税范围内，以保持课税对象不变、保证法定减免税范围不变、保障“房土两税”收入规模不变为前提，开展了应纳“房土两税”房地产属性数据和税源数据的测算分析工作。参与测算的 704 户，已纳“两税”1.11 亿元，其中：房产税 3 270 万元，城镇土地使用税 7 838 万元。房地产评估总价值为 157.4 亿元，其中：房产评估值为 62.75 亿元，土地评估值为 94.69 亿元。保证已纳“两税”总收入规模不变测算的平均税率为 1.01%，考虑到占“房土两税”收入规模 70% 重点户（66 户）因税负大幅增长而给予一定税收优惠的情况下，测算的平均税率为 1.07%。考虑到全国的总体情况，对生产经营用房地产税率可设定在 1.2% 以内，对居住用房可设定在 0.5% 以内。

结合地税工作实际，按照简税制的要求，我国房地产税的适用税率宜采用比例税率。为了简明税制，建议由中央政府统一立法，按生产经营用房和居住用房实行不同的税率，规定税率幅度，地方政府可在统一规定的税率幅度内，根据当地经济发展状况确定具体适用税率。同时，由于现实中房地产类型及用途的不同，税率的制定也应有所差异。对经营性房地产课以较高税率，对个人自住房地产课以较低税率。

5. 优惠政策。房地产税优惠政策首先应遵循量能负担的原则，综合考虑纳税人拥有的财富和实际的收入水平，对低收入者实行优惠政策。二是应遵循适度原则。现行房地产税税收优惠范围过宽，幅度过大，一方面使房地产的税收收入水平较低；另一方面普惠制的优惠方式对纳税人的激励作用并不大，无法体现政府的政策导向。三是应遵循法定原则，房地产税的优惠政策一经确定，各地政府应严格执行，不能擅开各种口子，让税法成为“议价”税法，使纳税人可以遵循税法事前预测经营成本，进行正确的投资决策。

房地产税优惠政策应根据上述原则并结合国际经验，区分不同房地产的不同属性，区别对待。一是对政府机关、各级政府、人民团体、部队、行政机构、政府全额拨款的事业单位不动产，以及宗教寺庙、慈善机构、公园、博物馆、名胜古迹、学校、图书馆、医院等社会公益事业使用的不动产免税。二是城乡居民个人自用住房适当减免。由于目前我国居民购买房屋大多用于居住，且多数居民属于中低收入者，对其征税会增加低收入人群负担，因此应对居民个人自用住房予以适当减免，体现税收的公平性和人性化，具体可主要采取按人平建筑面积作扣除。但对于别墅、多套住房及豪华公寓应予征税。三是直接用于农、林、牧、渔业的生产用不动产免税。四是对特定人群的减免。如对残疾人、老年人、低收入水平且住房条件较差的家庭等弱势群体给予一定税收减免。五是其他政府鼓励、扶持或保护的不动产。比如城市基础设施所用的不动产和政府出资建设的廉租房可适当减免房地产税。

6. 征收管理。在目前法制不健全的情况下，对房地产税的征收管理宜实行以代扣代缴、代收代缴方式为主，自主申报为辅的制度。对商品房，如果有物业公司管理的，则由物业公司代收代缴；对其他建筑，采取纳税人主动申报和税务人员上门征收相结合的方式。至于房地产税的缴纳期限和方式，可实行按年计税、分次缴纳的方法。缴纳次数过多会增加相应的征收费用，因此建议半年缴纳一次为宜。

对于房地产税征收管理中核心内容的房地产评估，为了能够准确地确定出房地产的评估价值，需要设置专门的评估机构，配备合格的评估从业人员，建立完善的符合我国国情的不动产评价体系和科学的评估制度。同时，运用地理信息系统（GIS）和计算机等现代信息技术，采取科学合理的评估方法，对课税不动产的评估周期不应超过3年。因此，建立与不动产登记、评估有关的信息数据库是评估工作的基础，通过对纳税人进行不动产信息登记，详细登记纳税人所拥有不动产的类别、所在地、评估价值，掌握评估价值动态变化情况等，运用现代信息技术对这些信息进行及时地搜集、处理、存储和管理，以获取有效的评估和征管的资料。此外，还要通过法律保障纳税人对评估结果拥有知情权和申诉权。不动产的评估结果必须定期公布，并允许纳税人进行查询。如果纳税人对不动产的估价等持有异议的，他们有权申请复议，地方政府必须设立专门的机构办理有关复议事项。纳税人对复议结果仍有异议的，可再向法院起诉，由法院进行判决。

五、推进房地产税制改革的几点建议

1. 对房地产税的定位应该理性而明确。近几年来，我国房地产价格居高不下，社会公众大多将主要原因归结于一次性收取几十年的土地出让金及不动产开发与流转环节既高又杂的税费。相应地，房地产税改革的第一目标被锁定为降低房价或抑制房地产价格的非理性上涨，人们普遍寄希望于房地产税成为调控房地产市场的有效工具，以遏制房价的过快增长。当然，对房地产保有环节征税，对购房者和房地产开发商两方都是有影响的。但这种影响也仅仅只是促使投资与消费更加趋近理性而已，并不是导致房地产价格大幅度下降的主要因素，因为导致房地产价格大幅上涨的原因极为复杂，如建筑用地的有限性、城市化进程加快对住房的旺盛需求而导致供需较大的缺口、政府住房保障职能缺位以及住宅本身的性质等。因此，房地产税的基本定位应该是为基层地方政府提供其进行公共服务活动所需的财政来源，是一种成本补偿方式，而非一种宏观调控项目。

2. 房地产税改革应配套进行。要搞好房地产税的改革，前提是要加强相关部门的协调配合，不能靠税务部门单打独斗。为此，首先要在法律层面进一步明确各相关部门，特别是房地产管理机构和公安部门在工作配合、信息传递和争议处理等方面的责任；其次要真正建立房地产信息网络共享平台（包括家庭人员构成信息等），实现真实、实时、统一的标准；第三要明确应税个人的单位的代扣代征责任，以便硬化管理要求；第四要构建征纳争议处理机制，及时处理各种争议。可考虑由各级政府主导，由税务、房产、土地、公安、律师、评估师等方面组成评议委员会，从申诉、评议、裁决等环节建立明确的程序和办法，保障有效解决税收争议。

3. 构架完善的财税评估机制。完善的评估体制的建立，是开征一切税收的基础。房地产税要顺利地实现从价征收，必须建立起完善的财税评估机制。我国房地产估价工作存在起步时间不长、专业评估机构及评估人员缺乏、估价机制尚不完善等问题，尚不适应房地产税改革的需要。因此，各级政府和地方税务机关必须重视资产评估市场的培育和专业评估人员的培养，国家要建立起一定数量且具有评估资质的专业评估机构和专业评估队伍，各级税务机关也必须具有一批素质较高的财产税评税估价专业队伍，同时国家还必须成立评估仲裁机构以裁决评估纠纷。

4. 涉及房地产税费应充分整合。如何妥善处理各种涉及房产、土地的税费关系，需要统一认识和长远着眼。目前与房地产有关的特定税种主要有耕地占用税、土地增值税、契税等，虽然在设置上与房地产税并不重复，但在对房地产税进行税制和税负设计时，可以把这些相关税种纳入统筹考虑。

5. 房地产税税收管理权限应当下放省级地方政府。国际社会的财产税实践表明，房地产税属于地方税，且应该属于较低层次基层政府的稳定的收入来源。而作为地方政府的收入来源，其税收管理权限的划分也就成为应有的题中之意。总的来讲，从我国国情和不动产税适宜地方税的税政角度出发，在统一税政的前提下，应赋予地方适当的税收管理权。但税权下放至哪一级地方政府则需要认真考虑。原因在于，我国存在非常明显的地区差距，如果下放权限过多，下放级次过低以致各自为政，则会对地区之间经济社会的协调发展、投资环境等方面产生负面影响。基于以上分析，建议将房地产税的税收管理权限适当下放到省及县（市）一级地方政府。

第六节　地方辅助税种改革

地方税体系主体税种确定以后，还需要一定的辅助税种相配合。面对当前全方位改革条件尚未完全成熟的现实，应本着突出重点、统筹兼顾、循序渐进、稳步推行的原则，调整和优化相关税种，取消一批过时税种，择机开征一批新税种，使新建立的地方税收体系持续保持优化状态，形成税制简化、结构合理、层次分明、功能较强的地方税税制结构，为地方政府履行职责、调控经济发挥有力的作用。下面将对构建地方税体系的部分辅助税种进行具体分析研究。

一、改革资源税

1994 年资源税暂行条例实施以来，资源税在促进资源集约利用、调整资源级差收入不均、增加地方政府财政收入等方面起到了重要作用。全国资源税收入由 1994 年的 45.5 亿元上升到 2012 年的 904.3 亿元，年均增幅 20% 左右。尤其是资源储量比较丰富的地区如新疆、内蒙、陕西、辽宁等地，资源税已成为地税收入的重要来源，2012 年，新疆资源税收入占地税收入的比重达到 10.58%，内蒙、陕西、辽宁资源税收入的占比依次为 6.7%、6.3%、5.5%。

从石油、天然气资源税实施从价计征改革开始，资源税改革的步伐已经迈出，下一步将会有更多的资源类产品纳入改革范围。资源税改革的基本取向应是提高资源税负，适度增加资源开发使用的税收成本，资源税的价值补偿应等于资源开采使用导致的社会成本，以及实现资源收益的代际分配，因此资源税改革要体现明显的价格调控导向，即按照市场价格的高低决定资源类产品的税负。具体的改革办法包括扩大征税范围、改变计征办法和提高税负水平等。改革之后，资源税筹集财政收入的能力和潜力仍然有限，不会成为地方政府主要的税收来源，但对于拥有较多资源的地区来说，财政收入将会提高，特别是资源丰富的中西部地区，资源税收入对于扩大地方税收入规模和缩小区域间财政差距具有一定的现实意义。

（一）我国资源税制度存在的弊端

1. 资源征税范围过窄。现行资源税课税对象仅仅局限于原油、天然气、煤炭、黑色金属矿原矿、有色金属矿原矿、其他非金属矿原矿等六种应税矿产品和盐，对于大部分的非矿产品资源如森林、草地、水等没有征税。征收范围过窄必然会带来以下弊端：一是难以遏制对自然资源的过度开采，这种无节制的开采会对环境造成极大的污染和破坏。二是容易造成资源后续产品比价的不合理，刺激对非税资源的掠夺性开采。三是不能体现税收的公平原则，资源税调控作用难以充分发挥。

2. 资源税课税税率偏低。中国资源税税率在设置上主要体现地租的范畴，没有体现外部经济因素，以劣质资源为基础设定的幅度单位税额，只能反映劣等资源与优等资源的级差收益，因此造成税率偏低，税率偏低使税收在资源价格中的作用失效。而且，过低的资源税收入也不能弥补资源开采造成的社会后果，如：道路毁坏、环境污染、耕地减少、地下采空、水资源流失、地质破坏、人员伤亡等。虽然近几年来财政部和国家税务总局已上调了部分资源税额，在一定程度上影响了资源企业的保护资源意识，但仍不能从根本上有效遏制严重浪费现象。

3. 资源税计征方式有待改进。当前从量征税存在的弊端主要体现为税收与价格脱钩，中断了价税的联动作用，国家无法分享涨价收益，即没有体现价格上涨因素给税收带来的涨幅。而从价征税却能弥补从量征税的不足，如果能与从价征税相配套，实行弹性差别税率，则既能充分体现调节级差收益的作用，又能根据资源开采企业发展的不同时期和状况、不同开采率以及资源产品在不同时期的价格，提供一个适度的征税空间。当然，单纯从价征税办法也存在一些问题，由于资源产品价格是受市场供求关系影响上下波动的，当资源产品价格下降时，从价征税办法会导致资源税收入的下降，从而造成国家权益受损。

（二）我国资源税的改革主要思路

1. 扩大征收范围。从主要针对矿产资源和盐资源征收，扩展到所有的稀缺资源。这些资源包括所有不可再生资源和再生周期较长、难度较大的资源（如耕地、滩涂、森林、草场等），以及从长期来看非常稀缺的淡水资源（如河流、湖泊、地下水等）。

2. 改革计征方式。从量征收改从价征收的实质是提高资源税税负，促进资源综合利用。但资源税改革不能一味强调税负增长，搞一刀切，而应采取从量计征与从价计征相结合的方式，即对于市场价格变化不大的资源产品，比如主要用于居民消费的盐，仍沿用从量定额的计税办法。对于市场价格涨价趋势明显的资源产品，如石油、天然气、煤炭、有色金属矿和部分非金属矿原矿等可按照销售收入进行从价定率征收，在资源价格上涨的同时，税收收入也在增长，地方财政能力增强。

3. 提高税负水平。除了在“广度”上扩大增加资源税的调节范围外，还应在“深度”上进一步提高资源税的税率，以更好地调节矿山企业的超额收益，促使其规范资源开发行为。税率定得过低，达不到资源税征收和改革目的，依然无法解决资源开采负外部性的问题；税率定得过高，超出企业的承受能力，企业开采资源就会亏本。因此，需要科学合理地设计税率，最终的税率既要考虑清费立税后部分收费项目“费改税”因素，又要考虑资源开采的外部成本内部化问题，同时还要确保总体资源税负不会超出企业的负担范围。

4. 统筹税费关系。目前，中国资源税收入占税收总收入的比例较低。据统计，1994～2012年的19年中，除了1995年、2005年、2006年等七个年份资源税增幅高于全部税收收入的增幅外，其余各年增幅均不及整个税收收入的增长速度。2012年资源税收入904.4亿元，仅占税收总收入的0.9%。这一方面反映出资源税课税范围相对较窄，另一方面应看到还有众多与资源相关的行政性收费和政府性基金，在很大程度上压缩了资源税改革的空间。因此，资源税改革必须辅以收费与基金清理措施，在把握资源总体税费负担的条件下实现重构。

（三）可考虑优先将耕地和水纳入资源税改革范围

当前来讲，对耕地和水资源开征资源税条件基本成熟。对耕地开征资源税的基本路径是：取消我国现阶段对耕地资源征收的耕地占用税，将耕地列入资源税的征收范围，即在现行资源税征税范围中增列“耕地”税目，在纳税人将耕地转作非农业用途时一次性课征。按土地出让金的20%～30%来设定税率。耕地资源税税率的确定因素，除考虑到对占用耕地资源的补偿保护外，也应考虑到今后国家对失地农民的社会保障支出等因素。实行这种改革，更能直观地表现出国家保护土地资源的立法宗旨，提高全社会节约使用土地的保护利用意识，减少对土地资源的损失浪费。

对水资源开征资源税的基本路径是：以水资源“费改税”为突破口，将分布广泛、储量丰富的水资源纳入资源税征收范围，通过合理设计税制要素，适度提高税负水平，健全价税联动机制，充分发挥水资源税在加强水资源源头控管，促进水资源节约利用和负外部性的有效控制等方面的规制引导作用。对水资源征收资源税具体内容包括：一是税目设定。将目前对地热水、矿泉水征收的征税范围扩大到河流、湖泊及水库的水、人工引人等，形成地表水、地下水、矿泉水、地热水四大类税目。二是计税依据、税率及纳税环节。对地上水按使用量（吨或立方米）为计税依据，每吨税额确定在0.5元~3元为宜。水资源管理单位在向使用者供水时可以一次性征收。地下水可按储量（吨或立方米）进行定额征收。目前在按储量计税不成熟的条件下，可暂按水的销售价格计税。按储量计税其税率应至少高出地上水的两倍，因为地下水资源相对于地上资源更显得珍贵，按销售价格计税，其税率应确定在10%左右。在具体实施过程中，对于农业用水可暂时免税。因对水资源征收资源税，其税收负担除供水单位消化负担一部分外，其余部分肯定会造成供水价格上涨，这是必然的。也正是因为水价的上涨，会使得用水者的用水成本提高，从而促使其减少对水资源的使用量，达到节约用水的目的，这也正是征收资源税的意义所在。同时国家还应辅之必要的其他配套措施，如增加对农业的补贴，提高对城镇低保家庭的补助标准等。

二、开征环境保护税

我国至今尚未开征独立意义或法律意义上的环境保护税，只是在现有的一些税种规定中增加了某些有助于资源、环境保护的优惠条款，以及设置了一些兼有一定环境保护作用的税种，如资源税、消费税、耕地占用税、城镇土地使用税、车辆购置税、车船税等，这些条款和税种构成了表面上的“准环境税”体系。党的十八届三中全会通过的《决定》中提出“加快资源税改革，推动环境保护费改税。”为下一步环境税改革指明了方向和路径，排污费改革势在必行。目前的排污费管理虽在政府预算体系下，但管理随意性高，遏制污染效果不明显，资金使用效率低等问题十分突出，费改税有利于上述问题的解决。更重要的是，此项改革是我国统一运用税收手段建设生态文明的制度保障。

现阶段，在我国开征环境保护税已具有一定的实践基础，特别是对污染物排放企业征收排污费的做法已有比较成熟的实践，从其制度设计、征收管理到排污费收入的使用，都已具备了“准税收”的性质，从“费向税”过渡的观念和技术衔接跨度不大。湖北省于2007年颁布实施了《湖北省排污费征收使用管理暂行办法》，将排污费交由地税部门统一征收，实行“环保核定、地税征收、银行入库、财政管理”的征管模式，地税部门在征收中借用税收征管机制和手段，对排污费实行税式管理，收到了很好的效果。在排污费征管过程中，地税部门、环保部门以及缴费人之间建立起了一套有序的征管合作机制，即环境保护行政主管部门负责对排污者排放污染物的种类、数量和排污费数额进行核定，企业照章申报缴费，地税机关依据环保部门核定的缴费额依法征收，等等，这些都为排污费改环境保护税奠定了实践基础。

（一）环境保护税改革的基本思路

对现行排污收费实施“费改税”，开征环境保护税，实行“环保核定、地税征收”的征管模式，适度扩大征收范围，提高征收标准，突显该税种对环境保护的调节职能。改革初期的重点在于实现排污“收费”向“收税”平稳过渡，逐步建立相关配套机制，而并非一味追求税收收入规模。

（二）基本税制要素设计

1. 纳税义务人。依据“谁污染谁治理”、“谁污染谁付费”的原则，环境保护税的纳税人应包括我国境内向环境排放应税污染物和二氧化碳的单位和个人。但在税收实践中，为了易于控制税源和便于征收管理等，我国环境保护税的纳税人应暂定为从事应税排污行为和生产应税包装物的企业、企业性单位和个体经营者。

2. 课税对象。开征此税的初期，课征范围不宜过宽。现阶段，首先应把排放各种废气、废水和固体废物（包括工业生产中产生的废渣及各类污染环境的工业垃圾）的行为列入环境保护税的征收范围。其次应把那些用难以降解和再回收利用的材料制造的各种包装物品纳入征收范围。因为以上行为和物品对环境污染较严重，且不易消除，并且相对来说易于征管。

3. 计税依据。对应税排污行为，应以污染物的实际排放量为计税依据，采用定额税率，实行从量定额课征。对实际排放量难以确定的，可根据纳税人的设备生产能力及实际产量等相关指标测算排放量，作为计税依据。对应税包装物，可根据纳税人的应税销售收入按比例税率课征，也可以按销售数量采用定额税率课征。

4. 税率。环境保护税的课征目的在于借助税收杠杆遏制污染和破坏环境的行为，并为环境保护事业筹集资金。因此，从宏观上讲，环境保护税的负担应以满足政府为消除纳税人所造成的污染而支付的全部费用，即补偿其外部成本为最低限量。从微观上讲，就污染物排放行为而言，应高于企业为治理污染采取技术措施的预期边际成本。就应税包装物的生产而言，应高于其与“绿色包装物”之间的成本差额。总的原则是，税率不能太低，就“三废”的排放行为而言，应高于现行排污费的收费标准。但也不宜按“全成本”定价，把税率定得太高，以免抑制生产。

5. 配套措施。要结合“费改税”实践，完善我国环保相关法律、法规，提高环境保护税的法律地位，节省征收成本。环境保护税是一种专门性目的税，应坚持专款专用原则，将征收上来的税款专门用于环保建设事业，一方面用于污染源的治理，另一方面可用于为环保科技部门提供科研经费。要加强税务部门与环境保护部门的联系与协作。

三、改革城市维护建设税

城市维护建设税、教育费附加和地方教育附加（以下简称“城建税及教育附加”）均属于附加税（费）、特定目的税（费）和受益税（费），均以增值税、消费税、营业税（以下简称“三税”）实际缴纳的税额作为计税依据，其税制设计简单、征管相对便利、征收范围较广，对于筹集城市维护建设和地方教育资金具有相对稳定的收入来源渠道和规模，起到了一定的立法作用。目前城建税及教育附加属于地方收入，其中，铁道系统、中国人民银行总行、各专业银行总行、保险总公司随同营业税上缴的城建税和教育费附加，作为中央预算收入，由国税机关负责征收。其他的城建税和教育附加以及全部地方教育附加均作为地方收入，由地税机关征收。

城建税及教育附加政策出台早，税制相对陈旧，在 1994 年税制改革中城建税及教育附加基本没有变动，仅将计税依据由老三税（产品税 增值税、营业税）改为新三税（增值税、消费税、营业税），其随流转税附加的性质丝毫未变。但是，随着征收机关分设，其计税依据变为由国税、地税分别征收，由此带来了突出的征纳矛盾。尤其是随着“营改增”以后计税依据的显著变化，税源信息的不对称使城建税及教育附加的规范化管理和源泉控管更加艰难，改革迫在眉睫。同时，两项教育附加同时征收，除开征依据、征收费率不同外，征收目的、纳税人、计税依据、纳税环节等征管要素完全一致，造成纳税人明显感觉到重复缴纳，也增加了征收机关重复征管工作，为简化税费种类，降低征管成本，亟须合并两项教育附加进行统一征收。

鉴于城建税及教育附加存在上述征管现状及突出问题，故亟须加快税制改革步伐。基本思路为：按照简化征管、保障收入的原则，为明晰税种征收目的，易于为纳税人所理解和接受，应继续保留城建税、对两项教育附加进行“费改税”，并将城建税及教育附加合并为“城乡建设发展税”，使城建税及教育附加从流转税中分离出来，彻底改变受流转税制约的附加性质，改革成为地方税体系中的一个名副其实、收入稳定的独立税种，以便于更加科学、合理地设置相关税制要素，更符合征收目的。城乡建设发展税作为独立税种的相关税收要素可设置如下：

（一）改革计征依据

在计税依据方面，为了体现享用市政设施与纳税义务相对应的原则，计税依据由现行按“三税”税额附加征收改为按销售收入（营业收入）进行征收。这样城乡建设发展税成为一个独立的地方税种，不但有利于公平税赋，而且便于征纳双方简明操作，降低征管成本，提高征管水平，又能筹集到稳定的地方建设和教育资金，与地方政府的公共服务职能相适应。

（二）扩大纳税人范围

在纳税人方面，纳税人范围应扩大为：凡是在中华人民共和国境内从事生产、经营活动并取得销售收入（营业收入）的单位和个人。这样就可以对享用城建设施并且具有纳税能力的所有人进行征税，既体现了受益与负担一致的原则和国民待遇原则，又可以筹集到更多的建设资金，提高城乡建设和公共设施水平，吸引更多的投资者。

（三）统一税率

应设置城乡合一的全国统一的城乡建设发展税的税率，以与城镇化发展相适应。同时，由于我国地域辽阔，存在各地经济发展水平及其对城乡建设资金需求不同等实际情况，税率方面可赋予地方政府一定立法权限，即国家可确定标准税率为0.5% ~1%，由地方政府结合辖区发展情况和经济调控需求进行上浮或下调。

（四）规范减免税

在减免税方面，应赋予地方政府一定的减免税设定权限，如地方政府扶持产业发展、生态环境建设等方面，以利于地方政府因地制宜地促进辖区经济社会发展。

从国际普遍情况看，城乡维护建设与教育经费支出都属于地方政府事权范围，而我国目前存在地区发展不平衡的现状，城乡建设发展税作为具有筹集城乡建设和教育经费资金来源的特定目的及地方主体税种，按照财权与事权相匹配的原则，应充分考虑地方经济发展的需求和地方政府运用税收调控经济的能力，赋予地方政府适当的税收立法权限，以便由地方政府结合辖区情况对城乡建设发展税进行调整和加强征管，确保其有主动性去认真履行所承担事权，充分发挥财税体制对地方政府行为的规范作用并强化绩效导向。具体可按“大权集中，小权分散”的税收划分模式，以既要体现全局利益的统一性，又要在统一指导下兼顾局部利益的灵活性为原则，赋予地方税收立法权限。包括：中央决定城乡建设发展税的开征、停征，明确纳税义务人、征税对象、标准税率、纳税环节、纳税期限，地方政府有权在标准税率的基础上进行上浮或下调，可制定减免税的规定，并对纳税人、征税对象的具体范围进行解释。地方税收立法权限只能集中在省、直辖市和民族自治区级政府，不能再向下级分散。

四、其他地方税种的完善

（一）扩大契税征税范围

契税是对我国境内转移土地、房屋权属的单位和个人，就其承受人缴纳的一种税。契税是在不动产流转环节征收，其税基大体相当于土地和房产的交易总金额，因此契税收入的数额直接受到土地交易额和商品房交易额的影响。契税作为地方税种，从收入上看，近年来在地方各税收入中排在营业税和个人所得税之后，成为地方固定税收收入的重要支柱。从契税占地方税收的比重和占地方财政收入的比重来看，总体也是上升趋势，显示出发展的巨大潜力。

近年来，在处理契税与印花税两税的关系上，有种观点认为应取消契税，这主要是考虑到契税的各个税制要素基本涵盖在印花税之中，遵循统一税法、简化税制的原则，契税没有单独设置的必要。契税是我国的一个特色税种，而印花税是在世界范围内普遍课征的税种，将契税并入印花税将便于国际经济交往，并有助于降低税收成本。统一征收一个税，可大幅度降低不动产购置税的整体税率，减少高税率对不动产流转的扭曲。

但是不能不看到，随着我国城市现代化步伐的加快，我国农村人口正以平均每年1%的速度涌入城市，再加上人口自然增加的因素，普通住宅和其他房地产将不断增长，随之而来的是转移土地、房屋权属等交易行为的增加，契税收入规模也将呈现持续增长趋势，其财政优势将进一步突显。

契税改革思路：一是对有偿购置和转让的不动产继续征收契税，维持现有收入规模。二是与印花税实施联动改革。除缴纳印花税的证券交易项目外，对其他产权凭证纳入契税征收范围，并同时取消印花税，以解决印花税与契税的部分税基重复征税问题。

（二）改革车船税

自2012年1月1日起，车船税法正式施行。这是我国第一部财产税法律，之前我国的18个税种中，只有企业所得税法和个人所得税法是由全国人大立法的，包括车船税在内的其余税种都是由国务院发布条例或由财税主管部门发布规章进行规范，因此可以说这对我国税收法治乃至财产税的立法是一个重大突破。

尽管车船税法已经通过并实施，然而对事关乘用车车船税问题的争议并未因此而停止。一是对车船税法以排气量作为乘用车的计税依据的立法理由存在争议。认为车船税作为财产税，以排气量作为计税依据缺乏合理性，不能完全体现车船税的财产税性质，既难以实现车船税调节财富差距的目的，也有违税负公平原则。二是乘用车税额区间设置不合理，区分度不高。乘用车7个征税梯度间的差距过大，与不同排气量车辆之间的价差不相称，难以体现车船税的财产税性质，各征税梯度的最低限额和最高限额之间的适用税额差别也太大，让地方确定的幅度过宽，等等。基于此，应以构建地方税体系为契机，以现行车船税制存在的问题为导向，对我国车船税实施改革：进一步细化按乘用车排气量划分的税额档次，对大排量乘用车适度提高征收标准；改革和完善车船税的计税依据，将目前按照排气量征收的定额税制调整为“按排量征收”与“按价值征收”相结合的复合税基制度。

1. 改革乘用车按排气量划分的税额档次，进一步提高大排量车税率。在我国城市道路公共交通不发达的情况下，很多百姓靠私车作为交通工具。从数量上看，除去3%的豪华车，90%以下的乘用车中大部分是私家车，排量大多数集中在1.0升至2.0升。而1.0升以下的车型，无论从安全性和节能减排上，都不代表未来汽车工业发展的方向，无法成为汽车的主流。排量1.6升至2.0升的车作为主流，都在一定程度上提高了税额。而作为区分点的2.0升上下的增幅区分度并不明显，车船税作为一种财产税，在调节作用上不明显。要想真正发挥“抑大扬小”的作用，刺激消费者选择小排量车型，应加大调节力度，使小排量的税负更低，大排量的税负更高。考虑到我国排量1.0升至2.0升为主打车型的实际情况，应在这一区间减税或者保持平稳，而作为区分度2.0升以上的车税额应调增，尤其是3.0升以上增额要明显。只有这样，才能充分体现税收的调节功能。

2. 改革和完善车船税征收依据，实行“双轨征收”。车船税法对乘用车“按排气量征收”的政策意图非常明显，即承载了政府节能减排的政策功能——汽车排量越大，税额越高；排量越小，税额越低（甚至免税）。这种征收方式给不同排量汽车的拥有者带来了不同的税收成本，因而可以在汽车消费上起到“抑大扬小”的作用。但是，车船税作为财产税的重要内容，其改革还是应该体现财产税本身的公平原则，发挥财产税应有的作用。进一步而言，在促进节能减排的政策工具中，相对于消费税、车辆购置税的调节作用，车船税的作用只是辅助性的、配合性的，因节能减排而损失其作为财产税应有的公平实无必要。在这种情况下，我国车船税改革的最佳取向就是将“按排量征收”和“按价值征收”结合起来，实行“双轨征收”。借鉴澳大利亚、新西兰、南非等国家的经验，在目前完全可以车船的购置价格为主要计税依据，将排气量、排放标准等因素综合考虑，对达到一定排放标准的汽车给予免征车船税的优惠政策。这样的征收方法既体现了公平性，即财产多者多缴税、财产少者少缴税，又体现了节能减排的政策导向，在发挥车船税作为财产税的公平作用的同时，彰显其对于节能减排的促进作用。当然，这样的制度设计较复杂，实施难度会较大。

值得注意的是，车船税采用“价值”与“排量”相结合的“双轨制”需要充分考虑其对于车企、消费者、税务机关及其他领域带来的诸多影响。其中，税负变化是实施“双轨制”首先要考虑的因素。如何使“双轨制”车船税在发挥节能减排作用、充分体现公平的同时，尽可能减少对企业和消费者经济行为的扭曲，这需要决策部门对车船税的具体征收方法、减免税等要素进行精心设计和巧妙安排。实施“双轨制”需要考虑的另一个重要影响是车船税的征收成本。“双轨征收”势必增加税务机关的工作难度，提升车船税的征收成本。应该看到，在税收征管信息化程度日益提高、征管技术日趋先进的今天，税务机关通过加强管理、改进技术，完全可以将征收成本降至最低。

（三）简化和完善土地增值税

土地增值税设立的初衷是要调节房地产业利润水平，保障房地产市场健康发展，但是近年来该税种的作用受到质疑，不断有停征土地增值税的意见出现。不可否认，该税种在税制设计和征收管理方面存在一些问题，但土地增值税所具有的自动调节功能不应被忽视。首先，其税率采用的是超率累进税率的形式，其税制具有较强的弹性，对房地产投机行为调控力度之大是其他税种难以达到的。其次，土地增值税的计税依据是以增值额来确定的，在计算增值额的时候，针对房地产开发企业，有按照取得土地使用权所支付的地价款和开发成本之和乘以20%加计扣除的规定，而且对增值额未超过扣除项目金额20%的普通标准住宅免征土地增值税，从而为从事正常开发的房地产企业留出了较大的利润空间。这样的规定显然具有调节房地产投资结构、抑制投机行为的政策意图。

土地增值税税制方面的问题主要是计征繁琐、税率过高、征收阻力大，建议着重做好土地增值税税制的简化和完善，尽量做到宽税基、严征管、简计算。同时，应适当降低现行税率水平，通过对税制的调整，进一步体现土地增值税的调节功能。建议对正常的房地产开发、特别是普通标准住宅项目采用更多的扣除规定，甚至是免税待遇。这样，土地增值税实际征收和发挥作用的领域将仅限于高利润率投资项目。

（四）取消印花税

从税制整体角度看，印花税与契税并行开征，而其税基重叠，实质上就存在对同一对象不必要的多税种重复课税问题。同时，印花税是计划经济下的产物，其收入规模小，征收成本高，在市场经济的情况下签订合同的数量大大减少，而为了维持这个税种，现在基本都按销售收入实行核定征收，已经失去其“三自”纳税的意义。从法律的角度，印花税本身就是交易税，有重复征税的嫌疑。从征税性质上看，完全可以将印花税部分税目并入契税税目中，统一征收，以消除重复征税的问题。

第六章　新型地方税体系实证分析

本章以第五章构建的新型地方税体系框架为基础，着重分析建立新型地方税体系引起的财力变化，验证该体系架构在全国及部分区域实施的可行性。在“营改增”政策背景下通过测算增值税全面扩围后对中央、地方财力的影响，以及行业税负变化情况，对零售环节开征销售税，消费税转变为地方税，企业所得税施行同源分征，个人所得税由地方独享，资源税扩大征收范围并试行从价计征，城建税及教育费附加合并为城乡建设发展税等新型地方税主要税种建立税源评估预测模型，论证新型地方税体系在不引起行业税负急剧变化、避免中央财力流失过大和弥补地方财力缺失条件下的可行性。

第一节　实施背景及假设条件

一、实施背景

我国将扩大增值税征收范围、相应调减营业税作为“十二五”时期税制改革的重点。2011 年 10 月 26 日国务院常务会议决定，从 2012 年 1 月 1 日起，先在部分地区和行业开展深化增值税制度改革试点，然后逐步将目前征收营业税的行业改为征收增值税的行业。由于增值税是我国第一大税种，牵涉面多、影响范围广，因此其扩大征收范围的过程不仅仅是税收制度本身的变革，还会引发与之相关的一系列利益关系的重大调整。

按照建立健全有利于科学发展的财税制度的要求，将营业税改征增值税，有利于完善税制，消除重复征税；有利于社会专业化分工，促进三次产业融合；有利于降低企业税收成本，增强企业发展能力；有利于优化投资、消费和出口结构，促进国民经济健康协调发展。2012 年 1 月 1 日开始在上海市试点，选择交通运输业、现代服务业等生产性服务业开展试点。随后，经国务院批准，营业税改增值税试点范围，由上海市分批扩大至北京等8个省（直辖市），包括北京市、天津市、江苏省、安徽省、浙江省、福建省、湖北省、广东省。

随着“营改增”逐步推进，地方主体税种“悬空”，对地方财政收入造成较大冲击。尤其在当前地方政府正面临地方债务居高不下的情形下，“营改增”的大力推进，使地方主体税种建设已箭在弦上。为了弥补地方财力的缩减，我们提出构建以征收零售环节销售税为核心的新型地方税体系。

二、假设条件

在“营改增”背景下，本章利用 AguirreandShome（1988）提出的行业核算账户法进行估算，模拟销售税的开征对中央、地方税收变化的影响。基于以下三种假设进行。

假设一：增值税全面扩围。增值税全面扩围包括两重含义：第一是各行业缴纳的营业税都将改为增值税进行征收。目前试点地区在交通运输业、部分现代服务业等生产性服务业开展试点，从短期来看，增值税扩围改革不可阻挡；从长远来看，我国的增值税是要做到几乎覆盖商品经济的全部领域。第二是全国各地区都会进行“营改增”改革。目前我国在上海、北京、天津、江苏、安徽、浙江、福建、湖北、广东等9个省（直辖市）进行“营改增”试点，虽然时间未定，但全国范围的改革必然会到来。

假设二：“营改增”后服务业所征增值税收入75%由中央获得。目前，中央为了避免增值税扩围对地方财力带来急剧变动，服务业改革后获得的增值税仍暂时留给地方。考虑到“营改增”改革趋于完善之后，中央必然会提取服务业增值税，因此建立新型地方税体系的目的就是地方需要寻找新的替代税源、改革税制结构。因此，我们假设“营改增”后服务业所征增值税收入与其他行业增值税一样由中央与地方按照3∶1分成。

假设三：“营改增”与销售税改革导致2007年中央、地方财力变化结构能大致反映未来趋势。截止到2013年底，能够获取的年份最近、行业划分最细的投入产出表是《2007年中国投入产出表》。我国政策规定每逢尾数是7和2的年份进行全国投入产出调查，编制基本投入产出表，每逢尾数是0和5的年份编制延长投入产出表，以使编表工作制度化，《2012年中国投入产出表》目前还在编制中。假定2007年各行业之间的需求弹性在未来几年内未发生太大变动，那么估算的财力变化仍具借鉴意义。

三、“营改增”对财力影响的测算方法

《2007年中国投入产出表》中将产业部门分为43种，其中属于增值税征收范围的有26种，因为零售环节在直接出售给最终消费者时征收销售税，此时不予考虑批发零售业的增值税，而作为中间产品再次投入生产时可以进行抵扣，此时仍按增值额税率的17%估算。属于营业税征收范围的有17种，假设17种产业全都进行“营改增”，其中教育和卫生、社会保障、社会福利业属于免税产业，改革前文化业中的新闻出版及广播影视音像业已属于增值税征收范围。

一般情况下，现行服务业营业税在征收时以营业额全额为计税依据。在部分特定情况下可以把营业收支差额作为计税依据。本章在只知道总产出情况下，将总产出作为营业额，按全额作为计税依据。其中：住宿、餐饮、旅游、居民服务、娱乐等服务行业按5%征收率的简易办法征税；新闻出版、广播影视、文化艺术、体育业和公共管理和社会组织按3%征收率的简易办法征税。

目前我国对增值税一般纳税人采用的计税方法是国际上通行的购进扣税法，即先按当期销售额和适用税率计算出销项税额（这是对销售全额的征税），然后对当期购进项目已经缴纳的税款（所含税款）进行抵扣，从而间接计算出当期增值额部分的应纳税额。营业税为价内税，计算时其销售额为含税销售额，而增值税为价外税，计算时其销售额应为不含税销售额。因此，扩围改革后在计算增值税时要将服务业的含税营业额换算成不含税销售额。另外，从2009年开始，我国的增值税制已由生产型改为消费型，允许纳税人在计算增值税额时，从商品和劳务销售额中扣除当期外购物质资料价值以及购进的固定资产价值中所含税款。本章在测算服务业应交增值税时也考虑到了这一点，在计算可抵扣的进项税时，其税基要扣除掉购进固定资产时所支付的进项税款。

目前“营改增”试点中有形动产租赁服务税率为17%，交通运输业为11%。基于此，假定“营改增”的增值税税率分为17%、13%、11%三档。

将投入产出表中的服务业总产出加上进口，减去出口、免税服务额以及存货变化中不属于税基的部分作为改革后服务业增值税应税销售。其中，存货变化中不属于税基的部分＝存货变化×（总产出＋进口－出口－免税服务销售额）/（总产出＋进口）。

服务业固定资产购买进项税额的计算，设备工器具购置按2008年中国第

三产业投资年鉴数额换算成不含税价（按17%增值税税率换算）乘以增值税税率（17%）估算设备工器具的进项税。

产品外购服务换算成不含税价（按营业税税率3%或5%换算）后，乘以假设税率计算产品增加抵扣的增值税（运输业由于已按7%抵扣，所以要调整，即假设税率17%增加抵扣10%，假设税率13%增加抵扣6%，假设税率11%减少抵扣4%）。

第二节 增值税全面扩围对财政收入和行业税负的影响

一、对财政收入的影响

要保证增值税“扩围”改革顺利推进，关键在于科学地分析与判断改革对经济运行可能带来的各种影响，从而更好地规划改革路径、制定改革方案、化解改革矛盾。近两年来，我国财税学界已经开始研究增值税“扩围”改革的预期经济影响及其应对措施，得到了一些有益的结论。首先，增值税“扩围”改革会影响到国家的税收收入，其影响大小取决于营业税税率、增值税税率、服务业增值率、产品和服务的中间投入结构等方面因素；其次，增值税取代营业税会减少地方财政收入，因此需要重新调整中央与地方财政分配关系；再次，增值税“扩围”会影响到行业税负，但由于可抵扣的进项税额多少不同，各行业的税负变化不一，增减各异，行业税负变化结果与“扩围”改革后行业适用税率水平存在密切关系；最后，增值税扩大征收范围还会给价格（主要是消费性服务业价格）带来冲击，因而需要考虑对消费性服务业按征收率征税。

（一）模拟测算过程

所谓增值税全面扩围方案，是指将目前缴纳营业税的交通运输业、建筑业、金融保险业、邮电通信业、文化体育业、娱乐业、服务业、转让无形资产、销售不动产等9大项目一次性全部纳入增值税的征税范围，全面征收增值税。

改革前服务业应交营业税 = 服务业产出额 × 营业税适用税率（3%或5%）。将《2007年中国投入产出表》中建筑业等17个服务行业的产出作为营业额，乘以营业税适用税率3%或5%，分别计算出各行业的营业税额，再加总得出改革前服务业应交的营业税总额7684.28亿元，具体计算过程如表6－1所示。

表6－1　2007年中国投入产出表模拟计算服务业营业税　单位：亿元

行　　业	产出额	税率	营业税额
建筑业	62 721.74	3%	1 881.65
交通运输及仓储业	31 700.11	3%	951.003
邮政业	730.7574	3%	21.9227
信息传输、计算机服务和软件业	10 030.42	3%	300.913
住宿和餐饮业	14 815.44	5%	740.772
金融业	19 481.02	5%	974.051
房地产业	14 774.62	5%	738.731
租赁和商务服务业	11 784.58	5%	589.229
研究与试验发展业	1 379.017	5%	68.9509
综合技术服务业	4 397.086	5%	219.854
水利、环境和公共设施管理业	2 158.248	5%	107.912
居民服务和其他服务业	8 754.377	5%	437.719
教育	13 065.85	0	0
卫生、社会保障和社会福利业	11 122.56	0	0
文化、体育和娱乐业	3 540.91	5%	177.05
公共管理和社会组织	15 817.57	3%	474.527
合计	226 274.3		7 684.28

资料来源：根据《2007年中国投入产出表》、《2008年中国统计年鉴》中的数据与设定税率计算得出。

改革后服务业应交增值税＝服务业销项税额－服务业进项税额－服务业固定资产购买进项税额。在分别计算出服务业销项税额、服务业进项税额以及服务业固定资产购买进项税额后，根据上述公式计算可得改革后服务业应交增值税额如表6－2所示：

表6－2　利用2007年投入产出表模拟测算的服务业应交增值税　单位：亿元

行　　业	应纳增值税		
	11%	13%	17%
建筑业	－501.7911	1 071.6822	3 169.6466
交通运输及仓储业	363.5842	1 041.1886	1 944.6611

续表

行　业	应纳增值税		
	11%	13%	17%
邮政业	24.3771	40.2094	61.3191
信息传输、计算机服务和软件业	321.3984	567.4112	895.4282
住宿和餐饮业	339.4272	716.9029	1 220.2040
金融业	1 210.3435	1 636.6733	2 205.1130
房地产业	1 115.8861	1 496.7487	2 004.5655
租赁和商务服务业	-25.7281	208.7614	521.4141
研究与试验发展业	81.0335	132.5813	201.3116
综合技术服务业	154.9600	255.4663	389.4746
水利、环境和公共设施管理业	47.3138	99.4205	168.8960
居民服务和其他服务业	221.8530	428.4820	703.9873
教育	0	0	0
卫生、社会保障和社会福利业	0	0	0
文化、体育和娱乐业	70.0986	148.6326	253.3445
公共管理和社会组织	680.8739	1 042.0286	1 523.5681
合计	4 103.6302	8 886.1888	15 262.9337

资料来源：根据《2007 年中国投入产出表》、《2008 年中国统计年鉴》中的数据与设定税率计算得出。

改革后为产品提供服务增加抵扣增值税 = （为产品提供服务的总投入 - 为产品提供的免税服务投入）/（1 + 营业税税率 3% 或 5%）×假设增值税税率。根据上述公式，测算出的“改革后为产品提供服务增加抵扣增值税”结果如表 6 - 3 所示：

表 6 - 3　　改革后为产品提供服务增加抵扣增值税　　单位：亿元

行　业	为产品提供服务总投入	可抵扣的增值税		
		11%	13%	17%
煤炭开采和洗选业	1 195.584	75.9185	108.733	152.49
石油和天然气开采业	604.8623	45.274	62.3887	85.208
金属矿采选业	603.7269	36.2045	53.0109	75.419
非金属矿及其他矿采选业	481.0255	27.3975	40.6507	58.322
食品制造及烟草加工业	2 760.52	186.663	264.892	369.2
纺织业	1 232.449	87.9323	122.774	169.23

续表

行　业	为产品提供服务总投入	可抵扣的增值税		
		11%	13%	17%
纺织服装鞋帽皮革羽绒及其制品业	1 312.605	99.4086	136.554	186.08
木材加工及家具制造业	773.4346	50.0842	71.9183	101.03
造纸印刷及文教体育用品制造业	937.6676	65.1201	91.3645	126.36
石油加工、炼焦及核燃料加工业	1017.401	61.9186	90.9809	129.73
化学工业	4 371.99	311.257	435.168	600.38
非金属矿物制品业	2 034.646	130.072	187.087	263.11
金属冶炼及压延加工业	3 423.671	235.684	332.305	461.13
金属制品业	1 008.369	67.6253	95.1205	131.78
通用、专用设备制造业	2 594.504	171.92	241.956	335.34
交通运输设备制造业	1 837.539	130.635	180.914	247.95
电气机械及器材制造业	1 854.187	135.383	186.831	255.43
通信设备计算机及其他电子设备制造业	2 744.696	224.154	302.027	405.86
仪器仪表及文化办公用机械制造业	299.9777	21.8772	30.161	41.206
工艺品及其他制造业	397.8762	28.4108	39.7525	54.875
废品废料	58.63968	3.73937	5.40035	7.615
电力、热力生产和供应业	2556.885	214.016	285.545	380.92
燃气生产和供应业	76.31958	5.10461	7.17342	9.9318
批发和零售业	8 105.715	597.132	828.431	1 136.8
合　计	42 284.29	3 012.93	4 201.14	5 785.4

资料来源：根据《2007 年中国投入产出表》、《2008 年中国统计年鉴》中的数据与设定税率计算得出。

（二）地方财力变化

$$\frac{\text{增值税扩围改革}}{\text{对地方财力的影响}} = \frac{\text{营业税改为增值税}}{\text{后的流转税增减额}} + \frac{\text{改革后流转税增减影响的}}{\text{企业所得税中地方分享部分}}$$

其中，营业税改为增值税后的流转税增减额受改革后服务业增值税、改革前服务业营业税、改革后为产品提供服务增加抵扣增值税共同影响而成；改革后流转税增减影响的企业所得税为营业税改为增值税后的流转税增减额与适用的企业所得税税率（25%）之积，再乘以 40% 便是企业所得税中地方政府分享的部分。综合上述计算结果，可得增值税扩围改革后地方财力增减额如表 6－4 所示：

表 6－4　　增值税扩围改革对地方财力的影响　　单位：亿元

项　目	增值税税率		
	11%	13%	17%
改革后服务业增值税	4 103.63	8 886.19	15 262.93
改革前服务业营业税	7 684.28	7 684.28	7 684.28
改革后为产品提供服务增加抵扣增值税	3 012.93	4 201.14	5 785.42
营业税改为增值税后的流转税增减额	－6 593.58	－2 999.23	1 793.23
改革后流转税增减影响的企业所得税	1 648.40	749.81	－448.31
地方财力增减额	－5 934.23	－2 699.31	1 613.91
地方财力增减率	－77.23%	－35.13%	21.00%

2007 年我国地方政府一般预算收入为 23 572.62 亿元。在假设增值税税率为 11%、13%、17% 的情况下，增值税扩围改革后地方财力的增减额分别为 －5 934.23 亿元、－2 699.31 亿元、1 613.91 亿元，其占地方政府一般预算收入的比重分别为 25.17%、11.45%、6.85%，可见增值税扩围改革对地方财力的影响是非常大的。特别是在基于减税的考虑将增值税税率定为 11% 时，地方政府的财力会大为减少。即便是把增值税税率设定为 13%，扩围改革对地方财力而言仍然是一种减收影响，这对在现有分税制财政体制下本已出现困境的地方财政而言是一个更为艰难的考验。不过当增值税税率设定为 17% 时，地方政府的财力会有小幅上升。由此可见，增值税扩围改革对地方财力的影响在很大程度上取决于税率的设定。但有一个众所周知的事实是，推行增值税扩围改革的一个重要目的是为纳税人减负，因此可以预见的是日后的增值税率肯定会低于现行的 17%，这便意味着增值税扩围改革最终会对地方财力带来一定的损害，而且也会改变营业税在地方财政收入中占主体地位的局面，从而极大地影响了地方财政利益。

二、对行业税负的影响

这里分两大行业组别来研究增值税“扩围”对行业税负的预期影响。一是分析增值税“扩围”对目前属于增值税征收范围行业的影响，这些行业具体包括第一产业、除建筑业外的第二产业以及第三产业中的批发零售业，本书称上述行业为“增值税行业”；二是分析增值税“扩围”对目前属于营业税征收范围行业的影响，这些行业具体包括第二产业中的建筑业以及除批发零售业外的第三产业，本书称上述行业为“营业税行业”。

（一）对“增值税”行业税负的影响

尽管目前增值税行业能够抵扣外购原材料、机器设备等所含的进项税，但是依然有两类外购产品与服务不能抵扣：一是建筑安装工程；二是外购的各类服务（主要是生产性服务）。上述两类产品与服务当前都属于营业税征税范围，提供这些产品与服务的企业无法开具增值税发票，因此购买方也就不能获得进项抵扣。而随着增值税征收范围逐渐扩大到营业税行业，外购营业税行业所提供产品与服务的进项税将能够实行抵扣，从而减轻增值税行业的流转税负担（见表6-5）。

表6-5　增值税全面扩围对增值税行业的减税效应测算　单位：%

行业名称	税负下降	行业名称	税负下降
煤炭开采和洗选业	0.43	金属冶炼及压延加工业	0.43
石油和天然气开采业	0.78	金属制品业	0.54
金属矿采选业	0.56	通用、专用设备制造业	0.56
非金属矿及其他矿采选业	0.43	交通运输设备制造业	0.67
食品制造及烟草加工业	0.45	电气机械及器材制造业	0.87
纺织业	0.56	通信设备、计算机及其他电子设备制造业	0.78
纺织服装鞋帽皮革羽绒及其制品业	0.78	仪器仪表及文化办公用机械制造业	0.48
木材加工及家具制造业	0.45	工艺品及其他制造业	0.57
造纸印刷及文教体育用品制造业	0.65	废品废料	0.78
石油加工、炼焦及核燃料加工业	0.62	电力、热力生产和供应业	0.45
化学工业	0.43	燃气生产和供应业	0.46
非金属矿物制品业	0.52	批发和零售业	2.13

增值税完全覆盖营业税行业后，整个增值税行业增值税负担率的降幅在0.56%左右，总体减税效应并不大。不同增值税行业的减税幅度存在一定差异，批发零售业是从税改中获益相对最大的行业，其增值税负担率降幅将达到2.13个百分点。增值税行业的服务中间投入比率是影响该行业增值税负担率降幅的最关键因素。税负降幅与新增进项平均税率的相关系数仅为0.17，但与服务中间投入比率的相关系数高达0.94。服务中间投入比率越高的行业，税改后新增的进项抵扣额越多，减税规模也越大。减税效应最大的批发零售业，其服务中间投入比率也是最高的，远远超过其他行业，而减税效应最小的废品废料业，其服务中间投入比率也是最低的。

当增值税逐步取代营业税时，目前营业税所存在的重复征税问题将能够得到解决，从这一角度看，营业税行业的流转税税负水平理应下降。但是，考虑到营业税行业改征增值税后将适用比当前营业税更高的税率水平，再加上各个行业的成本构成存在差异，且各个营业税行业改征增值税有先后顺序，所以，各营业税行业在增值税“扩围”改革中，有可能出现行业流转税负变化方向与程度不同的情况，有必要进行深入、细致的分析与测算。在部分扩围阶段，发生税负变化的营业税行业仅局限在纳入增值税试点范围的行业，而暂时未纳入试点的营业税行业的税负水平是不受影响的；而在全面扩围之后，当增值税实现对各行业的全面覆盖时，税改将影响到所有营业税行业的税负。

（二）对原“营业税”行业税负的影响

对于营业税行业来说，改征增值税后适用的新税率越高，带来的增税效应越大。比较目前上海增值税试点行业适用的增值税税率与原先适用的营业税税率不难发现，部分现代服务业的税率提高了1%，交通运输业的税率提高了8%，而租赁业的税率更是大幅度提高了12%。

营业税行业改征增值税后能够抵扣外购产品与服务所含税款所带来的减税效应。“进项抵扣的减税效应”的大小：一是行业外购产品与服务纳入增值税征收范围的比重；二是行业的中间投入比率。第一个因素与增值税“扩围”改革的进程有关，在改革试点初期，由于只在少部分营业税行业征收增值税，因此仍有较大比例的外购服务无法获得进项抵扣。从长期看，当营业税行业全面改征增值税时，营业税行业的所有外购产品和服务所含税款都能获得抵扣，减税效应就主要由行业中间投入比率这一因素来决定。行业中间投入比率越高，营业税改为增值税后能够作为进项抵扣的金额也越大，消除重复征税的效应越明显，因而减税效应也就越大（见表6－6）。

表6－6　增值税全面扩围对“原营业税”行业税负影响的测算　单位:%

行业名称	税负变化	行业名称	税负变化
商务服务业	－8.71	旅游业	－4.25
餐饮业	－8.31	体育	－4.01
仓储业	－8.23	建筑业	－3.94
其他服务业	－7.81	文化艺术业	－3.62
计算机服务业	－7.30	邮政业	－3.55
研究与试验发展业	－7.01	航空运输业	－3.09

续表

行业名称	税负变化	行业名称	税负变化
地质勘察业	-6.72	电信和其他信息传输服务业	-1.56
住宿业	-6.34	房地产业	-0.81
娱乐业	-6.05	银行证券业和其他金融活动	-0.79
软件业	-5.14	水上运输业	-0.14
居民服务业	-5.10	装卸搬运和其他运输服务业	0.39
保险业	-5.05	道路运输业	0.85
科技交流和推广服务业	-4.87	城市公共交通业	1.28
新闻出版业	-4.85	管道运输业	1.81
广播、电视、电影和音像业	-4.62	铁路运输业	3.27
专业技术服务业	-4.44	租赁业	4.16

整个营业税行业的中间投入比率为53.27%，但该比率在不同行业间的差异较大。中间投入比率最高的是建筑业，达到了76.86%；此外，航空运输业（75.25%）、仓储（71.85%）等行业的中间投入比率也较高；而某些行业的中间投入比率相对较低，这些行业主要是房地产业（16.62%）、银行业、证券业和其他金融活动（20.67%）等。因此，可以预期，从长期看，通过增值税“扩围”改革，建筑业、航空运输业、仓储业等重复征税问题突出的行业将显著受益于“进项抵扣的减税效应”，而房地产业、银行业、证券业等行业从新增进项抵扣中获得的减税收益可能并不十分明显。增值税“扩围”改革后，共有26个行业的税负会下降，其中商务服务业的下降幅度最大。与此同时，也有6个行业的税负会上升。可见，大部分营业税行业的流转税负担将通过实施增值税“扩围”改革而获得减轻。但是值得注意的是，从目前作为试点行业的交通运输业来看，其中航空运输业和水上运输业的税负是下降的，但道路运输业和管道运输业的税负不降反升。因此，并不是各个交通运输业子行业都能够从税改中减轻税负。尤其需要关注的是，在17%的高税率下，租赁业的税负将会明显提高，成为税负上升最多的行业。之所以出现租赁业以及部分交通运输行业流转税负担不降反升的现象，很大程度上是因为这些行业在税改中的“税率提高的增税效应”过大，抵消并超过了“进项抵扣的减税效应”。

当实现增值税全面扩围时，增值税行业的总体税负会出现小幅下降，其中批发零售业的税负率下降最多。各增值税行业减税效应大小主要取决于该行业的服务中间投入比率，服务中间投入比率越高，减税效应越大。

在长期中，增值税全面扩围会给营业税行业同时带来“税率提高的增税效应”和“进项抵扣的减税效应”的双重影响。各营业税行业改征增值税后的税率选择是“税率提高的增税效应”的决定性因素，税率越高，增税效应越大，而各营业税行业的中间投入比率是“进项抵扣的减税效应”的决定性因素，中间投入比率越高，减税效应越大。从上述两种效应叠加在一起的净效应看，大部分营业税行业的税负会下降，但租赁业和部分交通运输业的税负会上升。

第三节　主要税种税源评估及测算方法

一、增值税部分扩围

对“营改增”改革总体思路的观点和建议：一是“营改增”改革边界宜限于与工业产制关联度高的劳务服务产业。二是保留对建筑安装、金融保险及宾馆、餐饮、娱乐等部分服务业征收“特种营业税”。具体来说，就是只对交通运输、邮电通信以及与工业产销链条联系密切、重复征税问题突出的部分行业推行“营改增”，对其他劳务服务产业继续保留征收营业税。

在计算时，剔除了建筑安装、金融保险及宾馆、餐饮、娱乐等部分服务业。“营改增”对中央财力影响 = 改革后服务业增值税 ×75% − 改革后产品外购服务增加抵扣增值税 ×75% ± 改革后流转税增减影响的企业所得税中央分成；“营改增”对地方财力影响 = 改革后服务业增值税 ×25% − 改革后产品外购服务增加抵扣增值税 ×25% − 改革前服务业营业税 ± 改革后流转税增减影响的企业所得税地方分成。具体公式分解如表 6 − 7 所示：

表 6 − 7　　“营改增”的具体计算公式

项　目	计算公式
改革前服务业应交营业税	= 服务业产出额 × 营业税适用税率（3% 或 5%）
改革后服务业应交增值税	= 服务业销项税额 − 服务业进项税额 − 服务业固定资产购买进项税额
服务业销项税额	= 服务业应税销售额/（1 + 营业税税率 3% 或 5%）× 假设增值税税率
服务业进项税额	=（服务业中间投入服务 − 服务业免税中间投入服务）/（1 + 营业税税率 3% 或 5%）× 假设增值税税率 +（服务业中间投入产品 − 服务业免税中间投入产品）/（1 + 增值税适用税率 13% 或 17%）× 增值税适用税率（13% 或 17%）

续表

项　　目	计算公式
服务业固定资产购买进项税额	=设备工器具购置/(1+增值税适用税率17%)×增值税适用税率(17%)
改革后产品外购服务增加抵扣增值税	=(为产品提供服务的总投入-为产品提供的免税服务投入)/(1+营业税税率3%或5%)×假设增值税税率

二、地方税主体税种的选择

(一) 零售环节销售税

销售税是指在全国范围内实施的，在最终购买消耗品时向消费者征收单一税率的销售税，并对那些属于必需品消费所征的税收进行税收返还，也有些专家称为支出税。通过立法建立一个在最终购买消耗品的阶段征收一个单一税率的全国性的销售税。

按照设想，零售环节销售税仅应就消费者的消费支出课税，不对为了生产目的所从事购买的经营者课税。批发零售业面对最终消费者时，按照销售额直接征税，作为中间产物再投入生产时，购买者可以抵扣缴纳的销售税，而批发零售业的进项税额不能进行抵扣，因此也不需计算批发零售业固定资产购买进项税额。批发零售业在销售货物时，先统一征销售税，不必判断是最终消费者还是中间环节购买者，中间环节购买者再次发生销售行为缴纳增值税时，可凭原来的零售环节销售税发票抵扣掉已缴纳的销售税。

批发零售业征收销售税影响的流转税变化=改革后批发零售业销售税-改革前批发零售业销项税+批发零售业中间产品投入进项税减少+改革前批发零售业进项税；批发零售业中间产品投入进项税减少=改革后批发零售业中间产品投入进项税（销售税）-改革前批发零售业中间产品投入进项税。具体公式分解如表6-8所示：

表6-8　　销售税的具体计算公式

项　　目	计算公式
改革后批发零售业应交销售税	=批发零售业应税销售额/(1+增值税率17%)×假设销售税率
改革后批发零售业中间产品投入进项税（销售税）	=批发零售业中间投入产品/(1+增值税率17%)×假设销售税率
改革前批发零售业中间产品投入进项税	=批发零售业中间投入产品/(1+增值税适用税率17%)×增值税率17%

批发零售业出口不纳税，因此将投入产出表中的批发零售业总产出加上进口，减去出口、免税服务额以及存货变化中不属于税基的部分作为改革后批发零售业应税销售额。其中，存货变化中不属于税基的部分 = 存货变化 ×（总产出 + 进口 − 出口 − 免税服务销售额）/（总产出 + 进口）。

（二）调整扩围后的消费税

改革消费税首先必须重新定位消费税的作用。消费税作为辅助型税种，其基本作用是组织财政收入，这是由税收的性质所决定的，在此基础上其特殊调节作用应进一步突出促进节能减排和引导理性消费两大调节方向。同时借“营改增”之契机，将消费税确定为地方税种，扩大和调整消费税征税范围，实现优化货物劳务税制度的目标。

调整税率结构使消费税税率设计符合节能减排理性消费的导向。一是根据应税商品对环境影响程度的不同设置不同税率，可考虑根据环境污染重要指标物的含量如含硫量或燃油效能差异等，分别设置实施不同的消费税税率，特别是对部分重点污染产品、资源类产品要提高税率。二是对高档娱乐场所及高档消费行为、奢侈品设定较高税率，如对高档棋牌场所、夜总会、高档洗浴中心、高档餐饮、高档俱乐部、娱乐性演出及各种竞技比赛等设定较高税率，提高私人飞机、游艇、高档实木及红木家具、高尔夫球及球具、高档手表等的消费税税率。与此同时，可适度降低部分已成为一般性消费品的商品如普通化妆品的消费税税率。

拓宽征收环节。现行消费税除个别税目外都仅在生产环节一次性课征，具有明显的单一性特征，体现了税不重征的原则。拓宽消费税课税环节，改变单一环节征税的方式，采取多环节征税，对烟、酒等市场需求量大、价高利大，需要国家限制生产和消费的消费品实行在生产、消费两道环节征收，防止企业利用利润转移逃避税收，对成品油、啤酒、黄酒等从量定额征税的消费品来说其税负归宿其实就是普通消费者，建议改在零售环节征税。

三、与事权匹配的所得税

国、地税对企业所得税实行同源共享、分率分征。所谓同源共享、分率分征，是指国、地税机关同时管理企业所得税。两征管主体课税所依据的企业所得税税源（基）一致，但各自的征收税率则不尽相同。如可按现行税收分享比例，国税部门按企业所得税税率的60%（即15%）征收，地税部门按企业所得税税率的40%（即10%）征收。在前面“营改增”与销售税计算的基础上，企业所得税变化 = “营改增”流转税额变化 ×25% + 销售税改革流

转税额变化 ×25%；地方企业所得税变化 = 企业所得税变化 ×40%；中央企业所得税变化 = 企业所得税变化 ×60%。

将个人所得税设置为地方税。第一，由于中国户籍管理制度、住房习惯等，居民的流动性相对较低，个人所得税总体上来说也具有受益税的特征，适合作为地方税。第二，个人所得税是所有税种中涉及纳税人最多的税种，税收征管工作量非常大。再加上个人收入多元化隐性化，现金交易的大量存在，税源监控非常困难，税收征收成本高，征管难度大。相对于国税部门，地税部门对本辖区纳税人的收入情况相对了解。第三，从收入规模和收入弹性而言，随着我国经济水平的不断提高，人均财富拥有量呈逐年上升趋势。加之个人所得税征收管理手段也在不断地改进，在这种情况下，个人所得税的增长前景是乐观的，足以成为一级政府的主体税种。目前中央与地方个人所得税基本按照 6∶4 分成，变为地方税后，地方财力增加值 = 全国个人所得税税收 ×20%；中央财力减少值 = 全国个人所得税税收 ×20%。

四、房地产税

按照国际惯例并结合我国国情，我国房地产税应以不动产的评估价值减除一定扣除项目标准后的余额作为计税依据，扣除项目包括免税面积、免征额、修理费用等。同时，根据房地产税的税目不同，其计税依据也应有所不同。对农村土地，其计税依据应以规定的标准单位，考虑土地面积、土地位置等因素来分类确定；对其他不动产，则以其评估价值作为计税依据。

五、资源税

根据各省改革前的煤炭资源税费收入初步测算，为保证改革前后政府采购收入持平，煤炭资源税率的设置约为 8%～10%，考虑当前煤炭价格下跌及“并费入税”的因素，实际税率还应提高到 10%～12% 左右。进一步考虑到未来 5 年的能源结构调整趋势，简单的经验数据回归显示煤炭需求价格弹性为 4∶1，也就是说要降低 10% 的消耗量需要提高价格 2.5%，这一价格提高不能依靠市场反应，而资源税是可选择的宏观调控工具之一。结合上述分析，未来 5 年煤炭资源的税率应设定在 10%～15% 之间，并根据宏观经济波动相机抉择。在 2020～2030 年间，为适应煤炭能源占比降至 30%～40% 左右，煤炭资源税税率应逐步提高至价格的 20%～25% 的区间。

六、城乡建设发展税

应继续保留城建税、对两项教育附加进行费改税，并将城建税及附加合并为“城乡建设发展税”，使城建税及附加从流转税中分离出来，彻底改变受流转税制约的附加性质，改革成为地方税体系中的一个名符其实、收入稳定的独立税种。零售环节开征销售税后，城建税及教育费附加的税基货物流转税 = 销售税 + 营业税 + 消费税，地方财力增加值 = 流转税变化 × 适用税率。

第四节 财力构成及影响

一、增值税部分扩围对财力的影响

保留建筑安装、金融保险及宾馆、餐饮、娱乐等部分服务业营业税，对与工业产销关联度高的劳务服务产业进行“营改增”改革。比如，交通运输业不再交营业税，改交增值税，交通业原营业税与增值税销项税额的税基变化不大，但增加了增值税进项税额，进项税额不光来自原增值税行业采购，原营业税变为增值税的服务业劳务投入到交通运输业，同样会增加交通运输业的进项税额（见表 6 – 9）。

表 6 – 9 “营改增”后服务业应交增值税 单位：亿元

行业	营业税	应纳增值税		
		17%	13%	11%
交通运输及仓储业	951.00	2 312.17	1 299.92	793.79
邮政业	21.92	75.54	51.09	38.86
信息传输、计算机服务和软件业	300.91	1 008.53	650.45	471.40
租赁和商务服务业	589.23	840.95	461.74	272.13
研究与试验发展业	68.95	221.85	147.28	109.99
综合技术服务业	219.85	513.21	350.80	269.60
水利、环境和公共设施管理业	107.91	181.94	102.16	62.26
合计	2 259.77	5 154.19	3 063.44	2 018.03

资料来源：根据《2007 年中国投入产出表》、《2008 年中国统计年鉴》中的数据与设定税率计算得出。

交通运输及仓储业原营业税最多，收入达 951 亿元，若按 11% 的税率增收，起到了减税作用，有利于物流行业发展。租赁和商务服务业的减税效果也相当明显，促进了现代服务业的发展。邮政业改征增值税后，无论以何种税率进行计算，税负加重。综合技术服务业和水利、环境和公共设施管理业的税负，基本上没有变化。

当“营改增”的服务业作为中间服务投入其他缴纳增值税行业时，其他行业增加抵扣增值税。因批发零售业改征销售税，中间服务并不能全部作为税基计算增加抵扣的增值税，具体计算如表6－10所示。比如纺织业，其支付物流费用或者用于化学研究试验的费用按一定比例都可以抵扣，因为物流业和研究与试验发展业都进入到增值税抵扣链条，原增值税行业的进项税额都会得到增加。

表6－10　“营改增”后为产品提供服务增加抵扣增值税　单位：亿元

行业	产品外购服务额	可抵扣的增值税		
		17%	13%	11%
煤炭开采和洗选业	1 195.584	80.89	61.59	51.95
石油和天然气开采业	604.8623	43.93	37.19	33.83
金属矿采选业	603.7269	48.52	37.13	31.44
非金属矿及其他矿采选业	481.0255	37.22	27.60	22.79
食品制造及烟草加工业	2 760.52	245.32	202.42	180.96
纺织业	1 232.449	80.84	64.66	56.57
纺织服装鞋帽皮革羽绒及其制品业	1 312.605	112.92	98.87	91.85
木材加工及家具制造业	773.4346	58.50	45.49	38.99
造纸印刷及文教体育用品制造业	937.6676	69.59	56.76	50.34
石油加工、炼焦及核燃料加工业	1 017.401	91.13	71.06	61.02
化学工业	4 371.99	370.33	311.44	281.99
非金属矿物制品业	2 034.646	131.71	96.83	79.38
金属冶炼及压延加工业	3 423.671	273.68	224.10	199.32
金属制品业	1 008.369	64.83	51.02	44.12
通用、专用设备制造业	2 594.504	210.17	174.79	157.10
交通运输设备制造业	1 837.539	178.90	157.66	147.03
电气机械及器材制造业	1 854.187	171.81	150.94	140.51
通信设备、计算机及其他电子设备制造业	2 744.696	226.64	206.27	196.08
仪器仪表及文化办公用机械制造业	299.9777	26.19	22.90	21.26
工艺品及其他制造业	397.8762	30.24	24.84	22.14
废品废料	58.63968	3.47	2.44	1.93
电力、热力生产和供应业	2 556.885	136.34	122.37	115.39
燃气生产和供应业	76.31958	4.06	3.03	2.52
合计	42 284.29	2 697.23	2 251.42	2 028.52

资料来源：根据《2007年中国投入产出表》、《2008年中国统计年鉴》中的数据与设定税率计算得出。

化学工业和食品制造及烟草加工业增加的进项税额最多，化学工业为300亿元左右，食品制造及烟草加工业为200亿元左右，因为它们从服务业外购的服务金额最多。很明显，化学工业涉及大量的研究与试验发展业，食品制造及烟草加工业涉及大量的交通运输及仓储业。燃气生产和供应业、废品废料增加的进项税额很少，燃气生产和供应业为3亿元左右，废品废料为2亿元左右，因为它们从服务业外购的服务金额最少，并且它们上游产品几乎是免税的。

"营改增"后企业所得税变化=流转税额变化×25%，地方与中央按照4∶6分成。中央与地方增值税按照3∶1分成。中央、地方财力变化如表6－11所示。

表6－11 "营改增"对中央、地方财力的影响 单位：亿元

	17%	13%	11%
改革后服务业增值税（1）	5 154.19	3 063.44	2 018.03
改革前服务业营业税（2）	2 259.77	2 259.77	2 259.77
改革后为产品提供服务增加抵扣增值税（3）	2 697.23	2 251.42	2 028.52
流转税增减变化（4）＝（1）－（2）－（3）	197.19	－1 447.75	－2 270.26
流转税增减影响的企业所得说（5）＝（4）×25%	49.30	－361.94	－567.57
中央财力增减额(6)＝(1)×75%－(3)×75%＋(5)×60%	1 872.30	391.85	－348.41
地方财力增减额(7)＝(1)×25%－(2)－(3)×75%＋(5)×40%	－1 625.81	－2201.54	－2 489.42
政府财政收入增减额（8）＝（6）＋（7）	246.49	－1 809.69	－2 837.83

按照服务业17%、13%、11%税率分别计算，中央财力增减额为1 872.30亿元、391.85亿元、－348.41亿元，地方财力增减额为－1 625.81亿元、－2 201.54亿元、－2 489.42亿元，财政收入增减额为246.49亿元、－1 809.69亿元、－2 837.83亿元。17%的税率会使整个政府财政收入增加，中央政府财政收入增加额是地方政府财政收入减少额的1倍多。13%的税率虽然造成地方政府财力急剧缩减，但是仍会部分提高中央政府财政收入。13%的税率使中央和地方政府财力都会缩减。

二、主体税种对财力的影响

（一）销售税对财力的影响

分别假设销售税适用1%、3%、5%三种税率，首先计算出批发零售业应

税销售额，再求出改革后批发零售业销售税与改革后批发零售业中间产品投入进项税（销售税）、改革前批发零售业中间产品投入进项税计算如表6－12所示。批发零售业改征销售税后，不再缴纳增值税，虽然没有进项税额可以抵扣，但是销售税的税率远低于增值税率，批发零售业的税负会降低。批发零售业增值税减少2711.63亿元，在1%、3%、5%的税率下，增加销售税分别为206.26亿元、618.83亿元、1031.36亿元。虽然批发零售业税负会降低，但是其他行业购买批发零售业产品会减少进项税额，因为其他行业只能将抵扣与销售税额一样的金额，销售税额相当于增值税减少，其他行业的进项税额就减少。

表6－12　批发零售业中间产品投入进项税变化　单位：亿元

项　目	5%	3%	1%
改革后批发零售业销售税	1 031.38	618.83	206.28
改革后批发零售业中间产品投入销售税	468.15	280.89	93.63
改革前批发零售业中间产品投入进项税	1 475.98	1 475.98	1 475.98
批发零售业中间产品投入进项税减少	1 007.83	1 195.09	1 382.35
改革前批发零售业增值税	2 711.63	2 711.63	2 711.63

资料来源：根据《2007年中国投入产出表》、《2008中国税务年鉴》中的数据与设定税率计算得出。

销售税也属于流转税，同样会影响批发零售业的企业所得税，批发零售业下游行业的企业所得税同样会受到影响，但其上游行业的企业所得税并不会受到影响。假设销售税收入全部由地方政府获得，增值税与企业所得税仍按3∶1与6∶4分成，则销售税开征造成影响如表6－13所示。

表6－13　销售税对中央、地方财力的影响　单位：亿元

	5%	3%	1%
改革后批发零售业销售税（1）	1 031.38	618.83	206.28
改革前批发零售业增值税（2）	2 711.63	2 711.63	2 711.63
批发零售业中间产品投入进项税减少（3）	1 007.83	1 195.09	1 382.35
增值税增减变化（4）＝（3）－（2）	－1 703.80	－1 516.54	－1 329.28
流转税增减变化（5）＝（4）＋（1）	－672.42	－897.71	－1 123.00
流转税增减影响的企业所得说（6）＝（5）×25%	－168.11	－224.43	－280.75
中央财力增减额（7）＝（4）×75%＋（5）×60%	－829.40	－917.76	－1 006.12
地方财力增减额(8)＝(1)＋(4)×25%＋(5)×40%	336.46	－119.39	－575.24

销售税采取1%、3%、5%税率的情况下，地方财力的变化分别是－575.24亿元、－119.39亿元和336.46亿元。按照销售税是为弥补“营改增”后地方财力流失考量的设计，只能采取5%的税率，这样才可达成目标。如果税率太过高于5%，又会造成其他行业税负增加，因此建议销售税率在5%~7%之间。

（二）消费税对财力的影响

将现行的消费税、车辆购置税、小规模纳税人缴纳的增值税和房地产行业营业税统一合并为消费税。具体而言，改革可以分为两步走：第一步，通过扩大范围、提高税率、改变计税方法和调整纳税环节等手段，对现行消费税进行改革，同时与部分营业税行业（重点是转让土地使用权和销售不动产）合并，改为零售阶段征收的销售税，划归地方税收。第二步，将小规模纳税人缴纳的增值税等并入消费税，构建以销售税为主体税种的地方税体系。消费税改为地方税后，中央财力减少（见表6－14）。

表6－14　消费税改革对中央财力的减少　单位：亿元

税种	2005年	2006年	2007年	2008年	2009年	2010年	2011年
消费税	1 633.81	1 885.69	2 206.83	2 568.27	4 761.22	6 071.55	6 936.21

中央财力的减少，并不等于地方财力等量的增加。因为随着消费税扩围，地方财力会增加更多（见表6－15）。

表6－15　消费税改革对地方财力增加的估算　单位：亿元

税种	2005年	2006年	2007年	2008年	2009年	2010年	2011年
消费税	1 655.81	1 915.69	2 246.83	2 768.27	4 962.22	6 471.55	7 136.21

三、新型地方税体系的财力变化评估

在“营改增”背景下，新型地方税体系将形成以商品劳务税和所得税为主体税种，以房地产税、资源税为辅助税种的总体框架，其中构建商品劳务税主体税种可分为设立销售税或改革消费税。利用上文已经测算出来的数据，综合对比，地方和中央财力影响如表6－16所示。

表6－16　新型地方税体系对中央、地方财力的影响　单位：亿元

	“营改增”		零售环节销售税		个人所得税	消费税
	17%	13%	5%	3%		
中央财力增减额	1 872.30	391.85	－829.40	－917.76	－637.12	－2 206.83
地方财力增减额	－1 625.81	－2 201.54	336.46	－119.39	637.12	2 246.83

为了避免“营改增”的大范围冲击，我们建议“营改增”的服务业逐步过渡到17%的税率。在地方主体税种的选择上，由于消费税引起中央财力变化太大，我们建议采取零售环节销售税，定为5%的税率。这样中央财力最终增加406.78亿元，地方财力减少652.23亿元。地方进行零售环节销售税改革是完全可行的，不仅批发零售业税负得到减轻，在不影响全国整个行业减轻税负的经济转型改革的大前提下，还能弥补“营改增”后地方财力的大部分减少值。

实行销售税后，还有更多的好处。比如，经济将会得到很大的发展，将会提供更多的就业机会，人们将会购买更多的商品与服务。另外，销售税的税基较所得税税基更加稳定，有利于保证政府财政收入的稳定性。

当然，如果中央未来全范围推进和完善“营改增”，为了弥补地方财政缺口，我们提出除了进行销售税改革外，还需进行两方面改革：第一，财政转移支付制度改革，加大中央对地方转移支付力度。第二，企业所得税改革，中央将更多的企业所得税收入留给地方。第三，落实资源税改革与开征环境保护税。具体配套措施将在后面章节进行讨论。

第五节 对区域经济影响的实证分析

一、湖北省社会经济发展基本情况

2008年以来，湖北省省内生产总值每年均以两位数可比价格增长率保持高速增长，2012年省内生产总值已超过2万亿元人民币（见图6-1）。

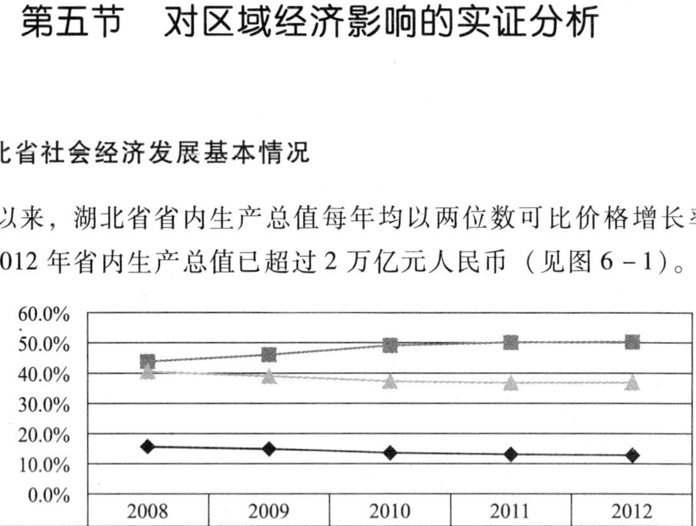

	2008	2009	2010	2011	2012
第一产业	15.7%	14.9%	13.6%	13.1%	12.8%
第二产业	43.8%	46.1%	49.1%	50.1%	50.3%
第三产业	40.5%	39.0%	37.3%	36.8%	36.9%

图6-1 2008年以来湖北省三次产业比重变化情况

数据来源：《湖北省国民经济和社会发展统计公报》。

在三次产业结构方面，第一、第三产业比重均保持下降趋势，第二产业比重持续增长，截至2012年，第二产业比重已超过50%（见表6－17）。

表6－17　　湖北省基本社会经济发展状况

年份	省内生产总值（亿元）	人口（万）	第一产业比重（%）	第二产业比重（%）	第三产业比重（%）	地方支柱产业（营业收入超过1000亿元人民币）
2008	11 330.38	6 110.8	15.7	43.8	40.5	钢铁、汽车、石化、电子信息、食品
2009	12 831.52	6 141.9	14.9	46.1	39	钢铁、汽车、石化、电力、食品
2010	15 806.09	6 176.0	13.6	49.1	37.3	钢铁、汽车、石化、电力、食品、电子信息、纺织
2011	19 594.19	6 164.1	13.1	50.1	36.8	钢铁、汽车、石化、电力、食品、电子信息、纺织、装备制造、建材
2012	22 250.16	6 165.4	12.8	50.3	36.9	钢铁、汽车、石化、电力、食品、电子信息、纺织、装备制造、建材

数据来源：《湖北省国民经济和社会发展统计公报》、《湖北统计年鉴》。

人口方面，5年来湖北省人口维持在0.006%以下的增长率，其中2011年出现了负增长。

主要能源产量情况，见表6－18。

表6－18　　湖北省主要一次能源产量

年份	焦炭（万吨）	原油（万吨）	天然气（亿立方米）	发电量（亿千瓦时）
2008	918	83.9	1.4	1 828
2009	838	80.9	1.67	1 818
2010	947	86.5	2	2 043
2011	994	79	2.28	2 086

数据来源：《中国能源统计年鉴》。

二、湖北省财政收支基本情况

（一）湖北省财政收支总体情况和结构（见表6－19、表6－20）

表6－19　湖北省地方公共财政收入情况　单位：亿元

项　目	2008年	2009年	2010年	2011年	2012年
各项税费收入合计	459.43	539.92	695.22	976.47	1 232.84
地方公共财政预算收入合计	710.85	814.87	1 011.23	1 526.91	1 823.05
一、国内税收收入合计	430.54	505.75	657.74	923.77	1 166.33
1. 营业税	169.9	206.79	249.5	366.79	472.39
2. 企业所得税	88.54	86.79	106.95	155.51	196.87
3. 个人所得税	28.06	29.41	34.41	48.85	48.55
4. 资源税	5.36	6.89	8.4	10.13	12.43
5. 城市维护建设税	41.57	47.11	55.79	82.81	96.78
6. 房产税	16.18	18.6	18.83	22.37	29.28
7. 印花税	8.64	9.7	12.28	16.05	18.04
8. 城镇土地使用税	15	19.03	21.38	24.12	30.65
9. 土地增值税	13.98	17.57	30.54	62.85	92.65
10. 车船税	2.87	3.92	5.5	7.2	9.62
11. 耕地占用税	7.03	19.05	56.25	50.63	69.29
12. 契税	30.67	37.4	54.61	72.74	85
13. 烟叶税	2.74	3.49	3.3	3.72	4.78
二、非税收入合计	28.89	34.17	37.48	52.7	66.51
1. 教育费附加	17.6	21.81	23.56	33.33	42.64
2. 外商投资企业土地使用费	0	0	0	0	0
3. 税务部门罚没收入	0	0	0	0	0
4. 其他	11.29	12.36	13.92	19.37	23.87
（1）文化事业建设费	0.55	0.51	0.62	0.93	1.16
（2）残疾人就业保障金	1.56	1.98	2.62	3.16	3.85
（3）地方教育附加	9.18	9.87	10.68	15.28	18.86

数据来源：2009～2013年《湖北统计年鉴》，湖北省地方税务局统计数据。

表 6－20　湖北省公共财政支出情况　单位：亿元

项　目	2008 年	2009 年	2010 年	2011 年	2012 年
地方财政支出总额	1 650. 28	20 90. 92	2 501. 4	3 214. 74	3 759. 79
一般公共服务	265. 8	308. 4	314. 93	394. 95	466. 51
公共安全	125. 65	137. 57	166. 87	188. 4	204. 53
教育	284. 19	317. 29	366. 57	488. 16	732. 37
社会保障和就业	281. 3	343. 98	368. 42	449. 29	501. 13
医疗卫生	95. 08	139. 24	179. 13	247. 3	267. 99
城乡社区事务	85. 22	112. 34	119. 63	161. 33	201. 73
交通运输	38. 31	84. 92	124. 03	255. 18	212. 68
农林水事务	176. 7	254. 92	305. 44	376. 23	419. 02

数据来源：2009～2013 年《湖北统计年鉴》。

（二）湖北省地方税结构分析

从总量来看，五年来，湖北省地方税收入、地区生产总值（下称 GDP）、地方财政收入、地方财政支出的规模均不断扩大，分别增长了 193%、96%、173% 和 128%。其中地方税收入和地方财政收入年均增长率在 30% 左右，GDP 和地方财政支出年均增长率在 20% 左右（见表 6－21）。

表 6－21　湖北省地方税收总量特征　单位：亿元

年份	地方税收入	地区生产总值 GDP	地方财政收入	地方财政支出	地方税收入占 GDP 的比重（%）	地方税收入占财政收入的比重（%）	地方税收入占财政支出的比重（%）
2008 年	313. 92	11 330. 38	1 138. 75	1 650. 30	2. 77%	27. 57%	19. 02%
2009 年	389. 56	12 831. 52	1 541. 55	2 090. 92	3. 04%	25. 27%	18. 63%
2010 年	516. 37	15 806. 09	1 918. 94	2 501. 40	3. 27%	26. 91%	20. 64%
2011 年	719. 40	19 594. 19	2 639. 81	3 214. 74	3. 67%	27. 25%	22. 38%
2012 年	920. 91	22 250. 16	3 115. 63	3 759. 79	4. 14%	29. 56%	24. 49%

数据来源：《湖北统计年鉴》；湖北省地方税务局统计数据。

从各项指标增长速度来看（图 6－2），2009～2012 四年间，四项指标较上年均保持 20% 甚至 30% 以上的高速增长率，但是不难看出地方税收入增长的速度与 GDP 增长的速度存在正相关关系。

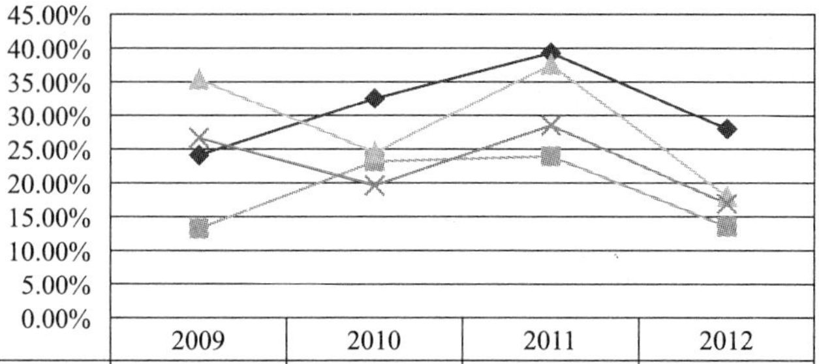

	2009	2010	2011	2012
地方税收入增长率	24.10%	32.55%	39.32%	28.01%
地区生产总值GDP增长率	13.25%	23.18%	23.97%	13.55%
地方财政收入增长率	35.37%	24.48%	37.57%	18.02%
地方财政支出增长率	26.70%	19.63%	28.52%	16.95%

图 6-2　湖北省地方税收总量等指标较上年增长率

数据来源：《湖北统计年鉴》；湖北省地方税务局统计数据。

在湖北省地方各税收入中，营业税收入五年来占比均保持在 50% 左右（见表 6-22），超过了其他所有地方税收入的总和。在地方税收入的地域分布方面，营业税、城市维护建设税、房产税、城镇土地使用税、土地增值税、契税等 50% 以上分布在武汉。由地方税收入分布规模可以看出，武汉作为省会城市，税源广、税基大。

表 6-22　湖北省各地方税种占地方税总收入比重　单位:%

年份	营业税	资源税	土地使用税	城市维护建设税	印花税	土地增值税	房产税和城市房地产税	车船税	耕地占用税	契税	烟叶税
2008 年	54.12	1.71	4.78	13.24	2.75	4.45	5.15	0.91	2.24	9.77	0.87
2009 年	53.08	1.77	4.89	12.09	2.49	4.51	4.77	1.01	4.89	9.60	0.90
2010 年	48.32	1.63	4.14	10.80	2.38	5.91	3.65	1.06	10.89	10.58	0.64
2011 年	50.99	1.41	3.35	11.51	2.23	8.74	3.11	1.00	7.04	10.11	0.52
2012 年	51.30	1.35	3.33	10.51	1.96	10.06	3.18	1.05	7.52	9.23	0.52

数据来源：湖北省地方税务局统计数据。

通过对比各市、州税种区位熵，我们可以了解各市、州本地区对地方税总收入贡献率高于全省平均水平的税种（见表 6-23、表 6-24）。

表 6－23　2012 年湖北省各市、州地方各税税种占全省地方各税税种比例　单位:%

市、州	市州总收入占全省比例	营业税	城市维护建设税	房产税	印花税	城镇土地使用税	土地增值税	车船税	耕地占用税	契税	其他各税
武汉市	49.59	52.84	53.07	54.24	60.01	36.49	62.47	45.48	15.04	53.02	0.32
黄石市	2.85	2.93	3.28	3.81	4.98	4.86	1.14	4.60	1.71	2.10	7.52
十堰市	4.29	3.02	3.47	5.58	3.40	6.29	1.91	5.11	16.74	3.42	5.53
荆州市	3.11	3.61	2.91	3.08	2.30	2.89	1.61	4.72	2.26	3.33	1.09
宜昌市	9.39	8.29	6.71	8.65	8.10	10.66	9.94	6.30	19.02	7.46	24.70
襄阳市	8.88	6.89	9.82	7.61	6.06	12.39	11.09	9.02	17.14	9.48	9.10
鄂州市	1.85	1.79	1.31	1.47	1.90	3.08	1.27	1.13	2.39	2.57	2.51
荆门市	3.18	2.62	5.24	2.72	2.77	4.68	1.72	5.10	4.53	2.98	7.60
孝感市	3.60	3.57	2.58	3.44	2.41	4.15	1.82	2.96	7.75	3.44	4.49
黄冈市	3.09	3.62	2.45	2.86	2.14	3.58	2.03	4.18	1.72	2.72	5.10
咸宁市	2.60	2.73	1.59	1.91	1.58	2.92	1.49	2.67	4.17	3.43	2.05
恩施自治州	2.63	2.42	3.89	1.62	1.27	1.42	1.35	3.48	1.81	1.89	19.86
随州市	1.25	1.44	1.36	0.79	0.99	1.30	0.83	1.29	0.60	1.32	0.65
仙桃市	1.01	0.96	0.79	0.75	0.88	1.89	0.56	1.48	1.99	1.22	0.13
天门市	0.67	0.63	0.37	0.35	0.29	0.90	0.54	0.65	1.66	0.68	0.56
潜江市	0.94	0.71	0.85	0.74	0.74	2.45	0.20	1.74	1.48	0.92	6.99
神农架林区	0.11	0.11	0.06	0.05	0.07	0.03	0.02	0.08	0.00	0.03	1.80

数据来源：根据湖北省地方税务局统计数据整理。

表 6－24　2012 年湖北省各市、州各地方税税种区位熵

市、州	营业税	城市维护建设税	房产税	印花税	城镇土地使用税	土地增值税	车船税	耕地占用税	契税	其他各税
武汉市	1.07	1.07	1.09	1.21	0.74	1.26	0.92	0.30	1.07	0.01
黄石市	1.03	1.15	1.33	1.74	1.70	0.40	1.61	0.60	0.74	2.63
十堰市	0.70	0.81	1.30	0.79	1.47	0.44	1.19	3.90	0.80	1.29
荆州市	1.16	0.94	0.99	0.74	0.93	0.52	1.52	0.73	1.07	0.35
宜昌市	0.88	0.71	0.92	0.86	1.13	1.06	0.67	2.03	0.79	2.63
襄阳市	0.78	1.11	0.86	0.68	1.40	1.25	1.02	1.93	1.07	1.02
鄂州市	0.97	0.71	0.80	1.03	1.67	0.69	0.61	1.29	1.39	1.36

续表

市、州	营业税	城市维护建设税	房产税	印花税	城镇土地使用税	土地增值税	车船税	耕地占用税	契税	其他各税
荆门市	0.83	1.65	0.85	0.87	1.47	0.54	1.61	1.43	0.94	2.39
孝感市	0.99	0.72	0.96	0.67	1.15	0.51	0.82	2.15	0.96	1.25
黄冈市	1.17	0.79	0.93	0.69	1.16	0.66	1.35	0.56	0.88	1.65
咸宁市	1.05	0.61	0.73	0.61	1.12	0.57	1.02	1.60	1.32	0.79
恩施自治州	0.92	1.48	0.61	0.48	0.54	0.51	1.32	0.69	0.72	7.55
随州市	1.16	1.09	0.64	0.79	1.04	0.67	1.04	0.48	1.06	0.53
仙桃市	0.94	0.78	0.74	0.87	1.86	0.55	1.45	1.96	1.20	0.13
天门市	0.94	0.56	0.52	0.43	1.34	0.81	0.97	2.48	1.01	0.83
潜江市	0.76	0.90	0.79	0.79	2.62	0.21	1.86	1.58	0.98	7.45
神农架林区	1.05	0.58	0.50	0.65	0.26	0.19	0.76	0.03	0.25	16.62

数据来源：根据湖北省地方税务局统计数据整理。

2012年湖北省三次产业税收收入对全省地方税收入贡献率数据（表6－25）表明，当前湖北第三产业对地方税收入贡献率最高达70.79%；伴随着各项惠农政策的付诸实施，第一产业已基本实现零税负，故其对地方税收入贡献率极小，仅有0.02%；第二产业对地方税收入贡献率为29.19%。

值得注意的是，房地产业作为第三产业的一部分，其对地方税收入贡献率高达30%，占至第三产业贡献率的一半。

表6－25　湖北省三次产业税收收入对全省地方税收入贡献率

合　计	地方税收入（亿元）	对地方税收入贡献率（%）
	920.9	
第一产业	0.2	0.02
第二产业	268.8	29.19
采矿业	15.33	1.66
制造业	97.23	10.56
电力、热力、燃气及水的生产和供应业	9.37	1.02
建筑业	146.9	15.95
第三产业	651.9	70.79
批发和零售业	30.43	3.30
交通运输、仓储和邮政业	49.71	5.40
住宿和餐饮业	19.7	2.14

续表

合　计	地方税收入（亿元）	对地方税收入贡献率（%）
	920.9	
信息传输、软件和信息技术服务业	16.64	1.81
金融业	91.32	9.92
房地产业	277.4	30.12
租赁和商务服务业	77.99	8.47
科学研究和技术服务业	15.47	1.68
居民服务、修理和其他服务业	42.23	4.59
教育	2.49	0.27
卫生和社会工作	0.18	0.02
文化、体育和娱乐业	6.4	0.69
公共管理、社会保障和社会组织	8.27	0.90
其他行业	13.68	1.49

数据来源：根据湖北省地方税务局统计数据整理。

三、"营改增"对湖北省地方财政的影响

2012 年 12 月 1 日，湖北省交通运输业和现代服务业开始"营改增"试点，本次试点共涉及纳税人 74 065 户，其中企业纳税人 31 776 户，个体纳税人 42 289 户（见表 6－26）。

表 6－26　　湖北省"营改增"试点行业纳税人移交数量

行　业	户数			
	合计	企业	个体户	其中：查账征收
总计	74 065	31 776	42 289	28 423
交通运输业小计	32 954	7 002	25 952	6 754
现代服务业小计	41 111	24 774	16 337	21 669
研发和技术服务	4 014	3 884	130	3 331
信息技术服务	4 365	3 439	926	2 723
文化创意服务	10 781	5 971	4 810	5 252
物流辅助服务	9 148	3 649	5 499	3 100
有形动产租赁服务	2 622	1 315	1 307	1 176
鉴证咨询服务	9 521	5 892	3 629	5 478
广播影视服务	660	624	36	609

数据来源：湖北省地方税务统计数据。

从行业整体看，湖北省“营改增”试点后，试点行业增值税入库税款较营业税入库整体减少 11.92 亿元，不考虑增值税后期抵扣，试点行业整体减税 21.26%。交通服务业财政入库税款减少 7.76 亿元，减收比例 34.65%；现代服务业财政入库税款减少 4.26 亿元，减收比例 12.54%。从具体行业看，增值税入库金额较营业税入库税款增加的行业主要为部分现代服务业，包括：物流辅助服务、研发和技术服务、有形动产租赁服务三个行业，其中物流辅助行业增加明显，达 50.59%；研发和技术服务业、有形动产租赁服务业分别增加 12.25% 和 7.70%（见表 6－27）。

表 6－27　“营改增”试点行业改革前后省财政入库税款

行　业	入库税款减少（亿元）	入库税款减少比例（%）
合　计	11.92	21.26
一、交通运输业	7.66	34.65
陆路运输服务	6.13	35.85
水路运输服务	0.48	32.78
航空运输服务	0.86	51.72
管道运输服务	0.19	10.12
二、部分现代服务业	4.26	12.54
研发和技术服务	－0.97	－12.25
信息技术服务	0.17	6.84
文化创意服务	6.65	50.08
物流辅助服务	－1.95	－50.59
有形动产租赁服务	－0.15	－7.70
鉴证咨询服务	0.51	11.38

四、新型地方税实施对湖北省财力影响

上一节中我们已经考察了销售税作为地方主体税种的合理性，相较于消费税，销售税更加可行。本节将不再考虑消费税扩围的方案，以“营改增”部分扩围和销售税为主要分析对象。

由于省与省之间的经济交流，仅仅只通过某一省的投入产出表计算该省税收会存在很大偏差，因为税收归属问题无法有效解决。因此，在测算“营改增”和销售税对湖北省财力的影响时，我们不考虑增值税和企业所得税地方共享部分的变化，简单假设“营改增”后湖北省 2007 年部分营业税减少，考察销售税改革能否弥补财力的缺失。交通运输及仓储业、邮政业等服务业

营业税计算如表 6－28 所示。

表 6－28　“营改增”前湖北省相关服务业应交营业税　单位：亿元

行　业	服务产出额	税率	营业税
交通运输及仓储业	1008.10	3%	30.24
邮政业	27.33	3%	0.82
信息传输、计算机服务和软件业	291.05	3%	8.73
租赁和商务服务业	240.80	5%	12.04
研究与试验发展业	41.76	5%	2.09
综合技术服务业	93.29	5%	4.66
水利、环境和公共设施管理业	75.28	5%	3.76
合计	1777.61		62.35

改革后地方批发零售业应交销售税公式与全国核算公式有一定差别，因为出口不纳税，而流出到其他省份同样需要纳税，我们假设没有出口。改革后湖北省批发零售业应交销售税＝湖北省批发零售业应税销售额/(1＋增值税率 17%)×假设销售税率；湖北省批发零售业应税销售额＝批发零售业总产出＋流入湖北省的批发零售业－免税服务额－存货变化中不属于税基的部分；存货变化中不属于税基的部分＝存货变化×(总产出＋流入湖北省部分－免税服务销售额)/(总产出＋流入湖北省部分)。根据上一节的测算，直接排除 1% 的税率，保留销售税 3% 和 5% 的税率，具体计算如表 6－29 所示。

表 6－29　湖北批发零售业应税销售额　单位：亿元

项　目	销售税税率	
	5%	3%
批发零售业总产出 (1)	1 026.34	1 026.34
流入湖北的批发零售业 (2)	53.36	53.36
批发零售业免税服务额 (3)	20.23	20.23
存货变化中不属于税基的部分 (4)	17.74	17.74
湖北批发零售业应税销售额(5)＝(1)＋(2)－(3)－(4)	1 041.73	1 041.73
湖北批发零售业销售税 (6) ＝ (5) ×假设税率	52.09	31.25

上一节已经证明，虽然开征销售税会使中央财力减少，但在“营改增”综合作用下中央财力仍然会增加，我们在本节只考察湖北省的财力变化，假设个人所得税全部由地方获得，具体计算如表 6－30 所示。

表 6-30　“营改增”与销售税改革对湖北财力影响　单位：亿元

项　目	销售税税率	
	5%	3%
改革前湖北省营业税（1）	62.35	62.35
湖北批发零售业销售税（2）	52.09	31.25
湖北个人所得税增加部分（3）	12.31	12.31
湖北省财力变化（4）=（2）+（3）-（1）	2.05	-18.79
湖北省财力增减率（5）=（4）/（1）	3.29%	-30.14%

在销售税率为5%的情况下，湖北省通过建立新型地方税体系，能完全弥补“营改增”的财力损失，因为湖北省第三产业比重与其他东部沿海发达省份相比略低，所受“营改增”冲击较小。由此可见，构建以销售税和所得税为主体税种的新型地方税体系是可行的。

第七章　地方税征管体系建设

在前面章节的地方税体系概念中，明确地方税体系主要由地方税收入体系、税权体系、税收制度体系和税收征管体系四个部分组成。然而，收入、税权、制度的表现形式又主要体现在税收征管上，所以地方税征管体系是地方税体系中一个不可或缺的重要组成部分，是地方税体系存在的根本保障。地方税征管体系的正常运转有赖于一个高效、协调的组织系统予以支撑，主要包括独立的地方政府税权、清晰的税收征管职能、先进的纳税服务理念、系统的税源监控手段、规范的税务代理制度和严厉的税收处罚法律。

在我国，建立地方税征管体系，就是要在地方税征收管理活动各要素之间形成相互联系和制约的一个有机整体，其作用标的是中央与地方共享税和地方政府所属各个税种，宗旨是有效组织地方税收、完成地方税收和管理的各项事务。本章主要从建立与地方税体系相适应的征管机制、国地税关系、地税职能、税收服务以及保障地方主体税种征管的具体制度措施五个方面进行阐述，从而保障地方税收入、税权、制度的全面贯彻落实。

第一节　建立与地方税体系相适应的征管机制

党的十八大报告中明确指出“加快改革财税体制，健全中央和地方财力与事权相匹配的体制……构建地方税体系，形成有利于结构优化、社会公平的税收制度”。这是首次在党的报告中明确提出构建地方税体系的指导性意见。党的十八届三中全会通过的《决定》更是进一步指出“深化税收制度改革，完善地方税体系，逐步提高直接税比重。推进增值税改革，适当简化税率。调整消费税征收范围、环节、税率，把高耗能、高污染产品及部分高档消费品纳入征收范围。逐步建立综合与分类相结合的个人所得税制。加快房地产税立法并适时推进改革，加快资源税改革，推动环境保护费改税。”由此可见，构建和完善我国现行税收征管体系，尽快建立地方税征管机制，既是深化税制改革、优化税制结构的客观要求，也是建立地方主体税种和地方税体系改革发展的内在需要。

为此，建立与地方税体系相适应的征管机制，将成为深化我国分税制财政管理体制的重要内容。必须加快地方税征管改革步伐，充分发挥地方政府在税收筹集财政收入方面的主渠道作用。

一、进一步优化现行税收征管制度

我国现行的《中华人民共和国税收征收管理法》（以下简称《税收征管法》）及其实施细则等有关的法律、法规，主要是围绕增值税、营业税和所得税为主体税种的税制体系而建立起来的，虽然对国、地税机关的税收征管有明确规定，但在税收实践中，仍然存在体制性缺陷，尤其是在地方税种征收管理上，除税种开征的条例和细则外，再就是部门发文联合控管，没有将地方税管理真正纳入《税收征管法》中，较大程度上影响了地方税征管质量与效率。

（一）我国现行税收征管制度的缺陷

我国现行税收管理的缺陷，主要表现在以下五个方面：

1. 税收征管立法权过于集中。改革开放以来，我国一直坚持税权集中、税法统一的原则，分税制只是将某些地方税种及共享税的收入分配与使用权划归地方，其相应的税收立法权、税目税率调整权基本集中在中央，也就不能判定其为分权分税制的财政体制。这一高度集权的税收立法模式，必然导致税收征管权高度集中，税收征管模式过于单一。一方面，不利于地方政府根据当地经济税源优势，开征或根据授权调整相应的地方税，挖掘和拓展地方新税源。同时，也无法充分利用税收杠杆调控地方经济，引导地方资源合理利用的平衡发展。另一方面，由于地方税很难满足地方政府实现社会管理和经济职能的需要，导致以费代税、以费挤税现象十分普遍。相比发达国家和地区，我国含关税、船舶吨税现有 18 个税种，但费种根据地区不同多达几十种（地方非税收入），地方税税源受到严重侵蚀，使地方税收入规模进一步萎缩。第三个方面，税收法制建设不健全，地方税收法律层级偏低，且《税收基本法》和《地方税法通则》尚未出台，削弱了税法的权威性、强制性和约束力。同时，税收收入的归属，主要是通过国务院相关文件进行调整，中央和地方税收收入分配没有纳入法制化轨道，地方税体系稳定性较差，地方政府没有稳定预期。

2. 税收征管法律法规过于滞后。信息化是当前世界经济环境的一大特点和发展趋势，而信息技术的广泛运用和电子商务及新的经济交易形式的不断涌现，对税收征管方式提出了新的要求。现行税收征管制度所采用的，依然是建立在税务登记、账簿管理基础上的传统征管模式，电子商务和财务软件的出现，带来了这种传统征管模式解决不了的诸多难题。一是电子商务中的各种合同、票据、凭证都以电子数据的形式存在，其财务结算和会计账簿也都是以电子数据进行处理，而且系统可以不留痕迹地进行修改，使得通过审核各种凭证、账簿来确定税种、税率以及收入、成本等变得不再可行。同时，电子商务大多采用网络支付系统，加大了税务部门通过银行的支付交易进行监控的难度。二是在研究构建地方税体系中，无论是扩大消费税征收范围改为地方主体税种，还是推进房地产税改革，包括原来已开征的契税、耕地占用税、房产税、城镇土地使用税、土地增值税、印花税等诸多税种，很大程度上依赖于信息技术的应用。比如，契税、耕地占用税以及土地增值税的“先税后证”，全国各地近几年来大力推行的“存量房交易计税价格评估系统”应用，“以地控税”平台的建立，“房地合一”的房地产税制改革等等，并没有在税收征管的法律层级上赋予其地位，纳税人如果按照政府其他职能部门法律申诉其具体行政行为，其税收征管就难以有法可依了。

3. 税收征管程序不尽合理。在税收实践活动中，税务登记、纳税申报以及税务检查程序的设置是否完善，直接关系到税务机关和纳税人之间，也就是征纳双方的责任与义务是否到位，也关系到税收环境是否建立在一个公平、公正、和谐的基础上，并对税务机关的税收征管质量和纳税人的权益产生直接影响。如目前试点扩围个人住房恢复征收房产税，在现行《税收征管法》设计相关征管程序中就得不到有效保障。

（1）税务登记缺乏有效的管理。现行《税收征管法》忽视对税务登记信息的审核以及对纳税人使用、管理税务登记证件的检查，当纳税人不申报或者不缴税时造成管理失控，容易导致税务登记监督管理流于形式，特别是逐步扩大试点和准备全面推行的个人住房恢复征收房产税，最大的难点不是税制，因为《房产税暂行条例》规定是免征，现在只是恢复征收，困难就在于如何征管。上海、重庆两市近几年试点情况，客观实际地讲，难点应该找到并得到证明。

（2）税务登记与其他行政登记缺乏有效的衔接。纳税人开展生产经营活动，按照我国法律法规有关规定，需要到有关行政部门办理相关事项登记，而这些登记事项却不能有效进行部门间共享，造成行政资源浪费。如纳税人动产、不动产的登记信息，税务机关只有准确、及时掌握纳税人车辆以及不同位置的土地、房屋，税收征管才能起到事半功倍的效果，有效防止税收流失。

(3) 纳税申报制度的不规范。纳税申报的规定过于原则性，不易理解内涵，缺乏可操作性，特别是对于申报主体、申报内容、申报期限、申报方式、申报程序及罚则的规定没有明确界定，不便于纳税人理解和税务机关统一管理。对于申报主体、申报内容、申报期限、申报方式、申报程序及罚则的规定不够明确，没有按照不同类别的纳税人作具体规定，也不便于纳税人理解和税务机关统一管理。如法国居住税的纳税人为每年1月1日实际占用某一房产的自然人，这个自然人可能是房产所有人、房产租用人或房产免费使用者，申报主体十分明了。而我国个人房屋租赁税收的申报主体，仍然是房屋产权所有者，作为自然人纳税人（包括楼宇经济体），主管税务机关很难找到或征收到位，造成税收流失严重。

4. 税收管辖权限划分过于复杂。无论是国家税务局还是地方税务局，既要为中央征税，又要为地方征税，同时还可能对同一个纳税人征税，税收征管权限的交叉，不仅在国家税务局和地方税务局之间，由于收入计划的原因，容易造成矛盾和摩擦，而且缺乏统一协调制度，结果往往造成表面上都管、实际上都不管的税收漏洞。首先，国家税务局和地方税务局的关系尚未完全理顺，税收征管范围划分尚欠合理，收入归属与征收管理权没有统一，造成税收征管的具体操作上缺乏协调和配合。其次，根据“十二五”规划，现行部分行业营业税改为增值税制度的推行，由于对“营改增”企业的后续管理制度没有完善起来，在征管上就产生了一定困难。第三，由于国、地税机关的衔接匮乏，地方税务机关无法得到企业增值税缴纳的准确信息，在附征税费的征收上信息缺失，很容易造成税收征管上的漏洞和税收执法风险。

从2012年税收收入比重看，增值税收入占全部税收收入的39.8%，营业税收入占全部税收收入的15.6%，假定其他税种不作任何调整，“营改增”政策到位后，增值税在全部税收收入中的比重将超过50%。所以，地方税征管体系的建立，就是要根据中央与地方政府“事权与财权”相匹配的财税体制改革，确立好地方主体税种，调整划分好国、地税机关之间的税收管辖权限。

5. 政府行使税权监控机制相对缺失。规范的一级财政需要有相对独立的收支管理权和收支平衡权。目前，地方政府自主财权很少。造成这种状况的原因，主要是1994年分税制改革时，对既得利益的照顾和忍让导致改革不够彻底。因此，地方政府在事权与财权不匹配的情况下，地方政府只要能增加财政收入，或因招商引资等其他因素，就难以行使税权的监控机制，从而加大了地方税征管风险。一是中央和地方政府税权行使监督网络尚未形成，加上税权的高度集中，各级政府对其下属的税权行使情况难以及时监督。二是税务机关行使税权的独立性受地方政府的掣肘严重，内部监督机制难以正常运转并发挥应有的作用。三是由于管理体制的非法律化，因此对滥用税权者或税权运用不当者未能施以较严厉的惩戒，反过来又在一定程度上助长了这种行为的蔓延和升级。之所以在现行税收征管条件下，有“国税靠发票、地税靠政府”之说，就是地方各级政府如果支持并行使税权监督，较为分散的地方各税就能征收到位。

（二）健全完善现行税收征管制度

完善的税收征管制度和机制，是地方税体系的重要内容，同时也是地方税体系运行的基础。按照税收专业化管理要求，结合新时期税源和税收管理工作呈现出的“信息化、社会化、交互协作化”的发展趋势和特征，如何建立和完善与地方税体系相适应的地方税收征管制度？我们认为，针对上述现行《税收征管法》制度上的一些缺陷和地方税体系中具体税种的税制特点，借鉴发达国家的先进税收管理理念，可从以下几个方面进行研探：

1. 建立符合国情税权制度。一般来讲，完整意义的税权，包括税收立法权、税收收入归属权、税政管理权以及税收征收管理权四个方面的内容。立法权是指税法制定、颁布权和税种的创设权，它在税权范畴中处于核心地位；税收归属权是指税收收入归谁所有，由谁支配及使用的权限；税政管理权是指税种开征与停征、增加或减少税目、调整征税比例、增减税负等方面的权限；税收征管权是指税务当局在税收征收、管理活动上体现出来的权限。

从前面国际税权划分比较情况看，世界上税权大致可分为三种类型：一是以英国、法国为代表的中央集权型，即各项税权高度集中于中央，地方只有少量的税权。二是以美国为代表的税权分散型，即中央与地方分别行使独立的税收权限，互不交叉、干扰。三是以德国、日本为代表的适度分权型，该税权类型综合了前两种模式的特点，中央、地方均享有一定的税收立法权，但中央对地方税收立法权的行使有一定的限制，突出特点是税收立法权相对集中，税收管理权则相对分散。

那么，在税权模式的选择上，由于不同国家对政策目标的侧重点不同，所以对税权模式的选择也不同，且与一国的政治体制具有较大的关联。单一制国家、集权型国家大都采取集权型税权模式，我国即属于这种模式。分权型、联邦制国家多采取分散型税权模式。判断一国财政体制是集权还是分权，地方税权的设定就是其中重要的衡量指标。在地方税体系中，最为重要、也是最易引起争议的，就是地方税权的设定问题。

我国在政治上是一个高度集权的国家，为适应政治体制的要求，确保中央财政宏观调控的主动权，确立中央财政的主导地位，是实现社会主义政治稳定和国民经济协调发展的重要基础。而地方政府肩负调控区域经济发展、提供地方公共服务的职能，其自然、经济资源极不均衡，各地经济发展水平和财政能力以及税源分布千差万别，需要健全地方税体系，并赋予地方政府必要的税权，扩大地方税收入规模。因此，对全国范围内普遍开征但流动性较小的税种，中央政府可原则性规定，如房产税、城镇土地使用税、契税、耕地占用税等。对地方经济调节作用大，不影响中央税和共享税税源的，一定范围内有利于涵养培植地方税收经济的地域性、特殊税收优惠政策及减、缓征管权限，如拟设计开征的销售税，与某一地区人口规模和经济发展水平直接相关联，也适合作为省级地方财政的主体税种，其税率调整直接与地区经济发展挂钩，应适当赋予省级地方政府自主权，因地制宜地促进地方经济良性发展。

2. 完善税收信息应用制度。“信息管税”是当今时代税收管理的根本要求，逐步实现信息化工作重点，从信息化建设转向信息化应用。尤其是地方税体系中财产税，作为一种直接税，主要依托部门间的信息共享和应用，才能做到应收尽收。如车船税，利用公安交管部门、船舶管理部门在籍车辆、船舶的登记信息，就可以防止纳税人改变计税依据的行为发生；房产税，利用房管部门房屋登记保有信息和 GIS 平台，就可以掌握房源信息，管好了税源；城镇土地使用税，利用国土资源和规划部门城镇土地登记信息和 GIS 平台，就可以及时掌握土地所有权人信息，也管好了税源。所以，建立税收信息应用制度显得尤为重要。

如何完善税收信息应用制度？具体来说，一是以纳税人信息的“一户式”存储为基础，建立纳税人的征管电子档案库，归集各类静态、动态管理信息，实现税收管理信息“一户式”综合利用，推进纳税评估、税收运行分析。尤其是在财产税管理上，整合住建、国土部门信息，将存量房评估系统和“以地控税”系统进行融合，形成房地产保有及衍生税源信息的一体化税收管理。二是依托信息化税收管理系统，开发建立税收收入质量评价体系，重点考评税收征收率是否达到应收尽收；建立征管质量评价体系，考核税收入库及欠税率；建立个人绩效管理评价体系，考评岗位人员工作绩效；建立地税机关工作绩效评价体系，考评税务工作社会满意度。三是充分利用数据信息管理资源，建立和完善全国及省级税务决策支持系统。

3. 健全部门协作护税制度。地方税收征收保障，是长期困扰税务机关的一个问题，也是保证地方税征管到位的一个重要保障，税务机关在此问题上耗费较大人力、物力、财力，不断加大行政成本，原因就在于受到部门利益和部门保护主义影响。在新的《税收征管法》修正案（征求意见稿）中，虽然增加“政府部门和有关单位应当及时向税务机关提供所掌握的涉税信息”①作为第二十八条，但不提供或少提供信息造成税收流失的法律责任并没有明确，尤其是税收法律对其他部门约束力不大的情况下，就很难得到部门遵从，必须从法律上明确责任。

首先，国家税务局与地方税务局征管系统，必须建立更紧密的涉税信息交换、比对、监控制度，实现纳税人信息共享。在分税制体制下，国、地税机关分别承担中央和地方政府税收，虽然近几年国家税务总局以正式文件强化国、地税信息共享，但实际工作中始终难以做到。在基层国、地税合作还受国、地两个税务机关“一把手”工作作风、品格、修养等因素影响。究其原因，主要是由各自征管责任划分的复杂性造成。其次，地方公安、工商、国土、房管、财政、银行等部门必须与税务机关建立信息交换制度，打通数据交换和互联互通渠道，实现信息交换与数据共享，通过部门间协作，保证税源及时监管，税收不流失。第三，建立“单位和个人纳税信用等级系统”，通过逐步实现“电子协同执法”、“税、银、财、库联网”、“管理信息政府部门交互审核”、“单位和个人社会诚信系统”等网上协同办税功能，加大协税护税力度，增强税收管理实效。

4. 完善税收执法监督制度。建立税收执法监督制度，坚持依照税法规定权限和程序规范税收行政执法行为，是地方税征管保障体系的基石，因为地方税涉及面广，且主要面对广大自然人，只有做好税收服务，达到程序正当、合法行政、合理行政、高效便民、诚实守信、权责统一，才能使税收执法严格、公平、公正、文明。一是推行执法质量考核和执法责任制考核，建立一、二级执法考核体系，一级由市级税务领导机关对县（区）级税务领导机关考核，二级由县（区）级领导机关对所属基层税务机关考核。同时，依托税收信息化管理系统，实现行政执法质量内部自动监控，促进税收执法公平、公

① 《税收征管法》修正案（征求意见稿）第二十八条，2013 年。

正。二是定岗定责，提高服务效率。依事设岗，依岗设责，依责追究，使税收服务程序化、制度化。三是全面推行“一站式”服务，实行一个大厅办税、一个窗口受理、一次性办结、一条龙作业，精简行政审批，简化办税环节，简并表证单书，把税收执法的全过程置于广大纳税人的监督之下。四是加大外部监督，建立自觉定期接受外部监督的机制。建立定期接受上级巡视监督、财政监督、审计监督、纪检监察和检察机关监督、纳税人监督以及社会监督的制度，加强执法执纪监管，防止税务内部渎职犯罪。

5. 建立税收风险预警制度。进一步规范税收秩序，重点打击不开票、不入账、做假账和不申报、少申报、假申报、转移利润等税收案件，建立对区域性、行业性、集团式等重大税收违法行为的风险防范和预警制度，也是地方税征管体系的重要组成部分。对于过于分散的地方税征收，如果不加大信息比对机制，建立风险预警制度，便很难征管到位。在具体制度设计中，一是要建立和完善省、市、县（区）三级税务机关税收风险分析预警制度，形成专门的风险控制部门。税收风险预警制度与信息应用制度、协税护税制度、执法监督制度是相辅相成的有机结合，对降低税收成本、防止税收流失起到关键性作用。二是根据税源综合信息，进行深度的技术性分析，起到预警作用。市级税务机关侧重分析总体税负、区域税负、行业税负、重点企业税负、税源流动性及其变化规律。县（区）级税务机关主要监测分析主管业户的纳税状况，及时提出税负预警信息，密切监控税务执法质量，预测预防执法风险，及时采取预防或治理的应对措施。

6. 建立税收征管流程制度。完善税务机关征管结构与运转机制，在进一步整合征管资源的前提下，结合地方税不同税种的特点，优化重组业务，合理配置人力资源，加强分工协作，使税收征管流程化，是十分必要的。建立税收征管流程制度，一是要按照权责对等、岗责对应的原则，制定各环节、各岗位的作业标准，明晰工作事项中各环节各岗位的作业内容、作业要求、作业权限、作业流向、作业时限等内容，明确征收、管理、稽查的配合机制和协作责任，全面规范税收征管活动。二是对各环节、各岗位形成的征管业务信息和文书资料进行分类，一类是不需要传递的业务信息和文书资料，也就是说在本环节或本岗位已经终止的业务活动信息和资料，直接进入电子档案；一类是需要向下一个环节或下一个岗位进行传递，甚至要求回传的业务信息和文书资料，对此类业务信息和文书资料应明确传递内容、传递程序、传递方法、传递时限等标准，确保业务处理顺畅，工作协调运作。三是按照依法、精简、效能、统一的原则，理顺上下级机关及同级各部门的工作衔接，优化职能配置，落实征管职责，科学分解岗位，健全岗责体系，形成分工明确、协调配合的运行机制，增强执法的程序性、时效性。四是实行“先办后审”模式，[①] 建立科学高效的税收征管运行系统，依照税收业务和信息化内在规律，把税务机关涉税业务按性质分为依申请类和依职权类，对于依申请类涉税事项，实行“先办后审”；对依职权类涉税事项应缩短办理时限。实现办税的最简程序、最少环节、最优方案。五是运用信息化技术，强化“人机”结合。将每一项税收业务的内容、权限、数量、质量、时限标准，纳入流程控制，全面实施征管质量管理，提高征管综合效能。

7. 建立税权行使督察制度。税权行使督察制度，包括税权行使检查和税权行使责任追究制度。税权行使检查，是上级对下级或本级对自身的税权行使情况进行检查，及时发现和纠正违法行政或行政不规范的问题。税权行使责任追究，则是对违法行政或行政不规范的行为者或主要责任人，追究其相应的行政或刑事责任。税权行使检查只有与税权行使责任追究相结合，才能产生较大的效果。当前，各级税务机关都建立了相关执法检查制度，但责任追究制度尚不完善，使执法检查的作用未能充分发挥出来。因此，应加快责任追究制度的建立并逐步提升其法律层次。同时，这种责任追究不能单纯局限在直接责任人和主要责任人身上，而且还要涉及政府对其侵权行为应承担的法律责任上，即对因侵权行为造成其他级次政府或其他地区税收利益损失应承担的赔偿责任。这不仅有利于对侵权行为的有效遏制，而且也从根本上保护了各级政府合法的税收利益。通俗地讲，就是防止不当税收竞争，造成纳税人税负不公，影响其市场经营份额。

二、调整和修订现行税收征管法

地方税体系的建立，不管是销售税，还是以房地产税为主的财产税等，一定程度上都要面对广大自然人，但现行《税收征管法》又是建立在增值税、营业税、所得税为主体税种的基础上。所以，对现行《税收征管法》应作适当修订和调整，使之与新的地方税体系相适应。

由于《税收征管法》属于程序性税收法律，这些程序不仅包括征收管理方面的税务登记、纳税申报、税款征收与报缴程序，还包括了税务行政执法方面的税务检查、行政强制执行、税收保全等程序。从前面分析看，在现行《税收征管法》中，对程序的设置是存在一定缺陷的，往往会导致税务机关权

① 罗涛：《“先办后审”税收征管模式理论与实践》，武汉市地方税务局，2013 年。

力要么运用不到位，要么存在权力的滥用，从而侵害了纳税人的合法权益。因此，有必要对现行《税收征管法》的程序规则进一步梳理并修订、调整和完善。

（一）现行《税收征管法》相关法律条款存在的问题

1. 纳税申报执行中的问题。纳税申报是税收征管的重要环节，是区分征纳双方责任和义务的明确界限。因此，完善纳税申报制度，提高纳税遵从度，也是税收的最基本要求。纳税申报执行中的问题主要包括三个方面：一是纳税申报要求粗犷，缺乏透明性。《税收征管法》及其《实施细则》中涉及纳税申报的内容共有 11 个条款，对于纳税申报制度来说，规定过于原则，使得纳税申报缺乏透明度和可操作性，尤其是建立的地方税体系，其中每个税种的属性差异性较大，不像增值税、营业税均为流转环节产生税收，所得税是对纳税人最后获得收益征税。二是纳税申报管控不严，缺乏公平性。尽管我国《税收征管法》明确规定纳税人无论有无应纳税款、是否在减免期，均应按期报送纳税申报表及资料。但是实际操作中，由于我国税务登记制度尚未覆盖到每一个纳税人，仅仅是从事生产、经营的纳税人是税务登记的重点，税务登记证件及相关制度的管理也只能在这部分纳税人身上发挥纳税申报的监督作用。而大部分的个人纳税者难以被登记制度所管控，自行申报也就缺乏制约机制。随着我国个人收入水平的大幅度上涨，所得来源的日趋复杂化，纳入自行申报范围的个人纳税者将越来越多，包括私家车辆征收车船税、个人住房恢复征收房产税、个人商铺等非住宅经营性房屋税收等等，如何对这部分纳税人进行纳税申报的监督管理，成为立法和实践亟须解决的问题，这是保障地方税征收到位的前提。借鉴其他国家经验，必须强化个人纳税申报和税收管控。三是申报方式选择受限，缺乏灵活性。《税收征管法》赋予纳税人自由选择直接申报、邮寄申报、数据电文申报的选择权，但随后颁布的《实施细则》却限制了这一选择权的行使，明令经税务机关批准，纳税人方可使用其选择的申报方式。这种规定对于信息化建设进程中的我国，也许符合实际，然而却违背了下位阶法与上位阶法相抵触的立法原则，而且有悖原立法条文的立法意旨，尤其是地方税又面向广大百姓，必须建立灵活的申报方式，配套相关法律，真正方便纳税人，提升纳税人自觉申报意识。

2. 税款征收执行中的问题。关于税款征收的问题，相对于地方税体系中的地方各税的管理，应该说更为突出：

（1）关于延期纳税问题。《税收征管法》第三十一条第二款规定了审批权，其制度设立的初衷，是为了防止部分纳税人利用延期申报的权利逃避税款，堵塞恶意进行延期缴纳税款的行为，保障国家的税收收入。[①] 但由于我国信息化程度不够发达，且各省的经济发展情况不均衡，致使制度的实施成本高、效果差。在实际操作中，从纳税人向税务机关递交延期纳税申请到省级税务机关批准同意，这个期限的长短是很难预料的，这样就带来了两方面问题：一方面，如果审批程序超过 3 个月，纳税人应纳税款就会成为欠税，纳税人就会在毫无过错的情况下违法；另一方面，在地方税体系中，如果企业停产无收入，仅有保有环节持有的房屋、土地，而房产税、城镇土地使用税或将来的房地产税纳税义务又没有终止，导致带来的欠税无法追缴，形成自然延期，在法律上没有明确规定如何处置，长期以来困扰着税务机关。而南非等国家，明确规定如果某项财产的应纳财产税的拖欠已经超过 3 年，那么该项财产可能会被地方没收并公开拍卖，从而保护国土稀缺资源的有效利用，也解决长期欠税问题。结合我国人口众多、资源匮乏现状，更应该从法律层面解决好这方面的问题。

（2）关于滞纳金问题。我国《税收征管法》在 2001 年通过修订实施后，对其滞纳金制度进行了改革和完善，使滞纳金的法律地位更加明确，操作更加可行，对规范执法产生了积极的影响，但其法律地位仍有待进一步提高。如《税收征管法》第八十二条规定："税务人员徇私舞弊或者玩忽职守，不征或者少征应征税款，致使国家税收遭受重大损失，构成犯罪的，依法追究刑事责任；尚不构成犯罪的，依法给予行政处分"。按照这一规定，税务人员如不按规定征税，给国家造成税款流失的要予以处罚，而不按规定加收滞纳金，依照"处分法定"原则，不能给予任何处罚。为此，纳税人就不会承担任何的依法申报纳税的法律责任，其结果必然是加收滞纳金主要依靠的不是法律，而是行政命令和税务人员的自由裁量。在法治经济下，这样的规定很难行得通、做得好。此外，滞纳金加收是一种行政强制措施，意在通过增加经济上的压力使纳税人履行法定义务，而滞纳金是事后算账，不让债权人受损失，也存在不合理之处。比如现行企业所得税汇算清缴、土地增值税清算，纳税人清算申报后审核补缴税款加收滞纳金，事后算账与征收机关无关，而这两个税种不同于流转税按收入确定，税制自身的复杂性造成税法与会计准则的差异，从而带来税收的不完全确定性，必将带来滞纳金加收的不合理，应就具体税种进行明确规定。

（3）关于税款核定问题。《税收征管法》第三十五条规定的"核定其应

---

① 张松："修订《税收征管法》的若干法律问题"，《税务研究》2009 年第 3 期。

纳税额”的情形，其中第一款规定的“依照法律、行政法规的规定可以不设账簿的”，属于事前核定征收，而其他各项属于事后的税款核定。事前核定与事后核定两者有重大区别，宜以不同法条分别做出规定。首先，两种行为的性质不同。前者是一种征管方式，后者是一种认定事实的方法。其次，两种行为的效力和法律后果不同。前者并不是对“应纳税额”的核定，而是一种预估，后者是对事实的推定，是对“应纳税额”的判定。再次，两种行为实施的时间不同，前者在纳税义务发生前实施，后者是纳税义务发生后实施。最后，两者核定的方法也不一样。由于条法规定并未对二者加以明确区别，导致在实际工作中税务机关对此情形的判断模糊不清，影响了执行效力。

（4）关于估算税款处罚问题。《税收征管法》第三十五条规定纳税人符合法律规定情形之一的，税务机关有权核定其应纳税额。从税收执法实践来看，最困扰税务机关执法的问题是当纳税人故意不设账簿，或者故意擅自销毁账簿，或者拒不提供纳税资料，或者账目混乱导致难以查账，或者拒不申报纳税或申报的计税依据明显偏低又无正当理由等情形时，税务机关应当如何核定以及处理。而其中最为核心的问题，是税务机关依法核定的税款能否作为计算罚款的依据。如果以此作为处罚的事实依据，就涉及证据的确实性。如果不作为处罚的依据，对明显的逃税行为就无法进行处罚。如果不能在立法上对这一现象进行处理，将会放纵逃税行为，对公平的税收环境造成不良影响。

3. 税务检查执行中的问题。税务检查是一项法定的权力，只能由特定的主体享有和行使。设立税务检查制度的目的在于，通过对有关事实进行调查，明确纳税人是否存在纳税义务，是否足额缴纳税款，是否存在其他税收违法行为。根据被检查对象的不同，税务检查的形式主要包括：对纳税人和扣缴义务人的检查，也规定了对第三人的检查。但我国《税收征管法》对第三人检查的范围有限，仅限于车站、码头、机场、邮政企业和银行。由于税务机关对第三人的检查范围太过于狭窄，非常不利于检查工作的开展。此外，《税收征管法》没有规定第三人拒绝检查的法律责任。在这个问题上，地方税之所以漏征漏管比较严重，就是税务机关无法对掌握涉税信息的政府职能部门或其他单位进行有效检查，仅靠协调配合，形成可支持可不支持的现象，税法的强制性得不到真正保证。

4. 税收协作执行中的问题。税收协作是地方税征管的奠基石。在《税收征管法》中，对于税收协作，仅有第七十三条规定纳税人、扣缴义务人的开户银行或者其他金融机构拒绝接受税务机关依法检查纳税人、扣缴义务人存款账户，或者拒绝执行税务机关做出的冻结存款或者扣缴税款的决定，或者在接到税务机关的书面通知帮助纳税人、扣缴义务人转移存款，造成税款流失的，给予经济上的处罚。而第八十二条规定“税务人员徇私舞弊或者玩忽职守，不征或者少征应征税款，致使国家税收遭受重大损失，构成犯罪的，依法追究刑事责任；尚不构成犯罪的，依法给予行政处分”。对于政府职能部门不提供税收协作，致使税务机关无法掌控税源，造成税收流失的，没有明确法律责任。所以，同为政府职能部门，责任与义务不对等，对因未提供信息造成不征或少征税款的，同样应该赋予义务，追究法律责任，打破部门保护主义，在减少行政资源浪费的同时，也减少不必要的税收行政成本。

5. 税收复议执行中的问题。从理论上讲，我国目前采用的复议前置与自由选择相结合的混合救济模式具有一定的合理性，但从税收征管的实证角度分析，我国当前在纳税纠纷上采用的复议前置的制度设计存在较大缺陷，造成对当事人自由选择行政诉讼或者行政复议的救济权利的限制，导致纳税人与行政机关间的失衡与不对等。在现行地方税的一些税制中，由于税制的修订与社会发展进步不同步，对于基层税管员执行税收政策或理解政策有偏差的地方，纳税人无法先行复议，相对于税收管理的税务机关，纳税人也变成了弱势，这在日常税收征管实践中，会经常性听到企事业单位纳税人的抱怨。而个人涉税问题，事关个人直接经济利益，必将据理力争，并在“以人为本”社会环境下，税务机关或税务人员也不愿惹出一些麻烦来。

6. 税法保全执行中的问题。《税收征管法》中的税收保全措施，在行政强制法中属于行政强制措施，但征管法中的税收强制措施期限不明确，存在较大的自由裁量权，与行政强制法设定的期限限定不一致。① 征管法中强制执行决定，与行政强制法中行政强制的设定“且无正当理由”的规定相冲突，不利于保护纳税人的合法权利。特别是财产税征收中税收保全问题，比如房产税的扩围，全面推行个人住房恢复征收房产税，在个人拒不按期申报或缴纳税款，如何采取税收保全措施，改革中应有配套政策支持。

（二）调整和修订现行《税收征管法》相关条款

1. 完善纳税申报制度。

（1）完善纳税申报程序。首先以法律、法规的形式，明确纳税人负有的纳税申报义务。其次，合理调整申报期限，将纳税人作相应分类，不同的纳税人在不同的时间阶段进行申报纳税，改进目前纳税人在同一时间集中申报

---

① 周英：“新《税收征管法》实践初探”，《江南论坛》，2005 年第 5 期。

的做法，这样不但方便纳税人，同时还提高了税务机关的工作效率。[①] 尤其是地方税体系中的财产税，完全可以采取按年或半年、季申报一次，且申报缴纳期限可设置在一定时间范围内，从税制上看，没有必要与经营类税收同步期限申报。这一点，可以借鉴发达国家一些经验和做法。

（2）加强纳税申报管理。首先应该在法律、法规上给予更加具体的规范，进一步明确申报形式，操作程序的具体要求，推动多元化申报方式的有序开展。同时，还要加强税收宣传和政策服务，大力倡导诚信纳税，推行分类管理，提高纳税人自觉纳税意识。将申报与服务、管理、监控有机结合起来，更好地发挥申报体系的综合效应，做到在申报中优化服务，在服务中完善管理，在管理中强化监控。在财产税管理上，可充分利用目前推进的存量房评估系统、“以地控税”系统、房地产一体化系统进行申报管理，从制度上给予其法律地位。

（3）科学选择申报形式。在实际工作中结合各地区的实际情况，对不同类别的纳税人，进行科学界定纳税申报方式，规范操作流程，完善管理措施，以确保每一种申报方式都能科学、规范地运作。

2. 完善税款征收制度。

（1）改革延期缴纳税款程序，实行“先办后审”，提高税收的效率。延期申报作为纳税人的一项权利，应尽量保证其得以实现，使纳税人可以享受该权利带来的便利。将延期缴纳税款的审批权下放到市级税务机关，省级税务机关通过督查，加强延期缴纳税款审批的管理。对于经税务机关审查不符合延期缴纳税款条件的纳税人，要承担相应的法律责任，从而增强纳税人税法遵从度，并对“有特殊困难”的情形做出具体规定。

（2）改革税收滞纳金制度，更好地保护纳税人的利益。一是进一步下调滞纳金的征收比例，与银行同期的存款利率挂钩。二是对规定的纳税申报期限分别界定，使税款缴纳与申报纳税期限一致，便于纳税人申报纳税。三是加收滞纳金应当考虑纳税人的过错，如果纳税人滞纳税款既非故意也无过错，则不应加收滞纳金。

（3）准确界定核定征收税款的概念。一是明确《税收征管法》有关规定中模糊不清的概念，制定具体的认定标准，使税务人员执法具有统一性，克服随意性，减少自由裁量。二是采取听证制度，使纳税人了解税务机关核定征收的依据和事实是否充分、正当，所运用的核定方法是否合理，保障纳税

① 施正文：《税收程序法论》，北京大学出版社 2003 年版。

人的合法权益。

3. 完善税务检查制度。对纳税人以外的第三人的协助检查义务加以规定。从完善立法的角度，将税务检查的对象予以扩大，使纳税人的交易对象或其他管理者也负有协助义务。此外，《税收征管法》应当规定拒绝税务检查的第三人应当承担的法律责任，以保障税务检查职权的实施，严格执法。特别是地方税的管理，比如个人所得税、房产税、城镇土地使用税、车船税的管理，地方税务机关有权检查相关管理职能部门，形成社会合力。同时，整合公安经侦部门职能，建立税警队伍，提高执法力度。

4. 规范纳税评估机构职能。在日常税收征管工作中，尤其是地税机关对纳税人地方税缴纳无可控手段时，纳税评估显得尤为重要，但现行《税收征管法》把纳税评估职能分散在税收管理和税务稽查环节中，没有明确各个环节的职责任务，不便于具体执行。而且，在信息化条件下，也要求纳税评估有必要独立行使职能。

（1）设定基层税务机关和纳税评估机构的工作内容、范围和职责，基层税务机关负责对纳税人的日常管理进行评估，内容包括税务登记信息、纳税申报信息、生产经营信息和税款缴纳信息等，监督纳税人据实缴纳税款。纳税评估机构负责对纳税人纳税风险评估，内容包括财务报表信息、申报纳税信息的真实性和合法性，以及第三方信息的采集评估，搞好纳税辅导，提高税法遵从度。

（2）规定纳税评估机构的法律地位、工作程序、责任界定和违则处罚，保证纳税评估的有序运作。

（3）规定纳税评估与稽查的关系，纳税评估属于征管服务环节，以引导纳税人税法遵从度为宗旨。税务稽查以查处税收违法案件为目的，具有打击税收违法的职能，属于强制和威慑作用。纳税评估不能代替税务稽查，前者从税收信赖主义原则出发，以纳税人提供的证据为纳税评估基础。后者从法律主义原则出发，以税务机关提供的证据为稽查基础，纳税评估属于服务性，税务稽查属于罚则性。

5. 强化税收协作法律责任。税收是宪法赋予每个公民的义务，为了降低协税护税成本，必须强化政府职能部门的税收协作法律责任，而不仅仅是银行或其他金融机构独担社会责任。在信息化时代，一定要弱化部门信息独享，有效利用政府资源，确保国家税收应收尽收。打破现行靠政府发文、部门反复协商、利用部门领导和谐工作关系才能取得部门间协作的僵局，将《税收征管法》第八十二条修订为“税务人员徇私舞弊或者玩忽职守，政府其他职能部门因未提供涉税信息，造成不征或者少征应征税款，致使国家税收遭受重大损失，构成犯罪的，依法追究刑事责任；尚不构成犯罪的，依法给予行政处分”，在法律层面彻底解决部门协税护税问题，从而保证地方税征管到位，这也是与地方税体系相适应最根本性的一项征管制度。

6. 废止税收复议前置制度。根据“有权利必有救济、有权力必有监督”的法制理念，可诉性是一部良法必须具备的基本特征。这意味着一旦法律规定的某项权利被侵犯，当事人都应能通过诉讼机制解决纠纷，从而保证法定权益真正实现。现行《税收征管法》中有关复议前置的设定，当事人不能及时缴纳税款和提供担保时，当事人可能不能够如自己所愿把握行政诉讼的机会，无法与税务机关进行全方位的抗辩，从而剥夺了当事人自主申请救济的权利，也在根本上使财产权这项基本人权无法得到合理的保护。况且，行政诉讼法也有“诉讼期间不停止执行”的规定，已经保护了国家利益。因此，废止复议前置制度，对于处理征纳关系冲突，化解社会矛盾具有重要意义。

7. 统一税法条款与行政强制法。《税收征管法》中的税收保全和税收强制措施，是保证国家税款征收的重要保证，是征管法的重要组成部分，但其应与行政强制法的规定相一致。[①] 对此，本书认为，应将税收强制措施条款进行修订：一是对于“冻结、查封、扣押”的法律性质应定性为税收强制措施，在条款的设计上可分为两个条款，即对生产经营者设定和对其他纳税人设定。二是对“冻结、查封、扣押”的期限应与限期缴纳税款的期限一致，对特殊财物可特别规定，减少最小损失。

三是对做出税收强制决定的，从保护纳税人的合法权利角度，增加“且无正当理由”的规定，作为税收强制执行决定的条件，并且对“无正当理由”进行具体界定。[②]

第二节　建立与地方税体系相适应的国、地税关系

“完善国税、地税征管体制。”党的十八届三中全会《决定》的这一表述，进一步明确中央、地方分设国税、地税的体制不会改变。但是，1994 年

① 丁静：“对《税收征管法》条规缺陷的探讨”，《经济前沿》，2007 年第 9 期。

② 樊勇：“现行《税收征管法》中需要解决的几个问题”，《税务研究》，2008 年第 10 期。

分税制实行以来，税务机关从原来的一个机构分设为国家税务局和地方税务局两个机构，至今已运行20年，两者的分设在完善分税制财政体制改革等方面发挥了巨大的作用。然而，随着税制改革的不断推进，现行国、地税征管范围却又存在同源分征、同税分征的现状，从而造成税收管理上重复交叉、界限不清和管理紊乱。这样，在现实税收征管中，不仅会形成管理真空或重复征税，而且还会给基层税务部门和广大纳税人造成不必要的负担，使征纳成本提高。为此，财政部楼继伟部长提出，结合中央与地方事权与财权的划分调整，保持国税与地税两套征管体系，必须打破二者间税收征管交叉模糊的不规范格局，进一步厘清国、地两套税务征管体系责权。所以，建立与地方税体系相适应的地方税征管体系，应着重理顺和划分国、地税征管范围与关系。

一、认清国、地税征管机构分设的必要性

分税制财政管理体制是中国市场经济体制的前提和基础。可以说，没有分税制，中国的市场经济就是一句空话。而分税制改革的核心就是，在划分中央和地方政府事权的基础上，划分中央和地方政府的财权。通俗地说，按照市场经济体制改革的要求，在确定中央和地方政府各自该管的事之后，各自设立自己的征税机构，按税法规定征税获取收入去完成各自的事，这就是国、地税机构分设的根本原因。可以说，国、地税机构分设是分税制内在的构件，必不可少。

有的学者认为，既然国、地税机构分设存在这样或那样的问题，可以考虑合并。本书认为，如果简单地以国、地税机构合并来解决问题，只能说对国、地税机构作用理解不透，也背离了分税制改革的方向，背离了市场经济改革的方向。从世界范围来看，凡是实行分税制财政体制的国家，大都设立国、地税两套税务机构（或联邦与州税务机构）。如联邦制国家中都分设立了国、地税机构，单一制国家和地区中的日本和中国台湾也设立了“国、地税”机构。尽管世界上实行分税制的各国都有各自的具体国情，但在分设国、地税机构（或联邦与州税务机构）上基本是一致的。

因此，地方税体系的形成，为地税机构的定位及更好地发挥职能作用提供了基础，也符合党的十八届三中全会提出的税制改革精神，地税机构职能不但不会缩小，而且会有所扩大，因为中央也正在考虑逐步下放管理的事权和财权。这一点，《决定》中明确指出“建立事权和支出责任相适应的制度。适度加强中央事权和支出责任，国防、外交、国家安全、关系全国统一市场

规则和管理等作为中央事权；部分社会保障、跨区域重大项目建设维护等作为中央和地方共同事权，逐步理顺事权关系；区域性公共服务作为地方事权。中央和地方按照事权划分相应承担和分担支出责任。中央可通过安排转移支付将部分事权支出责任委托地方承担。对于跨区域且对其他地区影响较大的公共服务，中央通过转移支付承担一部分地方事权支出责任。”

众所周知，在中国现行的 28 个税种中，划归地方的税种有 18 个，基本都是税源零星、征管难度高的小税种。省以下政府组织基本没有形成真正的分税制，其收入划分由省级政府根据实情自主决定，造成财权划分极不规范，地方政府财力逐渐向省、市级财政集中，县、乡财政日益困难。财权层层向上集中，上级政府的转移支付又被层层截留，造成基层政府财权与事权高度不对称。据有关数据显示，地方政府用 45% 的预算财力承担 75% 的事务，这也是当前最严重的问题，即财权与事权的不匹配。国家税务总局原副局长许善达曾说：“中国的体制，地方政府一定要有自己的征管机构。”之所以这样讲，就是借鉴发达国家经验和结合我国国情，保证地方政府财权与事权的匹配。

所以，我们在税制改革方向上，不应该再有国、地税机构合并或地税机构存废的问题，而是应该充分认清地税机构的自身定位，正确处理好地税与国税的关系、地税与相关政府职能部门的关系，更好地发挥“为国聚财、为民收税”的职能作用。

二、现行国、地税征管中的主要问题

（一）成本与效率的问题

所谓税收成本是指在一定经济条件和体制下，政府在实施税收分配过程中所发生的各种有形和无形的耗费及损失。税收成本按征纳关系可以分为纳税人的纳税成本和税务机关的征税成本。这里，着重谈谈因国、地税征管关系未理顺所增加的征税成本。

1. 重复业务导致行政资源的浪费和效率低下。国、地税两个机构分设以来，除了管理的税种不一致以外，其基本的管理模式是一致的。同样有税务登记、纳税申报、发票发售、税务稽查的管理职能，但在实际工作中，由于国、地税是两个不同部门，两者基本在整个税收管理过程中各唱各调，互不干扰。不仅税务机关征收成本增加一倍，而且纳税人纳税成本也增加一倍。例如，国、地税的稽查都是以本税务机关所辖税种为依据，由于稽查信息互不传递，相互不了解，直接导致了对纳税人的重复检查，并且检查成果也没有充分的体现出来，国税稽查不管地税税种，地税稽查不管国税税种，间接帮助纳税人漏缴国家的税收。

2. 税收管理带来纳税人经营管理成本的增加。主要表现在三个方面：一是办税程序的重复加重了纳税人的负担。二是税种的交叉加重了纳税人的负担。三是税务检查的重复加重了纳税人的负担。

3. 征管及信息系统重复建设造成大量人力、物力和财力的浪费。目前，国、地税分别使用各自的征管信息系统和数据库，且地税机关征管系统是以省级为核心独立开发，数据来源不同、统计口径不一，其结果的转化和应用率不同。这成为国、地税信息难以实现共享的主要障碍。由于国、地税机关在征管及信息化建设上缺乏统一，其浪费也主要表现在三个方面：第一，硬件配置不统一，导致设备淘汰过快或资源浪费。第二，软件开发多头化，各级税务机关都从自身业务需要出发，自行设计和开发了不少税收专业管理软件，甚至有的一个地区就有好几套软件，造成了软件重复开发、应用系统林立、软件功能交叉、条块分割严重的状况，投资浪费惊人。第三，系统应用不兼容。据统计，目前全国税务系统至少有150余套应用软件在运行，但这些软件之中大多数都不能互相兼容，致使税收信息资源无法实现共享，有效信息不能得到充分利用。

（二）公平与公正的问题

国、地税机关两个不同的行政主体，各自的具体行政行为受到环境、压力、关系等因素的影响也不相同，造成了具体行政行为的结果也不同，特别是对税收自由裁量权的正确实施产生了挑战。税务机关在选择具体行政行为的方式上，有自由裁量的权力，它包括作为与不作为，在税收法律法规中不少都有“情节较轻的”、“情节较重的”、“情节严重的”这样语义模糊的表述，又没有规定认定情节的法定条件，税务机关在法定的幅度内对特定的事项做出处理时，税务机关和执法人员的价值取向和个人情感等因素影响着税务行政决定的做出。因而，导致两个机关在执法过程中，对企业所得税这样同源分征税种的同一法规会有不同的理解和执法尺度，在没有沟通和协调下，难以达成共识，产生执法不公、税负不平，不仅损害纳税人的权益，也影响了整个税务部门的形象。

三、正确处理国地税征管范围与关系

在当前整个分税制财政体制和国、地税分设的前提下，如何解决好国、地税之间的现实问题，发挥好国、地税的征管力量，从而提升税收的征收效率，成为当前摆在国、地税面前的一道难题。而整个难题的关键，又在于如何充分利用和整合好国、地税之间各种管理资源。本书以为，当前按照分税制财政体制，兼顾中央和地方政府事权划分，与探讨设计新的地方税体系相适应，重新确定国、地税之间征管范围，正确处理好国、地税征管关系，打破国、地税之间的信息壁垒，利用现代信息化的技术手段和创新管理理念，使国、地税的涉税事项和税源管理环环相扣、征管业务联网运行，从而形成国、地税征管合力，全面提升征纳效率，降低征纳成本。为此，要建立与地方税体系相适应的国、地关系，国、地税之间必须做到“三统三共”：

（一）统一划分征管范围

前面讲过，目前国、地税机关之间最大的难题，就是交叉管理、重复征收和自由裁量权的不统一，税收实践中难以理顺征管关系。因此，正确处理国、地税机关征管关系，首要任务就是重新界定划分好国、地税机关的征管范围，坚持责权统一，解决双重征收，确保中央和地方政府都有一个稳定的税源和财政预期。对此，我们认为，按照党的十八大确立的财税体制改革方针，结合前面设计的新的地方税体系，确定国、地税机关征管范围，不仅使两部门职责清晰明了，解决双重征收和“两不管”的征管漏洞，而且可以最大限度地减少税收贡献者纳税人不必要的负担，从而在真正意义上优化纳税服务和为纳税人减负：

1. 企业所得税和个人所得税在我国均属共享税，虽然未来这两个税种无论是从税种划分的理论依据上，还是从国际上的通常做法看，必将作为中央和地方政府所属共享税种。但由于企业所得税具有征收面相对较大、税源相对集中、收入相对稳定、便于征收管理的特点，目前企业所得税收入在地方税中所占的地位仅次于国内增值税和营业税。因此，对于企业所得税，今后应该消除企业所得税的行政隶属关系划分标准，按照企业经济性质或现行企业主体税种划分，实现同源分征，调整中央与地方政府的分成比例，国库按确定比例划库。而对于个人所得税，随着我国社会经济的进一步发展，人均收入水平不断地提高，虽然税源相对分散、不易征收，但个人所得税在地方税收入中的比例将不断提升。从发达国家税收实践看，也具有充当地方税主体税种的潜在能力，个人所得税由地方税务机关负责征收，打造成为纯粹的地方税。在企业所得税的税收征管上，应着重把握国、地税机关征收关系的划分标准、总分机构税收管理、政策执行的统一性、税收信息的共享等。个人所得税的税收征管，应着重把握纳税人收入的确定、第三方信息的利用、个人信用等级的建立以及处罚的严厉性等。

2. 在间接税方面，实行“营改增”后，将扩大消费税征收范围，将增值税按环节进行划分，把现行消费税与零售环节增值税结合进行扩围，征收零售环节销售税，即在产品零售环节除对某些特殊消费品和特殊消费行为进行征收外，还应包括人们日常生活使用商品、购置的不动产（房屋）和动产（车辆）等，并将其作为“营改增”之后地方税主体税种，由地方税务机关负责征收。销售税或消费税的税收征管，应着重从税收代征扣缴和税控手段优化等方面加大力度，以提高征管质效。

3. 改革和完善现行财产税制，通过强化调节功能，优化税种结构，提高征管效率，做大收入规模，并建立一个财产税体系，作为调节财富分配、促进“两型”社会建设、引导公民消费和地方政府转变职能的地方税主体补充，主要由各级地方税务机关负责征收。

（二）统一办理涉税事项

利用信息化平台覆盖国、地税和数据集中的优势，提升服务效率，将涉及纳税人的重复税收业务进行整合，集中建立起覆盖国、地税业务范围的服务网络，加强国、地税之间的信息采集、存储和共享应用，在优化纳税服务的同时，降低纳税人的纳税成本；在节省大量的人力、物力消耗的同时，降低税务机关的征税成本：第一，统一办理税务登记、纳税申报、发票领购等由纳税人发起的涉税事项，一家办理，信息两家共享，共同监督纳税人涉税事项。第二，统一税务系统的外部网络办公用户，方便纳税人办理涉税事项，节约资源。第三，统一实现电子化数据的存储，避免纳税人税务信息的重复报送。

（三）统一整合征管力量

对国、地税税收管理中采取的税收管理手段和采集的纳税人生产经营信息进行集中分析，结合各自的执法权限，在核定个体定额、企业所得税、纳税信用等级评定、管理员平台运用等系统进行统一，并做好以下工作：一是联合核定个体工商户的税源，约束定税环节的自由裁量权的滥用，保持税收的公平性和规范性。二是联合核定共管企业所得税。在对不设账簿或账簿设置不健全的企业核定所得税时，要统一核定标准、统一核定方法，避免国、地税因标准不同而导致纳税人的税负不公平。三是联合建立税收管理员平台，做到信息交换、数据互补，解决税收管理员存在的“管户多、事务多、精细化管理水平低”的问题。四是联合实行税种认定，避免国、地税出现税源争夺的现象。

（四）共同防范税收风险

借助地方政务网在国、地税间搭建纳税信息互换平台，定期向政务网企业信息资源库上传申报类、征管类数据，基础类数据包括新办税务登记企业信息、非正常户纳税企业信息、证件失效户纳税企业信息以及注销户企业情况、申报情况等。根据交换的信息比对，区别不同情况，采取加强征管或转入检查的针对性处理，以及加强税务登记、申报各环节管理，有效强化税收基础管理，堵塞税收漏洞。建立起税收风险预警系统、纳税评估系统交换机制，从而加强税源监控，防止税款流失。

（五）共同享用信息资源

提高税收征管的社会化程度，解决税务部门与有关部门联动机制不完善以及行政事业单位税收管理弱化等问题。联合加大税收宣传力度，增强纳税人税法遵从意识，共同营造良好的税收环境和执法环境。建立统一的外部信息接口和信息数据库，国、地税应主动统一起来和地方政府就协税护税工作进行统一安排，强化对税源的管理。广泛收集、利用第三方信息，通过与公安、工商、银行、国土、房管等部门的信息交换工作，促进相关税收的管理。

（六）共同搭建协作平台

为了充分利用好信息化平台，加大国、地税的沟通、协调、整合、交流，在制定整个信息化平台的业务流程和相关规章制度的同时，建立国、地税定期联席会议制度，提供双方沟通信息、交流经验、协作配合的平台，形成国地机构征管合力。[①] 此举有利于双方共同研究和解决在税收工作中出现的各种新情况和新问题，有利于提高信息化平台的运转效率，提升税收征管工作的质量。

第三节 建立与地方税体系相适应的地税职能

中央在新一轮改革方案中，明确提出“以优先调整事权、带动财力重新配置为重点，启动新一轮财税体制改革。以分税制为基础的财税体制与社会主义市场经济基本适应，总体方向需继续坚持。针对现存的政府事权不清、收支结构不合理、地方债务风险突出等问题，应在维持宏观税负和中央财力集中度基本稳定的前提下，以中央政府上划部分事权建立‘国民基础社会保障包’为突破口，深入推进财税体制改革，优化收支结构，促进政府职能转变，增强中长期财政稳定性和可持续性。以事权合理划分重新确定财力配置。

① 刘相东、王晖：“国地税联合协作办税的实践与思考”，《山东社会科学》，2011 年第 12 期。

合理确定中央事务、地方事务、中央与地方共同事务、中央委托事务、中央引导和鼓励性事务的边界，规范省以下各级政府事权边界。将基础养老金、司法体系、食品药品安全、边防、海域、跨地区流域管理等划为中央事权。按事权优先原则，进一步调整优化税收划分和转移支付制度”。应该说，改革方案十分清晰地明确了地方税务机关在“营改增”税制改革后的职责定位问题。

一、地方税体系下地税部门与外部职能部门的关系

（一）正确处理地税部门与财政部门的关系

地税部门与财政部门具有不同的职能作用，地税部门必须在聚集地方财政收入和财源建设中发挥主力军作用。在地方税体系构建完成，中央与地方政府事权与财权的匹配到位之后，这一点显得尤为重要。正确处理好地税与财政部门的关系，就是要在政府主导下，主要解决好清费立税问题，形成地方政府稳定的税源和财源，确保地方政府行使事权职能所需财力，促进社会稳定发展。

1. 正确认识和妥善解决地税与财政部门的税收与非税收入关系。目前，地方政府的收入形式包括地方税收入和以收费、基金等为主的非税收入。首先，要承认这些收入形式都有其存在的必要性，体现了政府不同权力的运用和对不同对象的调节，也是政府财政收入的重要来源。诸多问题的存在，导致地方税收作为地方政府筹集基本财力、调控区域经济的功能不能充分发挥，地方政府在履行其各项职能过程中受到了很大程度的财力制约，同时在配套的中央转移支付制度仍然不科学、不健全、不完善的前提下，就在一定程度上迫使地方政府只能在税收外寻求其他合法甚至于不合法的筹集财力渠道。其次，要承认税收应是各级地方政府财政收入的主要来源，应具有稳定的预期性，非税收入只是地方财力的一种补充和辅助。再次，要承认目前地方政府各种非税收入形式中，存在着膨胀甚至挤占税收收入的客观事实。[①] 分税制改革后，中央与地方的事权与财权不相匹配，使得地方政府也高度依赖各种非税收入，地方收入虽然随着经济发展增长很快，但除了地方税收入外的非税收入也增长较快，主要是公共资源收入、收费收入、基金收入、国有资产收入、债务收入等，使得目前地方财政总收入中地方税收入占比始终在低位徘徊。以武汉市全口径财政收入分析为例，2008 年以来，武汉市非税收入规

① 罗涛：《构建我国地方税制体系探讨》，2013 年。

模一直呈上升趋势，突出表现在两个方面：一是非税收入的规模不断扩大，其占财政收入的比重不断攀升。2010～2012年，武汉市非税收入占财政收入的比重分别为35.18%、35.16%、33.95%，始终保持在35%左右。而国、地税的税收收入总量虽然保持了较高增幅，但其占比却相对较低，武汉市同期地税收入占财政收入比重分别为25.01%、27.62%、29.08%，其对地方财力贡献总量相对值在下降，这种以费挤税现象不利于形成稳定地方税源。二是地方政府财力需求的扩张，非税收入增量始终保持高位。2010～2012年非税收入增幅分别为79.72%、26.77%、12.55%，年均增幅40%左右，远高于地税收入平均增长速度，2012年武汉市非税收入突破710亿元，虽然近年来增幅逐步下降，但增长总额年均都在100亿元以上。特别是近年来，其总额始终高于地方税收总额。地方税收难以满足地方政府财政需求，便需要各种非税收入来弥补。

由于非税收入在现阶段已经成为地方财政的重要收入来源，使得地方政府不可避免地存在费大于税、非税挤占税收收入、蚕食税基等一系列影响地方惠及民生发展的问题，也不可避免地导致地方税收收入的下降以及地方税地位、作用的削弱，这也正是我国现行地方税体系存在的突出问题。在新一轮的中央与地方财税体制改革过程中，亟须整治解决，划分好地税与财政职能，清费立税，取缔地方政府不合法规的收费和基金项目，把具有税收性质的非税形式转变为地方税收，建立完善的地方税体系，扩大地方税权和收入规模，从而使地方政府通过正当渠道获得履行其政府职能所需的基本财力，促进社会和谐稳定发展。新一轮地方政府职能转变和机构改革是行政体制改革的重要组成部分，有助于进一步理顺政府与市场、政府与社会、中央与地方的关系，促进政府高效协调运转，清费立税，对于激发市场和社会创造力、推动经济转型升级，具有十分重要的意义。

2. 建立地税与财政部门共同协作发展地方财源经济的有效途径。地税部门职责要求更多地担当起聚财重任，抓好财政收入的持续快速、稳定增长。而不断培育、涵养、保护、壮大、拓展地方财源，优化财源结构，完善财源体系，提高财政效益则需地税与财政部门共同担当。因此，实现地方财力的持续快速增长，建立起高效培植、聚集财源的长效机制，挖掘潜在税源、开发增量税源，统管存量税源、努力实现财政收入规模、质量和增速同步提高，深入推进地方财源建设应是当前乃至今后一个相当长时期地税与财政部门一项迫切而艰巨的任务。一是建立地税与财政联动的税源筹划机制。以重点引进、培植效益型财源为导向，地税与财政部门要做好事前效益和产业结构分析，实现招商引资、政府扶持与增加经济总量、优化产业结构、提高财政效益同步增长，投资拉动经济发展，做大经济总量的良性循环。以提高综合治税为导向，对税源实行全覆盖监控，通过进一步加强综合治税，努力做到应收尽收，促进财政收入持续快速增长。二是建立地税与财政互动的立体财源网络。按照公共财政的要求，根据省、市、县（县级市、区）三级公共产品供给与公共服务的范围，合理划分事权，使三级政府财权与事权相适应。在合理划分事权的基础上，进一步厘清省、市、县（区）税费分享激励机制，形成合力，壮大财源，聚集财力。三是建立地税与财政共享的财源信息平台。财源建设工作的第一步在于要打破现有信息不对称、部门信息各自为营的现状，实现涉税信息在相关部门之间的有效传递与使用。因此当前应以搭建财源建设信息共享平台为财源建设工作的切入点，加快信息网络平台的建设，实现对涉税信息的全覆盖管理。四是建立地税与财政聚财的有效激励机制。设立财源建设工作专项资金，实行专项经费与财源建设工作完成情况相挂钩。

（二）正确处理地税部门收税与受托职能部门授权收费的关系

从全国范围来看，在地方政府领导下，由地税部门受托帮助人社部门代征社保规费是一种普遍现象，征收过程中虽困难重重，但地税部门凭借其税收强制性等特点，发挥信息掌控和征收有力的优势，促进了社保规费收入的大幅提高，也充分体现出了地税部门代征的高效性。然而，地方税体系的形成，并不意味着地税部门受托代征社保规费的职能弱化，特别是按照新的改革要求，市、区县政府每项非税收入征收均需要省级人大以上批准，地税部门可经授权征收地方各税的同时一并代征各费，便有法可依。因此，在新的形势下，地税部门应该正确处理好收税与收费的关系，重点做好以下几个方面的工作：一是借助部门优势，推动社保规费征缴宣传制度化。可以借助地税部门一年一度的税收宣传月等活动，通过大型活动的宣传造势，以各种地税主题活动为载体，建立社保规费政策宣传的常态化制度，确保依法参保，缴费意识深入人心。二是立足本地实际，积极探索统一的部门协作管理机制。要适应征管改革的需要，制定完善的社保规费征缴实施办法和统一的操作流程。特别要结合实际，明确适应本地实际的缴费基数、征收比例、申报和审批程序、社保规费的征收划解以及稽查管理等重要事项，逐步建立征核明确、流程规范、权责统一的部门协作管理机制。三是加快立法进程，全面推行地税部门全责征收体制。所谓“地税部门全责征收”，即委托部门将社保规费计费依据核定环节移交地税部门负责，由地税部门全面负责社保规费征缴环节中的缴费登记、申报、审核、征收、追欠、查处和划解基金专户等相关工作，并将征收数据准确、及时传递给社会保险经办机构记账。这种体制下，地税部门就不仅仅是征缴主体，解除了地税代征社保规费征而不管的尴尬境遇。全责征收，既节约了征收成本，又保障了社保规费的征管质量，是完善社保规费“收支两条线”，确保社会保障基金安全入库、及时发放的有力保障，也是建设服务型政府的助推器。四是推行“信息管费”，打造信息共享征缴工作平台。包括推行社保规费费银一体化；推行“一票多费”，统一缴费基数和缴纳程序；实现社保规费征管与税收管理信息资源共享；推进财政、人社、银行等相关部门的数据横向联网，建立信息共享平台，为保证数据审核、及时跟踪征缴进度、加强欠费管理以及其他跨部门信息沟通等提供电子信息平台。

二、地方税体系下地税部门内设机构与岗位职责

“税收是一门强调可行性的学问。一种不可管理的税制是没有多少价值的。理论上最完美的税制，如果其表示的意图在实践中被歪曲，就可能变成蹩脚的税制。”地方税体系无论设计得多么完美，如果没有相应的征管体系和岗位职责作为支撑，也无法得以很好的实施。因此，在构建地方税体系的同时，必须完善地税部门的岗位和机构设置，以更好地履行职能。

（一）机构和岗位职责设置的基本原则

我们认为，必须对地税部门现有组织结构的岗位职责进行重新设计，以适应地方税征管的需要。根据当前税收征管改革的趋势，总的思路是划分若干个职能交叉的团队，使岗位与岗位之间，机构与机构之间能密切配合，通力合作，形成一加一大于二的管理效应。具体来讲，包括以下几个基本原则：

1. 减少管理层次，缩短管理半径。实践证明，要提高组织结构效率，必须减少行政管理层次，精简管理机构，实现组织结构的扁平化。目前来看，地方税体系形成后，要在不增加管理机构、不打破现有组织结构框架的前提下，以层级管理为基础，依托现代信息技术，将省、市、县（区）三级税务机关内部业务管理流程进行再造，使其纵横贯通，实现跨层级、跨部门业务运作的一种管理方式。其核心是：以风险管理为导向，依托现代信息技术，围绕征管核心业务流程，实现跨层级、跨部门的分类分级管理，形成流程最短、环节最简、衔接顺畅的管理协作机制。

2. 统一机构设置，实行专业管理。根据企业组织理论学的研究，企业管理组织机构设置通常有四种模式，即以产品为基础的模式、以职能为基础的

模式、以客户为主的模式和融合前三种的矩阵模式。按照前述税收管理机构的改革目标和国外税收管理机构设置的做法，适宜采用按税种类型和职能分工相结合的模式设置内部机构。在基层地税机关按职能分工和纳税人类型相结合的模式设置机构，增强部门的专业性。岗位设置方面，在每一个部门设立一个主岗，承担本部门的主体业务，如办税服务厅的综合服务岗、税源管理所的税源管理岗、纳税评估所的评估实施岗、稽查局的稽查实施岗等。同时要强化岗位的专业性，尤其是在税源管理所内部实行按事项分配工作任务，彻底取消“包干式”的管户制度。

3. 匹配信息技术，构建合理机制。利用信息技术改变税收管理的流程和组织结构，建立一种层级更少、基层管理人员权责更大的管理体制。在县（区）局内部，根据税收征管和信息化的内在规律，重新设计和优化税收征管业务和征管流程，将咨询受理等纳税人发起的涉税事项集中到前台办税服务厅，实行全方位集中管理，解决纳税人多头找、多次跑的问题；将纳税评估、调查执行、稽查审计等税务机关找纳税人的所有管理事项，集中到后台税源管理所，实施分类管理，解决税源税基控管薄弱的问题。

（二）机构和岗位职责设置的基本架构

根据“无缝隙税务组织”理论的基本原理，按照战略管理的工作机制，通过吸收国际管理的成功经验和管理学研究的最新成果，借鉴国际税收征管组织体系配置方面的有益做法，采用技术推动策略，促使税收征管业务需求的优化与简化。结合我国目前税收征管工作的实际，地税机关机构各岗位设置的基本架构应体现在三个方面：

1. 集约征管部门，实现税收成本最小化。在信息化的支持下，按照优化、简化以后的征管业务流程，将行政执法的各个机构集中到信息系统的“流水线”上。一旦具备启动涉税相关流程的条件，相应的机构立即被触发或激活，税收业务工作按照事先设定好的标准和时序进行运作，直到流程的终端——结果的出现。在实际运用中，通过对类似的税收业务机构进行合并，充分运用信息化的成果，最大限度地减少工作流转的环节，能够有效地降低税收征管的组织成本。

2. 实施流程导向，实现组织效率最大化。将地税机关的组织体系由职能导向型转变为流程导向型，紧紧围绕流程而不是职能来规划税收工作。在职能导向的管理模式下，每个处理节点是对上级负责，是“要我做”。而在流程导向的管理模式中，每个处理节点要对流程负责，是“我要做”。让税务人员从“要我做”到“我要做”，这是流程再造的最高境界。在职能导向的组织体系中，信息传递的环节多、信息传递的周期长、信息失真率高。而在流程为导向的组织体系中，信息的传递是横向的、扁平的，信息传递的环节少、周期短、失真率低。以流程为导向的组织体系使得机构衔接顺畅，流转迅速，大大提高了组织的效率。

3. 明晰部门职责，实现部门无缝对接化。征管业务流程与部门职责界限的明确，能使流程与组织体系在更高的层次上相互兼容、衔接。流程，简要地说就是做事情的顺序。组织体系是建立在流程之上，是流程规定的某部门在整个流程中应做的工作和应负的责任，具体讲应详尽包括各项税收征管工作的职责、分工、标准、操作、权限、程序、联系、制约、考核、评价等具体内容。流程所分配的每一个岗位应有职责和分工的有机结合就是组织体系。地税机关的机构和岗责体系，相当于税收执法“产品”的质量认证体系。在这样的组织体系中，不再以某个部门的岗位作为基本单元，而是将“税收事务处理节点”作为组织体系中的基本单元，还税收征管业务以本来面目。这样既便于对征收管理流程进行总体分析与描述，又可以给组织体系的构建以应有的空间，从而实现征管业务流程与组织体系在更高层次上的相互兼容与衔接。以“税收事务处理节点”作为税收征管组织体系的构成要素，是指完成税收征管业务事项所经过的实质性操作环节。我们认为，根据地方税征管的需要，地税机关应主要包括五大机构设置：受理部门、调查部门、核批部门、评估部门和稽查部门。从而将所有税收征管事项放在这五个或其中几个部门的流转过程中进行。

（1）受理部门。受理部门作为一个税收征管事项节点，是税务机关面向纳税人的一个界面。一方面它是一个窗口，纳税人申办的所有税收事项，经过它启动相应流程，直到事情办结；另一方面，它也是一个相对独立的处理单元，在网络和信息系统的支持下对纳税人申办的大部分事项直接办结。受理部门可以根据所处理的税收业务事项进行分类。如：登记认定、纳税申报、认证报税、税款征收、发票售销、代开监开、税控发行、税收咨询等等。

（2）调查部门。调查部门主要是对纳税人有关事实情况进行描述和确认，对系统监控以外应税行为的巡查，税收事项的告知、税务文书的送达、保全强制措施的实施执行、纳税人办税行为的预警提示等。其工作可以因系统指示而起（调查），也可以因工作质量要求而起（巡查），还可以因纳税人的行为而起（执行）等。

（3）核批部门。核批部门主要是通过对调查情况进行综合分析，以判定税收定额、预缴税额（延期申报）、应纳税额（核定征收）等税收量化指标，进行供票资格、应纳税种、征收方式、信誉等级等的认定，着重对例外和法定的事项进行核批。其中一般性判断由计算机提供建议值，在建议值范围内的，由受理部门直接处理，以提高工作效率。

（4）评估部门。评估部门主要根据系统提供的与纳税人相关的各种信息，运用特定的软件结合人工分析，对纳税人申报纳税的真实性和有效性进行评估，并通过约谈和案头审计等形式对纳税人申报纳税的真实性和有效性进行核实，以减少涉税违法犯罪现象。对纳税评估过程中发现的疑点难点问题转入稽查部门进一步深入检查。

（5）稽查部门。稽查部门重点承担调查、处理涉税违法犯罪活动的工作。主要分为：选案、稽查、审理、执行4种。

（三）机构和岗位职责设置的具体实践

1. 重点税源管理团队化。团队化管理，是现代税收管理的一种有效方式。在团队化管理上，强调的是关注每个岗位和工作，关注人员的能力和行为，实现人与人、人与岗位、岗位与岗位、人与职责的匹配。把阶段性的共同目标实现过程，统一为全体人员的价值观的实现过程。让每个岗位人员自觉适应其岗位职责与要求，而不是让岗位来适应人员。重点税源管理团队，是为了适应重点税源集中管理的专业化管理要求，将业务能力强、综合素质高的业务骨干集中到一个基层税务机关，履行对重点税源的管理职责。如上市企业管理团队、金融企业管理团队、房地产企业管理团队、大型工矿企业管理团队等。团队组合上，应充分考虑管理力量要与税源分布相一致，岗位的需要和人员实际能力相一致。做到人与人的互补搭配和人员能力与岗位职责基本适应，使团队人员能在各自分工上培养团队意识和协作精神，使每个人的工作都能为实现整个团队的税源管理目标服务，使个人的工作行为、团队的工作目标、全局的征管质量和效率、纳税人的税法遵从融为一体。

2. 一般税源管理集约化。集约化管理是相对粗放管理而言，集约化的“集”，就是指集中，集合人力、物力、财力、管理等要素，进行统一配置。集约化的“约”，是指在集中、统一配置生产要素的过程中，以节俭、约束、高效为价值取向，从而达到降低成本、高效管理之目的。从税收征管角度看，集约化管理是以流程管理为核心，通过征管要素的集中、整合，对征管各环节按照统一的标准、内容进行流程作业，达到提高工作效率和质量的目标。在未来的地方税体系中，办税服务厅就是标准化的集约化管理方式。它将各种资源进行整合与配制，纳税人到税务机关办理涉税事项，由办税服务厅窗口人员统一受理、办理。不能即办的转到相关的业务部门，在规定时间办结后，再转到办税服务厅由窗口出件。通过工作流程使办理涉税事项过程的各环节方式、职责固化下来，并使各环节紧密衔接。

3. 零散税源管理社会化。零散税源管理社会化，是指对个体、市场、私房出租，以及农村税收等零散税源，实行社会多方联动，齐抓共管的一种社会协税护税管理方式。在街道社区，统一设立税务服务站，由当地政府聘请一定数量的协税护税人员，在当地税收管理员的具体指导下，负责清理辖区范围内漏征漏管的个体工商户、清理滞欠缴纳的税款、清理非正常户等各项工作。税款的具体申报与缴纳，应该分别采取定期定额征收、委托代征、简并征期、简易申报等方式，使税收管理员从大量繁杂的个体和零散税收日常事务中解脱出来，把有限的征管资源用到税源控管和风险防范上。

4. 纳税评估管理实体化。所谓纳税评估实体化，就是通过组建纳税评估组织机构，配备专业的团队人员，赋予法定职责，使这机构对外成为具有独立执法主体资格的管理实体。基层税务机关在保留基层税务所编制不变的前提下，对各税务所的户管进行一定调整，每个县（区）级税务机关设置一至两个纳税评估税务所，运用专业的评估手段及系统平台，专门从事纳税评估工作。纳税评估实体化主要体现为三个方面：一是岗位职责明晰化。纳税评估税务所内部，设三个岗，即所长岗、纳税评估岗、内务岗，对三个岗分别明确了岗位责任，使各岗人员知道自己应做什么，怎么做，该负什么责任。二是工作流程规范化。通过明确岗位职责，评估人员就能按流程办事，按规程操作，能按统一的操作规程办事，使评估行为规范化。三是评估工作联动化。建立专业化的纳税评估风险推送机制，将风险数据进行细分，使纳税评估所对风险的应对做到有的放矢。推动日常税源管理工作的加强，推动企业对税法遵从度的提高，推动每个人工作责任、工作技能、工作态度的提升。

5. 税务稽查管理一体化。税务稽查一体化，是指在一个城区范围内，税务机关只集中设立一个相对独立的税务稽查专业机构，配备专业人员，依法独立地行使税务稽查职能的一种税务稽查运行模式。实施税务稽查一级化，是贯彻落实国家税务总局提出的“推进税务稽查管理方式改革，全面推行地市级一级稽查体制”要求的具体举措，是税收权力内部制衡的重要方式。税务稽查一体化实现了专业稽查人员的“大集中”、稽查资源的“大整合”、稽查方式的“大汇合”。通过科学设立内部机构，依法界定职责权限，从严规范执法行为等管理措施，使大集中后的稽查工作，变“被动选案”为“主动选案”，变“常态稽查”为高风险应对。实行了统一检查计划、统一政策依据、统一执法程序、统一稽查文书、统一工作标准的“五统一”方式，进一步强化了税收执法力度，提高了稽查效能，彰显了稽查的威慑力。达到以查促收、以查促查、以查促管、以查促廉的一种税收管理目的。实施税务稽查一体化的基本要求是：“规模合理、职责明晰、管理科学、程序规范、执法严明”。规模合理，是指稽查局人员的数量和质量在高度统一的前提下，达到能承担“一级稽查”工作任务的需要。职责明晰，是要合理界定征、管、查之间各自的职责范围，形成“征、管、查”三个环节既各司其职，各负其责、又相互衔接、相互制约的协调联动机制。管理科学，是指根据一体化的内在需要，建立一套完整、科学、合理的运作机制，用制度管人管事，以管促效。程序规范，是指严格按照选案、检查、审理、执行四个环节相互分离，依程序办事。执法严明，是指严格执行国家税收法律法规，依法办案，依法行政，依法治税。实施税务稽查一体化，稽查干部统一管理、统一调配，减少了层层分配、层层督导、层层上报的环节，并且每个工作环节像流水线一样操作，环环相扣，各负其责，有效增强了税务稽查的刚性和快速反应能力。可集中力量多方出击，且在稽查流程的规范下做到“瞻前顾后”：即各环节工作完成转入下环节后，可受理其他案件，无需顾及后继环节事宜，各环节可整体平行推进。如选案环节研究的是一个行业，检查环节实际检查的是另一个行业，审理环节是审理已查结的行业，执行环节是执行的已审理完毕的案件，整个稽查工作的效率大大提高。

第四节　建立与地方税体系相适应的税收服务

维护纳税人合法权益是税务机关践行党的群众路线、全心全意为纳税人服务的行动指南。纳税人权益的保障，既是纳税人的核心诉求，也是税务机关的法定义务；既是纳税服务的重要内容，也是依法行政的权责要求；既是构建和谐征纳关系的有效措施，也是营造良好税收环境的有效途径。因此，树立“在服务中实施管理，在管理中贯穿服务”的理念，提供优质高效的税收服务，既是打造服务型税务机关，建立服务型政府的重要组成部分，也是建立服务型政府的必然要求。当前，纳税服务中“运动式”的服务、“救火式”的服务、“静态式”的服务、“主观式”的服务依然存在。为此，建立与地方税体系相适应的税收服务，必须要解决好这些问题。

一、完善现行税收服务机制

新公共管理理论确立了纳税人与税务机关平等的经济主体关系①，并肯定了纳税人在公共产品“供需”关系中的主导地位。这就要求我们牢固树立“顾客意识”，以纳税人需求为导向，以纳税人需要为第一信号，学会换位思考，建立完善纳税服务机制，加强权益保护，完善信用制度，促进纳税人满意度和税法遵从度稳步提高。

（一）增强纳税服务意识

长期以来，税务机关的纳税服务始终停留在比较低层次的微笑服务中，没有树立政策性的税收服务观念，仅是从狭义的概念去理解和从事纳税服务，把税收的强制性变成了征纳关系的另一种体现，纳税服务并没有发挥最大的效应和作用。特别是在税务部门职能分工上，形成“铁路警察各管一段”的局面，比如征收服务大厅主要为上门办理涉税事宜的纳税人提供办税服务，纳税服务科则具体负责纳税人培训辅导、上门走访、“五送”服务、纳税人维权等服务工作，政策法规科负责税务所征管过程中的政策解答，这在很大程度上限制了纳税服务质量的提升。因此，要使纳税服务取得更大的效应，必须增强部门职能向全系统履行职责的转变，由浅表层工作向深层次推进转变，由制度建立向体系化建设转变。让广大税务干部树立“人人恪尽服务之责、人人都是服务主体”的理念，不断增强税收服务意识，形成整体服务的强大合力，强化征纳双方对等意识。与此同时，要高度重视纳税人的纳税主体地位，充分认识权利与义务的对称性、管理与服务的对等性，将税收服务作为行政执法的有机组成部分和税务人员的基本行政行为规范，牢固树立服务是责任、服务是义务、服务是宗旨的税收服务意识。

（二）完善纳税服务制度

近年来，随着税务机关行政执法岗责体系的不断完善，各环节、各岗位之间的关系进一步明确，促进了税收管理水平的全面提升。作为与税收管理共处于地税部门核心业务的纳税服务工作，在推进纳税服务全员化的基础上，还应建立与税收管理相配套的纳税服务管理制度。按照定岗定责、定期考核、严格奖惩的原则，以“小机关、大基层”的税收管理模式，确定基层税务所和征收服务大厅纳税服务岗位及人员配备，细化纳税服务岗位职责，制定服务标准、工作流程以及考核管理办法等内容，逐步形成科学、规范、系统的

---

① 黄强：“把握四个关系　优化纳税服务”，《地税参阅》，2013 年第 40 期。

纳税服务岗责体系，做到以制度管人、以制度管事，为纳税服务工作的正常有序运转提供有力保障。同时，完善纳税服务评价机制，建立纳税人评价、内部评价、第三方评价相结合的三位一体纳税服务考核评价机制，有效掌握纳税人深层次的服务需求和服务满意度，进一步强化监督广大税务干部的纳税服务质量。

（三）建立纳税个性服务

对于每一个纳税人来讲，由于其业务人员素质以及对税收政策的了解和理解程度不同，需要服务的需求也是不一样的。所以，纳税服务工作始终要以纳税人的需要为导向，采用多种方式收集纳税人的有效需求，建立个性化服务：一是充分利用纳税人学校、短信平台、QQ 群等互动形式，畅通税务机关与纳税人之间的沟通渠道，收集纳税人合理合法的需求，并及时帮助解决；二是以办税窗口为平台，关注纳税人在办税过程中存在的问题，防止今后发生类似情况；三是广泛开展上门走访，与纳税人进行面对面的沟通交流，耐心听取纳税人的困难和需求，虚心征求纳税服务方面的意见和建议，有针对性地开展纳税服务。为此，税务机关应不断完善个性化服务手段：一是进一步扩大纳税人需求收集渠道。在多年的管户制度下，纳税人形成有困难、有需求找税务所的习惯，所以在税务所中应建立对纳税人需求的及时收集、有效反馈机制，以便于更及时、全面地掌握纳税人的需求；二是要加强需求的分析细化。对以各种渠道收集到的纳税人反映的需求和困难，按照纳税人的行业性质、经营规模、涉税业务类型、服务时间要求等口径进行统计分析，以此为依据对纳税人进行分类服务，避免出现“一人生病，大家吃药”的现象；三是要实行分类服务。为最大限度满足纳税人多层次、多元化的需求，纳税服务也要进行细化分类，针对不同类型的纳税人提供不同形式、不同内容的纳税服务，进一步提高服务效果。比如对重大项目、重点税源户的服务，以成立重大项目服务组的形式，以各部门业务骨干为成员，分别与重大项目、一级重点税源户建立联系制，主动了解纳税人所盼、所需，帮助纳税人解决涉税问题，协调处理办税困难，以包户到人的形式为纳税人提供“一对一”、“点对点”的全方位纳税服务；四是树立满足纳税人正当需求的便民意识。坚持以纳税人为中心，凡事从广大纳税人的共同利益出发，从纳税人的正当需求着想，从纳税人最关心的地方做起，从纳税人最不满意的地方改起，充分尊重纳税人的权益，不断改善税收征纳关系，从而提供纳税人真正需要的纳税服务。

二、构建服务与管理协同机制

纳税服务是加强税收征管的一项基础性工作，其贯穿于税收征管各环节，体现在税收征管的全过程，对税收征管具有先导性作用。纳税服务与税收征管同为税务机关的核心业务，两者是相辅相成、相互促进、高度统一的，强化税收征管，依法履行税收管理职责，必须提升纳税服务水平。因此，构建以“优化服务提升管理效能，创新管理完善服务体系”为重点的服务与管理协同机制，有利于提升税源管理质效，提高依法纳税遵从度，建立和谐征纳关系和公平的税收环境。

我们知道，纳税服务的根基在基层，它是直接面对广大纳税人和体现税收服务的窗口，纳税服务工作是以提高纳税人满意度和税法遵从度为目的的，这就决定了脱离基层征收单位的服务是不切合实际的，脱离税收管理的服务是没有生命力。因此，必须将纳税服务工作的触角扎根基层征收单位，推进基层服务与管理的有机融合，实现服务与管理的相互促进，不断推进纳税服务工作向纵深发展：

1. 推动纳税服务与日常税收管理的紧密结合。基层征收单位在日常工作中能够及时准确地掌握纳税人生产经营性质所涉及的税收政策、涉税事项、税收优惠等第一手最详细最真实的信息，从而在最适当的时间节点提供有针对性的纳税服务，使纳税人在各个办税环节能够享受到最贴心的纳税服务，实现各项纳税服务工作与日常税收管理的紧密结合，贯穿于基层一线税收管理的各个环节。

2. 推动纳税服务与日常税收管理的相互促进。在基层征收单位中要形成“纳税人涉税事项告之——及时了解纳税人涉税困难与需求——提供纳税服务解决涉税中的困难——帮助纳税人顺利完成涉税事项”的工作链，及时解决或帮助协调纳税人履行纳税义务过程中的相关问题，确保纳税人顺利快速地办结涉税事项，同时实现地税部门各项税收管理工作的顺利完成。

3. 推动职能服务与情感服务的思维转变。职能服务强调责任与物质因素，对纳税人的服务主要体现于“要我做”、“应该做”，是一种制度约束和强制要求；情感服务强调提示与精神因素，对纳税人服务主要体现于“我要做”、“我愿做”、“我想做”、“我能做”，反映出服务者的主动服务意识和优良人格品质，能使服务对象因享受“超值服务”而感受到身心愉悦及主动纳税意识。因此，在纳税服务过程中因人、因时、因事等个性化需求提供主动的全方位、多角度服务，追求让纳税人满意的真情效果。

4. 推动纳税服务与日常税收管理的良性互动。纳税服务是一项综合性、系统性的工作，一方面需要各部门之间的协调配合，在组织税法宣传、纳税人培训、政策解答、处理维权等服务工作中，要加强服务与征管的互动性，进一步深化各部门交流协作，提供各项纳税服务的有力保障；另一方面纳税服务部门将服务过程中遇到的问题，收集到的纳税人的需求、愿望以及意见和建议等及时反馈转达给相关部门，为相关部门做出税收管理决策、改进征管流程提供科学依据，同时也为办税窗口的畅通运行扫清障碍。

三、优化办税服务模式

办税服务厅作为提供办税服务的主要阵地，在“面对面服务”、直击征纳矛盾方面具有不可替代的作用。而随着纳税服务工作的全面推进和纳税人需求的不断变化，及时回应和满足纳税人正当需求，就必须加强纳税服务标准化、专业化、信息化和集约化建设，在传承中创新，在创新中传承。在总结和继承多年实践经验的基础上，不断加强理论创新、技术创新和方式创新，不断拓展全方位、多元化、多角度的纳税服务创新实践，切实体现纳税服务作为税收核心业务的地位和作用。

（一）以办税窗口为阵地推进纳税服务便捷化

为进一步推进纳税服务便捷化，办税窗口不断创新服务形式，“先办后审”、重大工程绿色通道、“免填单”服务、二次优先服务卡、24 小时自助办税服务等措施已相继推行。然而，纳税服务便捷化仍然是纳税人最集中的愿望，我们以为，各级税务机关在今后工作中要从四个方面解决问题：一是简化办税流程。在税收政策许可的范围内，不增加税收风险的情况下，进一步减少办税环节，简化办税流程，缩短纳税人的办税时间。二是减少办税资料。大力推行办税资料“分户式”管理，对于办税资料档案中已有且不需更新的办税资料及时进行清理，减少纳税人资料报送种类。三是完善“免填单”服务。在目前实行的发票代开“免填单”的基础上，将纳税人需要填写的表格进行全面梳理，纳入“免填单”模块，由办税服务厅工作人员在系统中为纳税人填写资产表，再交由纳税人签字盖章认可，既免去了纳税人填表的烦劳，同时提高办税效率。四是提高窗口人员服务水平。一方面大力推行窗口工作“一字诀”，为每位纳税人办理涉税事项时一次办成、一次说清、一次不错。做到能办的涉税事项一次办成，办不成的一次说清，能让纳税人一次办成的事情，不让纳税人再跑路，一次办不成的给纳税人解释清楚，避免纳税人往返跑。每位工作人员办理业务时一次做对，减少失误出错，减少反复操作，最大限度为纳税人节省办税时间。另一方面加强办税服务厅管理力度，积极推行公共管理服务平台，强化办税服务厅工作工作纪律和工作绩效考核，切实转变工作作风，提高窗口办税服务质效。

（二）以信息应用为依托推进纳税服务现代化

以信息化为依托，推进纳税服务现代化，就是按照便捷、高效、安全的原则，借助先进的信息技术改进纳税服务手段和方式，提高纳税服务的科技含量，通过服务手段和方式的创新，降低纳税成本，为纳税人提供高效能的服务。通过运用12366短信平台、QQ群、24小时自助办税服务系统等现代化手段，提高服务效率。但随着信息技术的不断发展，必须进一步扩大信息技术在纳税服务工作中的应用范围：

1. 建立网上办税服务厅。积极探索集成网上办税、税法宣传、交流互动为一体的综合网站，建立多功能的现代化办税服务平台，包括网上办税区、税法宣传区、征纳互动区。网上办税区在目前实行的网上申报、网上缴税功能的基础上，进一步开辟税务预登记、代开发票预审、报送涉税资料等网上办税功能。同时提供税务登记、发票领购等涉税信息查询，以及表单下载、预约服务、在线答疑、网上课堂等辅助功能，实现纳税人足不出户即可办理大部分涉税事宜；税法宣传区对纳税人开展网上税法宣传，充分利用网站信息容量大、传播速度快的特点，及时公布各项税收政策、法规、解释及办税流程，开辟网上课堂供纳税人学习，提供网上答疑功能，及时详细地解答纳税人的疑难问题，提高纳税人税法遵从度，切实保障纳税人的知情权；征纳互动区实现征纳双方的交流沟通，通过网站征求纳税人对税务机关工作的意见和建议、开展满意度调查、接受纳税人投诉、举办领导或专家访谈，为征纳双方的沟通了解提供一个互动平台。

2. 扩大短信平台服务功能。利用手机短信操作不受时间地点限制的优势，增设短信订制功能，满足不同类型纳税人的短信应用需求；增加信息查询功能，使纳税人任何时间、任何地点都可了解到涉税信息，真正实现“全天候、全功能、全方位”的纳税服务。

（三）以税收监督为手段推进纳税权益保障常态化

纳税人权益保障常态化，就是纳税人是否有无诉求，都必须保障其权益不受影响，做到事前、事中、事后纳税人都有知情权、参与权和监督权：

1. 强化“事前”统筹规划。积极建立税企沟通机制，坚持把保护纳税人合法权益作为必要的因素考虑，合理界定税务机关的行政行为是否会影响纳税人的合法权益。通过问卷调查、座谈会等多种形式，积极保障纳税人税收管理制度和办法的制定参与权。对关系纳税人切身利益、社会普遍关注的涉税事项和相关信息，必须实行内容、程序、依据、标准的全面公开，充分保障纳税人的知情权、参与权和监督权。

2. 强化“事中”权力监督。纳税人在涉税事项办理过程中，要加强对税收管理员、税务稽查员、行政审批人员“三员”的监督：一是明确各自工作职责，定期轮换岗位，实行双人上岗，严格下户管理，推行办税公开，开展交叉巡查，每周工作评议；二是对税务稽查员，完善选案制，建立立案制，实行集体审理制，推行首查责任制、案件复查制和定期回访制；三是对行政审批员，从集中、公开两个方面，积极探索加强监督制约的有效途径和方法。

3. 强化“事后”救济手段。积极建设地方税收体系的法治文化，将依法治税的要求落实到地方税征收的实践中，切实做到执法讲依据、办事依程序、过错究责任。将税务行政复议、行政诉讼等救济手段作为税收法制建设的一项重要工作来抓，依法处理税务行政争议，畅通救济渠道，妥善化解涉税纠纷，保障纳税人的各项合法权益，发现行政行为失当的，依法予以纠正。加强“事后”对税收执法程序和结果的监督，是维护税法权威与尊严、保护纳税人合法权益的重要组成部分。

（四）以提升效率为前提推进纳税服务透明化

现行征管制度下，各环节对权力制约的成分强调较多，内设机构的职能重叠问题未根本解决，内部衔接协调机制尚未健全，直接影响了纳税服务工作效率。为此，推行“阳光工程”，实行公开办税，让税权在阳光下运行，实现纳税服务透明化：

1. 规范公开内容。坚持“全面真实、及时便民”的原则，制定和落实公开制度，公开岗位职责，公开税收法律法规和政策，公开纳税定额和停歇业户，公开办税程序，公开服务标准，公开税务违章处罚，公开工作纪律，公开纳税承诺。做到“四个凡是”，即凡是可以公开的税收权力一律公开操作、凡是与纳税人权益相关的事情一律公开去办、凡是应接受纳税人监督的事宜一律公开到位、凡是纳税人最关心最敏感的事情一律花气力解决。

2. 创新公开方式。对于定额、缴税、停歇业、税务处罚、税务稽查可在办税服务厅设立公告栏公开，并实行“停业挂牌”制度，让纳税人了解到所有业户的定额及缴税的真实情况，让纳税人对税法的遵从度也能自觉接受社会监督。

3. 突出公开重点。及时公开个体纳税定额、不达起征点优惠政策落实情况等内容，重点公开减免税审批、税款缓缴、税务行政处罚等焦点问题，让纳税人交上明白税、放心税和满意税，使权力运行全部置于“阳光作业”监督之下。

第五节 保障地方主体税种征管的制度措施

本书前面几章按照中央改革税制、稳定税负和保持现有中央与地方财力格局总体稳定的财税改革“两个稳定”原则，通过充分的研究和论证，构建了中国地方税体系，并在现行制度条件下确立了地方主体税种及辅助税种。因此，如何保障地方各税征管到位，是建立地方税征管体系的核心内容。本节将结合地方主体税种的特点和现状，从两个方面探讨其征管保障体系：一方面，建立长效协税护税制度；另一方面，完善地方主体税种征管的具体措施。

一、建立地方政府主导的征收保障制度

地方税的主要特点之一，就是区域性较强，由于各地区所处的地理位置不同，所以其资源禀赋也不同，经济发展程度也不同，产业结构也不同，经济来源也不同，也就决定地方政府在税收中主导作用非常突出。所谓地方政府主导的征收保障制度，就是指在各级政府的统一组织、协调、指导下，以税收法律、法规为依据，以税源信息监控为主要内容，以社会化税收管理网络为手段，凝聚社会力量，形成的一种有效的税收征管体系。它是地方税务部门借助社会力量掌控税源，强化征管的有效手段。相对于中央税而言，征收保障制度对于地方税具有更为重要的意义，其构建也具有更加成熟的条件。近几年来，各地区都在积极推行构建地方税征收保障体系，出台了一系列诸如《地方税费征收保障办法》、建设财源信息共享平台之类的规定，在部门与部门之间构建了一定的信息共享机制。虽然尚不完善，但征收保障的初步架构已经形成。

（一）建立地方税征收保障制度的必要性和可行性

1. 建立地方税征收保障制度的必要性。当前，我国的社会主义市场经济尚不完善，现代信用制度不完善，监控机制不健全，社会信息化程度不高，存在大量隐形经济、现金交易等不公开、不规范的经济行为，客观上需要政府相关职能部门、相关企事业单位为税务机关及时获取纳税信息提供帮助。特别是企业生产经营呈现出许多新的特点，如经营多元化、收支隐蔽化、分

配多样化、核算利益化、偷税避税智能化等，税收征管迫切需要社会各部门更加有力的支持和配合。因此，构建地方税征收保障制度，是市场经济条件下做好地方税收征管工作的必要条件。与此同时，马斯格雷夫认为，最适合归地方的税是课征于非流动性的生产要素和财产税，其次是依附于居住地的税收。上述地方税体系改革构想，符合马斯格雷夫观点，并都具有税基宽、税源散、征管难度大的特点。这就决定了地方税与中央税相比较，涉及的行业复杂、范围更广、政策性强、自然纳税人多、工作量更大，地方税的征管仅靠地方税务部门自身的力量是难以实现的，必须调动全社会的力量。

2. 建立地方税征收保障制度的可行性。

（1）从法治环境来看，《税收征管法》提供了征收保障的基本法律依据。尽管《税收征管法》对部门之间的协税护税机制缺少具体化的制度设计和法律责任，但其第五条明确规定："地方各级政府应当依法加强对本行政区域内税收征收管理工作的领导或协调，支持税务机关依法执行职务。各有关部门和单位应当支持，协助税务机关依法执行职务"。同时，《实施细则》第四十四条规定："税务机关根据有利于税收控管和方便纳税的原则，可以按照国家有关规定委托有关单位和人员代征零星分散和异地缴纳的税收"。这可以视为地方税征收保障制度建立的基本法律依据。同时，随着国务院《全面推进依法行政实施纲要》的全面推行和法治政府建设的深入推进，税收法治环境逐渐改善，为地方税征收保障制度的建立营造了必要的法治环境。

（2）从社会环境来看，新公共管理理论的实践为征收保障制度创造了必备条件。新公共管理理论认为，以政府为核心的公共部门整合社会的各种力量，广泛运用政治的、经济的、管理的、法律的方法，强化政府的治理能力，提升政府绩效和公共服务品质，从而实现公共的福利与公共利益。这种理论使各级政府管理由传统的、官僚的、层级节制的、缺乏弹性的行政，转向市场导向的、因应变化的、深具弹性的公共管理。在这种大趋势下，分工的社会化和管理的团队化，已经成为当今社会的一个显著标志。社会化是社会分工的细化和生产的大协作，这正是地方税征收保障必不可少的社会环境。也正是这种社会分工的多元化和政府分工的细化，社会各部门才有可能在政府的统一协调下，围绕着税收征管的目标进行必要的协税护税工作，地方税征收保障才能不脱离社会发展的客观阶段，才能最终得到社会的认可并全面实施。

（3）从技术环境来看，信息化的深入推进为地方税征收保障体系行提供了有效的技术支撑。信息化进程的加快，为征收保障提供了技术条件。电子政务和数字政府已成为潮流，政府网站连接着社会各个部门，金税、金关、金盾、金融等国家信息化项目的深入，信息共享和互联互通成为政府工作不可或缺的组成部分。金税工程的实施，提升了各级税务部门的信息化水平和信息管税的力度，特别是各种征管核心软件的运用及各种信息平台的构建，实现了涉税信息的适时监控和内外传输，在信息的共享上也迈出了新的步伐。

（二）建立地方税征收保障制度的基本框架

1. 组织领导体系。地方税征收保障涉及各行各业，社会参与面广，是一项复杂而艰巨的系统工程，仅靠地税部门自身的力量是难以实现的。因此，争取各级地方政府的支持是推行社会征收保障的重要前提。各级地税机关要积极争取各级政府领导及各相关部门大力支持，形成强有力的组织领导体系。要成立由政府主要领导牵头的领导机构，设立相应的办事机构，明确各部门在地方税征收保障体系中的权利和义务，实现部门配合协作，形成人为协调到制度规范的转变，由单纯靠协商沟通向受责任义务关系约束的转变，并根据征管体制的变化，不断丰富、发展和完善地方税征收保障制度。

2. 内部管理体系。

（1）内部组织结构体系。就是要根据社会征收保障的进展情况，建立各级税务机关的社会征收保障专门机构，做到有专人领导、专人负责，重点做好相关工作的综合协调、监督，以及涉税信息的集中、分类、整理、考核等工作。如青岛、武汉等地设立的财源办，就是市财源建设工作领导小组的日常协调机构和办事机构，代表市人民政府行使财源建设工作职权并负责财源信息共享平台日常管理事务，按照各部门职责分工，采集、整理、汇总和分析财源信息。

（2）内部协作配合体系。就是要在建立专门部门协作机构的同时，注重加强地税机关内部各个部门的衔接，做到社会征收保障业务流程的设置与内部相关业务部门职能相结合，社会征收保障的信息采集、整理、征收反馈与日常的征管业务相结合。

3. 信息化支撑体系。建立地方税征收保障制度，必须依托信息技术，将涉税信息的采集、处理和征收反馈建立在计算机网络基础之上。各级税务机关都应紧紧围绕这一发展方向，进一步加大信息化建设力度，特别是发挥社会征收保障网络的作用，在税务机关初步建成一个“集中管理、相互依托、数据规范、信息共享”的综合信息库，使之成为涉税信息处理中心和税源监控中心，及时掌握税源变化情况，掌握纳税人的各类纳税信息，以便及时有效地采取征管措施，保证国家税款依法按时足额征收入库。

二、建立统一的税收行政协助制度

（一）税收行政协助的概念

行政协助又称公务协助，是行政机关在执行职务时请求其他没有隶属关系的行政机关给予协助的一项制度。其基本依据是行政一体化原则。在现代社会中，尽管政府行政机关的职能分工不同，但作为政府的组成部分，所有行政机关的根本利益和最终目标是一致的，因此，无隶属关系的行政机关之间进行必要的相互协助也是各国行政程序中的惯例。作为地方税务部门，行使着国家赋予的筹集地方财力、调控地方经济发展方向、调节地方收入分配等工作职能，管理对象面广量大，管理事务综合繁多，利益关系复杂敏感。一方面，纳税人不仅数量巨大，还存在诸多差异；另一方面，涉税经济活动的种类不断创新，跨地区、跨行业业务不断增加，地方税务机关仅靠自身努力，在自身职权范围内无法获得或以较低成本获得履行职能所必需的涉税信息。因此，寻求其他行政机关的行政协助就成为各国税务机关的必然选择，我国税收实践中也存在事实上的税收行政协助。我国税收行政协助虽然近年来取得了一定发展，但相对于法律完备、政府行为科学性强、法治化程度高的国家而言，还仅仅处于起步阶段，必须进行必要的完善。因此，要构建地方税征收保障体系，必须通过相关的法律法规对税收行政协助进行规范，使其既有位阶较高的法律依据，又有具体的、操作性强的具体规定。否则，地方税的征收保障只能是“无源之水、无本之木”。①

（二）当前我国税收行政协助存在的主要问题

1. 税收行政协助的法律依据不充分。目前，我国对税收行政协助尚未有系统的规定。如前所述，其最高法律依据为《税收征管法》及实施细则中的原则规定。同时，部分省级人民政府颁布了相关的政府规章，如湖北省人民政府2009年颁布的《湖北省地方税费征收保障办法》，部分市、县政府也颁布的相关规范性文件，税务机关同其他机关联合颁布的许多协议性文件也在一定程度上规范着税收行政协助行为。而这些法律法规中对税收行政协助的规定普遍过于原则化，操作性较差，缺少普遍性、全面性、系统性、统一性。从世界范围来看，发达国家的《行政程序法》及《税收征管法》等法律对税收行政协助一般做出了系统、完备、操作性很强的规定。这些规定明确了行

① 李文：“税收行政协助的中外比较”，《涉外税务》，2004年第3期。

政协助的启动、协助机关的选择、行政协助的拒绝、行政协助的争议及处理、行政协助的费用等内容，具有很强的操作性。如德国的《联邦行政程序法》规定在以下情况下，行政机关可以请求行政协助：由于法律或事实上的原因（尤其是因欠缺职务上必要的工作人员或机构）无法自行执行职务的；执行职务所必需的文件或其他证据为被请求行政机关所占有者；执行职务所必须了解的事实为其所不知，且无权调查者；执行职务须付费用明显比由被请求行政机关执行所需费用高者。对于行政协助的拒绝，德国规定，当被请求机关之外的其他行政机关明显能以较简单的方式和较低的费用完成该职务，或被请求的行政机关为实施该协助行为需付出巨额费用或会使其自身职务受到重大危害的，被请求机关可以对协助请求予以拒绝。在我国，正是由于依据的不充分，导致税收行政协助工作开展起来困难重重，有的时候即使取得了一定成效，也更多的是靠一些长期形成的“业务关系”和领导个人魅力，缺乏规范性和稳定性。

2. 被请求机关行政协助的动力不足。在国外的行政机关中，行政协助的概念早已深入人心，具体到税收行政协助或税收协调，由于相关法律的操作性较强，被请求机关一般均会对合法的协助请求予以配合。可以说，法律本身以及较强的法律意识，使国外税收行政协助中的被请求机关实施协助具有很强的动力。而在我国税收行政协助实践中，由于法律法规并未明确税收行政协助的概念，行政一体化原则并未深入人心，多年来相关的行政机关习惯于各自为政，把对税务机关的协助当作是额外的付出而不是自身职责。而《税收征管法》的规定过于宽泛，实际处于虚置状态，强制性较差。因此，出于对税务机关进行行政协助可能会增加本部门的工作成本或对本部门既得利益造成损害等方面的考虑，被请求机关往往拒绝协助或者敷衍塞责。尽管通过各级地方政府的强力介入，被请求机关可能有一定的“工作积极性”，但是缺乏制度保障和长久动力。

（三）地方税征收行政协助与征收保障的主要思路

国际上其他国家税收征管经验表明，完善的税收行政协助制度是强化地方税征管的基础条件，而健全与税收行政协助相关的法律又是优化税收行政协助的关键。我国应通过相关的法律法规加紧制定《行政程序法》，明确行政协助的概念，并对行政协助的启动、协助机关的选择、行政协助的程序、行政协助的拒绝、行政协助的费用、行政协助的争议及处理等做出系统明确的规定。同时，尽快修订《税收征管法》，在行政协助普遍性规定的基础上，对税收行政协助的特殊方面做出更有针对性的规定。具体来讲，建立长效的税收行政协助，应该围绕以下几个方面：

1. 确立税收行政协助的法律地位，使相关的行政机关增强对税收行政协助义务的认识，减少税收行政协助所面临的观念上的障碍，打破部门和系统的保护主义，形成全社会的税收协助机制。

2. 出台相应的细则，对规范税收行政协助行为进行具体规范，减少行政介入，使税收行政协助在全国范围内得到统一、规范的实施。如搭建地方政府财源建设平台，形成职能部门信息全方位共享；建立不动产登记制度，全面掌握纳税人应税财产；扩大财、税、银网的协税功能，防止漏征漏管和逃避税款追缴。

3. 降低税收行政协助的实施成本：一方面，通过健全的税收行政协助法律法规，对以非特定主体为对象的税收行政协助的一般规定进行明确，避免在各式各样的文件中对此内容进行重复规定，降低税务机关与其他部门之间的协商、签定成本；另一方面，增强相关行政机关响应税收行政协助请求的动力，降低税务机关与地方政府各职能部门进行各种行政协调的成本。

三、完善地方主体税种征管的具体措施

（一）完善第三方信息应用的法律保障机制

按照地方主体税种的设计，消费税、所得税、房地产税将成为地方各级政府主要财源，那么无论是消费税，还是个人所得税、房地产税，包括辅助税种中的契税、车船税、印花税等，都要面对广大自然人，第三方信息的应用显得尤为重要。因此，完善第三方信息应用的法律保障机制是确保地方税征收的首要目标。

1. 第三方信息的内涵。[①] 税收上的第三方信息，是指存留在纳税人向税务机关提供的资料之外的信息。在税收征管过程中，税收信息主要集中反映在税务机关和纳税人两个方面：税务机关因为法定职责，通过税务登记、接受纳税申报、发票审核发售、特定涉税审批等而产生的信息；纳税人按照法定要求，建立会计账簿对生产经营过程的经济活动进行记录，以及加工整理出的财务会计报表资料产生涉税信息。除这两种情况外，税务机关通过其他政府机构、为纳税人实现正常生产经营运转的经济链条组织、媒体或社会公众处获得纳税人的经济信息，就是第三方信息。而在现代市场经济条件下，以盈利为目的的经济行为，其经营过程除标的物的供给方和接受方外，通常

① 李汉文、莫尔学："税收征管新思路：第三方信息利用"，《涉外税务》，2010 年第 9 期。

还会有许多辅助环节。比如，要实现货物或劳务的交易，首先需要投入原始资本、供给能力准备，然后转换资本形态、借助外部交易条件、达成交易约定、实现合约内容。与此相对应，第三方信息就包括资金在银行的收付记录，员工在政府部门的就业、社保、住所等记录，购进和销售约定在工商、公证部门的合同记录，实物转换所需的水、电、气等能耗及缴费记录以及运输、仓储、结算等外部信息。这些信息因为不属于法定税收申报信息，所以也可理解为第三方信息。

2. 第三方信息的分类。

（1）按信息存在性质可分为：一是权益许可类信息，如工商、公安、矿管等部门的证照、许可类登记和变更信息；二是资产变动类信息，如土地、城建、知识产权等部门的土地使用权、房屋所有权、专利权等的登记和变动信息；三是生产要素类信息，如海关、铁路、机场、航运、供电、供水等部门的业务办理信息；四是资金流动类信息，主要是金融机构掌握的纳税人资金流动信息；五是人力资源类信息，主要有人事、社保等部门掌握的企业用工、投保信息。

（2）按税务机关的用途可分为：一是税收分析类，如统计部门的宏观经济数据和相关经济主管部门的行业经济指标等；二是户籍管理类，主要是工商、技术监督部门的登记信息，地税部门的相关税种税基信息、统计部门的经济普查信息、各政府有关部门的单位团体登记注册信息；三是评估参考类，如供电公司、自来水公司的用电、用水信息，行业主管部门或行业协会指标，银行、保险、交通（车辆管理）部门的纳税人资产、经营信息等；四是税源监控类，如关联企业交易信息、机动车交易信息、海关、铁路、机场、航运、物流等部门的业务办理和大宗商品流向信息、进出口报关信息等；五是非居民所得税类等，如公安部门的出入境情况，商务部门、金融机构的进出口贸易和外汇收付支付信息。

（3）按纳税人经营过程可分为：一是开业准备期间的户籍、经营能力、组织构架等信息；二是经营期间的购进来源、使用配套资源、实物形式转换、售出去向、资金收付等信息；三是成果分配期间的股东收益、扩大规模、再投资等信息。

3. 健全第三方信息应用的法律保障机制。第三方涉税信息的充分交换应用，从根本上要通过法律设计和制度约束，形成以法律为保障的长效机制：

（1）及时修订《税收征管法》。一是在《税收征管法》中增加“各级政府有关部门和单位应按照税务机关要求的格式、时限和口径提供本单位掌握的涉税信息”的条款，明确税务机关根据税收征管需要，各政府职能部门、有关单位、企业提供涉税信息时，不受相关“保密”条款的限制，明确相关职能部门和单位提供涉税信息的法定义务和责任，以增强第三方涉税信息应用的法律刚性和权威性。二是将《税收征管法》第五十四条第六款中个人存款账户查询的“税收违法案件”及“案件涉嫌人员”的限制条件取消，扩大存款账户查询范围，增加税务机关对纳税人设立个人账户从事经营逃避监控的检查力度，建立个人纳税信用等级，并与个人社会保障挂钩。三是将《税收征管法》第十五条工商登记后30日内办理税务登记的程序进行修订，修改为“纳税人办理营业执照手续后，应当凭税务登记证件或不需办理税务登记的证明领取营业执照”，加强源头控管。

（2）制定关于第三方信息报告的具体管理办法。由国务院根据《税收征管法》的授权制定涉税信息报告管理办法，一是采取列举的方式明确各级政府有关部门和单位提供涉税信息的内容、时限、格式和处罚责任，增强涉税信息交换的针对性和可操作性；二是参照针对反洗钱的《金融机构大额交易和可疑交易报告管理办法》，重新确定适应税源管理需求的大额交易和可疑交易的范围、口径，要求金融机构向税务机关报送相应信息。

（3）授权地方立法。通过制定地方性法规、政府规范性文件等形式，在一定区域内建立第三方涉税信息报告制度，详细列举政府各相关职能部门应提供的涉税信息的内容和时限要求，为本地区第三方涉税信息交换提供制度保障。

（二）完善消费税的征收环节与征收方式

消费税是我国非常重要的一个税种，2012年国内消费税加进口消费税为8800亿元，仅次于增值税、企业所得税和营业税之后，位列第四，“营改增”后的消费税扩围征收，应该位列第三。现行的消费税是完全的中央税，改革调整为地方税，将变成完全意义的一个地区宏观调控税种，对促进地方经济结构的调整，具有十分独特功能。因此，如何加强消费税的征收管理，也将是摆在地方税务机关面前的一道难题，因为消费税的改革，除调整征收范围外，核心就是在消费环节的消费地征收，使生产环节对企业征收的隐性化，在消费环节把它显性化，与此同时，庞大分散的零星实体店铺和电商带来的征管矛盾也突出显现。为此，完善消费税的征收环节与征收方式值得研究探讨。在此，我们以为：

1. 建立生产环节与消费环节征收的“双轨制”。一是对于成品油和烟这类非常重要的管控物质，应该在生产环节征收。因为成品油是国家战略物质，而且进口依存度接近60%，烟是全世界都管控的，我们国家有烟草专卖局，所以成品油和烟的消费税应该维持在生产环节征收，扩展也只能到批发环节，不能在消费环节征收，如果放到消费环节也将产生较大税收风险，管控不了；二是对于不动产和一般的消费品，按消费地征收，不仅可以通过扩大消费环境的改善抑制产地的产能过剩，而且还可以抑制地方投资冲动，起到调节作用；三是对于高档奢侈品或高能耗产品，如超豪华小汽车，据统计报道170万元以上的全世界超豪华小汽车在中国消费量很大，可以同时考虑在两个环节征收；四是跨行政区域消费税收，暂由消费地负责征收。

2. 加快对电商交易各环节税收控管的立法。近几年来，随着我国电子商务应用的日渐普及，电商交易额迅猛增长，2012年我国规模以上电子商务网站总量达20 700家，电商交易额超过8万亿元，较2007年增长4倍，已占到全社会商品零售的近四成。电子商务丰富的商品种类、安全便捷的购物体验，极大地释放了广大网民的购物热情，以淘宝网为例，已发展成一个超级在线大市场，每天同时在线100万品类、8亿件商品，超过6 000万访客，数百万卖家开店销售，淘宝网平均每分钟售出4.8万件商品。在2012年，阿里巴巴集团"双十一"购物狂欢节191亿元的总销售额刷新了中国单日零售的新纪录，震撼了零售业界，这正是互联网聚合商业需求的力量和价值所在。如果再不考虑对其征税，无疑是对传统零售企业的极大不公，国家也将为此流失巨额税收。当然，对电商进行合理征税，一方面，需要根据电商的规模采取分级征税，不搞"一刀切"，否则将使许多中小型电商面临较大运营压力，不利于电商行业的健康发展；另一方面，对电商征税设起征点，电商在经济低迷时期创造了许多就业机会，这也意味着许多电商都是小成本运作，如果不设起征点，将导致许多小型电商倒闭。电子商务对于我国是一个新兴领域，也是国家未来竞争实力支持的朝阳产业，必须加快调研立法，形成制度互补，有利于消费税的征收管理。在目前，宜通过互联网的管理进行税收代收代缴。

3. 从法律层级上确立消费税代收代缴法定义务。首先，明确征税主体。拥有网络交易平台部分或全部使用权，开展电子商务交易或提供服务并取得收入的单位纳税人，其征税机关为其注册地所在税务机关；在网络交易平台中登记注册网络商店的个人或合伙人其征税机关为网络交易平台所有者注册地税务机关。其次，明确代收代缴义务人。我们知道，无论是传统零售方式还是电商，作为地方税务机关，对于庞大零散的税源是难以准确掌握其计税依据，比如实体零售店现金收付、小型隐藏性强的电商等。在这种情况下，对于实体店现金收付，健全完善现行税控信息制度加强税收征管，未使用税控装置的可由产品销售方负责代收代缴。而对于电商进行合理征税，必须建立网络与金融体系关联的征收服务系统，从法律层级上赋予网络和金融体系法定的代收代缴义务。例如，消费者通过电商购进所需消费产品，必将通过银行系统支付资金，一般情况下消费者是在居住地银行开户，其个人银行账户支付网上购物平台款项时，支付银行负责代收代缴消费税。同时，正如财产保险机构代收代缴车船税一样，负责代收代缴消费产品目录必须进入银行支付系统，以备主管税务机关核查。

4. 打造研发电子税务信息支撑系统。一是建立网络交易平台中登记注册网络商店和纳税登记注册的信息联动管理系统。在登记环节，建立全国统一的登记认证代码编制体系，并以此作为虚拟网络交易平台中注册信息和纳税登记注册信息联动标识，从而确认纳税主体登记信息；二是建立网络交易平台中电子交易行为和纳税人收入确认处理系统。在交易环节，联动网络交易平台电子交易认证和纳税收入确认信息联动管理，建立全国统一的交易认证代码编码体系，并以此作为虚拟网络交易平台中交易信息和纳税收入确认信息联动标识，从而确认纳税主体税收收入；三是建立征缴合一的电子税收征收管理系统。在交易完成环节，以第三方支付平台货款划转支付同时，以代收代缴义务人名义将税款分税种项目直接扣缴进入国库，并生成电子扣缴税款凭证，代收代缴义务人可按月到当地税务打印代收代缴收入凭证。纳税人可按月到任一税务机关要求开具全国统一的电子缴税凭证；四是建立全电子化的网络发票管理系统。在税款扣缴同时，生成以纳税主体为发票开具单位，包含交易行为和税款扣缴确认的全电子发票，并可通过网络查询和认证。交易中货物或服务的接收方可到当地税务机关开具全国统一的电子发票确认凭证，并作为账务处理凭证。

（三）完善企业所得税征收管理制度

在未来地方主体税种设计中，企业所得税作为中央与地方共享的同源分征税收，一定程度上给国税、地税务机关征收带来税收风险，强化税收征管应从以下几个方面着手：

1. 做好同源税基的监控管理。企业所得税无论是国税机关征收，还是地税机关征收，核心就是同源税基的确定。因此，国、地税机关必须做好两个方面工作：一方面，要树立风险管理意识，加强数据的异常监控。根据税源企业的实际情况，建立税负、盈利率、销售变动等数据监控风险点，积极主动在数据分析上发力，把主要精力放在数据监控分析研究这一重要环节。特别是要针对一些销售收入增长快但所得税贡献率低的行业企业，认真查找原因，深入分析和评估，找准风险点，重点审核企业是否存在资本性支出和费用性支出的界限划分不清、同一支出在成本和费用中重复列支、利用待摊和预提费用调整成本或将不符合条件的借款利息违规扣除等问题，堵塞漏洞，大力挖潜增收。另一方面，要重点抓好分类管理。一是抓好分行业管理。针对不同行业的生产经营和财务会计核算特点，探索和创新不同的行业管理模式，提高征管工作质效；二是抓好零申报户和亏损户管理。运用成因分析法，逐户走访清查税源，核实企业基本信息、生产经营状况等，对零申报户和亏损户进行综合分析、全面评价，认真查找零负申报存在原因，并分别制定纳税服务辅导和监控管理措施，加强跟踪管理；三是抓查账征收与核定征收管理。进一步加强企业所得税征收方式鉴定工作，对存在财务核算制度不健全、账册报表不真实、申报资料不准确等情况的企业，严格依照企业所得税核定征收管理的有关规定进行核定征收，更好地解决企业盈利面不高的问题。

2. 搭建地区间总分机构的交流平台。跨地区总分机构企业所得税管理一直以来是企业所得税税收征管的重点和难点，在当前“营改增”逐步推进实施过程中，切实加强对总分机构的企业所得税征收管理，对于深入挖掘地方税源潜力，积极寻找新的税收增长点具有十分重要的意义。跨地区汇总企业所得税管理是税务机关征收管理薄弱环节，总机构不预分税款，分支机构不预缴申报，或预缴申报不提供分配表的现象较为普遍。其原因是一线税收管理员不熟悉汇总缴纳的政策规定，该分的所得税没分，该有的分配表没有要。在分配比例出现问题时，也不知道通过什么程序向总机构税务机关申请复核，对不能提供总分机构证明及分配表的分支机构，不能及时地按独立纳税人对待征收企业所得税等。而且，总分支机构由于涉及跨地区经营和跨地区核算，总机构所在地税务机关受地域的限制，难于实施有效监控。各分支机构所在地税务机关受核算限制，难于了解总机构总体的核算和税收缴纳情况。因此，往往造成总分机构在税收管理过程中的脱节，加上总分机构企业所得税征管中关键性的分配表在传递和流转过程中不够顺畅，给税收执法带来风险。为此，进一步完善跨地区之间信息交流机制，搭建涵盖国税、地税征管的所有企业在内的跨地区之间信息交流平台，是强化汇总缴纳企业所得税征管的重要手段。

3. 合理调整配置征收的管理资源。税务人员大多管理着相当数量的企业，需要处理的日常事务比较多，往往不能够专注于一些特殊的管理事项，如纳税评估、税收优惠审批、注销清算和资产损失扣除核查等。针对基层税务人员比较少、税源管理力量单薄的实际情况，可以探索在现行机构设置体制的基础上，盘活和整合税政管理、政策法规、征收管理、收入规划等部门的人力资源，积极构建企业所得税“大征管”格局。在实施“大征管”模式加强企业所得税管理过程中，充分发挥各个部门的工作职责，从税收收入分析、征管数据质量监控、税法遵从、税源管理等各个环节实施疑点监控、综合分析，形成严密的工作链条，对企业所得税申报资料审核、数据监控、纳税评估等工作实施全面细化管理，从而实现征管质效的全面提升。

4. 加强企业所得税的人才培养。人才是管理的根本，是实施企业所得税精细化、专业化管理的保障，所以，地税部门在加强企业所得税管理的过程中，要特别注意高素质、复合型人才队伍建设，加快企业所得税管理人才库建设。为此，对企业所得税管理人员应注重四个方面的培养：一是注重企业所得税政策法规的更新培训，定期组织所得税管理人员学习企业所得税政策和相关配套制度，及时了解税收新政策，准确执行新规定；二是注重会计知识的培训，提高所得税管理人员对于企业会计核算方法的掌握，提升管理人员对账册凭证、财务结算等企业财务行为的审核能力；三是注重计算机应用技能的培训力度，提高信息数据分析、应用能力；四是注重对企业管理基本知识掌握，熟悉企业设立、生产运作、财务往来等基本情况和流程规则，做到“知己知彼”，克服日常管理中信息不对称的问题，努力破解以往征管工作中的被动局面，确保管理的力度准确、到位。

（四）完善个人所得税控管机制

目前，我国个人所得税主要依靠代扣代缴方式征收，但对于一些隐性高收入者或多职位取得薪酬、报酬者，尤其是自然人股东股权转让个人所得税，很难保证征收到位。并且，近些年来，社会对高收入者个人所得税的控管十分关注，特别是新修订后的《个人所得税法》实施后，加强对高收入者个人所得税控管，对于保证个人所得税的税收收入，调节收入分配不公，缓解社会矛盾，促进社会公平和稳定具有现实的意义，完善个人所得税管理机制也是当前社会的当务之急。

1. 建立全国范围内的个人征信系统。前面讲到，个人所得税的改革方向就是“建立综合与分类相结合的个人所得税税制”。在我国，对于劳动性的收入，比如工薪所得、劳务报酬所得、稿酬所得等等，这些将来改革方向应该就是合并，实行综合征收。对于资本性的收入，比如股息、利息、红利等，这些收入是比较专项的，而且它在通过分类代扣的征管上是比较完善的，不容易产生税收风险。比如银行存款利息，个人所得税是暂停征收，将来要是恢复征收的话，在银行计算利息时就可代扣，所以在征管效率上比较高，这样就可以采取分类征收。对于财产性的收入，如财产租赁所得、财产转让所得，通过不动产登记制度建立，部门协税控管比较容易，也可以分类征收。另外，建立以家庭为单位的综合征收，在计算个人所得税时就可增加一些加计扣除的项目，比如增加赡养系数，这应该更加显示个人所得税调节收入的公平性，同时从国际惯例来看，赡养老人和未成年子女也是增加一个系数的扣除。再比如商业养老保险也是可以考虑的，因为现在我们国家社会保障体制是不健全的，基本养老是不安全的，一般人稍微有一点收入的话还会买一些商业养老保险，或者补充养老保险等等，该项扣除从国际上来看是鼓励的，应该予以扣除。但是，所有这些改革的前提，我们以为，借鉴国际先进管理经验，必须是在全国范围内对个人建立征信系统，并在建立过程中还应包括一些外部制度的配套改革，如个人身份与银行账户的唯一性确定，现行制度是个人在各银行均能办理个人账户，不利于个人及家庭收入的确定；个人一切劳务收入来源，控制现金流入量，出台支付单位现金管理制度，确定一定收入必须由银行转账支付，防止个人及家庭瞒报收入行为发生；财产经营收入和转让所得，通过不动产登记制度进行登记控管。由此看来，建立个人征信系统是个人所得税征收控管的必然趋势。

2. 建立个人股权转让控管机制。在这里，先列举两个案例证明建立个人股权转让控管系统的必要性。

［**案例1**］武汉××公司成立于1996年1月，于2007年12月上市A股中小企业板块，上市时A股发行量为5 380.00万股，每股发行价21.10元，募集资金净额108 719.14万元。

根据信息显示，武汉××公司上市前收购的三家公司为自然人股东（没有法人股东），已经形成了个人所得税纳税义务，涉及税款800余万元，不知是否已申报缴纳了个人所得税？通过网络查询发现，公告披露2010年3月制订过股权激励计划，拟授予激励对象109名518.7万份股票期权，该计划是否已经执行，被激励对象如果已经行权，不知是否已申报缴纳了个人所得税？上市公司涉及限售股解禁事宜，该公司限售股于2010年12月7日解禁30 957.42万股，涉及51个自然人。限售股持有人在减持时，不知是否已申报缴纳了个人所得税？

为此，主管地方税务机关稽查部门以核实工商变更通知书为主要检查方法，以互联网信息作为检查资料的补充，以工商变更通知书、股权转让协议、记账凭证、入库税票为主要取证对象。证据材料显示，武汉××公司4名发起人股东将各自持有公司股份的2.5%以每股5元的价格转让给47名公司员工，并于2006年12月办理了工商变更登记手续。经对入库记录的进一步核实，发现转让股份的4名股东未就此股权转让行为申报缴纳个人所得税、印花税。同时，根据《国家税务总局关于进一步加强高收入者个人所得税征收管理的通知》（国税发［2010］54号）第二条第二款规定："加强企业转增注册资本和股本管理，对以未分配利润、盈余公积和除股票溢价发行外的其他资本公积转增注册资本和股本的，要按照'利息、股息、红利所得'项目，依据现行政策规定计征个人所得税。"经过核实，该公司未分配利润转增股本没有代扣代缴个人所得税。

最后，通过检查计算，武汉××公司未分配利润转增股本实为对股东分红代扣代缴个人所得税1 600万元；4名发起人股东股权转让行为补缴个人所得税、印花税计160万元。

［**案例**2］2012年1月，武汉市××化工有限公司在更名为武汉××磷业科技有限公司后，申请办理房产更名免征契税事宜，主管地方税务机关在审核减免税资料时，发现工商部门2011年3月、9月、11月签发的变更通知书中，企业在名称变更的同时，法人代表及股东也相应发生变更，审核人员迅速意识到可能存在股权转让行为。

经主管地方税务机关核实，该公司2004年12月成立，注册资本为8 000万元，公司由两自然人股东组成，分别持有公司0.625%（50万元）的股份和99.375%（7 950万元）的股份。2011年3月，按照股权转让协议，两自然人股东将各自持有股权0.625%和99.375%以8 000万元的价格平价转让给江苏某化肥股份有限公司，3月22日工商部门下达了股权变更通知书，随后相继办理了法人代表和公司名称变更。该项交易，纳税人认为股权系平价转让，无应税收益，不应当缴纳个人所得税。通过进一步有针对性的调查和详细查阅相关资料后，纳税人提供了某会计师事务所的审计报告，审计意见真实有效地反映该公司账务报表已经按照企业会计准则的规定编制，账面清晰反映出所有者权益合计为1.14亿元，同年12月转让人已全额收到受让方股权转让款1.14亿元。最终，根据"财产转让所得"计算征收个人所得税68.8万元。

因此，在股权转让过程中，由于收入隐蔽难以核查、关联交易刻意策划、虚假验资信息失真等外部因素制约，平价转让、虚假评估、资产不实等现象普遍存在，亡羊补牢式的征管模式更是加大了征管难度。就上述案例而言，税收征管具有很大的偶然性，而在日常征管中，如何将潜在税源转化为现实税收，实现常态化管理，需要进一步建立健全个人股权转让控管机制：一是依托政府或工商部门，加强个人股权转让的联合控管；二是明确部门职责，各司其职。一方面，地方部门应主动与工商部门加强沟通和协调，从工商部门了解工商登记、变更、注销、年检等信息，还应着重了解企业向工商部门提供的注册资本和股权登记、变更等信息，及时发现企业股权变动情况，以加强对其税源的监控。另一方面，工商部门应积极协助地税部门加强对股权变更个人所得税的征收控管，在办理自然人股权变更工商登记时，应将股权变更涉税资料作为股权变更登记的必备资料。对不能出具完税证明和经地税部门盖章确认《自然人股东股权变更个人所得税涉税事项申报表》的，不予受理；三是工作流程化，实施有效控管。

（五）完善房地产税改革推进的配套措施

党的十八届三中全会通过的《决定》明确指出：加快房地产税立法并适时推进改革。同时，《财政部　国家税务总局关于做好 2013 年度经营性房地产模拟评税工作的通知》（财税［2013］63 号）中也明确提出房地产税的这个概念。因此，推进房地产税改革只是一个时间问题，而目前从房地产税模拟评税理念和工作上来看，未来房地产税的税基就是房产税、城镇土地使用税，将房产税、城镇土地使用税合并，开征“房地合一”的新的房地产税，并以现行房产税、城镇土地使用税税制要素不变为基础，以保持纳税人应纳房地产税额总量不变为前提，按房地产评估价值来征收，从而完善房地产保有环节税制，增强房地产税规模和弹性。我们知道，世界上没有哪个国家像中国房地分别征税，因为房地是不可分的。房地产税通过柔性切入，将逐步成为县（区）地方政府的支柱税源，同时按照不同地区、不同类型的房地产确立各省的税率水平，对完善地方税体系、对再收入环节进行税收调节具有宏观政策指导意义。而随着我国城镇化的深入推进，农村转移人口市民化，农民工融入城镇的素质和能力有待进一步提高，房地产税征收面的扩大，将带来更大的征收管理难度。针对房地产税的税收特点，着重把握好两个配套制度的建立，即房地产计税价格评估制度和个人房屋税收银行划缴制度。

1. 完善房地产计税价格评估制度。自 2011 年开始，全国各地在前期部分城市试点的基础上，全面推进存量房交易计税价格评估系统，该系统打造的核心目的，除防止纳税人交易环节“阴阳合同”的税收流失外，更重要的是为房地产税的税制改革打基础。但从目前全国推行的评估系统看，还不能满足未来房地产税计税价格评估值的需要。究其原因，一是现行房地产计税价格评估系统，除少数城市外，绝大部分由地方税务机关建立起来的系统，对于房屋信息和价格得不到及时更新，不能真实反映某一时期纳税人持有房地产的现实价值。二是由地方税务机关主导打造的存量房评估系统，虽然系统按照世界通行评估理论产生的评估值，但是缺乏评估权威部门的介入，纳税人对其认知度较低，并且缺乏法律层级上的支持。为此，推进房地产税的改革，必须完善现行房地产评估制度。在这里，我们认为，“工欲善其事、必先利其器”，房地产评估制度要明确以下主要事项：

（1）成立以各地区政府为主导的专家组织机构，负责对本地区房地产税计税评估值进行审查；

（2）建立职能部门配合实施的房地产评估系统（存量房评估系统），提升评估质量和纳税人的遵从度，包括国土资源和规划部门、住房保障和房屋管理部门、公安部门、工商部门、税务部门等；

（3）从法律层级上明确房地产税按某时点确认的评估值征收计缴。

2. 建立个人房屋税收银行代收划缴制度。无论是现行征收的个人经营性房屋，还是上海、重庆等试点征收的个人住房，对于个人及家庭房屋征收房地产税，主管地方税务机关最大的难点是如何征收到位，上海、重庆两个试点城市的征收效果已充分证明了问题的存在。因此，在前面提出的我国个人征信系统未建立之前，为了确保不影响房地产税的改革推进，降低税收成本，提高税法遵从度，结合试点城市经验，我们以为，只有建立个人房屋税收银行代收划缴制度，才能起到事半功倍效果，全面堵塞税收征管漏洞。其主要事项：

（1）确立地方税务机关委托银行代收划缴个人房屋税收的法律地位；

（2）确立地方税务机关有权检查个人存款账户；

（3）明确受托银行不予支持的法律责任；

（4）明确本地区人民银行信息支撑的法律地位；

（5）明确其他部门协助执行职务的法律责任，如请求限制个人出境等。

第八章 改革和完善地方税体系的配套措施

完善地方税体系是新一轮税制改革的重要内容。按照系统论思想，任何系统都应该保持与其周围环境之间以及其内部组成元素之间的相互协调、相互适应。由于地方税体系是整个经济系统、社会系统、财税系统的一个有机组成部分，因此，研究地方税体系应研究与其相协调的社会、财税、法制和经济体系和范畴，具体到本章而言，就是研究地方税体系与中央和地方政府的事权划分、税收立法权划分、以出台《税收基本法》为重要内容的税收法制建设、建立规范的财政转移支付制度和分级财政预算制度、推行清费立税等相关外部环境的协调。通过研究地方税体系内外协调机制，使得地方税体系建设和完善各项配套内容更具有理论的指导性和现实的可操作性。

第一节 进一步明确中央与地方政府的事权划分

中央与地方政府间事权的合理划分是规范政府间财政关系的基础。只有界定各级政府的事权，明确各自的职责，才能保证各级政府公共服务的质量和公共产品的稳定、高效提供。在事权界定基础上，才有可能进行财权的划分、税权的划分，才有可能形成科学、合理、完整的地方税体系。

一、事权的概念及其特点

事权是指处理事务的权力或职权。就政府而言，事权具有以下特点：首先，政府事权是政府为实现其职能而具有的权力。政府之所以有事权，是因为它有管理相应事务的责任，这种责任也就是政府的职能，因此，政府事权是依据政府职能或责任而被赋予的一种权力。其次，政府事权是经过法律授予的。由于在现代国家政体中，政府的权力是由国家立法机构经过法律授予的，所以政府事权作为政府权力的一种形式也是由法律授予和调整的。最后，政府事权是管理国家具体事务的权力。政府所拥有的权力实际上就是行政权，政府事权其实是对政府行政权的一种细化和分类。

政府的主要职能是提供公共商品，其实现的主要形式是财政支出，因此从某种意义上说，政府的支出事权也就是政府履行其职能，提供公共商品和服务的职责与权限。

严格地讲，事权并不完全等同于支出责任，但是，由于支出易于量化，一般倾向于用支出责任反映和衡量事权。支出事权划分的核心问题是如何在政府间恰当地划分支出责任，即确定哪些支出责任适宜集中于中央政府，哪些支出责任适宜配置于各层级地方政府，以形成最佳程度的分权，确保作为一个整体的政府得以有效地履行国家职能。

二、事权与财权的一致性

事权规定了政府承担社会经济事务的性质和范围，而政府从事社会经济事务需要相应的财政支出作为保障，因此，事权实际上确定了政府的支出责任。财政支出总是以相应的财政收入为前提，而财政收入又是由财权决定的。因此，事权必然与财权发生联系。进一步看，这种联系表现为事权决定财权，两者具有一致性。上述思路可表示为：事权—财政支出责任—财权。

事权与财权的一致性表现在性质与数量两个方面。从性质上来看，不同的事权对应着不同的财权。例如，政府提供公共商品的资金来源是税收，这要求政府拥有征税权。典型的如国防、外交，不能想象，政府可以通过收费来提供国防和外交。又如，政府提供混合型公共商品的资金应由税收和使用费共同承担，这要求政府不仅拥有征税权，还要拥有收费权，典型的如道路，其建设维护资金一般由税收和收取的车辆通行费承担。从数量上来看，某一级政府承担的事权大小与其拥有的财权大小是一致的。例如，中国在计划经济时期，中央政府承担了大部分事权，地方政府承担的部分则相对较小，因此，财权大部分集中于中央，地方财政只是中央财政的附属物。改革开放以后，中央政府的许多事权向地方政府转移，相应地，地方拥有的财权也在逐步扩大。又如，地方政府在提供具有效益外溢特征的地方性公共商品时，有权要求获得中央财政的转移支付。

由于财权与事权是依据不同的规则按照不同的方法和模式进行划分的，

因此财权与事权完全相符绝对吻合是极为少见的，不相符才是常态，特别是在中国这样一个经济发展极不平衡、地区间支出成本差异较大的大国经济中，实现地方政府的财权与事权完全匹配几乎是不可能的。按照统一的规则划分财权与事权后，对于那些存在财力缺口的地方政府，中央政府有义务给予必要的转移支付补助，以确保其行使法定职能与需要的财力。通过转移支付实现其财力与支出事权大体匹配才是正确而理性的选择。

三、中央与地方政府事权划分的意义

（一）中央与地方政府事权与财权划分是地方税体系存在的现实依据

从政府职能分工层次标准来看，依据政府职能划分事权，是合理划分财权、税权的出发点。财政属于政府的分配，而不同级次的政府所执行的特定职能或侧重点是不同的，因而应根据各级政府行使职能的需要，相应划分财权和税权，为不同级次的政府履行其职责提供物质保证。从公共产品的受益范围标准来看，鉴于公共产品的提供和受益的空间特点，要保证公共产品的有效供给，客观上要求中央和地方政府分工负责，实行事权划分。一方面中央与地方各有侧重地提供不同的公共产品；另一方面每一受益区域中的社会成员都应该支付提供公共产品的成本，分别缴纳全国性税收和地方性税收。

（二）科学合理界定政府间事权关系是实施分税制财政管理体制的必要条件

在科学合理地界定地方的事权后，应依据事权合理确定支出的规模。在确定事权和支出规模的基础上划分财权和税权，这是规范地方政府行为、完善地方税体系的前提。从西方国家的实践来看，各级政府间事权划分越清楚，政府间的财政收支矛盾就越少，税收的使用效率就越高，因此，没有政府职能范围的明确界定，就没有中央与地方政府事权与财权、税权的合理划分。从根本上讲，就谈不上中央与地方各自税收结构的优化以及地方税体系的构建。

（三）从理论上讲，事权的划分是确立政府间财政关系的逻辑起点

中央与地方之间的事权划分一直是有争议的问题。传统的财政理论侧重于比较研究政府间集权与分权的利弊优劣，以及集权与分权程度的测度，试图寻求集权与分权的最佳结合点。关于财政事权的划分虽然在分权的基础上已经提出了一些指导性原则，但对于事权的性质、特点与归属缺乏完整的理论分析框架。这样一来，由于只明确了财政分权的必要性，而没有阐明财政事权的归属，特别是中央与地方混合型财政事权的归属，使得中央与地方政府间财政关系的制度设计缺乏理论依据。并且我国财政理论界当前仍过分习

惯于采用财政分权的思想来分析现行财政体制的不足，方法上主要是采用财政分权效果评价等传统的分析方法，而运用信息经济学来分析政府间的财政关系只是近几年才兴起的。因此，无论是财政支出事权理论概念的阐述，还是整个分析框架体系的构建，目前都还很不完善。如果能够对事权的性质、特点和归类进行深入研究，提出一套比较完整的支出事权划分办法，将对完善现有的财政分权理论具有积极的学术意义。

四、中央与地方政府事权划分现状及存在的问题

现阶段，我国中央与地方政府间的事权划分，是在政府职能未进行明确界定，政府职能仍在不断变动中的一种划分，这一背景，造成了政府间事权划分的先天不足。目前，事权划分中能够明确归属的只有国防、外交，其余事项都归为中央与地方共有事权，而且事权划分具有覆盖性，各级政府所承担的事权种类基本相同，区别仅在于管辖范围的大小。具体而言，中国当前政府间事权划分具有以下特点：

（一）粗线条的法律规定

目前，我国尚无一部专门的法律对中央与地方的事权划分进行明确规定。《宪法》、《国务院组织法》、《地方人民代表大会和政府组织法》等基本法虽对各级政府的职能分工有所提及，但均未涉及具体事权的划分。即使有一些由部门主导的关于中央和地方事权与支出责任划分的专门法律，但其更多的是停留在经费保障层面。

（二）重叠交叉的支出责任

1994 年分税制改革对中央与地方的支出范围进行了初步划分，规定中央财政主要承担国家安全、外交和中央国家机关运转所需经费，调整国民经济结构、协调地区发展、实施宏观调控所必需的支出以及由中央直接管理的事业发展支出。地方财政主要承担本地区政权机关运转所需支出以及本地区经济、事业发展所需支出。这种划分，各级政府的职责并没有明显区别，支出责任高度重叠交叉，地方政府拥有的事权几乎全是中央政府的事权延伸或细化，形成了同一事务各级政府“齐抓共管”的局面。同时因责任不明确，“一件事”各级都管，管理效果好时，纷纷争功，管理效果不好时，纷纷推卸责任。

（三）中央主管部门主导的事权配置

在财政实践中，中央政府在事权配置上具有绝对的主导权。中央政府往往对地方的事权规定得相对清晰，但对自身应承担的事权和支出责任却不作

明确规定，地方政府在事权的划分和责任的履行上仅具有从属地位和执行的权利。事权分配上的中央绝对主导，还造成专项资金安排随意性大，过度要求地方资金配套，增大地方财政压力等一系列问题。中央政府对地方政府的专项资金安排多少完全由中央政府决定，且大多数专项资金的安排没有经过高层次的管理机构的审定，其设立也没有经过全国人大的详细审查。

（四）支出责任重心偏低，造成公共服务效果不明显

按2006年数据分析，全国财政支出共计40 423亿元，其中中央级支出9 991亿元，占25%；省级支出7 409亿元，占18%；地市县级支出23 022亿元，占57%。[①] 这一支出结构中，中央级支出比例远远低于发达国家、发展中国家平均水平（发达国家中央级支出平均达，60%以上），地处基层的地市和县级支出比重则高于发达国家水平。这一状况一方面说明中央政府承担的事权和直接支出责任不足，中央政府相对缺位；另一方面说明能力比较有限的地方政府尤其是基层地方政府承担了过多的事权和支出责任。支出责任的大量下移，造成公共服务与财政支出标准不规范，公共服务的范围、顺序、水平或标准出现了一定程度的扭曲，财政经费普遍紧张与使用铺张浪费同时存在。有些难以得到资金支持的公共服务领域经费十分紧张，基本公共服务难以有效提供，而可以得到经费的单位出现了脱离我国现阶段国情和财力的高支出、高消费等铺张浪费现象。

五、根据政府职能范围合理划分中央与地方各级政府的事权范围

西方财政理论从公共产品的层次性与空间特点出发，认为应根据公共产品的性质确定各级政府的活动范围：全国受益的公共产品应由中央政府提供，地方受益的公共产品则由地方政府提供，由此而确定双方的职能范围和事权界限。

（一）中央政府与地方政府间的事权划分

借鉴国际经验，结合我国国情，在我国政府间事权划分上应该根据居民的偏好和以尽可能低的资源代价提供公共服务的效率原则，明确中央政府和地方政府之间的事权范围和财政责任划分，并相应调整不同级次政府间的收支关系。

一是由全国居民享用的公共产品和服务应完全由中央政府来提供。这些产品和服务主要包括国防、外交、外贸管理、全国性的立法和司法、中央银

① 资料来源：表中数据根据《中国财政年鉴》分析填列。

行和中央税的征管等。宏观经济稳定，调节地区间、城乡间收入分配是一种特殊的全国性的公共产品，其支出职责也应由中央政府来承担。

二是供本地区居民享用的地方性公共产品和服务应由地方政府提供。这些产品和服务是：地区性交通、警察、消防、教育、环保、绿化、城市供水、垃圾处理、公园、地方性法律的制定和实施、居民最低生活保障以及对地方经济发展的财政支持等。

三是对具有跨地区“外部效应”的公共项目和工程，中央政府应在一定程度上参与。如跨地区的公路、铁路、通讯等项目。另外，有些项目虽然位于一个地区，但受益者却不限于本地居民，邻近地区的居民也能受益，如防洪设施、控制污染环境、教育等项目。从理论上讲，这些项目在多大的程度上使外地居民受益应成为中央政府在多大程度上参与的主要依据。但在实践中，这个程度很难判断。因而，各国的做法也不尽相同，一个常见的做法是中央政府按一定的比例支出该项目的成本，即通过财政拨款使外部效应内部化。综上所述，中央和地方支出责任的划分内容见表 8 - 1。

表 8 - 1　　中央政府与地方政府事权或责任划分的基本框架

内容	责任归属	理由
国防	中央	全国性公共产品或服务
外交	中央	全国性公共产品或服务
国际贸易	中央	全国性公共产品或服务
金融与银行政策	中央	全国性公共产品或服务
管制地区间贸易	中央	全国性公共产品或服务
对个人的福利补贴	中央、地方（省、州）	收入重新分配、地区性服务
失业保险	中央、地方（省、州）	收入重新分配、地区性服务
全国性交通	中央、地方	全国性公共服务、外部效应
地区性交通	地方	地区性服务
环境保护	省、州级地方、中央	地区性服务、外部效应
对工业、农业、科研的支持	地方、中央	地区性服务、外部效应
教育	地方、中央	地区性服务
卫生	地方、中央	地区性服务
公共住宅	地方、中央	地区性服务
供水、下水道、垃圾处理	地方	地区性服务
警察	地方	地区性服务
消防	地方	地区性服务
公园、娱乐设施	地方	地区性公共服务

（二）我国地方各级政府间事权划分的设想

地方政府本身也是由多级政府组成的，因此，政府间事权责任的分工还涉及地方政府间的分工。在政府间事权划分上应该按照“比较优势”和“谁办事、谁拿钱”的原则。凡是下一级地方政府具有比较优势的事权项目，原则上都应该划给下一级地方政府；凡属省市承担的财政支出不再转嫁给县乡财政，省市级政府委托县乡政府承办的事务应足额安排专项拨款，不再要求县乡财政安排配套资金。

在现代市场经济国家中，基层一级政府的事权相当多，除负责大部分生活服务性事权外，还承担部分经济服务性事权。服务性事权不应该划归乡或区负责。这是因为行政乡的规模小，实力差，财政管理水平低，不可能承担太多的事权。根据我国的实际情况，省、市、县事权基本上可划分为：省政府主要负责与收入再分配有关的事权和主要的经济服务性事权，主要有对省内市、县之间财政收入的调整和社会保障制度，对省内跨市、县的公路设施、农业等基础产业的管理；市政府主要负责生活服务性事权和一部分经济服务性事权，经济服务性事权主要是对跨县（区）的基础设施建设，包括公路建设、农业等基础产业设施的管理；县级政府主要负责生活服务性事权以及配合省、市级基础设施的建设、管理。另外，对本县内小型基础设施，如农田水利设施等直接负责。教育是一项比较特殊的事权，原则上，义务教育的事权主要在地方，特别是在市、县政府，宏观管理权属中央，职业教育和高等教育主要是中央和省以及一部分市的事权。

第二节　尽快出台《税收基本法》

税法一般由税收基本法、税收实体法（税种法）、税收程序法、税收争讼法和税收处罚法等构成。税收基本法是税法体系的主体和核心，又称“母法”，它在税法体系中起着统帅的作用。通过制定税收基本法能够把它的基本内容，包括税收制度的性质、税务管理机构、税收立法与管理权限、纳税人的基本权利和义务、税收征收范围（税种）、征收与管理、税收保护组织及税务行政司法机关等以法律的形式明确下来。

《税收基本法》属于税法体系中的母法，在税法体系中具有仅次于宪法的最高法律地位和最高法律效力，通过对一国税收制度的根本性、共同性、原则性、综合性和重大问题进行规定，以统帅、约束、指导、协调各单行税收法律法规。因此，制定《税收基本法》对于规范我国政府和纳税人的征纳税行为，完善税收体系，巩固和发展税制改革的成果，加强和完善税收立法、执法和司法活动，充分发挥税收的职能作用，促进社会主义市场经济的发展和完善有着重大意义。

我国《税收基本法》早在1995年就被列入全国人大立法规划①，制定《税收基本法》将开启我国税收法制的新纪元，具有里程碑式的意义。关于《税收基本法》的内容取向，从理论上讲，《税收基本法》应该对税收法律、法规的一般的和共同的事项都要做出规定，但鉴于我国税收法制化渐进性特点，应突出重点，抓住主要内容。

一、《税收基本法》应该明确中央与地方政府的税权和收入划分原则

《税收基本法》应明确我国的政府间税收立法权限划分。我国的税收立法权属于全国人大及其常委会，其他政府部门只应在人大授权的有限范围内享有制定税收政策的权力。但由于我国仍处于从计划经济体制向市场经济体制转轨的过程中，税收政策应当具备快速灵活地适应经济形势变化的特征，加之政府部门在专业知识、专业人才以及相关信息等方面具有一定优势，因此财政部和国家税务总局可以在经国务院批准的情况下，联合制定发布税收政策。此外，应赋予地方政府一定的税收立法权，在中央政府的授权范围内，地方政府可以开征具有地方特色的税源，自行设立地方性税种，并制定具体的征税办法，以地方法规的形式发布实施，然后报全国人民代表大会常务委员会备案。

《税收基本法》应明确我国的政府间税收征管和分配权限划分。我国实行分税的财政体制，遵循强化中央财政，加强地方财政、适当集中、合理分权的原则，将税收划分为中央税、地方税、共享税。1994年确立的分税制使得我国中央财政收入有足够来源，地方财政收入有相当的保障，这既能保证国家税制的集中统一，又利于发挥地方税体系的调节作用，收到很好的经济效果。因为地方政府有了固定的收入渠道，能调动地方积极性，加速地方建设。应该注意到，近20年的分税制实践表明，我国地方政府的财权（财力）与事权存在相当程度的不对称性，因此，在《税收基本法》的制定中应该考虑到增加地方政府财权（财力）的要求。根据中共中央《关于完善社会主义市场经济体制若干问题的决定》，我国的税收权限划分属于“适度集中，相对分

① 许善达：《中国税权研究》，中国税务出版社2003年版。

散”的模式。1994年建立的分税制财政体制使得我国中央政府的税权得到较大程度的加强，但由于各地经济社会发展不平衡，以至于各地在执行同样的税收政策时存在较大差异，从而在一定程度上影响到全国统一市场的发展。根据“事权与财权相一致”的原则，应考虑赋予地方政府相应的税收分配权，扩大地方政府的税收管理权限，将一些区域性较强、不影响全局经济发展和分配格局的地方税收管理权限划分给省级政府，并给予地方政府税率浮动幅度的税率调整权，可以考虑建立分别适应比例税率、各种累进税率、有幅度的定额税率或固定税率、弹性税率的税种，让它们互相配合进行调节。

二、统领税收实体法和税收程序法

制定《税收基本法》，应该把税收实体法和税收程序法中的一般性问题提炼出来放到《税收基本法》中，免得修订实体法和程序法时，频繁重复这些立法内容。通过制定《税收基本法》，将我国税法的基本原则、基本税收制度（包括税收的种类、税收立法权限的划分、税收管理体制的确立、税收征管机构的设置）、税收法律关系的主体和客体及主体的权利义务、税法构成要素、纳税人的权益保护、税法的执行权限、征税机关的基本职责等重大问题规定下来，才能弥补各个税种单行规定的欠缺和漏洞，才能总揽和协调税收法律制度全局，有助于规范中央和地方政府的税收收入，明确分税制财税体制和地方财力范围。

此外，我国目前对税务机关的管辖权并没有作统一的原则性的规定，而仅由各税种法分别规定其纳税地点，由此产生了不少关于管辖权方面的争议和纠纷。而在《德国税收通则》中，即在第一章第三节中专门规定了稽征机关的管辖权，通过对事物管辖、土地管辖、自然人、法人所得与财产之税收、营业税、关税和消费税等各税种单独规定其税收管辖机关，并通过规定补充管辖、多数之土地管辖权、管辖之移转、管辖权之协议、争议等内容的规定，对税务机关的管辖权予以明确的定义，并规定在管辖权发生冲突时的争议解决，能够较好地解决纳税管辖。[①] 因此，我国可以借鉴德国税收通则的规定，对各级税务机关之间、同级税务机关之间的管辖权给予明确的规定。

---

① 吴旭东、周波：“税收基本法：政府间财力划分的法律基础”，《税收天地》，2008年第10期。

第三节　赋予省级政府适当的税收立法权

所谓税收立法，是指国家权力机关及其授权机关依据法定权限和法定程序，制定、修改或废止税收法律规范的活动。目前，我国几乎所有的税收立法权都集中在中央立法和行政机关。这种高度集中的税收立法权，对于中央统揽经济全局，实施全面的宏观调控，维护国家税收政策的权威性和统一性发挥了积极作用。然而也正是由于税收政策的高度统一以及税权的过分集中，地方在法律上并没有享有独立的、完整的税收立法权，致使税收调控的灵活度不高，税收管理体制过于僵化，税收经济效率低下，既在很大程度上制约了税收职能的发挥，也影响了地方因地制宜配置资源、安排收支及提供公共服务的能力和效果。因此，在重构我国税权格局，调整税制结构过程中适当授予地方部分税收立法权意义重大。然而，由于我国幅员辽阔、人口和民族众多、地区间社会经济发展水平极不平衡，税权的下放又不宜过于分散，综合各方因素的考量，将税收立法权适度下放至省级政府（含省级权力机关）层面，成为当下税权适当下移的必然选择。

一、赋予省级政府适当税收立法权的必要性分析

（一）我国的基本国情决定了税收立法权需要在中央与地方间进行合理地划分

我国作为最大的发展中国家，由于自身地域广阔、人口众多，区域间资源禀赋差异显著，地区经济发展十分不平衡，因此税源情况也各不相同，这些都决定了由中央集中制定的全部税法，缺乏发挥税收调节功能的针对性与灵活性，已越来越难满足各地自然、经济、社会、文化发展的现实需求。因此，在维护税法统一的原则下，逐步改变集中立法形式，赋予省级政府适度的地方税收立法权，成为了适应国情的现实选择。这既可以保证中央对税收大政方针的决策权，维护中央在税收领域中的领导地位，又有利于调动地方的税收征管积极性，根据地方经济状况因地制宜地制定地方性税收法规，促进地方经济发展。

（二）由省级政府行使适当的税收立法权更能体现资源配置的效率性原则

税收立法权从本质上来讲是一种资源配置决策的权利。将税收立法权适度下放至省级政府，实际上就是赋予地方政府对税收资源行使一定的支配权。

从统筹地方区域经济发展的角度来看，由于省级政府能够更快地针对社会和个人的需求变化做出迅速而又准确的差别性反应，特别是在地区经济信息收集和掌握中占有明显优势，因而在各地经济资源、经济发展水平各不相同的情况下，按照资源配置的效率原则，地方政府理应在地方资源配置中占据主导地位。即由地方通过税收立法优化区域资源配置，可以使地方自主地根据地区经济税源发展和地方公共物品的供求情况，更好地发挥地方对配置地方资源的重要经济杠杆作用，从而尽量减少中央在信息不完全的情况下制定地方税法带来的效率损失。

（三）规范地方收入行为需要省级政府具有一定的税收立法权

我国 1994 年实行的分税制改革，只是解决了中央与地方之间在收入方面的分配问题，但并没有将税收立法权真正下放给地方政府。由于地方事权与财权的不匹配，当地方政府面临事权任务过重，相应财力又不足时，难免会通过其他渠道或方式来解决财政问题。这也正是当下各地“土地财政”和地方融资平台盛行，以及一些地区性的收费及各类名目基金难以杜绝的根源所在。这些法外行为的普遍存在，既严重削弱了中央对经济调控的影响力，也为地区经济的可持续发展埋下了隐患，更为各类腐败现象的滋生和蔓延提供了土壤。① 因此，要彻底地解决这一问题，必须从根本入手，适当地赋予省级政府税收立法权，确保地方在收入减少的情况下，能够根据各地实际因地制宜的开征地方税，以合法、合理、符合科学发展要求的方式，取得财政收入。

（四）赋予省级政府适当税收立法权是进一步完善分税制财政管理体制的内在要求

完善的分税制财政管理体制要求事权、财权、税权在中央与地方之间进行科学合理地划分。目前我国的分税制财政管理体制，地方事权多、财权少、税权极为有限，这种不对称现状极大地制约了地方经济的发展。特别是当前财政转移支付制度尚不健全，地方又没有相应的税收立法权，地方为满足本地财政支出的实际需要，不得不采取各种各样的变通做法增加地方预算外资金，从而致使“以费挤税”现象盛行。这些做法不仅侵蚀了税基，更扰乱了正常的社会经济秩序。因此，将税收立法权适当赋予省级政府，让地方在组织税收收入中拥有一定的自主权，将地方组织财政收入的行为纳入法制轨道，恢复和巩固地方税在地方财政收入来源中的主体地位。这样既能够有效地遏制预算外资金的膨胀和乱收费现象的蔓延，也为地方着手进行“清费立税”提供了可行性。

---

① 吕慧：“分税制结构下地方税收立法权法律问题研究”，《法制与社会》，2009 年第 9 期。

二、赋予省级政府适当税收立法权的可行性分析

（一）法律上的可行性

我国《宪法》第一百条规定，省、直辖市人民代表大会及其常委会和人民政府在不与宪法、法律、行政法规相抵触的情况下，可以制定地方性法规和规章，报全国人大常委会备案。由于地方税收法规属于地方性法规范畴，因此，授予地方税收立法权，由省级权力机关在不与宪法、法律相冲突的前提下，制定地方税收法规，符合调动中央地方两个积极性的宪法精神。此外根据《立法法》的立法精神和第六十三条以及七十三条的相关规定，省级人大及其常委会在不违背国家税法统一、不影响中央财政收入、不妨碍社会主义统一市场的前提下，可以根据本地经济发展的具体情况和实际需要，开征全国性税种以外的地方性税种。同时，经省级人大其常委会授权，省级人民政府可以制定本地区性税收法规的实施细则，对地方性税收法规进行解释、调整税目税率和进行加征减免，以及制定地方性的税收征收办法。

（二）赋予省级政府适当的税收立法权有着一定的历史基础

新中国成立以来，我国的财政管理体制总体上遵循着在中央集中管理的前提下，将税收立法权或税收管理权在中央和地方之间进行划分。主要是依据各个不同时期的经济运用情况，来确定双方权力的多少，中央与地方在税收立法权的分配上往往是此消彼长。新中国成立初期的 1950 年，我国税收立法高度集中于中央，即便如此，为调动地方的积极性，仍将一部分地方税收的减免事宜授权于地方政府，让其在全国统一税法的范围内，根据各地实际，制定具体的管理办法。1958 年，中央将税收管理权第一次较大规模地下放，一方面将收入小的 7 个地方税种的管理权全部下放给省级政府自行管理，另一方面将其他由中央管理的税收，在坚持中央统一管理的前提下，授予省级政府对一些主要税种，在一定范围内拥有减免税、加税和调整税额的权力。改革开放初期，虽然中央将此前下放的税收立法权限予以收回，但在房地产税、车船使用税等少数税种的管理上，仍允许地方政府制定税收条例及相关的实施细则，并在有限制的范围内授予省级政府对当时仅存的工商税和工商所得税两个主要税种一定的税收减免权。因此，由省级地方政府对地方税种及相应的税收管理实施适当的税收立法权，既有先例，也在我国财政体制管理史上有着一定的实际管理经验。①

---

① 王诚尧："适当下放地方税立法权完善税收立法体制"，《涉外税务》，2007 年第 7 期。

（三）由省级政府履行一定的税收立法在国际上有着成功的经验可供借鉴

从联邦制国家的角度来讲，美国作为典型的联邦制国家，其联邦、州、地方三级政府都有各自相对独立的税收体系，即州、地方两级政府均有独立的税收立法权，但同时受到上级法律的监督和制约。这样上级政府在控制下级政府税收权限范围的同时，又允许下级政府在一定幅度内做出灵活的反应。此外，从单一制国家来看，以日本为例，日本的地方税分为法定地方税和法定外地方税两类。法定地方税虽由中央制定税种基本法，但也仅仅只规定税法的原则和大纲，地方税税目、课税客体、课税标准以及征收的具体规程则都由地方议会决定。而对于法定外的地方税，则是在不与中央税重复征收、不违背中央财经政策的情况下，地方议会有权自行选择税源、自行立法，在报经中央审议、批准后，即可开征适用于本地区的新税种。在日本，已有41个地方政府开征了法定外地方税。[①]

三、赋予省级政府适当立法权的改革思路

广义的税收立法权通常包含三个层面，第一个层面主要是涉及税法制定、修改、废止和税种的开征、停征等“主立法权”；第二个层面则是对税收法律法规进行系统性落实和解释的“次立法权”；而第三个层面就是制定具体的实施细则以及针对各税种中税目的增减、税率的调整、税收的加征和减免等“辅立法权”。因此，赋予省级政府的税收立法权，应当是在针对各类不同税种的情况下，将上述三个层面的立法权，在中央与省级政府间进行合理划分。[②] 目前，省级政府在个别税种和个别税收要素上已享有一定的税收立法权，因此，当前改革的思路应是在现有的基础上适当逐步扩大授权范围。

（一）中央税与共享税仍维持现状，全部由中央集中立法

也就是说，中央税与共享税税法的制定、修改、开停，只能由全国人民代表大会及其常务委员会通过法律形式予以确定，并且由国务院负责对这些税法进行系统性落实和解释。在涉及具体的实施细则以及税目、税率的调整和税收的征免上也理应由国家税务主管部门进行统一安排，以加强中央的统一领导，维护中央权威，保证全国统一市场的正常运行，确保中央的宏观调控能力。

---

① 刘雅丽：“合理划分地方税收立法权的思考”，《财政监察》，2002年第8期。

② 白彦峰：“单一制国家赋予地方税收立法权的可行性分析——基于我国国情的探讨”，《行政论坛》，2008年第5期。

（二）对全国统一实行的地方主体税种进行适度分权

按照国家财税体制改革的统一安排，“十二五”期间作为目前地方主体税种的营业税将随着“营改增”的深入推进而逐步消亡。因此，根据十八大精神的要求，当前全力开展地方税体系构建的关键，就是要为地方寻找新的主体税种。鉴于此，中央在设立新的地方主体税种时，除了税收立法权的第一层面和第二层面的“主立法权”以及“次立法权”仍由全国人大及其常委会和国务院集中行使外，应当赋予省级政府能够拥有对所设税种在税目和税率方面一定的调整及加征、减免等“辅助立法权”的权力。留给省级政府必要的政策调整空间，以便地方在中央规定的幅度范围内结合各地经济发展及其他本土资源状况自行确定。

（三）允许省级政府独立开征部分独具地方特色的地方税种

此类零星地方税种的设立，主要是对于在全国范围内分布极不均衡，对宏观经济不发生直接经济影响但对地方经济有重大影响的税种，由地方政府根据本地具体的经济情况决定是否开征。总体而言，就是在经中央批准或备案后，税收立法权的“主、次、辅”三个层面完全由地方独立拥有。具体来讲，即由省级人大及其常委会拥有上述税种的开、停、废、改等核心权力；由省级人民政府拥有税法解释及督促落实的相关权力；而在税目、税率以及税款的减免等技术层面上，赋予省级人民政府的具体税务部门相应的权力。当然，无论地方拥有何种的税收立法，其前提仍然是在中央统一管辖范围之内。对于会影响到整体经济发展的地方税种，中央仍有权予以废止，并且中央也可在全国范围内开征此类税种，根据立法的不重复原则，地方所制定之税法将相应地自动废止。

（四）尽快修改《税收征管法》，为授予地方税收立法权扫清法律上的障碍

由于我国目前的《税收征管法》规定，以税收的开征、停征、免税、减税、补税、退税为主要内容的税收基本制度，只能由法律规定，即地方政府无法拥有任何一个税种独立开征、停征、免税、减税、补税、退税等重大事项的决定权，只能在中央统一立法的前提下，就某些税收要素在法定的幅度范围内进行调整，或对税收征管问题做出规定。然而作为税收立法权最为核心的税收的开征、停征、减税、免税、退税、补税等权力，如果省级政府在地方税种方面没有上述权力，那么所谓的省级地方税收立法权就是不完整的且非独立。因此，在目前情况下，可利用《税收征管法》并未完全将地方排挤到税收立法权行使主体之外这一有利条件，修改《税收征管法》的相关规定，将个别地方税种的开征、停止、减征等方面权力适当授权于地方，以使省级政府真正拥有独立的税收立法权，以便地方因地制宜对某些税收要素进行调控，提高资源配置效率，规范地方收入行为。

综上所述，在我国的法制水平还不够健全，各级政府的税收管理能力和水平仍不足的情况下，为避免因税收立法权的过度下放造成地方各自为政，省级政府拥有的税收立法权应该是一种相对独立的立法权，而非绝对的独立性立法权。也就是说，地方立法必须接受中央立法及行政机关的监督和制约。同时，接受中央立法机关和国务院在地方立法工作上的指导，以免地方权力增大后，由于缺乏相应的监督机制和必要监督方式，削弱了中央对地方的控制力，从而影响经济的稳定和发展。此外，省级政府在行使税收立法权时，还需要在立法过程、内容和结果等各个方面增加透明度，加强公众对本地税收立法的监督。

第四节　建立规范的财政转移支付制度

财政转移支付是处理中央政府和地方政府间财政关系的一项重要制度安排，对实现公共服务均等化，促进社会和谐发展起着至关重要的作用。然而，由于我国各级政府在职责和事权的划分上还不够明确，难以在的收支概念确定统一的标准，特别是地区间经济发展水平、能力差别较大，致使当前我国的财政转移支付制度仍不规范。因此，要处理好政府间的财政关系，在维护地方政府原有利益的同时，实现财政均等化目标，就必须建立合理、有效、规范的财政转移支付制度，从而降低各级政府间财政的不均衡程度。

一、当前中国财政转移支付制度存在的主要问题

（一）财权与事权不相适应

合理划分各级政府的事权与财权是政府间财政转移支付制度运行的重要依据。而我国现行的转移支付制度，是中央在承认地方既得利益的前提下，采取“存量不变，增量调整”的方式予以分配，而不是根据地方政府的职能来合理确定其转移支付额。因此，这种忽视地方政府职能的分配方式，一方面，使有些地方财政困难，支出难以为继；另一方面，使有的地方财政较为宽松，造成财政支出的浪费。①

① 王叩梅：“规范财政转移支付制度的构想”，《兰州大学学报》，1998 年第 1 期。

（二）财政转移支付结构不够合理

在我国的财政转移支付构成中，税收返还及各项补助往往数额较大，而用于缩小地区差距的资金数额又偏小。这样，经济越是发达的地区得到的返还额度越大，而经济落后的地区得到的返还额度则很小，进一步延续和固化了原有的不合理的利益分配格局，逐步拉大了地区差距。[①]

（三）转移支付的随意性使其缺乏法制约束

我国的财政转移支付，特别是专项拨款过程，由于缺乏相应的法律依据，在没有科学而规范的技术标准下，随意性较强，经常造成地方间相互攀比，并与中央讨价还价，增加了灰色交易的可能性。此外，在补助拨款方面，由于没有明确的投放约束，中央很难抑制地方资金使用过程中的不合理现象，致使中央调整结构的战略部署得不到很好的贯彻。

二、世界发达国家财政转移支付制度的构成及经验借鉴

（一）通过固定的财政转移方式确保地方的基本财力

每一个国家在财政转移支付的模式选择上，都是基于本国的国情做出的具体安排，虽然形式多样，但都会确定一种特定的方式以确保地方具备提供公共服务的能力。如英国为弥补各地财政失衡的情况，通过公式化补助的财政转移方式，按照均等化的原则，以保证地方政府能够提供基本公共服务。而日本则是通过地方交付税，直接由中央向两级地方政府分配，在具体用途上又分为普通交付税和特别交付税。前者分配给那些基本支出需求超过基本财政收入的地方，后者则是在普通交付税不足的情况下的一项补充拨款，主要满足一些特殊或紧急的需求，如保护历史文物、自然灾害以及由于普通交付税测算误差导致的地方收支缺口等。

（二）特定用途的专项补助实现国家宏观调控目的

在确保地方具备基本的财力同时，各国还通过特定的专项财政转移支付，进一步提高公共服务水平，提升国家对经济社会运行的调控能力。如法国的专项财政转移支付，则是通过调整拨款投向的范围来鼓励或抑制不同产业的发展。主要用于中央对于地方在修建铁路、学校以及兴办符合国家宏观调控或产业政策鼓励的项目给予的补助，这部分资金必须符合国家意图，专款专用，有些还要地方政府进行配套。此外，中央还采取税收返还的方式支持地区和产业发展。而日本的国库补助金作为一种专项拨款，先由大藏省（财政

① 王爱萍："财政转移支付制度存在的问题及对策"，《山东纺织经济》，2009 年第 5 期。

部）每年确定总额，再由各个职能部门具体分配并监督实施。其拨款项目几乎覆盖了教育、社会福利、公众设施、交通、地区经济发展等所有的地方政府活动。以及英国的专项拨款则主要用来解决地区间的项目溢出问题，体现中央在公共设施、社会治安、环境保护的政策意图，资金实行专款专用。

（三）“兄弟互助”的横向转移支付

除了依靠中央（联邦）政府的直上而下的纵向转移支付外，许多发达国家还通过各个地方（州、省）间的横向互助来调整各自的财政能力。以德国为例，除了德国联邦对州实行税收共享、补充拨款、返还性转移支付、投资项目拨款以及财政资助等五种转移支付方式外。每年联邦和各州的财政部门，根据当年的税收及经济运行情况分别测算出“全国居民平均税收额”和“本州居民平均税收额”。然后根据有关评估制度对二者进行比较，从而划定出富裕州与贫困州的评定标准。联邦和地方间按照共同协商确定的平衡程度，计算出各个富裕州应向贫困州财政转移的资金数额。最后通过联邦和各州的财政结算中心，以划拨的方式完成整个财政平衡的操作。而澳大利亚的无条件拨款则是由独立于财政部门的联邦拨款委员会按照横向财政均等化原则，经过一套完整的评估制度，运用公式对各州的财政能力与支出需求进行详细测算后，做出准确而慎重的判断，进而决定拨款的分配方案。

（四）以立法手段确定转移支付的规模和用途

目前，在世界发达国家中，为合理准定财政转移支付的规模以及规范资金的使用范围和具体用途，均通过立法的方式，对此做出刚性要求。以美国为例，作为一个由联邦、州和地方三级政府组成的典型联邦制国家，美国实行着完全分税型预算的管理体制。其转移支付的形式主要有一般性转移支付和特殊性转移支付两种，其中由联邦政府规定具体资金用途的特殊性转移支付占全部转移支付的绝大多数。从美国财政转移支付的用途来看，主要用于公共服务和基础设施建设两大部分。其目标既要保证各地能够具备一定的财政收入，关键是要使各地还能够具备提供一定质量和水准的公共服务财力。而在确定具体拨款额度时，联邦政府必须按照国会通过的法案所确定的公式，参照州和地方的人均收入、城市人口规模、税收征收状况等因素进行计算确定。

三、建立规范财政转移支付制度的原则

财政转移支付制度的原则是设计制度所坚持的根本点，明确制度确立的原则，才能为具体制度的设计提供方向。总体上看，财政转移支付制度要体现科学、简化、公平等原则。

（一）立足国情，充分借鉴

大量实践表明，西方发达国家在积极探索财政转移支付制度方面积累了非常丰富的实践经验。通过借鉴这些先进经验，完善我国的财政转移支付制度，能够节省改革成本，突出后发优势，加快我国财政转移支付制度的改革步伐。但从国际经验看，如果盲目地照搬西方的先进制度，缺乏对其政治、文化扬弃的过程，则这些看似先进的做法不仅不会促进我国的制度变迁，还会影响甚至阻碍改革的进程。因此，学习和借鉴西方先进的财政转移支付制度，要结合我国的实际情况，认真研究、仔细权衡、精心设计，通过吸收、消化、二次创新，才能加快我国的改革步伐，促进转移支付制度的完善。

（二）注重公平，兼顾效率

我国经济社会的最大特点在于区域发展极不平衡，各地财政能力相差悬殊，不同地区的公民享受的公共服务水平差距不断地扩大。因此，财政转移支付制度作为一项重要的政府行为，首先要体现出公平性，具体而言，就是要对贫困地区在财政转移支付规模予以倾斜，帮助其提高自身财力水平；而对于富裕地区则需要减少财政转移支付，缩小与贫困地区的差距，保障贫困地区能够提供基本公共服务。此外，在注重公平的同时，还要建立起激励机制，避免贫困地区产生为获得财政补助而降低税收努力的“懒惰”行为。要充分调动地方政府的积极性，鼓励贫困地区增加财政收入，促进效率水平的提升。

（三）坚持法治、合理规范

我国以往的转移支付之所以没有形成一套完整、科学的体系，很大原因在于存在大量杂乱无序的规定和做法，这些做法既不规范，又不合理。因此，完善的转移支付制度必须从形式到内容都符合规范的要求。而合理规范的转移支付制度，需要始终坚持法治原则，要运用立法这一有效手段，保证制度的正常运作，将涉及转移支付内容的支付形式、方式、预决算、数额确定以及监督管理都以法律的形式加以确定，从而真正做到有法可依，有法必依。

（四）科学客观、公正透明

为了实现均等化和宏观调控的目标，财政转移支付在分配中要根据客观实际情况进行分配，减少主观因素。这就需要在核算测定转移支付资金来源和使用时，增加透明度，运用科学的公式，从制度上保证对不同地区一视同仁，不偏袒、不歧视。同时，还要改变过去那些决策主观、操作模糊的做法，在转移支付总体安排和种类补助的因素测算、公式设计、标准核实以及支付的各个环节始终做到公开、公平、公正。

四、健全和完善财政转移支付制度的思路

（一）科学划分中央与地方政府的事权范围

地方政府事权的大小在一定程度上决定了中央财政转移支付的规模，这是因为地方政府事权范围越大，需要承担的支出责任就越多，那么需要中央财政转移支付资金的规模也就越大；反之亦然。因此，事权划分不明确，必将导致各级政府支出责任不明确，那么财政转移支付规模的科学性就无从谈起。所以，要建立规范的财政转移支付制度，其前提是要对各级政府的事权进一步细化和划分。根据市场经济下的政府职能界定，中央政府应该主要提供诸如国防、外交、宏观经济稳定等由全体国民享用的公共商品和服务，并在一定程度上参与基础性教育、跨区域的交通设施、环保等具有跨地区“外部效应”的公共项目和工程，并且尽最大努力地调节地区间和居民间收入分配差距。而地方政府则主要提供包括地区性交通、教育、环保、地方性法律的制定和实施等，由本地居民享用的公共商品和服务。

（二）优化财政转移支付结构

目前，我国的财政转移支付制度主要包括税收返还、一般性转移支付和专项转移支付三种类型。由于税收返还作为分税制改革中维护既得利益保留的项目，发达地区经济发展水平高，税收规模大、增速快，税收返还额远远高于不发达地区，必然导致富裕地区与贫困地区的财力差距越来越大，这既违反了转移支付的公平性原则，又不利于均等化及宏观调控目标的实现，影响了转移支付作用的发挥。因此，进一步优化我国财政转移支付制度，一方面要大力压缩税收增量返还，扩大一般性转移支付规模。通过完善转移支付因素法计算公式，逐步缩小地区间财力差距，实现地区间基本公共服务均等化。另一方面，要调整优化专项转移支付结构。通过建立严格的专项转移支付项目准入机制，按照预算级次编报专项转移支付预算，减少专项转移支付项目的随意性和盲目性，完善专项转移支付监督体系。同时，要进一步突出专项转移支付重点，加强对新农村建设、大江大河治理、自主创新能力提高、扶贫开发投入等方面的转移支付力度。①

（三）积极探索和建立横向财政转移支付模式

从世界发达国家的实践看，财政转移支付模式主要包括纵向转移支付和横向转移支付两种形式。前者是由中央政府对地方政府的转移支付资金进行

---

① 李萍：“转移支付制度规范化分析”，《商业时代》，2010 年第 6 期。

集中分配，可以称之为“父子模式”，目前大部分国家都采取该分配模式；后者则主要是由富裕地区直接向贫困地区进行转移支付，即所谓“兄弟模式”，德国就是这一模式的典型代表。实际上，我国现行的富裕地区对贫困地区的对口支援工作，就是一种类似横向转移支付的财政实践，因此在我国推行横向转移支付的财政转移模式具备一定的实践基础。但考虑到我国作为一个单一制的国家，地方政府间通过采取专项补助进行横向转移支付的做法，会对中央宏观调控政策造成影响，因此，横向转移支付必须服从均等化目标。此外，为了增强富裕地区的积极性和主动性，富裕地区可以对财政补助的投向和范围做出原则性要求，比如劳动力培训、教育等方面，确保在扶持贫困地区发展的同时，对富裕地区的经济发展起到促进作用，增强富裕地区财政支出行为的激励。

（四）加强对转移支付资金的管理

针对现阶段中国财政支付存在着多头管理、权责不清的情况，可以考虑改变把分散在各部门的管理中央支付的职能集中起来，通过设立专门的管理和分配机构，交由一个专门的中央转移支付管理机构去行使，从而提高支付效率，降低监督的难度。同时，中央转移支付收支还应单独编制预算，细化财政预算和决算的项目，详细列出支付项目，并对社会全程公开，接受社会各界的监督，以减少暗箱操作的违规行为。此外，在财政转移支付资金的使用上，要增加财政转移支付的透明度。目前，中央政府各部门掌握着资源分配权或项目审批权的官员，享有的自由裁量权太大，并且运作程序不透明，加大了监督的难度。特别是要改变目前存在的地方或单位“跑部钱进”的现象，逐步将专项性转移支付资金纳入财政预算统一分配至地方，不再经由各部委，再逐级对口往下分，杜绝因各部门利用审批权而滋生的腐败问题。并且，改革专项资金配套制度，对欠发达地区减免一定的配套资金，扭转目前一些地方无力配套的尴尬局面。[①]

（五）完善法律制度建设和监督机制

规范的财政转移支付制度必须以完善的法律法规作为支撑和约束。我国目前对于财政支出的范围及转移支付还没有明确的法律，因此，必须加强这方面的立法，从各级政府事权、财权的划分到转移支付目标、原则、形式、分配方法、监管内容，都应以法律的形式确定下来，并辅之以必要的司法和审计措施，做到制度运作的各个环节都有法可依，保证制度运行的实效。同

---

① 王秀芝：“中国财政转移支付制度问题研究”，《经济研究导刊》，2009 年第 12 期。

时，还要加强监督，完善监督约束机制。通过成立专门机构对转移支付资金的使用进行跟踪、调查和监督，确保资金用在该用的地方，明确转移支付的政策导向。同时建立一套绩效评价系统，用一些考核指标对资金使用效率进行评价和考核，提高资金使用效益。

第五节　构建与分税制相衔接的财政预算制度

从国际上看，无论是单一制国家，还是联邦制国家，都设置多级政府。所以，世界各国的财政制度中有一个共同的原则，这就是设立分级财政。研究表明，只有设立分级财政，实行“一级政府、一级事权、一级财政、一级预算”的制度，才能有助于促使各级政府有效地行使其职责，分别提供不同层次的公共产品和服务。参考国际经验，在明确各级政府事权、完善地方税体系、规范财政转移支付制度的同时，我国还需要建立与分税制相衔接的财政预算制度。

一、中国分级财政预算与分税制的衔接问题

完善的地方税体系将为地方政府提供稳定的财源，如何有效计划、分配、使用、管理这些收入则成了财政预算制度有待解决的问题。1998 年以来我国中央和各省市都陆续地推行预算管理改革，由于管理理念和管理目标尚未完全明确，以至于财政如何履行职责、完善财政资金的分配决策、加强财政支出的监督和管理等方面仍然存在一些问题。这些问题不仅会影响财政责任的履行，还会制约分税制的稳健运行和发展。

（一）预算编制时间存在的制度缺陷

一是预算编制时间紧。大多数地方财政从启动下一年度部门预算编制，到下年度确定、批复预算，仅有四、五个月的时间，预算编制难以做到科学、细致。[①]二是政府计划与预算编制时间脱节。每年政府的实事项目一般要到年底才能确定，上下级政府之间的预算编制以及工作决策在时间上也没有对接，而政府工作报告和财政预决算报告是同时经人代会审议批准的，这些都造成单位在预算编制时往往无据可依。

① 蔡文燕：《我国地方政府财政预算管理的现状及改进措施研究》，上海交通大学，2008 年。

（二）预算决策和分配机制不完善

首先，我国的地方政府缺乏预算自主权，国家已有的法定支出政策与经费增长的要求之间存在矛盾，地方各级政府间的事权边界也不清晰。导致地方各级财政部门在预算安排上无所适从，下级政府的预算编制和执行在很大程度上要受制于上级政府的事权安排。其次，“自下而上”的预算编制方式导致预算单位多申请经费等机会主义倾向更加扩张，在“自下而上”的预算编制方式中，预算信息主要来自于各单位。受制于体制因素和职能分工，再加上缺乏信息共享的激励，预算单位反映到财政上来的信息经常失真。另外，财政部门缺乏审核预算所需的行业管理知识。对于有些预算单位上报的专业性很强的项目难以提出有理、有力的审核意见，对不同性质的预算项目也难以进行排序和选择。

（三）预算编制与执行中的监督弱化

一是完整的预算监督体系尚未建立。从权力分配关系看，目前仍是以政府为主导，人大对预算过程的介入相对而言仍然处于次要的、从属的地位①。一方面由于《预算法》以及各地人大预算监督条例没有对人大的预算权力做出明确规定。另一方面，人大审议部门预算的时间基本集中在会议召开前和会议期间，没有足够的时间认真、逐项地审议部门预算。二是部门预算的透明度不高。我国公众对预算的了解，只有报纸登载的财政预算报告，且公开的预算内容比较有限，具体项目及其预算金额尚没有在预决算报告中大量公开。三是预算编制、执行和监督尚未分离。目前，我国预算的编制、执行都在财政一个部门，甚至部分财政的监督权也在财政部门。一个部门既管预算编制，又负责预算的执行和监督，不利于分权制约。

（四）预算绩效评价机制不健全

一是相关法律和制度保障薄弱。我国目前尚未出台全国统一的有关财政支出绩效评价工作的法律法规，缺乏预算绩效管理所需的法规保障。二是评价执行主体不明确。缺少一个有权威性的财政支出绩效评价综合管理机构，导致财政支出绩效评价工作只能分散在各管理部门进行，难以形成统一的、全面的财政支出绩效评价体系。三是评价方法比较单一。目前开展的项目支出绩效评价停留在通过固定的财务、技术和工程管理指标进行评价的水准上，主要侧重于资金使用、技术和工程管理的合规性，而对财政资金的使用效果

---

①　马骏、牛美丽：《重构中国公共预算体制：权力与关系——基于地方预算的调研》，公共预算国际研讨会，2007 年。

则评价不足。四是评价结果约束乏力。由于缺乏必要的工作体系以及科学合理的指标体系，评价工作对于财政资金支出项目中的成绩、问题与相关责任和责任人并没有直接约束。使财政支出绩效评价工作流于形式，影响了财政支出绩效评价工作的权威性，制约着财政支出绩效评价工作的深入开展。

二、构建与分税制相衔接的分级财政预算制度

完善我国预算管理制度的基本目标就是建立我国分税制财政下的公共预算制度。从公共预算运行的各个环节来看，包括公共预算编制制度、审批制度、执行与监督制度，以及预算绩效评价体系等多个方面的完善。

（一）建立健全预算编制制度

科学的预算编制制度包括在预算编制的组织形式上采用部门预算；在预算编制程序上纳入标准周期预算管理；在公共预算编制方法上采用可靠的科学方法等。

1. 延长编制和审议时间，推行标准周期预算管理。合理延长预算编制和审批的时间，克服代编预算现象。首先，进一步提前编制预算草案。将年度预算编制提前半年至一年，可以考虑在每年人代会之后，政府就开始组织编制下一年度的预算。同时，通过立法明确规定有审查或者审批预算议程的人大会会议应当自下而上逐级提前召开，以保证汇编预算所需要的时间，从根本上解决代编预算的问题。其次，增加人大审批政府预算的时间，保证审批结果的严肃性。各级政府至少应在同级人民代表大会召开的前两个月向人大常委会有关部门汇报预算编制情况，提交的预算草案必须细化，且附有支出的基础资料，以保证人大有足够的时间进行详细的审查和质询。

2. 将政府计划作为预算编制的首要阶段。将政府计划确定作为预算编制的首要阶段，变事中决策为事前决策。建议将明确的宏观经济框架和完整的支出任务规划作为预算编制的起点。对此，建议提前制定政府计划，在预算程序中专门增加这样一个分析、讨论、确定宏观经济框架及支出目标任务的环节，并将之作为整个预算编制的首要阶段，引导预算分配的全部过程。使得之后的预算编制和协调可以在一个统一的框架和原则下进行，在对预算项目进行甄别和筛选时也可以有一个明确的考量标准。

（二）完善预算编审组织系统

1. 完善预算编审组织系统，统一预算分配权。建立预算编制、执行、监督相互制衡的预算管理机制，可考虑以下做法：

（1）将分散在各职能部门（如发改委等）的预算分配权和财政内部各业

务部门的预算编制职责统一起来，以现有的预算司（处）为核心，组成类似国外预算局的预算编制专职机构，集中预算编制职能；调整财政部各业务司（处）职能，主要负责部门预算执行中的监督管理，督促部门资金的使用不偏离预算轨道；建立财政专员派驻制度，强化部门预算的财政监督职能等等。

（2）在各级政府成立预算顾问委员会，由各部门主要领导和财经专家组成，对预算编制专职机构上报的政府预算建议书提出意见和建议。

（3）在地方各级人大成立专门的人大预算监督机构——预算委员会，专司与预算编制、执行有关的审查和监督职责，辅助人大及其常委会行使权力。在预算法中应明确其法律地位，对其初审的时间、初审的具体内容，所承担的法律责任，以及工作程序都做出明确的规定。

2. 建立政府层面的预算审查集体决策机制。在政府层面集体讨论研究预算，再由财政部门根据已经确定了的目标任务，做好技术指导工作。借鉴发达国家的经验，建立“政府层面建立的预算审查集体决策机制”，对财政部门提出的初步建议进行讨论和审核，并从政府层面正式向各部门下达限额。

（三）健全预算监督和公开制度

公共预算监督制度是对经过法律程序批准的公共预算计划执行情况的监督。为了确保公共预算严格按照法律规定执行，必须建立严密的监督制度体系，包括财政监督、审计监督、人大监督、社会公众监督、新闻舆论监督等制度。依法理财，加强监督加强预算信息的披露增强预算的透明度。

1. 细化预算编制，提高人大预算审查监督实效。财政部门提交给人大的政府预算草案应根据新的政府收支分类科目体系设置，进一步细化预算编制，将所有预算指标核定到最终用途和具体项目，并且附有政府发展规划、反映政府财务状况的合并财务报告等资料，使人大代表能够看懂预算，清楚政府用多少钱，办哪些事，怎样用钱，真正提高人大预算审查监督实效。同时，提升人大审查预算的专业与权威。在地方人大系统内部，建立预算审议专家咨询机构，由具有丰富经验的预算管理专家和学者协助人大代表审查政府预算。

2. 增加透明性与公众参与，加强预算监督。应增加预算编制、预算内容、预算执行及预算执行结果等各个环节的透明性，主动接受公众的监督。预算编制应建立在前期充分磋商基础之上，并注重吸引社会公众的广泛参与。财政部门应及时公布当前的财政经济形势及其前景，阐明政府的预算政策目标，并且主持一系列由专家、利益集团和普通公众参加的公开听证会，听取各方面的意见和建议，对收集到的各种意见和建议汇总整理后形成咨询报告，提出对政府编制预算的具体意见和建议。制定好的预算在经过保密处理后应及时公布于众，接受各方的监督。不仅要扩大监督范围，即对政府收支活动的所有环节都要进行监督，还要提高监督的质量和标准，既要进行一般的财务收支监督，也要注重财政支出绩效监督。另外，人大、政协也可以借此从预算编制的首要阶段就介入预算决策，丰富了其行使预算权力的方式。

（四）推行预算绩效评价机制

根据我国公共财政建设和部门预算改革的实际情况，借鉴国外先进经验，按照公共财政改革的总体部署和要求把绩效管理理念与方法引入财政支出管理。按照统一规划、分步实施的原则逐步建立起与公共财政相适应的、以提高政府管理效能和财政资金使用效益为核心的、以实现绩效预算为目标的科学、规范的公共支出绩效评价体系。虽然我国在当前推行绩效预算的条件还不够成熟，但是要加强在这方面的研究，不断学习和借鉴国外的优秀经验，在可能的领域或者条件相对成熟的某些项目方面，可以先行尝试使用有关绩效管理的方法，为公共预算改革、绩效管理改革积累经验。

1. 不断增强政府部门的责任意识。由政府层面对项目完成得好的部门进行奖励，对项目完成差的进行惩罚。同时，尽量使用不同的方法来评估和控制项目的完成，尤其重视来自于服务对象和公众的系统性反馈意见。这些做法都有利于逐步培养和强化部门的责任意识与绩效意识。

2. 逐步引入绩效的指标和措施。预算管理最关键、最困难的就是指标体系的设计。为此，应当总结近年来中央部门和部分地方政府开展预算支出绩效评价的经验，运用逻辑分析法、样本基准法、平衡计分法等多种方法，设计科学、规范的预算支出绩效评估体系。先选择直接面向公众提供服务的政府部门，在改革成本可接受的前提下引入简单的绩效指标和措施；跟踪这些措施的功效及影响，必要时加以调整或废止；然后选择合适的时机和方式将这些绩效指标和措施逐步推广应用于其他政府部门。

除上述各种途径外，还需要通过政府管理体制模式及政府职能转变、建立单一财政账户制度、逐步推行权责发生制政府会计等各项配套改革措施的同步推进，才能真正建立起科学、高效、透明的分级财政预算管理体制。

第六节　积极推进费改税

我国现行的收费体制，是在计划经济体制下产生和发展起来的。建国初期，国家财力不足，为了调动各地方、部门的积极性，因地制宜地解决经费与生产建设的某些特殊需要，中央给予地方、部门一定的行政性收费权力。然而，随着改革的深入和社会主义市场经济体制的建立，收费体制曾依托的宏观经济环境发生了巨大变化，收费制度的体制缺陷日益明显。税收作为国家调控国民经济的有效手段，成为政府筹集收入的主要分配形式，随着全面的税收制度的改革，它的中心地位已显现出来。不断充实和完善地方税体系，使地方税收入能适应地方财政支出的需要，是进一步完善分税制的客观要求。但我国目前仍存在规模不小的收费，增加了企业生产经营成本，直接侵蚀着税基，使一些本来应当开征的地方税无法开征，制约了地方税体系的完善。

一、中国税费现状分析

改革开放以来，我国对税制进行了很多次大大小小的调整，尤其是通过1994年分税制改革和后来的税制改革，使地方税体系我国中央财政收入和地方财政收入有了稳定的增收渠道，在客观上增强了中央财政的宏观调控能力。但是，我国财政收入中收费比例仍然偏高，2011年地方财政非税收入11 440亿元，占地方全部财政收入52 547亿元的21.77%。[①] 大量存在的收费导致出现以下问题：

（一）削弱了国家宏观调控能力，税收调控经济职能弱化

在规范的市场条件下，国家、企业、公民的经济关系主要体现在税收的征缴上。税收成为国家实现财政政策目标的重要手段。在我国，由于财政收入主体多元化，部分收费资金未纳入财政预算资金管理，使一部分应由财政发挥作用的领域被分割出去，地方政府部门“经济人”特征日益明显，收费往往是以部门和行业自身的利益或本部门主管事业的发展为出发点，不考虑国家的产业政策，甚至和国家的调控目标相左，具有很大的随意性，导致了国家宏观调控能力的下降。

（二）加重了企业负担，阻碍了经济发展

虽然我国财政收入中收费的比例已有大幅降低，但与发达国家比较比例仍然偏高，大量收费的直接结果使社会财富的创造者广大企业和生产经营者不堪重负。此外，税外收费的范围和标准五花八门，致使市场不确定因素增加，造成投资者对投资预期难以把握，直接影响了投资者的投资积极性。如煤炭企业，由国家有关部门和各级地方政府征收的各类涉煤收费项目名目繁多，主要包括矿产资源补偿费、矿业权使用费、矿业权价款、煤炭可持续发

① 根据《中国统计年鉴》2012年度数据计算。

展基金、煤矿转产发展基金等十多项收费。其中，矿产资源补偿费等多个项目与资源税均属于资源性同类型税费，仅仅是由于分属不同部门管理而难以合并，政出多门、重复征收，导致煤炭企业税费负担越来越重。根据相关企业反映，煤炭各类税费占产品销售收入的三分之一左右，部分企业超过三分之一。①

（三）加剧社会分配不公，损害了政府形象

规模巨大的税外收费，分散在各个行政事业单位。由于管理难到位，长期体外循环，脱离预算监督，相当一部分收费资金成为非法“小金库”和肆意挥霍的资金来源，为各种腐败现象提供了温床。另外，由于收费环节和单位的确定与国家权力为基础的行政控管紧密相关，重收费、轻管理、轻服务的现象普遍存在，弱化了部门的行政管理，在群众中形成了“国家管理=收费”的不正常认识，进一步损害了政府形象。

二、实施清费立税的原则和思路

清费立税的总体目标是在对收费进行清理整顿的基础上，从根本上减轻企事业单位和人民的负担，理顺分配关系，建立适应社会主义市场经济发展要求的、以税收收入为主、少量必要收费收入为辅的地方税体系。

清费立税的基本原则：一是要有利于规范收费管理，遏制各种乱收费，取消不合理、不合法的收费项目，降低过高的收费标准，从根本上减轻企事业单位和人民的负担。二是要有利于正确处理税费关系，实现以税聚财，集中理财，改变目前国家财力目前过于分散的局面。三是要有利于进一步完善财税体制，提高财政收入占国内生产总值和中央财政收入占全国财政收入的比重，振兴国家财政；四是有利于实现政企分开和政府职能的转变，保证政府实施公共管理，提供公共服务有稳定的资金来源，理顺政府分配的渠道。②

清费立税的总体思路应从我国的国情出发，借鉴国际经验，按照市场经济发展、政府职能调整和规范管理的客观要求，兼顾当前收费项目多，牵涉部门利益广，情况复杂的实际，采取多种办法，在对现行的各种收费按照性质重新分类的基础上，通过取消、规范、转制、改税等措施，分阶段、分步骤，循序渐进，逐步实现政府收入机制的规范化、制度化、法制化。

---

① 付永生：“清理涉煤不合理收费　减轻煤炭企业税费负担”，载于《中国煤炭报》2013年3月19日。

② 黄映青：《清费立税，规范政府收入分配机制》，厦门大学，2001年。

1. 取缔各种不合理的收费、基金。所谓“不合理”，就是指一项收费的客观基础已不复存在。具体操作可对照国务院和财政部下达的年度全国性及中央部门行政事业性收费目录执行，凡不在目录上列示的项目，应坚决取缔；对省级及以下政府的收费项目，凡违背国务院及财政部有关规定的，也应予以取缔。最近几年，国务院每年压缩收费的金额都在50亿元左右，2013年又取消了38项，但现在中央部门的各项收费还有200项左右。[①]

2. 在取消不合理收费的基础上，对需要保留的收费项目，通过法律予以规范，使规费真正成为政府财政收入的一种补充。并从法规制度上，规范收费标准和使用范围，且将制定权收归人大，实行依法征收。对保留下来的收费项目予以审核，能合并的要合并，收费标准要由物价部门严格审核，由财政部门规定使用范围，纳入预算管理。

3. 转制。所谓“转制”就是使经营性的事业收费转向市场，在市场经济条件下，随着政府职能的转变，一些原归政府机构负责管理的事务，将逐步转由从事经营服务活动的市场中介组织承担，这些组织应与政府部门脱钩，走依法纳税，自收自支，自我发展的道路。

4. 费改税。将一部分具有税收性质或具备征税条件的收费项目逐步必为征税，实行以税代费。这部分项目应具备以下特点：（1）稳定性，即收费项目具有较长期的收入来源；（2）普遍性，受益对象较普遍，收费主体与缴费主体不存在直接的利益交换关系；（3）规范性，即收费已具备一套较为规范的征收办法，便于税收立法。

三、完善清费立税的配套条件

清费立税改革直接关系到政府收入体制重新调整，重新明确税收、收费的性质、职能，充分发挥税收筹集财政收入的主体功能和提高财政收入质量，构建一个合理、有效的地方税体系。同时，这项改革不仅是政府收入体制的改革，而且是一项综合性的改革，需要一系列配套条件，才能保证改革成功。除加快机构改革、完善财政体制外，这些条件还包括以下两个方面：

（一）以事权划分为基础，明确政府支出范畴

导致我国政府收费泛滥的一个重要原因是政府部门职能未按照市场经济要求进行转换和规范，在一定程度干预企业和市场。因此，为了从根本上解决收费问题，必须根据市场经济的要求，重新明确界定政府的支出范围。根

---

① 叶青：“政府应对非税收入勇于割爱”，《东方早报》，2013年9月5日。

据我国市场经济发展的要求和我国目前所处的经济发展阶段以及财政支出的实际情况，财政支出的确定要以满足社会公共需要为目标，对于竞争性的投资项目财政要彻底退出来；对于受益对象比较明确，又可通过受益收费的市场机制来弥补其成本损耗的单位，应将其推向市场，使其自主经营，照章纳税；对于提供准公共产品的单位，虽然应根据财政支出的范围，但所需的经费应部分通过市场收费机制加以解决；对于行政职能逐步弱化甚至消失的政府机构，应将其清理出政府序列和财政支出的责任范围。

（二）建立和健全税、费法规和监督管理机制

造成我国税费不规范其中一个重要的原因，就是法制不健全，监督不得力。因此，规范税费管理，必须健全税、费法制，硬化法规约束，强化监督机制。一要加强立法，使税费征收有法可依，依法进行。二要增强税、费法规制度的透明度，向社会公布税费法规和制度，并接受公众对税费征收使用的监督。三要对原有的法律、规章进行全面清理和适时调整，健全法律规章，堵塞法规漏洞。四要建立和健全监督机构，强化监督机制，对有法不依、违法不究和“上有政策，下有对策”的行为，必须予以查处、坚决打击。

主要参考文献

[1] 章炜主编:《税务词典》, 中国财政经济出版社 1989 年版。

[2] 何盛明主编:《财经大词典》, 中国财政经济出版社 1990 年版。

[3] 王维国:《中国地方税研究》, 中国财政经济出版社 2002 年版, 第 40 页。

[4] 易运和:《最新税务百科辞典》, 中国财政经济出版社 2004 年版。

[5] 刘佐:《中国地方税制概览》, 中国税务出版社 2012 年版, 第 1 ~ 2 页。

[6] 贾康、白景明:《县乡财政解困与财政体制创新》,《经济研究》2002 年, 第 3 ~ 9 页。

[7] 刘佐:"论地方税体系",《税务研究》1997 年, 第 6 ~ 10 页。

[8] 邓子基等著:《地方税系研究》, 经济科学出版社 2007 年版, 第 5 页。

[9] 高亚军著:《中国地方税研究》, 中国社会科学出版社 2012 年版, 第 27 页。

[10] 谢贞发:"税收立法权的划分",《税务研究》2006 年, 第 23 ~ 26 页。

[11] 赵云旗著:《中国分税制财政体制研究》, 经济科学出版社 2005 年版, 第 465 页。

[12] 杨斌:"关于我国地方税体系存在依据的论辩",《税务研究》2006 年, 第 32 ~ 38 页。

[13] Tiebout. C.:《A Pure Theory of Local Expenditures》,《Journal of Political Economy》1956 年, 第 416 ~ 424 页。

[14] J. F. Due.:《Study of State and Local Tax Influence on Location of Industry》,《 National Tax Journal》1961 年版, 第 163 ~ 173 页。

[15] 许建国:"重构我国地方税体系的几个理论问题",《中南财经大学

学报》1993 年，第 80 ~ 84 页。

[16] 高培勇等编：《中国财政经济理论前言（4）》，社会科学文献出版社 2005 年版，第 221 页。

[17] George Stigler.《Tenable Range of Function of Local Government, Federal Expenditure Policy for Economic Growth and Stability》, Joint Economic Committee, Washington D. C.. 213 – 219.

[18] 叶振鹏，张馨：《公共财政论》，经济科学出版社 1999 年版，第 486 页。

[19] Samuelson, Paul.《The Pure Theory of Public Expenditure》, Review of Economics and Statistics, 1954 (36), 387 – 398.

[20] 约翰·伊特韦尔、默里·米尔盖特、彼得·纽曼主编：《新帕尔格雷夫经济学大辞典》中文版，经济科学出版社 1996 年版，第 216 ~ 218 页。

[21] 詹姆斯·M. 布坎南：《公共财政》，中国财政经济出版社 1991 年版，第 438 页。

[22] 寇铁军：《财政学》，东北财经大学出版社 2001 年版，第 372 ~ 375 页。

[23] 蒂博特："地方支出的纯理论"，《政治经济学杂志》1956 年第 64 卷。

[24] 奥茨：《财政联邦主义》，中国社会科学出版社 1972 年版。

[25] Richard A. Musgrave.《Who Should Tax, Where and What?》Tax Assignment in Federal Countries, edited by Charles E. McLure, Jr. Canberra: Australian National University Press, 1983. 201 – 219.

[26] 平新乔：《财政原理与比较财政制度》，上海三联书店出版社 1992 年版，第 363 ~ 364 页。

[27] 王玮主编：《地方财政学》，武汉大学出版社 2006 年版，第 45 页。

[28] 胡书东：《经济发展中的中央与地方关系——中国财政制度变迁研究》，上海三联书店，上海人民出版社 2001 年 8 月版，第 168 页。

[29] 阿图·埃克斯坦，张愚山译：《公共财政学》中国财政经济出版社 1983 年版，第 123 ~ 130 页。

[30] 刘佐：《新中国税制 60 年》，中国财政经济出版社 2009 年版，第 484 ~ 485 页。

[31] "中共中央关于建立社会主义市场经济体制若干问题的决定"，《人民日报》1993 年 11 月 17 日。

［32］“国务院关于实行分税制财政管理体制的决定”，载于《中国财政年鉴》第63页，中国财政杂志社，1994年。

［33］《国家税务总局关于调整新增企业所得税征管范围问题的通知》，国税发［2008］120号。

［34］《国务院关于印发所得税收入分享改革方案的通知》，国发［2001］37号。

［35］《国务院关于印发所得税收入分享改革方案的通知》，国发［2001］37号。

［36］《国务院关于改革现行出口退税机制的决定》，国发［2003］24号。

［37］《国务院关于完善中央与地方出口退税负担机制的通知》，国发［2005］25号。

［38］《国务院办公厅转发国家税务总局关于组建在各地的直属税务机构和地方税务局实施意见的通知》，国办发［1993］87号。

［39］《国家税务总局关于所得税收入分享体制改革后税收征管范围的通知》，国税发［2002］8号。

［40］《国家税务总局关于调整新增企业所得税征管范围问题的通知》，国税发［2008］120号。

［41］童适平：《战后日本财政和财政政策研究》，上海财经大学出版社2002年版，第22页。

［42］Paul Bernd Spahn, Regional and local government：Responses to recession in Germany, 2010.

［43］李玉红、白岩峰：“地方税种改革格局中的主体税种选择问题研究”，《中央财经大学学报》2010年第6期。

［44］吕冰洋：《税收分权研究》，中国人民大学出版社2011年版，第193页。

［45］李建军、谢芬、苏明萃：“我国企业所得税征管效率测度分析”，《经济理论与经济管理》2012年第11期。

［46］罗涛：《“先办后审”税收征管模式理论与实践》，武汉市地方税务局，2013年。

［47］张松：“修订《税收征管法》的若干法律问题”，《税务研究》2009年第3期。

［48］周英：“新《税收征管法》实践初探”，《江南论坛》2005年第5期。

[49] 施正文：《税收程序法论》，北京大学出版社 2003 年版。

[50] 丁静：“对《税收征管法》条规缺陷的探讨”，《经济前沿》2007 年第 9 期。

[51] 樊勇：“现行《税收征管法》中需要解决的几个问题”，《税务研究》2008 年第 10 期。

[52] 刘相东、王晖：“国地税联合协作办税的实践与思考”，《山东社会科学》2011 年第 12 期。

[53] 罗涛：《构建我国地方税制体系探讨》，2013 年。

[54] 黄强：“把握四个关系 优化纳税服务”，《地税参阅》2013 年第 40 期。

[55] 李文：“税收行政协助的中外比较”，《涉外税务》2004 年第 3 期。

[56] 李汉文、莫尔学：“税收征管新思路：第三方信息利用”，《涉外税务》2010 年第 9 期。

[57] 许善达：《中国税权研究》，中国税务出版社 2003 年版。

[58] 吴旭东、周波：“税收基本法：政府间财力划分的法律基础”，《税收天地》2008 年第 10 期。

[59] 吕慧：“分税制结构下地方税收立法权法律问题研究”，《法制与社会》2009 年第 9 期。

[60] 王诚尧：“适当下放地方税立法权完善税收立法体制”，《涉外税务》2007 年第 7 期。

[61] 刘雅丽：“合理划分地方税收立法权的思考”，《财政监察》2002 年第 8 期。

[62] 白彦峰：“单一制国家赋予地方税收立法权的可行性分析——基于我国国情的探讨”，《行政论坛》2008 年第 5 期。

[63] 王叩梅：“规范财政转移支付制度的构想”，《兰州大学学报》1998 年第 1 期。

[64] 王爱萍：“财政转移支付制度存在的问题及对策”，《山东纺织经济》2009 年第 5 期。

[65] 李萍：“转移支付制度规范化分析”，《商业时代》2010 年第 6 期。

[66] 王秀芝：“中国财政转移支付制度问题研究”，《经济研究导刊》2009 年第 12 期。

[67] 蔡文燕：《我国地方政府财政预算管理的现状及改进措施研究》，上海交通大学，2008 年。

[68] 马骏、牛美丽：《重构中国公共预算体制：权力与关系——基于地方预算的调研》，公共预算国际研讨会，北京，2007 年。

[69] 付永生："清理涉煤不合理收费　减轻煤炭企业税费负担"，《中国煤炭报》2013 年 3 月 19 日。

[70] 黄映青：《清费立税，规范政府收入分配机制》，厦门大学，2001 年。

[71] 叶青："政府应对非税收入勇于割爱"，《东方早报》2013 年 9 月 5 日。

后　记

构建中国地方税体系是贯彻落实党的十八大和十八届三中全会重要精神的积极行动，是打造中国经济升级版的助力工程，是后“营改增”时期地方政府财力重构的必要之举。根据国家税务总局关于研究构建中国地方税体系课题工作的部署，湖北省地方税务局、中南财经政法大学和湖北经济学院共同组成课题研究小组。课题组由湖北省地方税务局局长、中南财经政法大学教授、博士生导师许建国担任组长，湖北省地税局副局长兼武汉市地税局局长罗涛、湖北省地税局副局长肖厚雄、湖北省地税局副局长肖绪湖任副组长。课题组在系统梳理、整合近年来地方税制改革研究成果的基础上，结合湖北省地方税建设实践及当前新形势和新思考，撰写了《中国地方税体系研究》一书，以期为我国地方税制改革的深化和地方税体系构建提供辅助的理论依据和可能的政策启示。

本书是集体合作的结果，各章的作者分别为：第一章徐正云、刘华；第二章彭继旺、欧阳暐、隗易；第三章王蓬、王敏、糜迪、芦伟；第四章蔡红英、范信葵、魏涛；第五章张雪松、林颖、刘济勇、石国松、范志荣；第六章汪应平、芦伟、张楠；第七章熊友春、司婉、丁磊、涂文勇；第八章朱国鑫、石国松、张礼斌、陈达。张雪松、王蓬、石国松、范志荣对全书进行了统稿。

一直以来，对于如何构建地方税体系，国内研究颇丰，但系统性的研究成果还有待深化。为写此书，编者进行了多次讨论和修改，即使如此，本书肯定还有一些不尽如人意之处，恳请并期待广大读者批评指正。

编　者

2013 年 12 月